国家自科基金青年项目（71903209）资助

| 国 | 研 | 文 | 库 |

健康保险经济学分析

郑莉莉 ———— 主编

光明日报出版社

图书在版编目（CIP）数据

健康保险经济学分析 / 郑莉莉主编. -- 北京：光明日报出版社，2021.5

ISBN 978-7-5194-5960-4

Ⅰ.①健… Ⅱ.①郑… Ⅲ.①健康保险—经济学—研究 Ⅳ.①F840.62

中国版本图书馆 CIP 数据核字（2021）第 068138 号

健康保险经济学分析

JIANKANG BAOXIAN JINGJIXUE FENXI

主　　编：郑莉莉

责任编辑：宋　悦　　　　责任校对：李小蒙

封面设计：中联华文　　　　责任印制：曹　净

出版发行：光明日报出版社

地　　址：北京市西城区永安路 106 号，100050

电　　话：010-63169890（咨询），63131930（邮购）

传　　真：010-63131930

网　　址：http：//book. gmw. cn

E - mail：songyue@ gmw. cn

法律顾问：北京德恒律师事务所龚柳方律师

印　　刷：三河市华东印刷有限公司

装　　订：三河市华东印刷有限公司

本书如有破损、缺页、装订错误，请与本社联系调换，电话：010-63131930

开　　本：170mm×240mm

字　　数：434 千字　　　　印　　张：23

版　　次：2021 年 5 月第 1 版　　　　印　　次：2021 年 5 月第 1 次印刷

书　　号：ISBN 978-7-5194-5960-4

定　　价：99.00 元

编 委 会

主　　编　郑莉莉

编写成员　王　莲　李　玮　韦　笑

　　　　　　　柳　悦　陆　园　范文轩

序

尽管经济活动中的风险普遍存在(格林 Green,1984),但确定性模型多年来主导了对现象的经济解释。随着一些研究在经济分析中引入风险和不确定性,保险经济学的重要性逐渐体现(冯·诺依曼 John Von Neumann 和摩根斯坦 Oskar Morgenstern,1947;弗里德曼 Friedman 和萨维奇 Savage,1948;阿莱 Allais,1953;阿罗 Arrow,1953;德布鲁 Debreu,1953)。保险经济学的创立依赖不确定条件下经济分析工具的发展。保险经济学是运用经济原理来分析、研究关于保险领域问题的一门学科,微观保险经济学研究的就是个人、保险人、保险中间人、保险监管人怎样在市场中做出选择,在资源有限的情况下达到效用的最优。宏观保险经济学则主要研究保险在整个国民经济中的作用及影响。

在美国,健康产业是一个庞大的产业,约占美国经济总量的20%。健康保险也是美国政治体系的重要组成部分。健康保险被各个政治派别的选民评为选举中的首要议题(纽波特 Newport,2016)。健康保险在社会和公共政策中非常重要。第一,医疗保健占国家经济的很大一部分,根据美国医疗保险和医疗补助服务中心(CMMS)的数据,2017 年美国医疗保健支出 3.5 万亿美元,占美国国内生产总值 GDP 的 17.9%,我国卫生总费用 51599 亿元,占 GDP 的比重为 6.2%;第二,健康对人力资本也至关重要,健康人力资本为劳动力市场带来的技能、知识和个人品质、身体健康深刻地影响着个人的工作、收入和为国家经济做出贡献的能力;第三,健康保险的经济效益和健康效益至关重要,因为重大疾病的医疗费用可能会造成家庭经济上的负担。朱铭来(2017)的研究发现,我国灾难性医疗支出标准应为家庭年度医疗服务自负金额占收入的 44.13%,家庭发生灾难性医疗支出后,个人收入将降低 0.1163 个百分点,个人健康将降低 7.9947 个单位,个人医疗服务支出将增加 0.6344 个百分点。

大部分的健康服务的支付都是通过健康保险公司进行的,这意味着健康保险公司管理着数万亿美元的用于健康服务支出的资金(基汉等 Keehan,2015)。此外,由于健康同个人特征高度相关的本质,健康保险也具有高度的个人化的一面,用一家大型健康保险公司宣传推广健康保险产品时的话说,健康保险让人们"无忧无虑地生活"(麦克伦 McClung,2014)。

尽管健康保险在经济、社会保障和医疗体系中扮演着重要角色,但它也是一个可能被误解的产品,大多数人可能会把健康保险当作钱包里的一张卡,以便在需要医疗保健时随时使用。健康保险与健康服务的关系就像抵押贷款与住房的关系一样——人们从住在自己的房子里而不是支付抵押贷款中获得满足感。同样,人们的满足感来自良好的健康状况,而不是支付健康保险费。因此,健康保险让人们能够支付无力承担的医疗服务费用,就如同抵押贷款可以让人们住在他们无法一次性支付所有费用的房子里。

健康保险经典的论点是,一个人面临已知的生病概率以及生病所需的医疗费用导致的已知财富减少,如果提供精算公平保费的保险,规避风险的个人愿意支付相应的保险费购买保险,从而获得确定性的财富,该财富等于有保险的情况下的预期财富,因此健康保险的功能是降低风险——不管疾病是否发生,个人的财富都是相同的。健康保险的这种特征在实践中发挥着作用,皮兹(Pitts)等研究了2005年和2006年美国的TennCare计划,该计划详细研究个人失去公共医疗保险的财务后果,发现没有健康保险对个人的影响很严重,会导致信用风险评分降低,破产风险增加,因此扩大公共医疗保险计划通常会改善家庭财务状况。

从实践来看,推进健康中国建设,是全面建成小康社会、基本实现社会主义现代化的重要基础,是全面提升中华民族健康素质、实现人民健康与经济社会协调发展的国家战略,是积极参与全球健康治理、履行2030年可持续发展议程国际承诺的重大举措。2015年十八届五中全会首次提出推进健康中国建设,从"五位一体"总体布局和"四个全面"战略布局出发,对更好地保障人民健康做出了制度性安排。2016年的《"健康中国2030"规划纲要》明确提出将健康融入所有政策,把健康提高到国家战略水平。党的十九大报告更是将实施健康中国战略纳入国家发展的基本方略,把国民健康置于"民族昌盛和国家富强的重要标志"地位,认为国民健康是国家可持续发展能力的重要标志。2018年我国的政府工作报告中,推进健康中国战略被纳入提高保障和改善民生水平的重点工作。2020年中共中央国务院颁布《关于深化医疗保障制度改革的意见》,指出医疗保障是减轻群众就医负担、增进民生福祉、维护社会和谐稳定的重大制度安排。

《中国经济生活大调查2013—2014》发现,影响幸福的主要因素正在改变,健康反超收入成为幸福第一要素。48%的人认为健康是影响幸福的最主要因素。对健康的重视,对健康保险的发展有推动作用,我国自2009年启动新一轮医改以来,建立的全民基本医疗保险制度参保覆盖率稳定在95%以上,形成世界上最大的社会医疗保障体系。2018 年,我国基本医疗保险基金总收入 21090.11 亿元,总支出 17607.65 亿元,健康保险原保险保费收入达到 5448.13 亿元。

无论在理论方面还是在实践中,健康保险经济学的研究都非常必要。编者在收集并阅读大量的国内外相关文献的基础上,从严谨的现代经济学逻辑出发,通过一系列的微观经济学模型,辅以中国数据的实证检验,揭示健康保险需求、供给、信息不对称等理论,深入全面、系统综合地讨论健康保险影响就医行为、健康、经济增长、消费的机制和效果,拓宽健康保险的研究体系,构建健康保险经济学的整体研究框架,为政策制定提供定量依据,找到我国健康保险发展的途径,制定出切合我国国情和发展阶段的健康保险发展政策。

本书的结构安排和主要写作人员如下:第一章健康风险和医疗服务融资和第二章健康保险综述,由王莲主责编写;第三章健康保险需求,由郑莉莉、李玮主责编写;第四章健康保险供给,由郑莉莉、王莲主责编写;第五章健康保险市场的信息不对称和第六章健康保险与就医行为,由郑莉莉主责编写;第七章健康保险的健康绩效,由韦笑、柳悦主责编写;第八章健康保险与经济增长,由郑莉莉主责编写;第九章健康保险与消费,由郑莉莉、陆园、范文轩主责编写。全书由郑莉莉任主编,王莲任副主编。郑莉莉负责全书的架构设计、内容安排、统稿及定稿等工作,编写部分章节;王莲负责编写部分章节以及全书的整理和校对。本书对健康保险经济学的多个层面进行概括、总结和分析,具有很强的综合性和系统性。本书的内容包括分析健康风险及健康风险管理,阐述健康保险的概念及特点,分析健康保险的需求与供给,剖析健康保险存在的信息不对称,使用理论和实证结合的方式探讨健康保险与就医行为、健康保险的健康绩效、健康保险的经济绩效,并分析健康保险对家庭消费的影响,帮助读者从经济学的角度去理解健康保险。

全书的特色有三方面:

一是融合微观经济学、数理经济学、福利经济学、信息经济学、制度经济学、行为经济学的原理与方法,促进跨学科的有效交流和融合,多元化的研究特色全面地从各个方面对健康保险进行分析。

二是理论模型和实证研究相结合,在阐述健康保险的需求与供给、健康保险存在的信息不对称、健康保险与就医行为、健康保险的健康绩效、健康保险的经济绩效以及健康保险对家庭经济决策的影响时,既构建理论模型,对模型进行推导,并提出研究假设,又有利用宏微观数据进行的实证研究,对研究假设进行验证,多种研究方法的使用提高研究结论的可信度和可靠度。

三是基础理论与前沿问题结合。全面、准确地阐述健康保险经济学的基本理论、概念和范畴,分析、探讨和解决健康保险经济学的理论问题和实际问题。同时关注保险经济学的最新发展,吸纳和反映健康保险经济学领域的前沿信息和内容,在每一章的撰写过程中关注目前的研究前沿。

健康保险经济学是一个新颖而富有挑战性的研究领域,希望本书对研究人员、高校学生、健康保险公司从业人员了解健康保险的经济学基础,掌握用经济学的方法来分析健康保险有所帮助。

由于编者水平有限,书中存在的错误和不妥之处,恳请广大读者批评指正。

编者

2020 年 3 月 25 日

目　录
CONTENTS

第一章　健康风险和医疗服务融资 …………………………………… **1**

第一节　健康风险　1

第二节　健康风险管理　18

第三节　健康的经济价值　35

第二章　健康保险综述 …………………………………………… **48**

第一节　健康保险　48

第二节　社会医疗保险　57

第三节　商业健康保险　75

第四节　健康保险与经济学　91

第三章　健康保险需求 …………………………………………… **101**

第一节　健康保险需求理论　102

第二节　最优的健康保险　111

第三节　健康保险需求测量　115

第四节　人口结构对商业健康保险需求的影响　124

第四章　健康保险供给 …………………………………………… **143**

第一节　健康保险供给理论　143

第二节　健康保险定价　151

第三节　健康保险市场均衡　168

第四节　健康保险市场供给　173

第五章　健康保险市场的信息不对称 …………………………… 179
第一节　健康保险市场的信息不对称概述　179
第二节　道德风险理论模型　189
第三节　社会医疗保险中道德风险的实证分析　194

第六章　健康保险与就医行为 …………………………………… 210
第一节　健康保险与就医行为　210
第二节　健康保险影响就医行为的理论模型　216
第三节　健康保险影响就医行为的实证分析　221

第七章　健康保险的健康绩效 …………………………………… 235
第一节　健康保险影响健康的机制及效果　235
第二节　健康保险影响健康的研究　240
第三节　健康保险影响健康的机制研究　256

第八章　健康保险与经济增长 …………………………………… 268
第一节　健康保险影响经济增长的理论模型　268
第二节　健康保险影响经济增长的机制研究　281
第三节　健康保险影响经济增长的实证研究　296

第九章　健康保险与消费 ………………………………………… 306
第一节　健康保险与消费　306
第二节　健康保险影响消费的机制研究　310
第三节　流动性约束下健康保险影响消费的研究　325

参考文献 ……………………………………………………………… 342

第一章

健康风险和医疗服务融资

人类社会的产生和发展，往往伴随着多种多样的风险。这些风险可能来自人们生活的自然环境，也可能来自人们生活的社会环境。一些风险可能会发生，一些风险可能永远也不会发生。但是，却存在一种风险人们总是避无可避，即“生病”，为了更好地应对健康风险，人类需要加强对健康风险和健康风险管理的认识和探索，探讨如何对医疗服务进行融资。

第一节　健康风险

一、健康风险的概念

（一）不确定性和健康风险

奈特（Frank Knight，1921）最早将不确定性的概念引入经济学分析中，他通过区分两种不同意义的不确定性，揭示了风险与不确定性之间的区别。奈特将不确定性分为两种：一种是具有确定概率分布的不确定性，即“风险”（risk）；另一种是没有确定概率分布的不确定性，即“真正的不确定件”或者可称之为“模糊性”（ambiguity）。与可预见和可计算的风险不同，不确定性是指人们缺乏对事件的基本知识，对事件的可能的结果知之甚少，因而不能通过现有理论或经验进行预见和定量分析。①

风险是指人类在从事某种活动或者决策的过程中，预期未来结果的随机不确定性。从经济学的角度讲，未来结果的正面效应就是收益，负面效应就是损失。在保险学中，一般意义上所说的风险都是纯粹风险，即会造成人身伤害、财产损失

---

① KNIGHT F. Risk，Uncertainty and Profit[J]. Social Science Electronic Publishing，1921(4).

和精神损失等的不确定性。

健康风险（Health Risk）指会对人的健康造成损害的风险。根据对健康风险的理解以及实际的健康风险的研究讨论，将健康风险的定义划分为狭义的健康风险和广义的健康风险。狭义的健康风险主要是针对人的身体健康而定义的，认为健康风险是指使人体组织器官、身体机能等遭受损害而导致人们治疗费用产生且增加，收入下降或中断，劳动能力下降或丧失，进而产生的损失的不确定性。广义的健康风险指使得人们的躯体健康、心理健康、社会适应良好和道德健康受到破坏，而产生的损失的不确定性。本书讨论的健康风险是狭义的健康风险。

（二）健康风险的特征

为了便于更好地识别健康风险，对健康风险不同于其他风险的特征进行阐述。

1. 危害的严重性

健康风险不同于其他的风险，其风险发生后造成的危害性极高。普通的风险一般会导致经济上的损失。然而，健康风险一旦发生就不光会造成财产上的损失，还会导致人们生理上的致病、致残和致死，还有可能导致人们心理上的不健康，引发心理疾病。

健康风险导致的重大疾病和心理疾病往往受限于社会医疗水平，比如，癌症、糖尿病等，很难根本治愈。同时，这些疾病还会对受害者本人及家庭加上沉重的经济负担。一些健康风险还具有传染的特点，比如，新型冠状病毒、埃博拉病毒、黑死病、鼠疫等，这些病症一旦发生就会引发一个地区大规模的致病率和死亡率，对整个社会造成巨大的损失。健康风险导致的致残、致瘫，会造成患者和亲属的心理损失和精神损害，这些身体、心理以及精神上的伤害往往难以用金钱衡量。

2. 频率的高发性

在社会生活中，健康风险普遍存在。这些健康风险每个人都不可避免地要面对其导致的损害，如每个人都无法避免衰老的风险。健康风险发生的概率会随着人类生存的自然环境和社会环境的恶化而逐渐上升。近些年，随着人类对自然的改造利用，气候变化、自然灾害频发，社会环境复杂，都促使人们面临的健康风险的可能性不断增强。

3. 影响因素的复杂性

健康的范围涉及躯体健康、心理健康、社会适应良好和道德健康。每个方面的健康都受到众多因素的影响。比如，身体健康受到生活环境、生活习惯、生存方式、精神状况、致病微生物等多种因素的影响。每一个影响因素又受到多方面的影响，如致病菌进化方向的多变性，未知的致病菌导致了健康风险的不确定性加强。因而，导致健康风险的因素也是各种因素相互作用、相互影响的结果。这些影响健康的各种因素作用下的结果又存在不确定性、未知性、意外性、难预防性以及难预测性的特点，这些特点使得影响健康的因素的复杂性大大提高。

4. 群体性和社会性

健康风险的群体性表现在一些特定的人群由于生理、生活环境、生活方式、生活习惯等方面的共同性会使得这些人群共同遭受到某些特定的健康风险的概率提升。比如，在某些地区缺乏含碘元素的食物，导致这些地区的人的大脖子病的发病率提升。健康风险的社会性主要集中表现在某些传染病上，如肺结核、肝炎、非典型肺炎、新型冠状病毒肺炎等。这些疾病由于具有传染的特性，很容易由对个人的伤害发展为危害整个地区，整个国家甚至世界的疾病。

5. 发展性

健康风险不同于其他的风险是固定不变的。健康风险会随着时间的推移，生存环境和社会进步发展的变化而变化。比如，在人类进入工业社会后，随着汽车的产生和普及，汽车尾气排放是大气污染的主要污染源，其排放的尾气会严重影响人类健康，20 世纪 40 年代美国洛杉矶化学烟雾事件和频繁的酸雨就是汽车尾气的大量排放造成的。又如，随着工业的进步，一些地方环境恶化，导致了部分地区脑瘫患儿出生率的上升。

二、健康风险及其发展

健康风险自人类诞生以来，就如影随形难以避免，随着人类社会的发展进步，健康风险也在不断发展。最初，我们的健康风险主要来自恶劣的自然环境、致病微生物、较低的生产力和生产关系。但是，随着社会的不断进步和医疗卫生水平的提高，各种非流行性疾病已然成了我们可能面对的最大健康风险。

（一）我国健康风险现状

原卫生部发布的 2012 年《中国慢性病报告》显示，慢性病已经成为我国城乡居民的主要死因，而且占总死亡人口高达 86.6% 的比例更是令人触目惊心。尽管慢性病的危害在逐年加剧，但我国人群对慢性病的知晓率、治疗率和控制率却极低。

2016 年《中国人健康大数据分析报告》显示：我国一年用于心脑血管疾病的治疗经费达到 3000 亿元人民币。因疾病而导致生产力丧失，在 2005—2015 年间给中国造成 5500 亿美元的经济损失。肝炎的直接经济损失达 3600 个亿，主流城市的白领亚健康比例高达76%，处于过劳状态的白领接近六成，真正意义上的健康人比例不足3%。上海平均100个人有恶性肿瘤患者1.79人。平均每天150人被确诊为恶性肿瘤，100人死于恶性肿瘤。

《中国家庭健康大数据报告(2017)》显示，2017年在线就诊中慢性病患者数量较2013年增加8.2%。高血压、糖尿病等传统意义上的老年病，开始向年轻群体蔓延。与2013年数据相比，2017年一线城市白领中高血压患者平均年龄下降了约0.8岁。该报告数据显示，有53.2%的被访者家人患有慢性病。

随着人口老龄化的不断发展，到2017年年末，中国共有1.5847亿老年人口，占社会总人口的11.4%。老龄化人口的不断增加以及人们生活方式和行为方式的转变，中国人的主要疾病也发生了较大的变化。最明显的特点在于流行性疾病的发病率下降，慢性疾病的发病率显著上升。如流感、痢疾、肝炎、疟疾等流行性疾病的发病率明显下降，而冠心病、糖尿病、脑血管病、癌症等慢性疾病的发病率上升。中国目前恶性肿瘤死亡人数占总死亡人数的26.06%。全国肿瘤登记中心的数据表明，新增的恶性肿瘤主要是人口老龄化和人口增加造成的。①

《中国人健康大数据报告(2017)》显示：中国高血压人口有1.6亿—1.7亿人；高血脂的有1亿多人；糖尿病患者达到9240万人；超重或者肥胖症患者有7000万—2亿人；血脂异常的有1.6亿人；脂肪肝患者约1.2亿人。平均每30秒就有一个人罹患癌症；平均每30秒就有一个人罹患糖尿病；平均每30秒，至少有一个人死于心脑血管疾病。中国22%的中年人死于心脑血管疾病；七成人有过劳死的危险；白领亚健康比例高达76%；中青年女性易得妇科、心脑血管疾病；中青年男性面临猝死、过劳和癌症等问题；慢性病患病率已达20%，死亡数已占总死亡数的83%；中国人的腰围增长速度将成为世界之最。2013—2014年，35—46岁死于心脑血管病的人，中国是22%，美国是12%。中国社科院《人才发展报告》显示：七成人有过劳死的危险，如果中国知识分子不注意调整亚健康状态，不久的将来这些人中的2/3将死于心脑血管疾病！②

(二)我国疾病谱变化

随着社会的进步及发展，我国的疾病图谱也发生了较大的变化，通过分析国家统计局给出的农村和城市的人群死因构成，来近似表述中国人自1990—2018年的疾病图谱变化(图1-1、图1-2)。

---

① 数据来源：《中国人健康大数据报告(2017)》。

② 数据来源：《中国人健康大数据报告(2017)》。

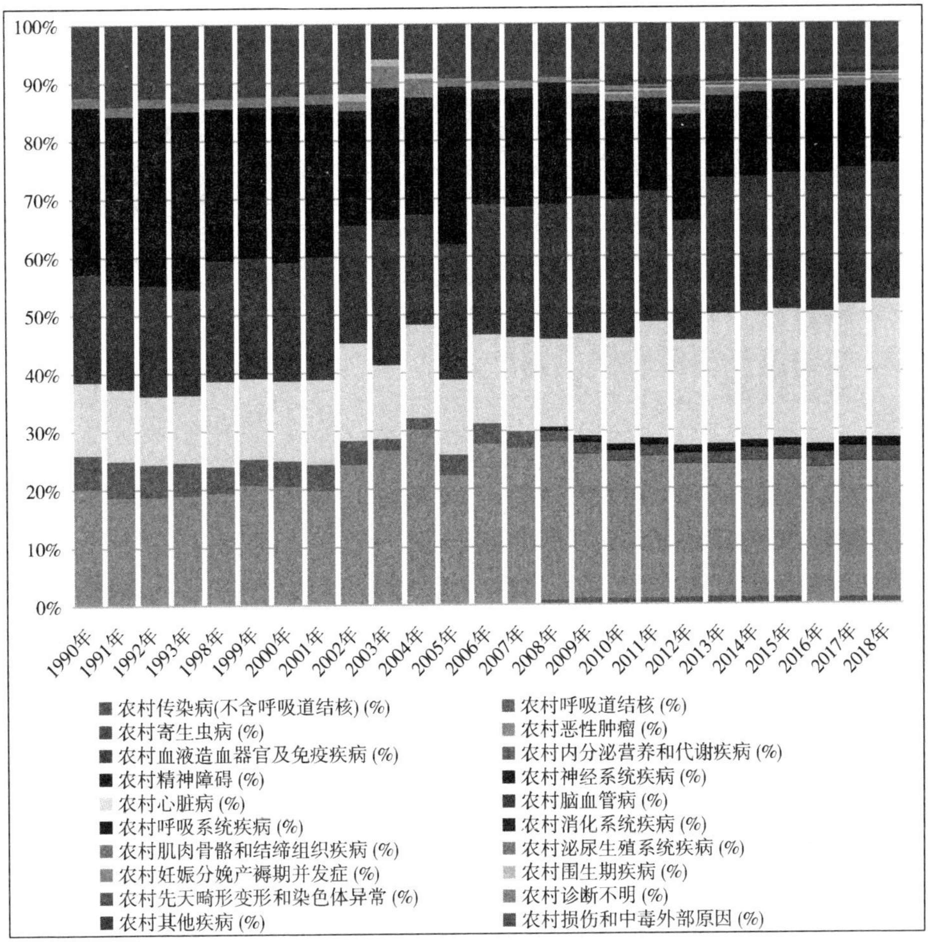

图1－1　农村死因构成以及疾病致死概率①

1957年，人们主要患呼吸系统疾病、急性感染病和结核病。1999年农村致死率最高的五种疾病（按从大到小排列）分别是：呼吸系统疾病、恶性肿瘤、脑血管疾病、心脏病以及内分泌营养和代谢疾病。2018年，农村死亡率较高的五种疾病（从大到小排列）分别是：心脏病、脑血管疾病、恶性肿瘤、呼吸系统疾病以及损伤和中毒。

1999年城镇致死率最高的五种疾病（按从大到小排列）分别是：恶性肿瘤、脑血管疾病、心脏病、呼吸系统疾病以及损伤和外部原因疾病。2018年，城镇死亡率较高的五种疾病（从大到小排列）分别是：恶性肿瘤、心脏病、脑血管疾病、呼吸系

① 数据来源：国家统计局国家数据库。

统疾病以及损伤和外部疾病。

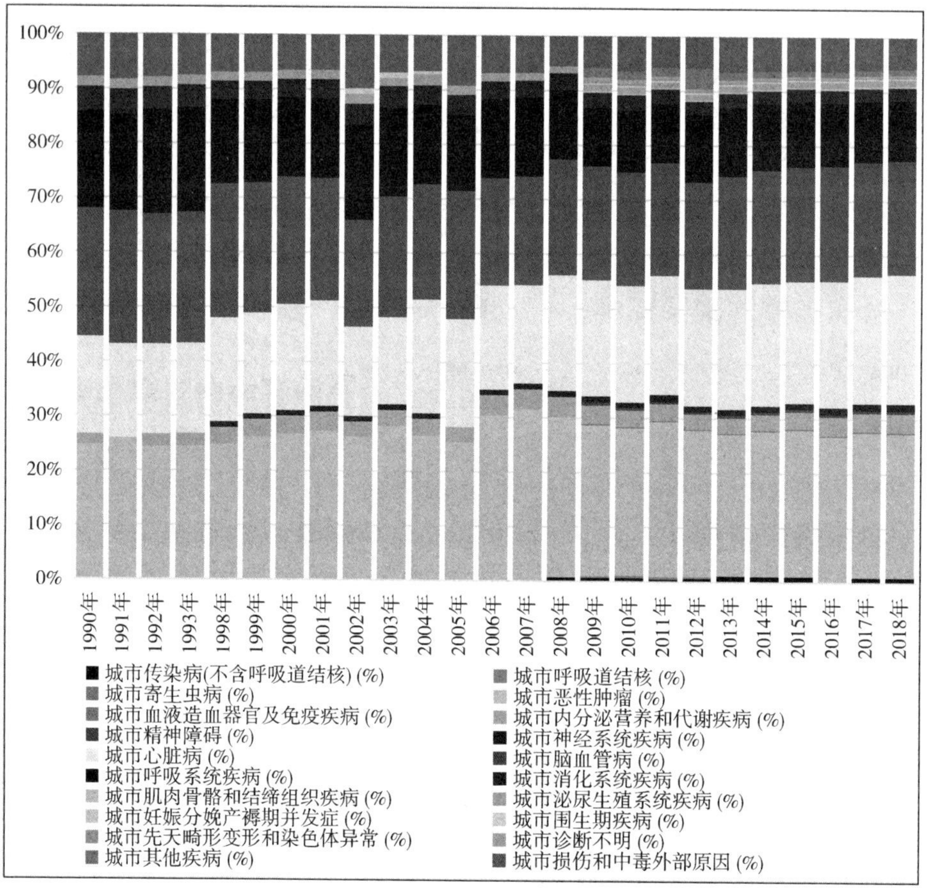

图1－2　城市死因构成以及疾病致死概率图①

根据图1－1和图1－2，由于生活条件和卫生条件不好导致的流行性疾病、内分泌营养和代谢病造成的死亡在不断下降。人们患慢性疾病的概率逐步上升，由慢性病导致的疾病的死亡数量也越来越多。

由于世界上疾病的种类多，传染性疾病的发病率的单位是1/10万，图1－3显示2018年国家疾病控制中心统计得到的各种常见的传染性疾病的发病率。在2018年中国人口中病毒性肝炎以及肺结核的发病率较高。

除了传染性疾病，目前，慢性疾病已经成为危胁人们生命的重要健康因素。随着中国经济的发展，人们生活水平的提高，大部分人们的生活方式和饮食习惯

① 数据来源：国家统计局国家数据库。

改变，特别是久坐、糖类摄入比例等的改变导致中国人慢性病的发病率在不断增加。恶性肿瘤、心血管疾病、糖尿病、高血压等已经成为威胁中国人健康的主要风险因素。

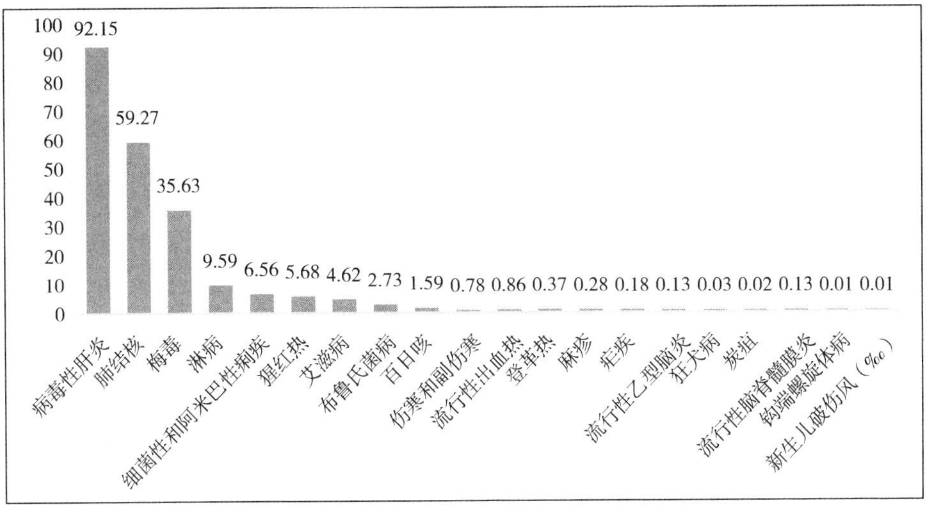

图 1－3　2018 年甲乙类传染病的发病率（单位：1/10 万）①

2018 年美国癌症学会官方期刊《临床医师癌症杂志》发表了“2018 年全球癌症统计数据”报告，评估了 185 个国家中的 36 种癌症发病率和死亡率。报告指出 2018 年全球有大约 1810 万癌症新发病例和 960 万癌症死亡病例（剔除非黑色素瘤皮肤癌后分别为 1700 万和 950 万），新增 1810 万癌症病例中，亚洲占据近一半，960 万癌症死亡患者中，亚洲占近七成，肺癌依旧是发病率（11.6%）和死亡率（18.4%）第一位的恶性肿瘤。无论是发达国家还是发展中国家，男性发病率第一、二名分别为肺癌和前列腺癌，女性发病率第一名为乳腺癌。根据全球范围的调查数据，到 75 岁之前，发生癌症的累积风险为 21.4%，死于癌症的风险为 17.7%。

2018 年国家癌症中心发布了“2014 年中国癌症的发病率和死亡率”报告，报告显示，全国恶性肿瘤 2014 年估计新发病例为 380.4 万例，死亡病例 229.6 万，平均每天超过 1 万人被确诊为癌症，每分钟有 7 个人被确诊为癌症。肿瘤发病率为 287.07/10 万，0—74 岁累积发病率为 21.58%，累积死亡率为 12%。各地区 0—30 岁组恶性肿瘤发病率均较低，30 岁以上人群发病率快速增高，到 80 岁组时达到高峰，之后有所下降；各地区 20 岁—50 岁组女性发病率均略高于男性，50 岁以上人

① 数据来源：《2019 年卫生健康统计年鉴》。

群男性发病率显著高于女性;60—64 岁组的发病人数最多。按发病例数排位,肺癌位居全国发病首位。每年发病约 78.1 万,其后依次为胃癌、结直肠癌、肝癌和乳腺癌。肺癌和乳腺癌分别位居男女性发病的第 1 位。

心血管疾病也是目前患病率较高的慢性病。2016 年,世界上估计有 1790 万人死于心血管疾病,占全球死亡总数的 31%。其中,85% 死于心脏病和中风。《中国心血管病报告 2017》显示,据估算中国目前心血管疾病的患者约有 2.9 亿,其中脑卒中 1300 万,冠心病 1100 万,肺源性心脏病 500 万,心力衰竭 450 万,风湿性心脏病 250 万,先天性心脏病 200 万,高血压 2.7 亿。① 这表明大约每五个中国人就有一个心血管疾病患者,每五个人就有一个高血压病人。②

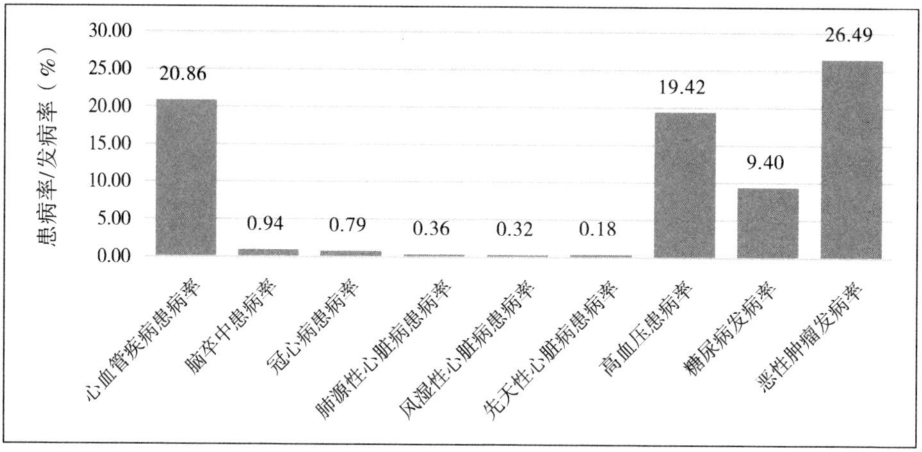

图 1-4 多种疾病的发生率/患病率③

糖尿病也是一种非常常见的慢性病,当胰脏不能产生足够的胰岛素或者当身体不能有效利用产生的胰岛素时,就会出现糖尿病。目前,全球共有约 4.22 亿糖尿病患者,中国占据 25%。根据 WHO 发表的《2016 年糖尿病国家概况》可知,中国糖尿病的总体发病率约为 9.4%(图 1-4),而且糖尿病的发病年呈现出年轻化

① 陈伟伟,高润霖,刘力生,等.《中国心血管病报告 2017》概要[J]. 中国循环杂志,2018,33(1).

② 数据来源:国家统计局国家数据库。

③ 任晓跃,赵红,冯谢敏,等. 国内外恶性肿瘤发病率及死亡率数据分析[J]. 医药前沿,2018,8(9).
陈伟伟,高润霖,刘力生,等.《中国心血管病报告 2017》概要[J]. 中国循环杂志,2018,33(1).

的趋势。糖尿病的死亡率也高达 10% 。①

疾病致死率，又叫疾病病死率，以 2018 年国家疾病控制中心统计得到的各种常见甲乙类传染疾病的病死率来表示各项疾病的致死率。传染病病死率是指某年某地区某种传染病死亡数与发病数之比。某传染病病死率 = 某传染病死亡数/发病数 ×100% 。主要描述五种慢性疾病与常见多种传染性疾病的致死率/病死率。

图 1 –5 为 2018 年常见的甲乙类传染病的死亡率，其中，艾滋病、新生儿破伤风、肺结核、狂犬病的死亡率较高。狂犬病的病死率最高可以达到 32. 23%，艾滋病的病死率为 29. 27%，流行性脑脊髓膜炎的病死率为 9. 62%，流行性乙型脑炎的致死率为 7. 5% 。

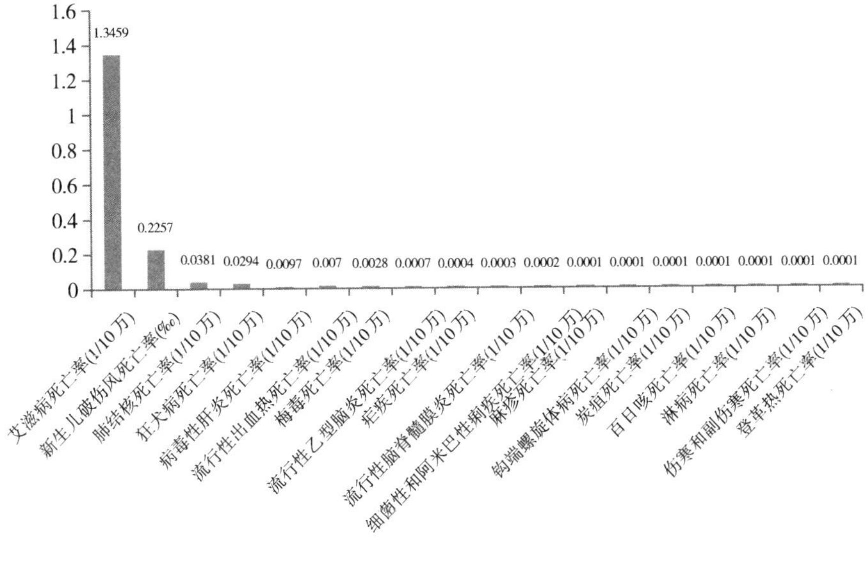

图 1 –5 2018 年常见甲乙类传染病致死率②

图 1 –6 表明导致农村居民死亡的五种疾病的粗死亡率：2009—2018 年中国农村居民的心脑血管病的死亡率从 264. 98/10 万达到了 322. 31/10 万，增长了 21. 64%；农村恶性肿瘤疾病死亡率有所下降，下降了约 0. 34%；呼吸系统疾病的死亡率有了大幅下降，下降了约 20. 87%；损伤和中毒疾病的死亡率有所下降，下降约 4. 86%；消化系统疾病的死亡率稍有上升，上升约 0. 14% 。

① 数据来源：WHO 网站。

② 数据来源：国家统计局国家数据库。

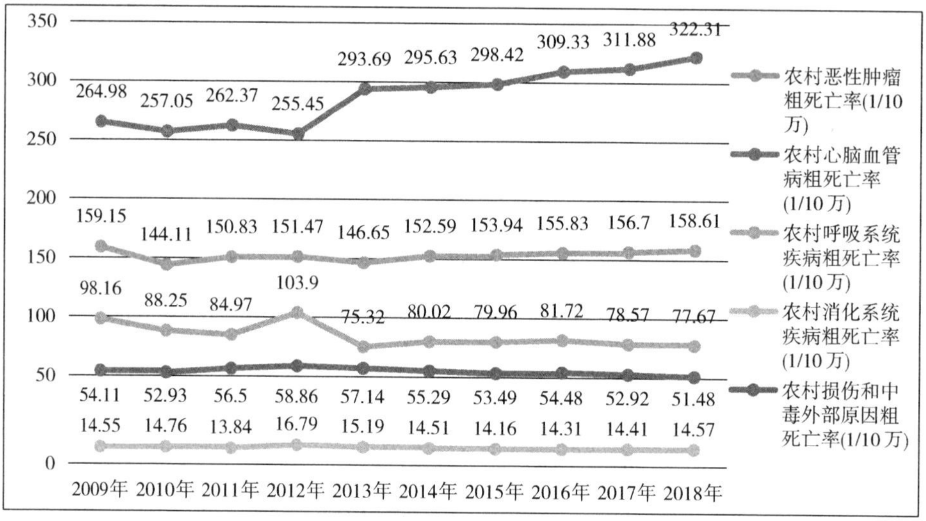

图1-6　2009—2018年农村主要疾病的粗死亡率变化图(1/10万)①

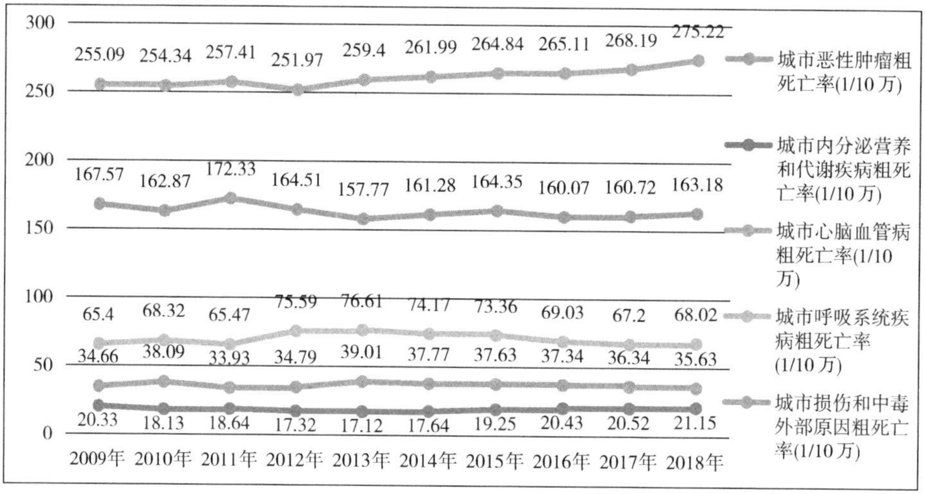

图1-7　2009—2018年城市主要疾病的死亡率变化图(1/10万)②

---

① 数据来源:国家统计局国家数据库。

② 数据来源:国家统计局国家数据库。

图1－7表明导致城市居民死亡的五种疾病的粗死亡率：2009—2018年中国城市居民的心脑血管病的死亡率从255.09/10万达到了275.22/10万，增长7.89%；城市呼吸系统疾病死亡率有所增加，增加了约4.01%；恶性肿瘤疾病的死亡率有所下降，下降了约2.62%；损伤和中毒疾病死亡率有所增加，增加了2.80%；内分泌营养和代谢疾病的死亡率增加了4.03%。

1999年中国大陆0—24月龄婴幼儿过敏性疾病患病率仅为3.5%，2014年已增至12.3%，相当于约每8个0—24月龄婴幼儿就有1个过敏。《城市0—24月龄婴幼儿过敏性疾病流行病学调查》结果显示（图1－8），中国城市婴幼儿曾发生或正在发生的过敏性疾病症状的比例为40.9%，过敏性各症状的现患率为12.3%，单一皮炎瘙痒的患病率为7.64%，单一眼鼻症状的比例为0.93%，胃肠道症状的比例为0.85%，皮炎瘙痒合并胃肠道症状的比例为0.63%，眼鼻症状合胃肠道症状为0.31%，其他过敏疾病为9.8%。① 第三次中国城市儿童哮喘流行病学调查显示，婴幼儿哮喘流行病的总患病率为1.77%，其中，婴幼儿典型性哮喘的患病率为1.35%，咳嗽变异性哮喘的患病率为0.07%。②《中国心血管病报告2017》显示，先天性心脏病200万，可估算先天性心脏病患病率为179.85/10万，约为0.18%。③

疾病具有明显的年龄特征，不同的疾病的年龄特征也不同。图1－9表明了六种重大疾病的年龄分布：恶性肿瘤、急性心肌梗死、脑中风后遗症、重大器官移植术或造血干细胞移植术、冠状动脉搭桥术（或称冠状动脉旁路移植术）和终末期肾病（或称慢性肾功能衰竭尿毒症期）。

---

① 王硕，蒋竞雄，王燕．城市0—24月龄婴幼儿过敏性疾病症状流行病学调查［J］．中国儿童保健杂志，2016，24（2）．

② 全国儿童哮喘防治协作组．中国城区儿童哮喘患病率调查［J］．中华儿科杂志，2003（2）．

③ 陈伟，高润霖，刘力生，等．《中国心血管病报告2017》概要［J］．中国循环杂志，2018，33（1）．

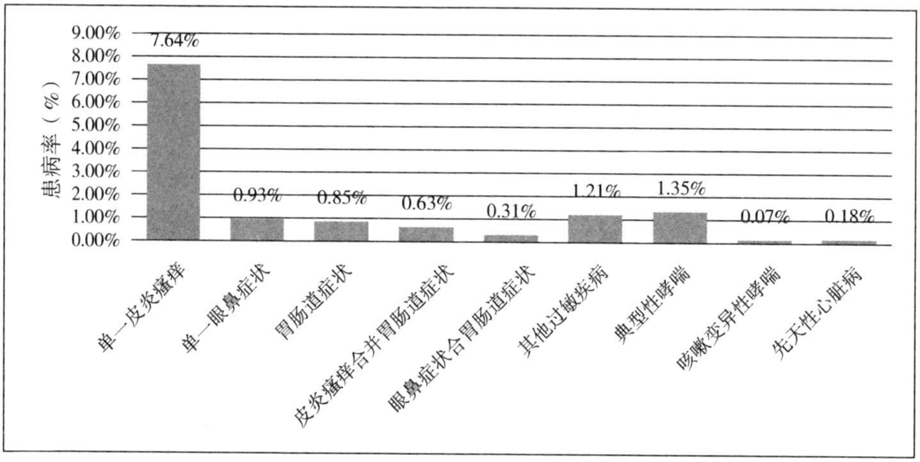

图 1－8　婴幼儿疾病患病率①

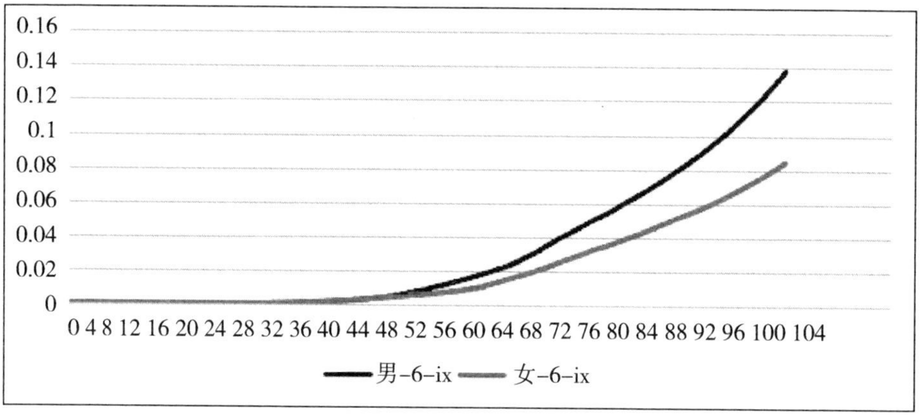

图 1－9　6 种重大疾病的经验发病率的年龄分布②

① 王硕，蒋竞雄，王燕．城市 0—24 月龄婴幼儿过敏性疾病症状流行病学调查[J]．中国儿童保健杂志，2016，24(2).
全国儿童哮喘防治协作组．中国城区儿童哮喘患病率调查[J]．中华儿科杂志，2003(2).
陈伟伟，高润霖，刘力生．《中国心血管病报告 2017》概要[J]．中国循环杂志，2018，33(1).

② 数据来源：中国保险监督管理委员会：《中国人身保险业重大疾病经验发生率表(2006—2010)》。

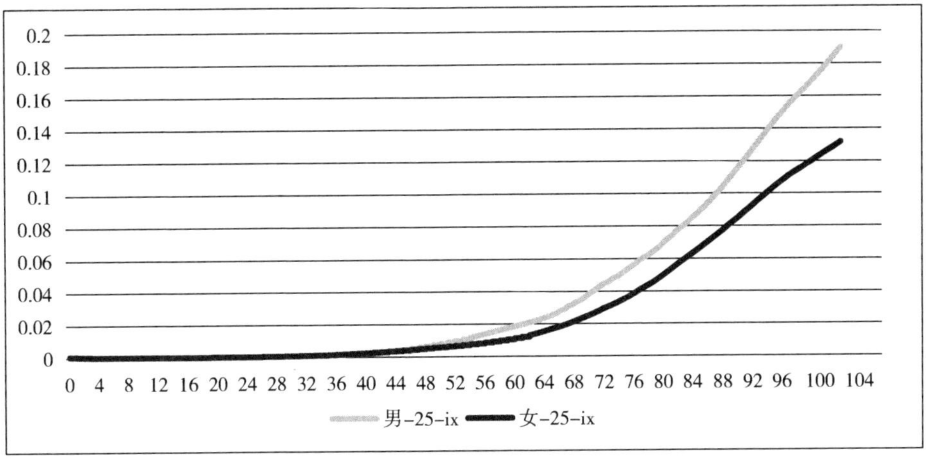

图1-10　25种重大疾病的经验发病率的年龄分布①

图1-10表明了25种重大疾病经验发生率的年龄分布图。这25种病是指根据中国保险行业协会颁布的重大疾病有关定义所规定的全部25种重大疾病,具体包括:恶性肿瘤、急性心肌梗死、脑中风后遗症、重大器官移植术或造血干细胞移植术、冠状动脉搭桥术(或称冠状动脉旁路移植术)、终末期肾病(或称慢性肾功能衰竭尿毒症期)、多个肢体缺失(完全性断离)、急性或亚急性重症肝炎、良性脑肿瘤(须开颅手术或放射治疗)、慢性肝功能衰竭失代偿期(不包括酗酒或药物滥用所致)、脑炎后遗症或脑膜炎后遗症(永久性的功能障碍)、深度昏迷(不包括酗酒或药物滥用所致)、双耳失聪(永久不可逆)、双目失明(永久不可逆)、瘫痪(永久完全)、心脏瓣膜手术(须开胸手术)、阿尔茨海默病(自主生活能力完全丧失)、脑损伤(永久性的功能障碍)、帕金森病(自主生活能力完全丧失)、严重Ⅲ度烧伤(至少达体表面积的20%)、原发性肺动脉高压(有心力衰竭表现)、运动神经元病(自主生活能力完全丧失)、语言能力丧失(完全丧失且经积极治疗至少12个月)、重型再生障碍性贫血、主动脉手术(须开胸或开腹手术)。图1-10表明随着年龄的增长,从45岁左右开始,重大疾病的发病率开始迅速增长。

(三)我国医疗卫生支出

随着疾病谱的变化和人口健康状况的变化,我国的卫生费用支出也在不断发生变化,表1-1主要描述了我国1990—2018年我国的卫生费用支出状况。图

① 数据来源:中国保险监督管理委员会:《中国人身保险业重大疾病经验发生率表(2006—2010)》。

1－11、图1－12和图1－13分别表明了卫生总费用、社会卫生支出、个人现金卫生支出的增长状况。

表1－1说明了我国的卫生费用每年的增长率维持在10%以上，表明了我国卫生需求旺盛。政府卫生支出迅速增长，占卫生总费用的比例总体呈现增长趋势，社会卫生支出不断增长，占卫生总费用的比例不断增加，而个人卫生支出增加，占总费用的比例下降。从侧面反映了我国对社会医疗保险的投入，使得个人的医疗费用负担有所下降。

表1－1　1990—2018年我国卫生费用支出状况①

指标 年份	卫生总费用（亿元）	增长率（%）	政府卫生支出（亿元）	占总费用比例（%）	社会卫生支出（亿元）	占总费用比例（%）	个人现金卫生支出（亿元）	占总费用比例（%）
1990	747.39	21.43	187.28	25.06	293.1	39.22	267.01	4.00
1991	893.49	19.55	204.05	22.84	354.41	39.67	335.03	37.50
1992	1096.86	22.76	228.61	20.84	431.55	39.34	436.7	39.81
1993	1377.78	25.61	272.06	19.75	524.75	38.09	580.97	42.17
1994	1761.24	27.83	342.28	19.43	644.91	36.62	774.05	43.95
1995	2155.13	22.36	387.34	17.97	767.81	35.63	999.98	46.40
1996	2709.42	25.72	461.61	17.04	875.66	32.32	1372.15	50.64
1997	3196.71	17.99	523.56	16.38	984.06	30.78	1689.09	52.84
1998	3678.72	15.08	590.06	16.04	1071.03	29.11	2017.63	54.85
1999	4047.5	10.02	640.96	15.84	1145.99	28.31	2260.55	55.85
2000	4586.63	13.32	709.52	15.47	1171.94	25.55	2705.17	58.98
2001	5025.93	9.58	800.61	15.93	1211.43	24.10	3013.88	59.97
2002	5790.03	15.20	908.51	15.69	1539.38	26.59	3342.14	57.72
2003	6584.1	13.71	1116.94	16.96	1788.5	27.16	3678.67	55.87
2004	7590.29	15.28	1293.58	17.04	2225.35	29.32	4071.35	53.64
2005	8659.91	14.09	1552.53	17.93	2586.4	29.87	4520.98	52.21
2006	9843.34	13.67	1778.86	18.07	3210.92	32.62	4853.56	49.31

① 数据来源：国家统计局国家数据库。

续表

指标 年份	卫生总费用(亿元)	增长率(%)	政府卫生支出(亿元)	占总费用比例(%)	社会卫生支出(亿元)	占总费用比例(%)	个人现金卫生支出(亿元)	占总费用比例(%)
2007	11573.97	17.58	2581.58	22.31	3893.72	33.64	5098.66	44.05
2008	14535.4	25.59	3593.94	24.73	5065.6	34.85	5875.86	40.42
2009	17541.92	20.68	4816.26	27.46	6154.49	35.08	6571.16	37.46
2010	19980.39	13.90	5732.49	28.69	7196.61	36.02	7051.29	35.29
2011	24345.91	21.85	7464.18	30.66	8416.45	34.57	8465.28	34.77
2012	28119	15.50	8431.98	29.99	10030.7	35.67	9656.32	34.34
2013	31668.95	12.62	9545.81	30.14	11393.79	35.98	10729.34	33.88
2014	35312.4	11.50	10579.23	29.96	13437.75	38.05	11295.41	31.99
2015	40974.64	16.03	12475.28	30.45	16506.71	40.29	11992.65	29.27
2016	46344.88	13.11	13910.31	30.01	19096.68	41.21	13337.9	28.78
2017	52598.28	13.49	15205.87	28.91	22258.81	42.32	15133.6	28.77
2018	59121.91	12.40	16399.13	27.74	25810.78	43.66	16911.99	28.61

表 1-2 表明了 2000—2018 年我国医疗卫生费用、人均医疗卫生费用以及卫生费用融资的大致状况。

表 1-2　2000—2018 年我国卫生费用占 GDP 比例表①

年份	医疗卫生总费用占GDP(%)	人均医疗费用(¥)	卫生费用融资比例(%)		
			财政保险和社会保险	商业保险	自费
2000	4.57	361.88	15.47	25.55	58.98
2001	4.53	393.80	15.93	24.10	59.97
2002	4.76	450.75	15.69	26.59	57.72
2003	4.79	509.50	16.96	27.16	55.87
2004	4.69	583.92	17.04	29.32	53.64
2005	4.62	662.30	17.93	29.87	52.21

① 资料来源:《中国统计年鉴》《中国保险年鉴》。

续表

年份	医疗卫生总费用占GDP(%)	人均医疗费用(¥)	卫生费用融资比例(%)		
			财政保险和社会保险	商业保险	自费
2006	4.49	748.84	18.07	32.62	49.31
2007	4.28	875.96	22.31	33.64	44.05
2008	4.55	1094.52	24.73	34.85	40.42
2009	5.03	1314.26	27.46	35.08	37.46
2010	4.84	1490.06	28.69	36.02	35.29
2011	4.98	1806.95	30.66	34.57	34.77
2012	5.20	2076.67	29.99	35.67	34.34
2013	5.32	2327.37	30.14	35.98	33.88
2014	5.48	2581.66	29.96	38.05	31.99
2015	5.95	2980.80	30.45	40.29	29.27
2016	6.23	3351.74	30.01	41.21	28.78
2017	6.36	3783.80	28.91	42.32	28.77
2018	6.46	4236.98	27.74	43.66	28.61

随着我国经济水平的不断提高,人口老龄化程度不断加深,医疗技术的进步与发展,我国对医疗卫生服务的支出不断上升。从图1-11可以看出,我国的卫生总费用保持持续增长的状态,尽管增长率有所下降,但增长率始终维持在10%以上。

社会卫生支出主要包括社会医疗保障支出、商业健康保险费、社会办医支出、社会捐赠援助、行政事业性收费等。根据图1-12,可知我国的社会卫生支出费用自2001年起开始高速增长,增速维持在15%以上。

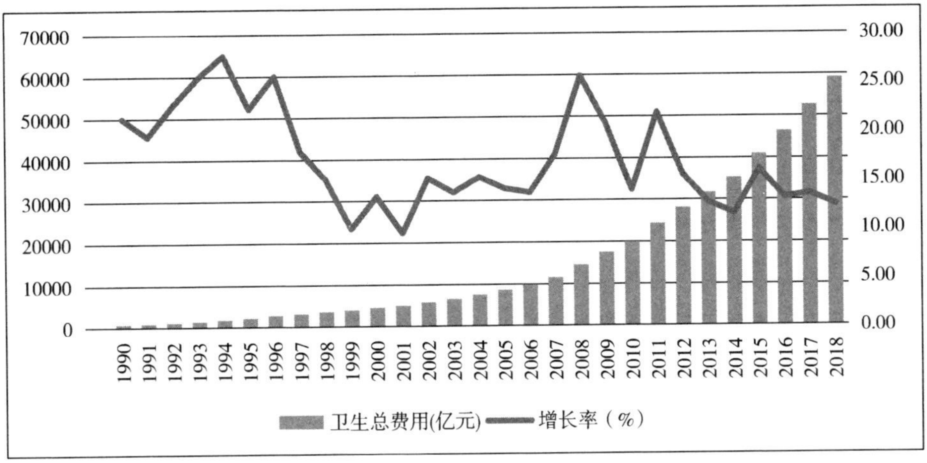

图 1－11　1990—2018 年卫生费用增长①

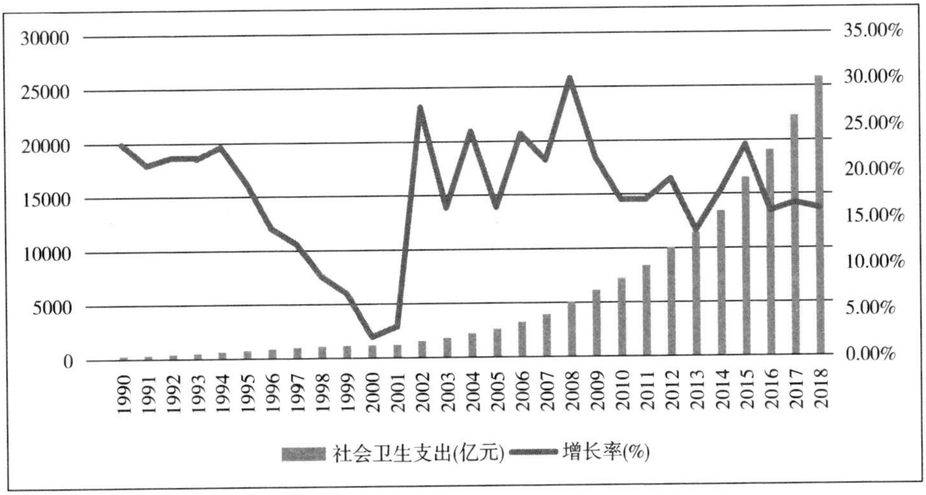

图 1－12　1990—2018 年社会卫生支出增长图②

个人现金卫生支出不断增长，反映了我国居民个人医疗服务费用的负担在增长。但是根据图 1－13 可知，个人现金卫生支出的增速有所下降，表明社会医疗保障体系的建立，在一定程度上减轻了居民的医疗负担。

① 数据来源：国家统计局国家数据库。

② 数据来源：国家统计局国家数据库。

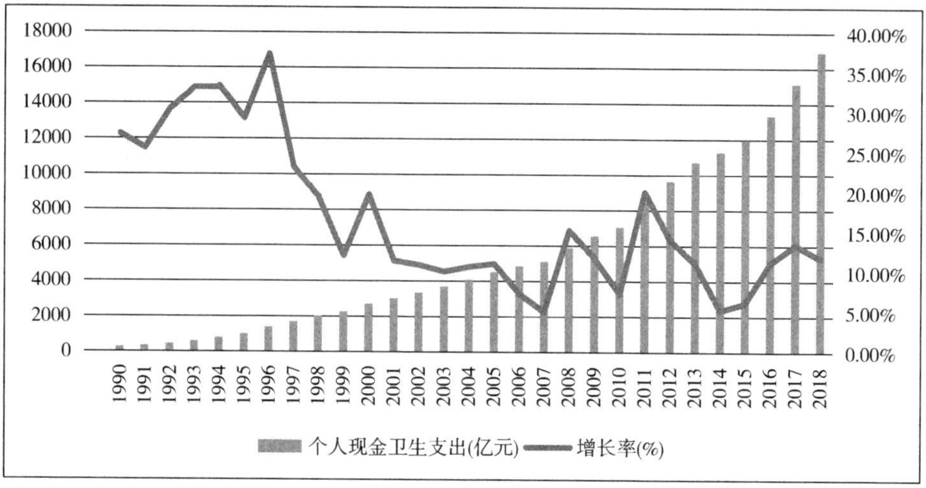

图 1-13 1990—2018 年个人现金卫生支出增长①

第二节 健康风险管理

为了更好地应对健康风险,就需要进行健康风险管理。健康风险管理(Health Risk Management)是指有效地鉴别个人及人群的健康危险状态,对个人或群体的健康状态进行测量,针对不同风险人群,采取不同等级的风险管理措施。健康风险管理主要有三个步骤:健康风险识别、健康风险测量、健康风险管理方式。

一、健康风险识别

健康风险的识别是进行健康风险管理的第一步,也是健康风险管理的基础。健康风险的识别是指在健康风险事故发生之前,经济单位及个人对面临的以及潜在的健康风险加以判断、归纳整理,并对风险的性质进行鉴定的过程(郝演苏,2017)。科学合理的健康风险管理就必须进行健康风险的识别。要正确地识别健康风险就要明确影响健康的各类风险因素,并对风险的程度进行判断。②

(一)影响健康的因素

WHO 调查显示,人类死亡原因中的 60% 和行为、生活方式有关,17% 和环境

① 数据来源:《中国卫生和计划生育统计年鉴》(2003—2019)。

② 郝演苏. 健康保险辞典[M]. 北京:中国财政经济出版社,2017.

有关,15%和生物遗传因素有关,5%的死亡原因和卫生服务有关。可见影响健康的主要因素有个人特征、环境因素、社会经济因素、生物学因素。

1. 个人特征

个人特征是影响健康状况的主要因素。个人特征主要包括不良的行为、疾病家族史、职业等。不良的行为或者生活方式会导致健康水平发生变化,使人体组织器官以及功能更容易发生病变。比如,一个人经常性喜欢抽烟,久而久之其肺部功能就会受到损害。他的吸烟致癌率是不吸烟人群的十倍,而且较其他不吸烟的人群更容易得心脑血管疾病以及呼吸道疾病。疾病家族史会扩大个人获遗传病的概率,其相应的组织器官更容易产生相应的病变。不同的职业会促使这些人的工作器官产生病变。比如,煤矿工人患尘肺的概率较高,网络作家的指关节容易产生病变。可见,正确地认识一个人的个人特征可以更好地识别其面临的健康风险。

2. 环境因素

环境因素会潜移默化地影响一个人的身体健康状况,影响健康的环境因素主要是自然环境、生活环境和工作环境。不良的生活环境会提高人体机能以及组织器官的病变概率。比如,生活在污染严重,雾霾现象严重的地区的人,有极高的呼吸道疾病的发病率,高广阔等(2019)对上海地区的研究发现,PM2.5浓度升高能够增加呼吸内科、心血管内科和皮肤科日门诊和急诊量。

3. 社会经济因素

社会经济因素包括经济发展与收入水平,也会影响到人体的健康,例如,经济发展与收入水平均会对消费者的健康状况产生影响。经济是提供生存条件和基本卫生保健服务的前提。经济发展水平越高,居民人均收入水平越高,人们的居住条件、饮食条件、医疗保健的水平就会越高,居民的健康水平就会提高,在一定程度上可以降低健康风险发生的概率。

4. 生物学因素

生物学因素是指人类在长期的生物进化过程中所形成的成熟、老化以及机体内部的复合因素。一般包括生物性致病因素、心理因素和遗传因素三个方面。生物性致病因素一般是指引起人体直接患病的微生物或者生物。微生物一般包含致病菌、病毒、螺旋体、立克次体、衣原体和支原体,生物一般是寄生生物。遗传因素主要是带有致病基因的人有很大概率把此基因传递给其子女,进而致使其子女得病的概率提升,我国每年新出生的人口中先天性畸形占13.07‰,其中最常见的无脑畸形儿、脑积水、开放性脊柱裂、先天性心脏病、唇裂等在这些先天性畸形中80%具有遗传基础,还有一些智力发育不全的儿童中有4/5是由遗传所致,因此我国每年出生有遗传因素所致的先天性畸形达 25 万，很多常见病和多发病都与遗传有关，如肿瘤、心脏病、糖尿病、冠心病、高血压、动脉硬化、支气管哮喘等。

（二）健康风险识别

健康风险识别一般是有计划地、系统而全面地收集被判断者健康相关信息资料，通过对这些资料进行分析，得出被判断的个体或者集体影响其健康的风险因素，未来一种或几种疾病患病的概率以及由于危险发生而产生的损失的可能性。健康风险判断通常的做法是通过会谈、体检以及制作调查问卷来收集判断对象的个人健康史、性别、年龄、家族疾病史、生活方式、身体状况、心理状态、居住环境、工作环境等具体健康信息，并通过对个人健康信息分析，判断个人面对或潜在的健康风险因素、健康风险或者评价某人的健康状态。判断的结果可能并不是明确的，只表明了在预估的时间段内遭受某种健康风险的概率。比如，可以通过检测血液中糖分的含量，判断其未来患糖尿病的概率。

对个人身体状况的判断，可以借助一些生理参数，如呼吸、体温、脉搏、体检结果（血压、肝功、血糖、血脂、肾功、腹部 B 超、男性 B 超、女性 B 超、血尿常规、肝炎筛查、胸透、心电图、内科、外科、耳鼻喉科检查等）、实验室检查结果、体型测量等（包括 BMI 数据指标）。或者通过一些专业的健康管理公司提供专门的健康体检，获得身体状况或者特殊疾病的判断指标和生理指标。随着信息技术和数理统计学的迅速发展，人们开始将健康的生理数据进行统计学的回归分析，建立模型来预测某个人患某种疾病的概率。

要判断一个人的健康状况，首先要判断一个人的健康状态，一般我们将健康状态分为健康、亚健康以及疾病三种状态。通过对这些生理参数的分析我们可以判断个人是否处于疾病或亚健康的状态。

1. 健康

1946 年，世界卫生组织（WHO）的宪章注明：“健康不仅是没有病和不虚弱，而且是身体、心理、社会功能三方面的完整状态。”

1978 年 WHO 制定了衡量人健康的具体十项指标：

（1）精力充沛，能从容不迫地应付日常生活和工作的压力而不感到过分紧张；

（2）精神状态正常，没有抑郁、焦虑、恐惧发作等症状；

（3）合理饮食，善于休息，睡眠良好；

（4）应变能力强，能适应环境的各种变化；

（5）能够抵抗一般性感冒和传染病；

（6）体重得当，身材均匀，站立时头、肩、臂位置协调；

(7)眼睛明亮,反应敏锐,眼肌轻松,眼睑不发炎;

(8)牙齿清洁,无空洞,无痛感;牙龈颜色正常,不出血;

(9)头发有光泽,无头屑;

(10)肌肉、皮肤富有弹性,走路轻松。

1990年,WHO将健康的范围扩大,对健康重新定义,健康是指在躯体健康、心理健康、社会适应良好和道德健康四个方面皆健全。

2. 亚健康

亚健康是介于健康与疾病之间的一种中间状态。亚健康又称为“次健康”“第三状态”“中间状态”“潜病状态”以及“灰色状态”等。这种状态人群机体虽无明确疾病,却呈现出活力降低、反应能力减退、适应能力下降等生理状态,通常表现为情绪低落、心情烦躁、忧郁焦虑、胸闷心悸、失眠健忘、精神不振、疲乏无力、腰背酸痛、易感疾病等。夏季炎热,暑湿较重,加上汗泄过多,人体内耗较大,而且又因贪凉淋雨,或夜卧当风,或恣食生冷,阳气受伤,气机运转无力,更易发生亚健康状态。亚健康状态并非常态,它具有双向转化特点,既可以向第一状态健康转化,又可以向第二状态疾病转化。① 在不加以干预的情况下,亚健康状态更容易朝着疾病状态转变。

3. 疾病

从医学的角度看,疾病主要是指机体的功能不正常即同正常机能不同的异常状态。组织、细胞将发生形态结构的异常和功能、代谢紊乱,这些变化又可使机体各器官系统之间以及机体与外界环境之间的协调关系发生障碍,进而出现各种症状、体征、心理障碍、行为异常、对社会适应能力降低和劳动能力减弱或丧失,严重的甚至威胁生命的一种身体状态。②

二、健康风险测量

健康风险的测量有两个维度,一是描述和评估某一个体未来发生某种特定疾病的可能性,二是因为某种特定疾病导致生病或死亡的后果。健康风险的测量包括对健康风险概率的测量、影响程度的测量以及测量方法三个部分。

(一)健康风险的概率测量

健康风险概率的测量是基于数理统计学的基础上进行的,通过计算风险在一定人群中的频数和频率来确定的。目前,国际范围内对健康风险概率的测量并没

① 王济昌,等. 现代科学技术名词选编[M]. 郑州:河南科学技术出版社,2006.

② 张晓,等. 健康保险医学基础[M]. 北京:中国财政经济出版社,2018.

有形成统一的标准。在实际应用中，健康风险的概率一般表现为特定疾病的发病率、患病率以及死亡率。

1940 年，刘易斯・罗宾斯（Lewis C. Robbins）通过回顾自己的诊疗经验，将健康风险进行了量化评估，创造了最早用于疾病预测的健康表。1970 年，刘易斯・罗宾斯和杰克・霍尔（Jack Hall）出版了 *How to Prospective Medicine* 一书，系统性地提出了目前的健康风险同未来的健康状态以及疾病之间的量化关系。

在实际的健康风险的测量中，一般采用会谈、健康调查问卷以及健康体检等方式获取被测量人面临的健康风险因素，并通过单因素模型分析健康风险因素同一种或多种疾病的发病率或患病率之间的相对危险关系，结合图 1－3 和图 1－4 表明的多种疾病的发生率或者患病率，得到加权的危险因素的比重，即患病的危险性。或者是通过多因素模型，如多元回归模型，还有基于模糊数学的神经网络方法及基于 Mote Carlo 模型等来分析现在面临的多个健康风险因素对某一种或几种疾病的危险性，也即患病或发病的可能性。这两种方法一般是建立一个危险分数转化表，并将危险因素转化为危险分数，进行发病率、患病率以及死亡危险的量化预测。如图 1－14 显示了多种不同健康风险因素的水平下心血管疾病的危险度预测。

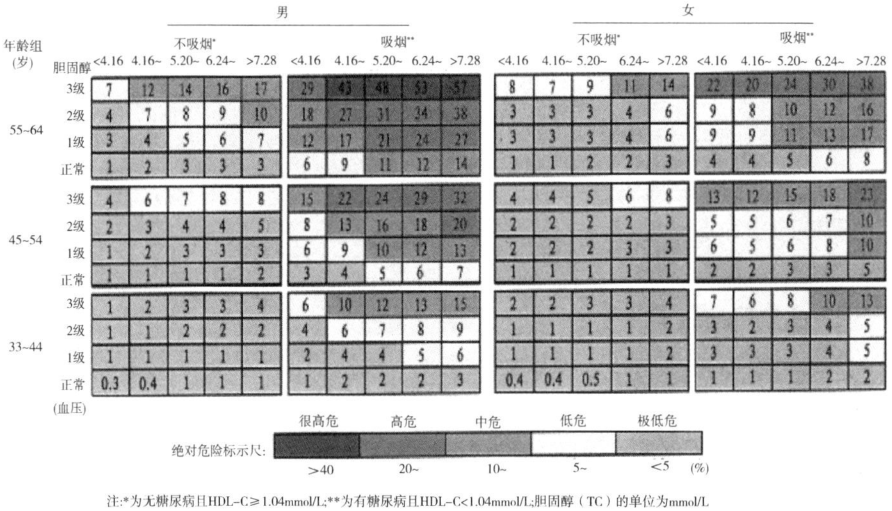

图 1－14　不同健康风险因素的水平下心血管疾病危险度预测（%）

资料来源：王薇，赵冬，刘静，等. 中国 35—64 岁人群心血管病危险因素与发病危险预测模型的前瞻性研究［J］. 中华心血管病杂志，2003，31（12）.

（二）健康风险影响程度的测量

健康风险具有高危性，一旦发生可能不仅对个人的身体、经济造成损害，更会对其心理造成伤害。经济上的损失是很容易测量的，但是心理和身体上的伤害确实难以磨灭的。一般而言，通常将各种疾病导致的死亡率或者疾病导致的医疗和护理费用作为健康风险影响程度的测量指标。图 1－5、图 1－6 以及图 1－7 表明了多种疾病致死的概率。

在测量了健康风险发生的概率后，可以结合预测可能遭遇的疾病的发病率来得到自己可能要遭遇的医疗费用和护理费用的损失。如表 1－3 表示了几种重大疾病可能的医疗费用和护理费用。

表 1－3　几种重大疾病可能的医疗费用和护理费用①

重大疾病	可能的医疗费用和护理费用
癌症（恶性肿瘤）	10 万—30 万元
慢性肾功能衰竭	透析每周 1—2 次，每次 400 元左右
肾移植手术费以及一年术后抗排斥药物	15 万—30 万元
肝脏移植手术费用	30 万—50 万元
冠状动脉搭桥手术费用	30 万—50 万元
冠状动脉支架治疗	国产支架在 1.5 万元左右，进口支架在 3 万元左右
心肌梗死早期发现治疗	5 万元左右
血管复通手术	10 万元左右
脑中风后遗症	8 万—10 万元
严重烧伤	换肤，完全医愈需要 20 万元以上，平均 10 万元左右
瘫痪	治疗费、住院费、护理费，平均 500 元左右/天

（三）健康的宏观测量

宏观类的健康测度指标是用于测度某类人群或某一国家总体人口的健康状况，即公共健康（public health）测度指数，也被称为总体人口健康（the health of populations）指数。这类指数对健康的判断和度量仍然是基于医学生物学和流行病理学对疾病的定义和理解，一般都是从死亡情况（mortality）、疾病状况（morbidi-

① 数据来源：太平洋保险网。

ty)和伤残程度(disability)等方面来测度健康(Bury,2005)。

1. 死亡率

死亡率即人口死亡率。人口死亡率通常是指某地区的某一人群中每单位时间的死亡数目(整体或归因于指定因素)。死亡率是衡量人口健康状况的重要指标,也是测量人群死亡危险因素的常用指标,其分子为死亡人数,分母为该人群年平均人口数。死亡率还可以根据不同的指标分别计算,如性别、年龄、职业、种族、死亡原因等。

下面给出1998—2019年我国死亡率折线图。①

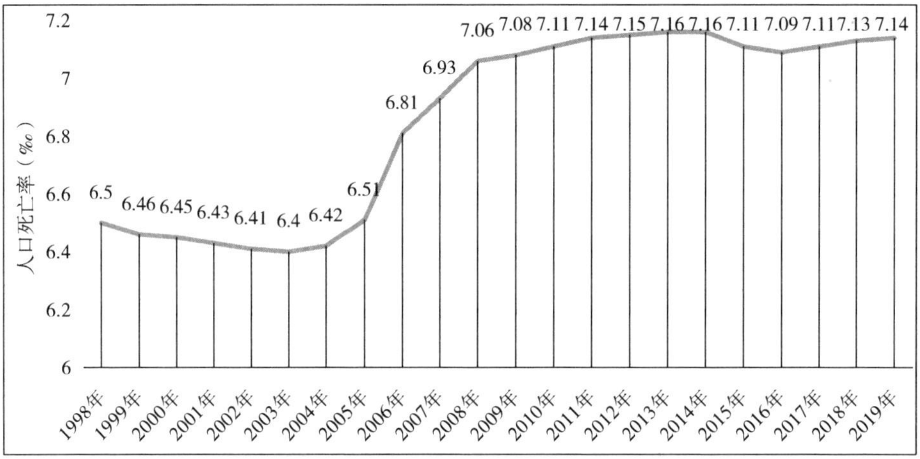

图1-15　1998—2019年中国人口死亡率变化折线图②

由图1-15可知,从1998—2003年,中国人口死亡率缓慢下降。2003—2008年中国人口死亡率急速上升。2008年后,中国人口死亡率缓慢上升。2011—2019年人口死亡率的波动幅度不大,维持在7.13左右,总体呈现出增长的趋势。

常用的更细分的度量指标有初生婴儿死亡率、1岁以下婴幼儿死亡率、5岁以下儿童死亡率、成年人口死亡率、孕妇死亡率以及某一特殊年龄和某一特殊病种的死亡率等。我们从国家统计局分别选取新生儿死亡率、5岁以下儿童死亡率、孕产妇死亡率以及狂犬病死亡率从2004—2018年15年间的数据,做成如表1-4。由这些年份数据可以看出,一般而言,各类死亡率与年份大小呈反向变化。

① 数据来源:2019年中国统计年鉴。

② 数据来源:国家统计局国家数据库。

表 1－4　有关死亡率的其他指标

类型	单位	2004	2005	2006	2007	2008	2009	2010	2011	2012	2013	2014	2015	2016	2017	2018
新生儿死亡率	‰	15.4	13.2	12	10.7	10.2	9	8.3	7.8	6.9	6.3	5.9	5.4	4.9	4.48	3.9
5 岁以下儿童死亡率	‰	25	22.5	20.6	18.1	18 5	17.2	16.4	15.6	13.2	12	11.7	10.7	10.2	9.05	8.4
孕产妇死亡率	1/10 万	48.3	47.7	41.1	36.6	34.2	31.9	30	26.1	24.5	23.2	21.7	20.1	19.9	19.6	18.3
狂犬病死亡率	1/10 万	0.204	0.194	0.2459	0.25	0.18	0.1605	0.1509	0.14	0.101	0.0833	0.063	0.0546	0.0428	0.0364	0.0294

注：数据源于中华人民共和国国家统计局。

死亡率在早期的健康产出研究中是最重要的健康指标之一。但是,由于死亡是健康的终点,一旦死亡就没有了研究的价值,所以死亡率反映的健康产生的信息并不全面。但是,死亡率可以较为容易地获得,便于进行区域健康产出分析,因此有比较广泛的应用。

2. 患病率

患病率,指在特定时间段内一定人群中某种特定疾病的新旧病例数占该人群中的比例。患病率是反映居民的健康状况、疾病负担和卫生服务需要量的重要指标,也是健康保险中重大疾病保险费厘定的基础。

患病率 = (特定时期某人群中某病新旧病例数/同期观察人口数) × K

其中,K = 100% ,1000‰,1000/万或 100 000/10 万

患病率的测量较为困难,国外研究者使用的患病率数据主要源于人群调查(Surveys)、特定疾病登记(Disease - Specific Register)和全科医师记录(General Practitioner,GP)。国内的患病率数据则需要来自医疗机构的记录和国家卫生机构的调查统计,数据较难获得,因而使用范围也不是很广泛。

细分指标主要包括三个方面的因素:疾病和伤残的发生频率、持续时间、严重程度,以及它对经济和社会的冲击。度量某种疾病发生频率的指数有累计发病率(cumulativein cidence,即一定时期内新增病例数同具有患病风险的总人口数量之比)或发病比率(incidencepro - portion)、病发密度(incidence density,即某一特定时期内,通常为一年每 1000 人中新患病的人数)或者发病率(incidencerate)、患病率(prevalence,即某一时点上已经患病的人数同总人口数量之比)等指标。度量疾病严重程度的指标有提前死亡率(premature mortality,即相对于没有患病的人而言,患病者提前死亡率的概率)。度量伤残严重程度指标有致残率(casedisabilityratio),它一般是从医学上按照某种疾病或伤残的症状和特征定义疾病和伤残的严重程度。疾病和伤残的持续时间(the duration of the disease)是指从患病或受伤开始到疾病被治愈和康复或者死亡所经历的时间。

表 1 - 5 是 2003 年、2008 年以及 2013 年我国各调查地区的两周患病率、调查地区居民两周患病严重程度以及调查地区的慢性病患病率。

表 1-5 2003—2013 调查地区患病率等有关指标①

指标名称	两周患病率			居民两周患病严重程度(每千人)				慢性病患病率(%)	
	调查人数	患病人次数	两周患病率(%)	患病天数	休工天数	休学天数	卧床天数	按人数计算	按病例计算
2003	193689	27696	14.3	1093	194	50	170	123.3	151.1
2008	177501	33473	18.9	1537	90	44	185	157.4	199.9
2013	273688	66067	24.1	2237	141	24	169	245.2	330.7

3. 总体人口健康指数

总体人口健康指数是能够全面反映总体人口健康状况的综合性指数,即总体人口健康综合指数(Composite summary measures of population health),主要包括健康损失(Health gaps)类指标和健康预期(Health expectancies)类指标。健康损失类指标是基于对实际人口健康同某一标准人口健康之差来度量总体人口健康状况的综合指标,如健康寿命年数(Health life year)、伤残调整的寿命年数(Disability-adjust life year)和质量调整的寿命年数(Quality - adjust life year)等指标;健康预期类指标则有预期寿命(Life expectancy)、健康期望寿命(Active life expectancy)、无疾病的预期寿命(Disability - free life expectancy)和健康调整的预期寿命(Health - adjusted life expectancy)。

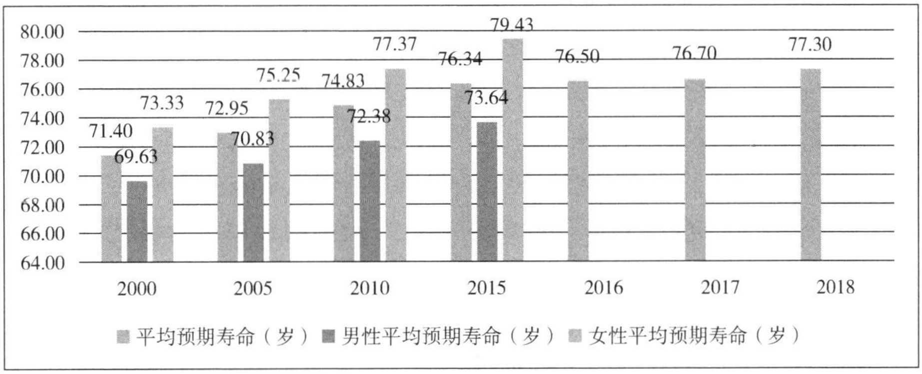

图 1-16 中国平均预期寿命变化图②

① 数据来源:2018 年中国卫生统计年鉴。

② 数据来源:国家统计局国家数据库。

预期寿命(Life Expectancy)又称为“平均遗命”“生命期望值”,指在某个时间段内、某个群体从出生到死亡的平均预期寿命,通过统计历史人口生存和死亡数据,预测群体平均存活时间,一般假定统计期间生存条件发生变化。预期寿命在一定程度上反映了人们的健康水平,健康水平越高,预期寿命越高。

从2000—2018年,中国人口的平均预期寿命呈现增长的趋势,从71.4岁上升至77.3岁(图1-16)。平均预期寿命的增长原因是随着社会进步和经济发展,医疗水平有了较大提高,社会保障程度加深,健康的保障程度也不断加深。

(四)实践中应用的健康风险测量方法

在实践中通常使用健康相关生命质量方法来测量健康风险。健康相关生命质量(Health Related Quality of Life)是指在病伤、医疗干预、老化和社会环境改变的影响下人们的健康状态,以及与其经济、文化背景和价值取向等相联系的主观体验。

1. 生命质量评估

生命质量评估主要用于测量个别患者及人群的健康状况;定量比较患者及人群健康状况的变化;评价由疾病带来的负担和对生活质量造成的影响;对治疗进行临床及经济学的评价,选取最佳方案;通过了解生命质量,为卫生政策制定和卫生资源的合理利用提供依据。

生命质量评估的内容主要包括躯体健康、心理健康、社会功能、疾病状况和对健康的总体感受。内容涵盖了WHO关于健康定义的四个维度。

生命质量评估的特点包括:评估内容具有综合性,包含生物、心理、行为以及社会适应力、总体感觉等的功能和质量;反映生命质量的指标常是主观指标,多采用功能或行为术语来说明个体所处的状态,而非临床诊断和实验室检查结果;在评价者方面,多采用自我评价,即由个人对自己的生命质量做出评价,或者由他人(医生)进行评价;评价结果具有时变性,常用作卫生保健、健康促进等的效果指标,且比一些客观的健康指标更为敏感。

2. 健康状况的测量表

健康状况多采用各种量表进行测量。SF-36是健康调查简表(the MOS item short from health survey,SF-36),是在1988年斯图尔特(Stewartse)研制的医疗结局研究量表(medical outcomes study -short from,MOS SF)的基础上,由美国波士顿健康研究所研究发展而来。SF-36作为简明健康调查问卷,它从生理机能、生理职能、躯体疼痛、一般健康状况、精力、社会功能、情感职能以及精神健康八个方面全面概括了被调查者的生存质量，被广泛应用于普通人群的生存质量测定、临床试验效果评价以及卫生政策评估等领域。

附：SF－36 表

1. 总体来讲，您的健康状况是：

①非常好　②很好　③好　④一般　⑤差

2. 跟 1 年以前比您觉得自己的健康状况是：

①比 1 年前好多了　②比 1 年前好一些　③跟 1 年前差不多　④比 1 年前差一些　⑤比 1 年前差多了

健康和日常活动

3. 以下这些问题都和日常活动有关。请您想一想，您的健康状况是否限制了这些活动？如果有限制，程度如何？

(1)重体力活动。如跑步举重、参加剧烈运动等：

①限制很大　②有些限制　③毫无限制

(权重或得分依次为 1,2,3；下同)

注意：如果采用汉化版本，则得分为 1,2,3,4，得分转换时做相应的改变。

(2)适度的活动。如移动一张桌子、扫地、打太极拳、做简单体操等：

①限制很大　②有些限制　③毫无限制

(3)手提日用品。如买菜、购物等：

①限制很大　②有些限制　③毫无限制

(4)上几层楼梯：

①限制很大　②有些限制　③毫无限制

(5)上一层楼梯：

①限制很大　②有些限制　③毫无限制

(6)弯腰、屈膝、下蹲：

①限制很大　②有些限制　③毫无限制

(7)步行 1500 米以上的路程：

①限制很大　②有些限制　③毫无限制

(8)步行 1000 米的路程：

①限制很大　②有些限制　③毫无限制

(9)步行 100 米的路程：

①限制很大　②有些限制　③毫无限制

(10)自己洗澡、穿衣：

①限制很大 ②有些限制 ③毫无限制

4. 在过去4个星期里，您的工作和日常活动有无因为身体健康的原因而出现以下这些问题？

(1)减少了工作或其他活动时间：

①是 ②不是

(权重或得分依次为1,2;下同)

(2)本来想要做的事情只能完成一部分：

①是 ②不是

(3)想要干的工作或活动种类受到限制：

①是 ②不是

(4)完成工作或其他活动困难增多(如需要额外的努力)：

①是 ②不是

5. 在过去4个星期里，您的工作和日常活动有无因为情绪的原因(如压抑或忧虑)而出现以下这些问题？

(1)减少了工作或活动时间：

①是 ②不是

(权重或得分依次为1,2;下同)

(2)本来想要做的事情只能完成一部分：

①是 ②不是

(3)干事情不如平时仔细：

①是 ②不是

6. 在过去4个星期里，您的健康或情绪不好在多大程度上影响了您与家人、朋友、邻居或集体的正常社会交往？

①完全没有影响 ②有一点影响 ③中等影响 ④影响很大 ⑤影响非常大

(权重或得分依次为5,4,3,2,1)

7. 在过去4个星期里，您有身体疼痛吗？

①完全没有疼痛 ②有一点疼痛 ③中等疼痛 ④严重疼痛 ⑤很严重疼痛

(权重或得分依次为6,5.4,4.2,3.1,2.2,1)

8. 在过去4个星期里，您的身体疼痛影响了您的工作和家务吗？

①完全没有影响 ②有一点影响 ③中等影响 ④影响很大 ⑤影响非

常大

（如果7无8无，权重或得分依次为6,4.75,3.5,2.25,1.0；如果7有8无，则为5,4,3,2,1）

您的感觉

9. 以下这些问题是关于过去1个月里您自己的感觉，对每一条问题所说的事情，您的情况是什么样的？

（1）您觉得生活充实：

①所有的时间　②大部分时间　③比较多时间　④一部分时间　⑤小部分时间　⑥没有这种感觉

（权重或得分依次为6,5,4,3,2,1）

（2）您是一个敏感的人：

①所有的时间　②大部分时间　③比较多时间　④一部分时间　⑤小部分时间　⑥没有这种感觉

（权重或得分依次为1,2,3,4,5,6）

（3）您的情绪非常不好，什么事都不能使您高兴起来：

①所有的时间　②大部分时间　③比较多时间　④一部分时间　⑤小部分时间　⑥没有这种感觉

（权重或得分依次为1,2,3,4,5,6）

（4）您的心里很平静：

①所有的时间　②大部分时间　③比较多时间　④一部分时间　⑤小部分时间　⑥没有这种感觉

（权重或得分依次为6,5,4,3,2,1）

（5）您做事精力充沛：

①所有的时间　②大部分时间　③比较多时间　④一部分时间　⑤小部分时间　⑥没有这种感觉

（权重或得分依次为6,5,4,3,2,1）

（6）您的情绪低落：

①所有的时间　②大部分时间　③比较多时间　④一部分时间　⑤小部分时间　⑥没有这种感觉

（权重或得分依次为1,2,3,4,5,6）

（7）您觉得筋疲力尽：

①所有的时间　②大部分时间　③比较多时间　④一部分时间

⑤小部分时间 ⑥没有这种感觉

(权重或得分依次为1,2,3,4,5,6)

(8)您是个快乐的人:

①所有的时间 ②大部分时间 ③比较多时间 ④一部分时间

⑤小部分时间 ⑥没有这种感觉

(权重或得分依次为6,5,4,3,2,1)

(9)您感觉厌烦:

①所有的时间 ②大部分时间 ③比较多时间 ④一部分时间

⑤小部分时间 ⑥没有这种感觉

(权重或得分依次为1,2,3,4,5,6)

10. 不健康影响了您的社会活动(如走亲访友):

①所有的时间 ②大部分时间 ③比较多时间 ④一部分时间

⑤小部分时间 ⑥没有这种感觉

(权重或得分依次为1,2,3,4,5,6)

总体健康情况

11. 请看下列每一条问题,哪一种答案最符合您的情况?

(1)我好像比别人容易生病:

①绝对正确 ②大部分正确 ③不能肯定 ④大部分错误 ⑤绝对错误

(权重或得分依次为1,2,3,4,5)

(2)我跟周围人一样健康:

①绝对正确 ②大部分正确 ③不能肯定 ④大部分错误 ⑤绝对错误

(权重或得分依次为5,4,3,2,1)

(3)我认为我的健康状况在变坏:

①绝对正确 ②大部分正确 ③不能肯定 ④大部分错误 ⑤绝对错误

(权重或得分依次为1,2,3,4,5)

(4)我的健康状况非常好:

①绝对正确 ②大部分正确 ③不能肯定 ④大部分错误 ⑤绝对错误

(权重或得分依次为5,4,3,2,1)

三、健康风险管理方式

健康风险管理属于风险管理的一种,因此对健康风险的管理可以运用风险管理的四种方式:风险回避、风险自留、风险预防与控制以及风险转移。但是,由于健康风险不同于其他的风险。健康风险的风险因素较多,较其他风险而言更难以回避。同时,健康风险一旦发生就会对个人的身心造成极大的损害,因而风险自留不适用于健康风险管理。因此,在进行健康风险管理时更多使用风险预防与控制以及风险转移这两种方式去降低健康风险的发生率。

(一)风险回避

健康风险一般而言是难以回避的。但是,如果健康风险是由于一些可以预见的因素导致的,那么我们可以通过风险回避的手段来避免健康风险的发生。比如,在人口密集区建设一家垃圾焚烧处理厂,其风险是可以预见的。垃圾燃烧产生的有毒气体以及粉尘会提高垃圾处理厂附近居民患呼吸道疾病的概率,其危害是显而易见的。所以,周边民众可以联合起来向相关部门反映,促使垃圾焚烧处理厂搬离此地区,从而规避相应的呼吸道疾病的健康风险。但是,容易引发呼吸道疾病的风险因素有很多,垃圾焚烧处理厂只是其中之一。所以,健康风险实际上还是难以完全避免的。

(二)风险自留

风险自留一般是指将个人采取一定的手段降低风险或者个人选择不对风险加以管理,即顺其自然,不将风险转移出去。对于健康风险而言,类似感冒、发烧,以及跌打损伤等疾病或伤害,其对个人造成的损失较小,那么风险主体一般会选择风险自留。其他一部分类似癌症以及心血管疾病等风险,一旦发生,就会对个人造成巨大的损害。因而,一部分个体会将该类健康风险通过保险等形式转移。另一部分由于经济条件以及自身的年龄限制等无法转移风险,只能将风险自留,这时候的风险自留一般是被动的。

(三)风险预防与控制

风险预防与控制指的是风险主体通过采取一些措施对可能面临的风险加以预防,降低自身遭遇风险的可能性。风险预防是我们应对一些具有传染性的健康风险的主要手段。比如,通过打疫苗的方式预防肝炎、天花等传染性疾病的健康风险。通过加强锻炼,注意饮食习惯和生活方式来降低染病的概率。风险控制是指当风险已经发生或正在发生时,通过采取一系列手段来控制风险的蔓延,以降低损失。比如,在传染病发生时,通过限制人口流动,发放预防药品,为公共环境消毒等方式来控制传染病的传播,减少感染人数,降低社会损失。

(四)风险转移

风险转移是指个人为避免承担风险损失,有意识地将损失或与损失有关的财务后果转嫁给另一单位或个人去承担的一种风险管理方式。保险转移是最常见的一种风险转移方式,保险转移是指向保险公司投保,以缴纳保险费为代价,将风险转嫁给保险公司承担。当发生风险损失时,保险人按照合同约定责任给予经济补偿。常用的用于转移健康风险的方式就是购买健康保险,如重大疾病保险、医疗保险等,将一些容易引发巨大损失的健康风险,转移给保险公司。

四、健康风险和健康保险

通过保险来转移健康风险,是因为健康风险具有可保风险的特征:

(一)健康风险的发生是偶然的

风险是客观存在的,风险的偶然性是对个体标的而言的,如对某个人、某个企业等。偶然性包含两层意思:一是发生的可能性。二是发生的不确定性,即发生的对象、时间、地点、原因和损失程度等,都是不确定的。如果是确定的风险,那么就是必然要发生的风险。对某个人必然发生的风险,保险人是不予承保的。健康风险的发生尽管受到遗传、环境、生活方式等因素的影响,但总的来看,健康风险的发生是随机的,是不可预料的。

(二)健康风险发生的概率是可以测算的

只有可以测量其概率的健康风险才是可保风险。如果风险无法测算,那么健康保险的费率和保险金额等就难以确定。利用以往对疾病的综合分析及循证医学,以及生存分析法、寿命表分析法等前瞻性方法,可以对一类群体健康风险发生的概率进行测量,但是,健康保险保障的风险是复杂的,由于其影响因素众多,变化多端,因而其风险发生的概率测算较为困难。

(三)健康风险是纯粹风险

投机风险是指既可能产生收益也可能造成损失的不确定性。这类风险的结果有三种可能:没有损失,有损失,盈利。比如,股票投资,投资者购买某种股票后,可能会由于股票价格上升而获得收益,也可能由于股票价格下降而蒙受损失,但股票的价格到底是上升还是下降,幅度有多大,这些都是不确定的,因而这类风险就属于投机风险。与之相对的是纯粹风险,纯粹风险是指只有损失机会,而无获利可能的风险,这种风险可能造成的结果只有两个,即没有损失和造成损失。健康风险是纯粹风险,即健康保险保障的风险一旦发生都是会造成损失的,不能使被保险人获得收益。

(四)健康风险有大量标的,且均有遭受风险的可能性

这一特点是由保险的经营所决定的。保险业建立在大数法则的基础上,核心思想就是将少数人的损失分摊至具有同样风险的个体上。没有大量同类风险标

的,风险分散无法进行。也就是说,某一风险必须是大量标的均有遭受损失的可能性(不确定性),但实际出险的标的仅为少数(确定性),只有这样的风险,才能计算出合理的保险费率,让投保人付得起保费,保险人也能建立起相应的赔付基金。如果某种风险只是一个或少数几个个体所具有,就失去了保险的大数法则基础,保险人承保该类风险等于是下赌注,进行投机。健康风险符合这样的定义。

(五)健康风险具有发生重大损失的可能性

风险损失程度如果是轻微的,那就无须通过保险来转移。只有风险的发生具有重大损失,才需要通过保险来分散风险,弥补损失。健康风险难以自留,尤其是重大疾病,具有高危性,需要通过保险来转移。

因此,健康风险具有可保风险的特征,可以通过保险进行风险转移。

第三节 健康的经济价值

传统的研究通常从人力资本的角度来衡量健康的经济价值。1972 年格罗斯曼(Michael Grossman)在"On the Concept of Health Capital and the Demand for Health"一文中,将健康视为一种人力资本,把健康同投资理论联系在一起,进而提出了健康生产函数(Health Production Function)①。

一、健康的经济学含义

(一)健康的经济学定义

从经济学角度定义健康比较困难,经济学研究文献中对健康也同样没有一个统一的定义,因为"任何关于健康的定义都有其困难和不足之处。也没有任何一个被一致认可的健康标准"(斯宾塞 Spence,2009)。

在经济学对健康问题的研究中,健康不同于许多其他商品,因为它既有内在价值,也有工具价值。健康首先被认为是一种目标,是一种最重要的可行能力和人类发展的最终目标之一,具有内在价值;同时,健康也被认为是一种能力和工具,它对人类发展的其他各方面都有着不同程度的工具性价值(阿玛蒂亚·森,Amartya Sen,1987,1999)。健康的内在价值体现在健康作为一种人力资本、一种

① GROSSMAN M. On the concept of health capital and the demand for health[J]. Journal of Political Economy,1972,80(2).

社会资源和一种人类福祉(well - being),成为个人生活和社会发展的直接追求目标,这使得健康直接影响到人类的经济行为。因此,经济学从行为科学的视角入手,研究了健康因素对人类经济行为的影响(福克斯 Fuchs,2000)。

健康是一种产生积极效用的状态——人们享受健康,健康的身体允许个人工作挣钱,照顾自己和他人,并从事其他活动。感觉良好是健康的内在价值——它直接增加个人效用。利用良好的健康状况来谋生是健康的一种工具价值——它通过提供货币工资间接地增加个人效用,人们可以把钱花在诱导消费的效用形式上。利用良好的健康来从事日常生活活动也是健康的一种工具价值——它为人们提供从事他们喜欢的活动的机会,如与朋友和家人共度时光,从而间接地增加个人效用。

健康的工具性价值表现在它对社会经济各个领域的影响作用,包括提高劳动生产率和劳动参与度、增加个人和社会收入水平、促进物质资本积累和教育投资、促进经济增长以及对社会生育率和人口结构的影响上(王曲和刘民权,2005;鲁格等 Ruger,2012)。因此,经济学从健康的工具价值入手,研究了健康对经济各个方面的影响。另外,经济学还从健康作为身心健康的整体及其同环境的平衡关系入手,研究经济发展水平和其他经济因素对健康和人口统计学的影响(鲁格等,2012)。

(二)健康的经济学测量

由于经济学主要从逻辑实证主义的角度来研究健康同经济的关系和健康对经济的作用,包括逻辑实证主义的理论研究和经验研究,因此,这类研究中所使用的健康定义必须具有可操作性和可度量性。这就使得经济学以及健康经济学中关于健康的定义要比以上 WHO 等对健康的定义狭窄得多。总的来看,经济学中所指的健康一般都是基于医学模式上所定义的健康,即以医学生物学和流行病理学对疾病和人体生理功能的理解和解释为基础。不过,经济学也同样没有把健康仅仅理解为一种没有疾病和身体功能健全的状态,而是要用健康这一概念来描述人体身体状况的一个状态区间,这一区间可以按照身体机能的好坏程度和活动能力的大小强弱用数值来加以标识。这一标识数值的大小则代表了健康状况(health state)的好坏或健康水平(health level)的高低。当然,关于身体机能和活动能力的测度或评估仍然是以医学生物学和流行病理学等学科对人体疾病和身体机能的研究结论为依据。

由于健康是一个多维度的概念,在实践中要想用一个数值来完整准确地描述或度量健康状态,还是有很大困难的。例如,施特劳斯(Strauss)和托马斯(Thomas,1998)认为,即使从健康作为人力资本的角度来测度个人的健康状态,也至少存在以下三个复杂的问题:第一,即使经济学简单地把健康理解为是一种身体状况的度量,它也是一个多维度的概念,不同维度的健康指标在衡量健康总体状况的重要性如何,这很难有一个能被一致认可的标准(沃瑞科等 Ware,1980)。第二,虽然对健康的测度有很多指标,但任何一个健康指标的测度都有系统性的误差,这种误差直接同测度的方法有关,同时也同个人对健康的需求以及其他行为有关。这就导致用不同的健康指标来研究健康同经济变化之间的关系时,研究结论的差异性比较大。第三,由于疾病或身体功能的变化是一个过程,而且很多时候身体状况都难以直接测度,有时即使从医学上对疾病或身体功能变化也很难确切地诊断,所以,健康的测度指标,特别是通过调查数据获得健康指数,都是以个人的主观评价为基础的,具有很强的主观性。此外,由于个人的身体状态一生中都在变化,这导致对个人健康的测度直接同个人所处的年龄有关,这也增加了健康测度的困难。

相对于个人健康的测度来说,对群体或国家总体人口健康的状况测度就更困难,因为除了以上个人健康测度困难之外,总体人口健康的测度还涉及如何把个人健康测度指数进行加总的问题。简单来说,测度总体人口健康的困难主要有两个方面:第一,有些指标对个人有意义,但其加总没有意义,如身高和体重指数。第二,有些健康测度指标虽然可以加总,但对不同的人群其权重的选择往往涉及社会价值判断。尽管如此,由于群体和国家总体人口健康状态对于公共卫生政策的决策具有重要意义,对总体人口健康的测度甚至比个人健康的测度更重要,所以经济学、统计学、公共卫生学、人口统计学、流行病学和医学等众多领域的学者都在致力于研发出能够度量整体人群健康状态的健康测量指数。①

(三)健康消费与效用

经济学关注个人作为消费者的行为,每个人每天都要对自己的消费做出选择,个人如何做出这些消费选择是经济学家研究的最重要的行为形式之一。经济学的一个基本假设是,消费者对不同类型的消费有偏好,他们做出选择是为了满足自己的偏好。从经济学的角度来看,个人做出的消费选择"最大化了他们的效用"。

部分学者将健康看作一项消费,健康的经济学观点是,健康消费是一件好事,个人从健康中获得效用,就像他们从喝咖啡中获得效用一样。"健康消费"指的是

① 董希望,王弟海. 经济学中的"健康":定义和度量[J]. 福建论坛(人文社会科学版),2014(12).

个人在现在和未来都能从良好的健康中获得积极的益处。在一段特定的时间内，如某一天，个人获得的部分效用来自对健康的消费。如果个体相对健康，那么他们就能从健康中享受到大量的效用；而如果个人健康状况相对较差，那么从健康中获得的效用就会少得多。个人对健康的偏好是一个常识理念的经济模型。

也有部分学者认为健康是一种消费，健康也像其他形式的消费一样，在一定程度上取决于个人的选择。选择经济学与整体消费决策有关，包括今天消费多少不同的商品，以及将多少推迟（储蓄）到明天（马斯·克莱尔等 Mas - Colell，1995）。经济学适用于健康的消费，在某种程度上，人们可以选择消费多少健康。个人可以决定如何享受其健康的直接好处，也可以从事促进健康或破坏健康的活动，还可以决定使用多少自己的健康带来的间接好处用于市场活动，特别是为了谋生而工作。

经济学也适用于健康消费，因为个人可以选择消费多少健康。经济学强调商品“不满足”的特性，以此来解释为什么人们偏好选择更多消费而非更少消费。既然健康是好的，那么人们就会想要消费越来越多的健康。经济学还强调边际效益下降的作用，以解释限制某一特定商品消费的选择，因此尽管人们更喜欢身体健康，但他们可能不想花费所有的时间和资源来实现和保持完美的健康。

最大化健康产生的效用还需要平衡今天的消费和未来的消费。这在经济学中被称为最大化“跨时间效用”的问题（马斯·克莱尔等，1995）。未来的健康既不确定，也在一定程度上由今天做出的健康和非健康决定所决定。我们可以通过个人做出的与健康相关的选择来最好地检验这种平衡。花在医疗保健上的钱表明了个人可以在未来保持健康的强烈愿望，即使这意味着今天要花费大量的时间和金钱。

健康边际效益的下降以及健康状况随着时间的推移而恶化的事实也意味着，如果个人能够以某种方式将自己的一些良好的健康状况从现在“转移”到未来，那么他们未来的境况将会变好。大多数形式的消费都通过将消费时间延长而不是选择一次性全部消费来获得更大的效用，人们可以在两个时期之间“转移”他们的收入，如果每个人都能以类似的方式在不同时期转移健康，他们的效用可能会提高，因为他们可以选择什么时候消耗自己的健康，但这种选择是不现实的，可用的方案是投资于卫生，以改善未来的消费。

二、健康资本

虽然人们无法储蓄自己的健康，但他们能够为自己的健康投资。从经济的角度来看，投资包括今天支付的成本，将来产生回报。投资的成本和回报通常用货币和非货币两种形式表示，健康投资也有货币和非货币成本和回报，健康投资的成本可能包括看病的支出和看病花费的时间，回报可能包括未来身体健康的感觉以及工作谋生能力的提高。这种对健康的投资能力意味着，投资机会允许个人通过目前的金钱、努力和其他资源在未来的健康消费中获得“回报”。

两种重要的健康投资类型是预防和促进健康。预防的目的是提高未来的健康消费，从而提高未来的效用。从这个意义上说，预防性支出可以被视为一种投资形式。不同形式的健康促进也是如此。运动、良好的饮食和适当的睡眠在今天可能被认为是昂贵的活动：运动需要时间和精力，健康的食物可能是昂贵的，花在睡眠上的时间不能花在其他活动上。进一步而言，如果这些活动在未来一定程度上能够改善健康，那么它们是对健康的投资形式。

许多投资的一般原则适用于健康，但将投资模型应用于健康的一个具体困难是没有良好健康市场，健康不是一种可替代的商品，不能在个人之间直接交易，也不能在市场上买卖。相比之下，对健康的投资是投资的一种方式——花在健康投资上的钱不能转换成金钱或其他金融产品。从这个意义上说，今天改善健康或跨时期转移健康的技术是有限和昂贵的。为了理解健康投资的重要性，接下来将通过健康资本模型的介绍和解释来分析。

（一）健康投资

WHO 调查数据显示，人类死亡原因中的 60% 和行为、生活方式有关，17% 和环境有关，15% 和生物遗传因素有关，只有 5% 的死亡原因和卫生服务有关。因此，从五个健康投入要素——营养投资、行为和生活方式因素、环境因素、生物学因素和卫生医疗服务进行分析。

1. 营养投资

营养健康投资包括摄入的食物、膳食结构等，人体为了维持生命和健康，保证身体生长发育、体力活动和学习思维的需要，必须不断从食物中摄取必需的营养物质。这些营养物质包括蛋白质、脂肪、碳水化合物、矿物质、维生素、水和膳食纤维共七类，统称为人体必需的七大营养素。只有合理搭配和摄入这些营养素，才能维持正常的生命活动和身体健康，而不合理的膳食结构，营养过剩或缺乏对身体都是有害的。经济发展带来的膳食结构的变化的影响要从两方面看：一方面，经济的快速发展减少了居民由于营养不良而引起的诸多身体疾病；另一方面，经济的飞速发展和物质生活的丰富引起的营养过剩也带来了居民健康状况的恶化，居民的膳食结构与高血糖、高血压、高血脂、糖尿病等常见的慢性疾病有较大的相关性。

2. 行为和生活方式因素

行为和生活方式因素是指因自身不良行为和生活方式，直接或间接给健康带来的不利影响。如糖尿病、高血压、冠心病、结肠癌、前列腺癌、乳腺癌、肥胖症、性传播疾病、精神性疾病、自杀等均与行为和生活方式有关。行为和生活方式因素又包括三个方面，即行为因素、生活方式和体育锻炼。

(1)行为因素

行为是影响健康的重要因素，几乎所有影响健康的因素都与行为有关。例如，吸烟与肺癌、慢性阻塞性肺病、缺血性心脏病及其他心血管疾病密切相关。酗酒、吸毒等不良行为也严重危害人类健康。

(2)生活方式

由于生活方式和不良行为导致了慢性非传染性疾病及性病、艾滋病的迅速增加。近年来我国恶性肿瘤、脑血管病和心血管病已占总死亡原因的61%。

据查，只要有效地控制行为危险因素：不合理饮食、缺乏体育锻炼、吸烟、酗酒和滥用药物等，就能减少40%—70%的早死，1/3的急性残疾，2/3的慢性残疾。

(3)体育锻炼

政府建设全民健身公共设施，加强健身步道、骑行道、全民健身中心、体育公园、社区多功能运动场等场地设施建设是重要的公共健康投资，对个人来说，在体育锻炼的过程中，人的身体能量在逐渐消耗，可以有效促进新陈代谢，使得身体获取更多新能量。有利于人体抵抗各类病毒，全面提高其免疫能力，在长期锻炼中，可以达到降低血脂与血压的目的，全面控制血糖，提高骨骼的密度。锻炼还能治疗慢性心理疾病，如动脉粥样硬化等。

3. 环境因素

环境因素强调人体与自然环境和社会环境的统一，强调健康、环境与人类发展问题不可分割。两种环境因素对于健康的影响也是不同的。

(1)自然环境

环境是人类赖以生存的物质基础，人和环境之间始终保持着紧密的不可分割的联系。在人类的生存和发展进程中，人类一方面利用有利的自然环境条件，另一方面按照自身的需要主动地改造着自然环境。如把原野和森林变成农田和牧场，发展种植和畜牧业，以增加食品及生活资料供应的多样性和稳定性。工业革命阶段，应用新的科学技术，开矿冶炼、加工制造、化工合成等，以丰富人类的物质条件，创造更加舒适方便、有利于人类生存和繁衍的生活环境。但与此同时，人类的这些生产活动却带来了诸如生态破坏、环境污染、自然资源耗竭等环境问题。保持自然环境与人类的和谐，对维护、促进健康有着十分重要的意义。若破坏了人与自然的和谐，人类社会就会遭到大自然的报复。自然环境对人体健康的影响是最潜移默化的，如空气质量、饮水质量、土壤的质量。

(2)社会环境

社会环境包括社会制度、法律、经济、文化、教育、人口、民族、职业等，社会制度确定了与健康相关的政策、法律、法规等。因而，社会环境也会对人们的健康造成影响。比如，社会保障制度越发达，人们应对健康风险越有保障，健康风险对个体造成的经济负担也会降低。又如教育水平越发达，人们对健康风险的关注程度就会越高，会采取措施抑制健康风险，因而其遭遇健康风险的概率会下降。

4. 生物学因素

生物学因素主要指的是遗传因素，是导致人们患病的比较直接的因素。一般具有遗传病的家族中，相应遗传病的发病率很高。有些疾病并非来自先天基因遗传，而是后天由于饮食习惯和行为方式不当引发的疾病也具备遗传的特点。据调查，目前全国出生婴儿缺陷总发生率为 13.7‰，其中严重智力低下者每年有 200 万人，遗传还与高血压、糖尿病、肿瘤等疾病的发生有关。

5. 卫生医疗服务

卫生医疗服务状况指社会卫生医疗设施和制度的完善状况，污水处理以及传染病的防治机制都属于医疗卫生服务。千人卫生技术人员数、千人卫生机构床位数、人均卫生总费用等指标都可以作为衡量医疗卫生服务水平的数据。到 2017 年年末，中国共有 986649 个医疗卫生机构，每千人有卫生人员 117.39 人，每千人有卫生技术人员 89.78 人，每千人有 79.4 张医疗卫生机构床位，人均卫生费用为 3351.74 元。[①] 卫生医疗服务主要是从恢复健康的角度发挥对健康的影响。

(二)健康资本模型

格罗斯曼健康资本模型(The Health Capital Model)是最早认识到健康的类资本性质的模型之一，当该模型 1972 年首次发表时，格罗斯曼说他的目标是“构建一个商品‘健康’需求的模型”。该模型基于这样一个命题，即个人可以通过健康促进活动和医疗保健(格罗斯曼在他的论文中将其称为“医疗保健”)投资于自己的健康，格罗斯曼将健康资本的生产与加里·贝克尔(Gary Becker)等人建立的物质资本和人力资本(一个人可以用来谋生的生产能力)进行了对比(贝克尔，1967)。相对而言，健康资本是一种非市场商品——它不能买卖，也不能用来获取资金购买其他商品。

① 数据来源：国家统计局国家数据库。

健康资本模型提出的、格罗斯曼打算回答的主要问题有两个：一是人们将在多大程度上投资于他们的健康资本？二是年龄等变量如何改变健康资本投资决策？第一个问题的答案在很大程度上取决于健康资本投资的价格。医疗保健或其他形式的健康资本价格越低，人们的消费越多。第二个问题的答案取决于对健康需求的弹性，即个人对自身健康变化的反应。一般来说，随着人们年龄的增长（或由于任何原因变得不那么健康），他们对医疗保健的需求上升是他们对健康需求的直接结果。

在健康资本模型中，受伤的人可能会回到受伤前的健康状态。从梯子上摔下来摔断手腕的人，可以通过休息和物理治疗痊愈，恢复到受伤前的健康状态。在这种情况下，他的损失将是他从受伤中恢复而付出的时间和金钱。从受伤中恢复的医疗费用可能决定一个人能否完全康复。如果在金钱和时间方面恢复完全健康的代价太高，那么个人可能会选择寻求比受伤前更低的健康水平。这些决定会根据个人特征而变化，比如年龄，同一个人在 25 岁和 50 岁时可能会做出不同的决定。

格罗斯曼认为健康是一种具有“持久性”的人力资本，既能用于生产消费品，又能用于生产投资品。每个消费者都有一个通过继承得到的健康资本禀赋。这个资本量随着消费者年龄的增长而下降，随着投资的增加而上升。这个继承的初始健康资本量有着变化的折旧率，折旧率随时间的增长而增长，特别是在老年阶段，折旧率激增。健康资本的投资主要是通过家庭生产函数实现的。

在格罗斯曼的健康资本模型中，格罗斯曼将健康投入量大致分为三类，分别是：时间、从市场上购买到的商品（如医疗服务以及食物等）、环境因素（如消费者的教育服务）。格罗斯曼在论文中讨论的健康投入要素，具体包括消费者的时间、娱乐、饮食习惯、医疗服务、家庭因素、环境变量、教育水平等。

格罗斯曼的健康资本模型主要是基于一种跨期消费者的效用函数模型来分析讨论的，即个人为了追求生命期内效用的最大化下进行健康的投资生产。消费者的跨期效用函数为：

$$U = (\varphi_0 H_0, \cdots, \varphi_n H_n, Z_0, \cdots Z_1), i = 0,1,\cdots n. \qquad (式 1-1)$$

在式 1－1 中，H_0表示消费者生来继承的健康禀赋，H_i表示第 i 时期的健康资本存量，φ_i 表示在第 i 期单位健康资本产生的健康天数，Z_i表示在 i 期消费的其他商品的总量。n 表示的时期即人的生命的长度。但是，这个生命长度不是随意的，而是有限的、固定的，是一个内生变量。一般消费者在 $H_i = H_{min}$时死亡。格罗斯曼认为生命的长度取决于一定的健康产出 H_i，H_i是在既定的产出和外在资源限制下的消费者追求效用最大化时得到的健康资本存量。

从理论上来说,健康资本量存量等于总投资减去折旧量。因此,我们可以得到式 1-2,如下所示:

$$H_{i+1} - H_i = I_i - \partial_i H_i \qquad (式1-2)$$

其中,I_i是第 i 期的总健康投资,∂_i 表示第 i 期的折旧率。折旧率通常被认定为是外生变量,但是其又与个人的年龄息息相关。

消费者总是通过一系列的家庭效用函数来产生健康天数以及其他商品,求效用最大化。如下列式 1-3 和式 1-5 所示:

$$I_i = I_i(M_i, TH_i; E_i) \qquad (式1-3)$$

其中,M_i 表示第 i 期的医疗服务,TH_i表示用于生产健康天数的时间,E_i表示消费者在 i 期消费的其他影响健康生产的商品的总量或服务,如住房、饮食、娱乐、吸烟和饮酒投入。由于这些投入也影响效用函数中的其他商品,所以列入了投入要素。假设人力资本的转移改变了非市场经济部门的生产过程的效率,正如技术的转移改变了市场部门的生产过程的效率一样,则 E_i表示的变量会改变健康生产的效率。对健康资本的投资可以简单看作进行健康生产的过程,则简化的健康生产函数的形式如式 1-4 所示:

$$H_i = H_i(M_i, TH_i; E_i) \qquad (式1-4)$$

式 1-4 表示消费者通过在市场上购买医疗服务、投入时间,以及购买其他商品来投资生产健康资本。

$$Z_i = (X_i, T_i; E_i) \qquad (式1\quad 5)$$

在式 1-5 中,X_i表示在 i 期生产 Z_i需要投入的商品总量,T_i表示时间投入,Ei 表示消费者在 i 期时消费的其他影响健康的商品的总量,如人力资本存量、教育水平等。该式简单表示了 Z_i商品的生产函数。

格罗斯曼做出假设:所有的商品和时间的生产函数都是一次齐次的,所以总的投资生产函数可以写成如下的式 1-6,其中,$t_i = TH_i/M_i$。

$$I_i = M_i g(t_i; E_i) \qquad (式1-6)$$

在总的健康投资和生产函数中,医疗服务和时间的边际产出的表达式如式 1-7 和式 1-8 所示:

$$\frac{\partial I_i}{\partial TH_i} = \frac{\partial g}{\partial t_i} = g' \qquad (式1-7)$$

$$\frac{\partial I_i}{\partial M_i} = g - t_i g' \qquad (式1-8)$$

从个人的角度看,市场上的商品和时间都是稀缺资源,市场商品预算受到限制。商品支出的现值等于整个生命周期的收益加上初始资产现值,如式 1-9

所示：

$$\sum \frac{P_i M_i + V_i X_i}{(1+r)^i} = \sum \frac{W_i TW_i}{(1+r)^i} + A_0 \quad \text{（式 1-9）}$$

其中，P_i表示医疗服务的价格，V_i表示商品 X_i的价格，W_i表示单位时间的工资水平，A_0表示财产收入的现值，TW_i表示个人投入工作的时间，r 表示利率。

$$TW_i + TH_i + T_i + TL_i = \Omega \quad \text{（式 1-10）}$$

个人的时间也存在约束，Ω 表示人在某个阶段可以利用的所有时间（如果按年为单位，以天计数，则一年内 Ω = 365 天）。这个时间包含用于工作的时间 TW_i，用于健康生产的时间 TH_i，由于疾病或者受伤无法进行市场或非市场活动产生的时间损失 TL_i以及用于生产商品 Z_i的时间。由于 φ_i 表示单位健康资本产生的健康天数，所以 h_i表示给定的时间 Ω 内总的健康天数。因而，可得式 1-11：

$$TL_i = \Omega - h_i \quad \text{（式 1-11）}$$

格罗斯曼认为 TL_i和 H_i是负相关的，且消费者去看医生的时间并不是患病时间。假设折旧率保持不变则 TH_i增加，I_i增加，H_{i+1}增加，TL_{i+1}下降。由此可得 TH_i同 TL_{i+1}负相关。

结合上面式 1-9 和式 1-11 可得式 1-12：

$$\sum \frac{P_i M_i + V_i X_i + W_i(TH_i + T_i + TL_i)}{(1+r)^i} = \sum \frac{W_i \Omega}{(1+r)^i} + A_0 \quad \text{（式 1-12）}$$

消费者的目的通过投资增加健康达到效用最大化，使效用最大化的一阶条件如式 1-13 所示：

$$\frac{U_{\varphi_i}(1+r)^i}{\lambda} \frac{\varphi'_i}{C_{i-1}^h} + \frac{W_i \varphi'_i}{C_{i-1}^h} = r + \delta_i - \tilde{C}_{t-1}^h \quad \text{（式 1-13）}$$

其中，$\frac{\partial U}{\partial \varphi_i}$是个人拥有健康时间的边际效用水平，λ 是个人财富的边际效用，φ'_i 表示健康存量的边际产出，C_{i-1}^h 是第 t-1 期的健康投资的边际成本，$\tilde{C}_{t-1}^h$ 是健康投资从 t-1 期到 t 期边际成本的变化率。该式是格罗斯曼模型的最核心的方程，说明了个人追求效用最大化时的最优健康需求在健康边际收益等于健康资本的边际消耗成本时得到。

根据上述的格罗斯曼健康需求模型中的理论，我们可以得出格罗斯曼的健康生产函数的基本形式如式 1-14 所示：

$$H_i = (T_i, TH_i, X_i, M_i, Z_i, E_i) \quad \text{（式 1-14）}$$

其中，TH_i表示用于生产健康天数的时间，T_i表示用于生产 Z_i的时间投入，X_i表

示在 i 期生产 Z_i 需要投入的商品总量，M_i 表示第 i 期的医疗服务，Z_i 表示在 i 期消费的其他商品的总量，E_i 表示消费者在 i 期消费的其他影响健康生产的商品的总量或服务。

(三)健康资本的变化

健康资本模型最重要的组成假设之一，是健康资本的价值随时间而变化。随着时间的推移，健康状况往往会下降，这是一种资本资产的普遍趋势，实际资产价值随着时间的变化叫“折旧”，即使有定期的维护、安全的行为和良好的保养，随着时间的推移，汽车的功能和价值往往也会降低。最终，无论采取什么保护措施，汽车都会停止工作。同样，健康资本自然会随着时间的推移而下降。更具体地说，在一个人一生中的某个时刻，人们的健康开始下降，人们面临着如何应对健康下降的选择。

除了贬值，健康状况也可以以离散的方式发生变化。健康价值的许多急剧变化，也可以称为健康资本“冲击”，都是负面的。例如，疾病和伤害都会导致一个人的健康资本价值突然下降。一个人在冰上滑倒、跌倒，摔断了脚踝，被认为是他遭受了负面的健康冲击，受伤的人显然因为受伤而健康状况不佳。对健康资本来说，许多类型的冲击和贬值之间没有明显的区别。相反，在确定人们是否经历了健康冲击或其健康资本贬值方面，存在大量灰色区域。例如，一个患肺癌的人的健康价值明显下降。癌症是在相当长的一段时间内发展起来的，所以诊断结果可以被认为是一种负面的健康冲击，或者是健康状况长期恶化的终结。虽然伤害通常是负面的健康冲击，但大多数疾病和一些伤害将在较长时间内发生。

在健康方面的变化也有一定程度的可预测性。健康方面的某些变化可以高度肯定地进行预测，健康贬值作为一个长期过程，比健康冲击更容易预测和计划。健康冲击可能更难预测，尤其是当健康冲击是低概率事件时。预测这些变化的目的是设法防止或减轻这些变化，即参与健康投资。理性的个人在检查健康投资时，要接受经济“成本/收益”测试，考虑收益是否大于成本。

与健康如何随时间变化相关的挑战也与健康资本相关的时间范围有关。许多金融资产都有固定的时间范围，大多数实物资产确实具有有限的预期时间范围，这意味着它们最终将具有零值。从这个意义上讲，健康资本就像物质资本一样。最终，健康资本将是零价值，这个归于零值的发生的日期不固定，部分受健康所有者的控制。

(四)健康资本的价值

健康是资本的一种形式，它和任何其他金融或实物资产一样具有价值。资产可以升值或贬值,但一旦资产的价值达到零,它的价值就不能再发生变化。未来健康的预期价值就是今天的健康资本,减去任何贬值和负面冲击的成本,加上任何升值和正面冲击的价值。这些价值的变化会影响个人在其投资组合中所持有的总财富,即所拥有的总财富。金融资产和物质资产衡量财富比较常见,这些形式的财务和物质财富是一个人整体资产组合的重要组成部分,但就其总体价值而言,健康资本即使不是更重要,也可以被视为同等重要的资产(墨菲 Murphy 和托佩尔 Topel,2006)。

健康资本可以看成股票或债券,可以被概念化为"复杂的证券",或者"一系列国家或有债权"(黄奇辅 Chi - fu Huang 和罗伯特·李兹森伯格 Robert Litzenberger,1988)①。每个或有索赔的成本将是该索赔的预期偿付额,即事件发生的概率乘以支付额。健康可以根据每天消耗的健康量向个人支付许多小额的"费用",重视整体健康的这些微小方面是研究健康问题的核心,很多文献关注于检查健康行为的微小变化。这些变化可能会增加未来死亡率和发病率的风险,同时也以额外的工资或公用事业福利的形式提供额外的福利。

健康资本模型通过健康资本价值随时间的演化来捕捉健康的风险。经济风险指的是,就个人财富的价值而言,世界上有不止一种未来可能发生的个人财富价值的状态(戈利耶 Gollier,2001)。风险对于健康资本的管理和跨时期替代问题都很重要。风险是健康资本投资的动机之一,因为人们希望避免健康资本的贬低和负面健康冲击。然而,风险也是健康投资的一个障碍,因为这是人们可能更喜欢当前消费而不是未来消费的一个原因。由于寿命长短的不确定性,将与消费相关的效用推迟到未来是有风险的。由于未来的消费是不确定的,目前的消费可能比健康资本的投资更受欢迎。

由于资产和经济回报的偶然性,任何资本产品都有风险因素。资产的定义是,只有当某种状态发生时,资产的所有者才会收到商品(马斯·克莱尔等,1995,第 699 页)。资本资产可以进行风险管理,个人可以进行昂贵的投资来降低风险,他们还可以通过投资不同数量的保护措施来应对资产风险的变化。健康资本可以被认为是一种或多或少由个人决定的风险资产。健康资本包含了大量的回报,因为有如此多不同的健康状态和健康可以改变的方式。由于人体不同系统的健康状况,以及他们可能遭受的许多不同类型的伤害和疾病,人们会面临风险。他们在健康投资方面也面临大量选择。有一系列广泛的预防和预防性卫生活动。

---

① HUANG C, LITZENBERGER R H. Foundations for financial economics[M]. Oxford: Elsevier Science Ltd, 1988.

人们还可以选择范围广泛的医疗服务。因此,经济学家需要一些方法来解释人们如何做出与健康资本管理相关的选择。

为了评估健康,我们将预期价值计算方法应用于健康资本"支付"的健康"流动"的变化以及有关健康的决策。未来健康的期望值是每个状态的值乘以每个状态发生的概率。例如,一个人整体健康的一小部分可能与感染流感的可能性有关。流感的健康期望价值由四个不同的未来可能的健康突发事件或世界描述组成(见表1-6)。在每一种偶然性中,健康的期望值是在世界的那个状态下的健康的价值乘以世界的特定状态得到的概率。把所有的可能性加起来,就可以得出流感对健康的预期价值,这种方法称为期望值法,在现实中可以近似估计,如式1-15所示。

表1-6 可能的流感季节突发事件

世界状态描述	可能性	支付
无流感	p_n	V_n
轻微的流感	p_m	V_m
严重流感及住院治疗	p_s	V_s
致命的流感	$p_f = 1 - p_n - p_m - p_s$	$V_f = 0$

$$E[V] = \sum_{i=\{n,m,s,f\}} p_i V_i \qquad (式1-15)$$

上面的计算给出了与流感季节相关的平均预期效用,也可以查看收益的方差,观察方差包括检查不同可能结果的数量。结果越多,个体在回报方面面临的变异性就越大。观察方差还包括观察不同收益规模之间的差异。在方差计算中,每个可能结果(即没有流感、轻度流感、严重流感和死亡)的概率或收益之间的较大差异导致整个情景中的变化更大。可以用数学形式表示为收益的方差,如式1-16所示:

$$Var[V] = (\sum_{i=\{n,m,s,f\}} p_i V_i) - E[V]^2 \qquad (式1-16)$$

计算的重点是看一个人在流感季节所面临的风险有多大,与人们如何看待自身的健康资本有关——希望在短期和长期内保持良好的健康和确定性(可预测性)的健康水平。

第二章

健康保险综述

从保险经济学的角度来讲，社会医疗保险和商业健康保险均是通过建立保险保障基金的方式为被保险人提供医疗保障，以满足被保险人规避医疗费用支出风险的需求。但两者在不同人群之间的补贴程度、参与自由度、市场运作和管理等方面都有较大的不同。在保险经济学领域，一般将保险资金的筹措来源和个人选择的自由度作为区别商业健康保险和社会医疗保险的基本准则（莫西洛斯 Mossialos 和汤姆逊 Thomson，2002；塞赫里 Sekhri 和萨维多夫 Savedoff，2005）。

第一节 健康保险

一、健康保险的功能

（一）健康保险的经济功能

健康保险在健康生产中的作用由三部分构成的。首先，消费者对于自身的健康比较重视才会购买健康保险。在进行购买健康保险时会进行一些健康水平的测量，通过这些测量结果有利于消费者发现自身的潜在健康风险隐患，更好地管理自身的健康水平。其次，对于出售健康保险的保险人而言，健康保险合同一成立，保险人就会督促被保险人进行预防健康风险的行为，专业的健康保险公司会参与居民健康管理环节，进一步保障被保险人的健康。最后，健康保险制度可以利用多数经济单位和个人缴纳的保费，建立保险基金，通过合理投资扩大资金规模，分散疾病风险，达到健康保障的目标。一旦发生健康保险保障的健康风险，被保险人会得到给付来获得医疗服务，进而恢复自身的健康水平。

从微观角度看，健康保险对个人、家庭以及企业的健康生产具有重要意义。对个人和家庭而言，健康保险帮助人们转移了特定疾病或意外伤害所造成的经济损失的不确定性,提高了人们面对这些风险的应对能力,在一定程度上提高了个人就医的财务可及性,增加了卫生服务利用,促进了健康生产效率的提高,也确实提升了人们的健康水平。

对企业而言,健康保险作为一种福利体系的重要组成部分,帮助企业降低由于员工遭遇健康风险带来的对生产的不利影响。健康保险不仅可以帮助企业增强自身的凝聚力,提高企业对人才的吸引力,还能够运用商业医疗保险来将不可控制的健康风险转化为一定的保费支出,减轻了企业的负担的同时还有利于成本核算,对促进企业健康稳定发展具有重要意义。企业作为社会生产的单位,在稳定条件下能够生产更多的商品和服务,因此企业购买健康保险,促进了健康产出的增加。

对国家和社会而言,商业健康保险和社会医疗保险都是社会保障体系的重要部分,为全体社会成员提供健康保障,对国家整体层面健康水平的提高具有重要意义。

健康保险对健康有促进作用,健康保险为疾病提供一定的经济补偿,给付金额是投入资金的数倍,可能是一次性给付也有可能是多次给付,一旦给付往往能为投资者提供较大的保障水平,有助于个体获得医疗服务,提高个体的健康水平。

尽管健康保险的出现和发展的目标是使人们获得所需的医疗服务,提高人们的健康水平。但是,由于健康的决定因素很多,较之环境、基因、收入等因素,卫生服务利用对健康的影响实际上相对较低(WHO,2011),而且边际递减,最终甚至有可能有害(菲尔普斯 Phelps,2002;阿什顿等 Ashton,2003;费舍尔 Fisher,2003)。因此医疗保险最终能否有效促进健康还需要展开深入的经验研究(凯瑟琳·贝克 Katherine Baicker 和芬克尔斯坦 Finkelstein,2012)①。其次,医疗保险让个人在医疗卫生服务利用时面临较低的边际成本,由此产生的道德风险可能导致资源浪费。如果医疗保险有效促进健康,则更多的支出为有效消费,反之则为过度需求(黄枫、吴纯杰,2009)②。医疗保险能否促进健康也就成为解答增加的医疗卫生服务是不是有效需求这一问题的关键。更重要的是,维护和提高人们健康长寿的手段不仅有医疗保险,其他如医疗救助、提供免费疫苗等干预手段(利维 Levy 和梅尔泽 Melzer,2008),也可以维护和提高健康水平。

① FINKELSTEIN A, TAUBMAN S, WRIGHT B, et al. The Oregon Health Insurance Experiment: Evidence f rom the First Year[J]. The Quarterly Journal of Economics, 2012, 127(3).

② 黄枫,吴纯杰. 中国医疗保险对城镇老年人死亡率的影响[J]. 南开经济研究,2009(6).

(二)健康保险的支付功能

支付功能是健康保险非常重要的作用,从资金流动的角度来看,健康保险是美国大部分医疗保健服务的"第三方支付方"。根据美国医疗保险和医疗补助服务中心(CMS)的数据,2013年,88%的医疗保健支出由第三方支付,即由受治疗的个人或其家庭成员以外的机构提供,CMS预测到2024年,自费支付的比例将小幅下降至10.0%。大多数发达国家也使用国民健康保险或国家健康保障系统承担大部分医疗费用:"25个最富有的国家现在都有了某种形式的全民医保。"(罗丹Rodin和大卫·德·费兰蒂David de Ferranti,2012)①

通过自付医疗保健费用来衡量健康保险是重要的,因为自付医疗保险费用涉及人们购买医疗保险的目的,即减少或消除同医疗保健费用相关的经济负担。从这个意义上说,健康保险是一种"间接需求"的商品,也就是说,大多数人不重视健康保险的内在价值,而是从工具的意义上重视它,因为健康保险的给付释放了用于其他消费的资源,并大大降低与巨额医疗支出相关的风险。因此,人们并不直接要求医疗保健,而是要求健康,而医疗保健只是达到目的的一种手段(格罗斯曼,1972)。

从提供者和个人的角度来看,健康保险的支付功能也很重要,因为大多数医疗卫生机构接受健康保险来支付卫生保健费用。医疗技术的日益密集和复杂程度的提高增加了医疗保健费用,并可能增加对医疗保险的需求,以支付更高成本的医疗技术。韦斯布罗德(Weisbrod,1991)在一项开创性的研究中强调了这一现象:"技术变革促进医疗支出增加的一种机制将通过其对医疗保险体系的影响而实现。"

(三)健康保险的社会功能

因此,健康保险不仅具有经济功能和价值,也具有十分广泛的社会、政治及文化功能与价值。健康保险的经济价值主要为个人所得,而健康保险带来的社会、政治及文化价值,对整个社会和国家具有十分重要的意义。健康保险可以发挥社会稳定器的作用,保障社会的安定。由此可见,健康保险是能产生极大正外部效应的产品,要保证它的提供必然需要公共部门和私人部门的共同参与。其中,正外部效应的部分要由政府投入,可由市场定价的部分则由民间参与,在现代社会中表现为市场介入。由于这种正外部效应不可能由私人部门获得,健康保险如果

---

① RODIN J, DE F D. Universal health coverage: the third global health transition? [J]. lancet, 2012, 380(9845).

完全由市场来提供,他们提供的健康数量必然会低于社会期望的水平。这就需要政府部门的干预,参与健康保险的供给,使健康保险产生出更多的正外部效应。

二、健康保险的重要性

健康保险可以看成健康融资形式,以美国为例,雇主提供的健康保险是非常重要的商业保险,雇主提供的健康保险的规模非常大,健康保险通常是雇主劳动力成本中仅次于工资(现金工资)的部分。因此,雇主要在雇员对健康保险福利的需求、对其他形式的现金和非现金补偿的需求以及所期望的利润水平或所提供服务的成本之间做出权衡。不同类型的雇主可能会选择在健康保险上投入不同的金额。截至 2015 年 9 月,美国健康福利平均为私营雇主雇员薪酬的 8%,州和地方政府雇员薪酬的 12%。①

健康是健康投入的结果,一旦生产出来只能为特定的个人所享有,他人是无法消费该产品的。在这个意义上,个人既是健康的投资者又是消费者,即在生产健康的同时消费健康。在资源有限的情况下,某人要获得健康必然要利用一定数量的资源进行健康的生产,如摄取营养、健身运动和治疗疾病等。所以,在整个健康生产、消费过程中,个人必然要排斥他人获得生产健康的资源,或减少其他人获得健康的水平。如果仅从这个角度看,健康保险应由个人承担。但健康同时具有准公共产品的性质。

首先,整个社会会因其社会成员健康水平的提高而受益。这不仅表现在一国国民的健康状况越好,劳动者的劳动生产率就越高,从而更能提高整个社会的产量和促进国民经济的发展;还表现在国民健康水平的提高可促进人力资本的发展,从而增强一国的国际竞争力。德雷兹(Dreze)和阿玛蒂亚・森(1989)曾以中国为例,论证了发展中国家政府通过收入再分配和投资基础教育以及基本医疗服务,不仅能够增强全体劳动者的基本能力从而减少贫困,而且还由于人力资源的普遍发展而带来经济增长,进而增强该国或地区的国际竞争力。②

其次,由于人口具有流动性,一些疾病,尤其是传染性疾病容易在人群甚至是在人畜之间传播,如果政府没有及时有效地参与这类疾病的防治,就难以有效防范公共健康危机。SARS 的暴发、禽流感的出现,以及新型冠状病毒就是一个明证。预防服务,包括预防科学研究、健康教育、营养干预、免疫计划等的作用是降低公共健康风险,类似国防一样具有明显的外部效应,故而毫无争议地被视为公

① 数据来源:Bureau of Labor Statistics,劳工统计局 2015 年。

② DREZE S. Hunger and Public Action[M]. Oxford:Clarendon Press,1989:206 - 210.

共产品(斯蒂格利茨 Stiglitz,1988)①。而公共卫生服务正是具备了以预防为主降低公共健康风险的功能,便无可争议地赋予其纯公共品的特色。而且,社会成员健康水平的提高是提升民族素质的一个重要保障,健康状况已成为衡量一国现代文明的重要标志。

健康公共支持的力度、范围和具体方式,既依赖于一个国家或地区的经济能力,又取决于特定社会的文化传统和决策集团的政治意愿。发展经济学家德雷兹和阿玛蒂亚·森曾经以中国经济改革前的农村卫生制度为例,论证发展中国家完全可以在低收入水平下,借助于公共支持实现基本医疗服务广泛的可及性和可得性(德雷兹和阿玛蒂亚·森,1989)。②

以美国为例,可以从美国政府预算的资金流动中看出公共健康保险的重要性。美国各级政府都对健康保险有很大的需求,包括医疗保险和医疗补助计划,以及现役军人、军人家属和退伍军人的保险。健康保险的成本使得这些项目的成本成为公共政策主要关注点。健康保险是美国联邦、州和地方各级政府的三大最高成本项目之一。例如,美国 24% 的联邦政府预算用于医疗保险、医疗补助、儿童健康保险计划(CHIP)和平价医疗法案健康保险交换(市场)补贴(美国预算和政策中心,2015)。这部分政府支出相当于社会保障支出,但仍不包括支付给政府员工的政府福利支出。

三、健康保险的起源

在公元前 2500 年的古埃及,就存在通过互助共济形式对成员疾病和丧葬提供经济保障的事例,公元前 2500 年的埃及,泥瓦匠们就组织了互助组织,每个参加者缴付一定数量的互助会费,为其成员的疾病和殡葬提供资金。公元前 9 世纪的古罗马、公元前 3 世纪的古希腊也都出现过类似的保障形式。

进入中世纪,特别是 18 世纪中叶工业革命的爆发给人类社会带来了翻天覆地的变化,城市化进程中的农村移民,为应对疾病与失业等困境,发展起了现代意义上的互助共济会,健康保险的形态日渐清晰。

友谊会产生于 17 世纪末的英国,18、19 世纪是友谊会运动发展的黄金时期,20 世纪二三十年代友谊会逐渐衰落,到 21 世纪初友谊会已为数不多。友谊会通过互助形式为其成员提供了福利国家所能提供的所有医疗保健等福利,早于国家供给至少 100 年时间。1793 年,英国通过了《罗斯法案》,该法案将友谊会定义为

---

① STIGLITZ J E. 政府经济学[M]. 曾强,何志雄,等译. 北京:春秋出版社,1988:114 - 115.

② DREZE S. Hunger and Public action[M]. Oxford:Clarendon Press,1989:206 - 210.

"通过成员的自愿的零散捐赠，在患病、年老和无保障时进行共同救助和维持的社团"，即以成员持续向社团缴纳会费取得的成员身份为前提，友谊会在其成员生病、遭遇事故或年迈虚弱之时，会自共同基金中为其发放疾病津贴；当其成员本人及其家人生病时，友谊会的签约医生会为其提供价廉质高的医疗照顾和药品，甚至为其成员提供孕期补贴等。该法案颁布后的几年里，涌现出大量的友谊会。根据科洪爵士(1796)的估计，在伦敦地区的友谊会数量是600个，成员达到7万人。尹登(1801)认为整个大英帝国的友谊会有7200个，人数超过60万。①

我们今天所知的健康保险部分起源于其他保险业务。早期的健康保险包括保险公司销售的"意外和伤残保险"。意外和残疾保险是在19世纪末开始的用于支付与这些对人类生命和健康的危害有关的费用。相关保单包括护理保险，护理保险用于支付个人雇用护士在家照顾的成本(布鲁姆 Bluhm，2007)。这些保险市场后来在20世纪20年代和30年代自由化，随着保险保障范围扩大到医疗费用和最终从这些保险中分离出来单独销售的失能收入保险(DI)(布鲁姆，2007)。

合作社在正规保险公司之外提供了大量保险，合作社也被称为"互助社"，到1920年，超过三分之一的成年男性通过合作社中的协会获得疾病、事故或死亡抚恤金(哥特利勃 Gottlieb，2007)。这些合作社不太正式，社区层面的风险分担安排由具有相似职业的个人组成。哥特利勃(2007)进一步阐述了在缺乏精算定价的情况下，这些协会是如何运作的，精算定价通常被认为是保险公司生存能力的基础。合作社团制定了严格的纪律规则来处理信息不对称问题。为了减轻逆向选择的问题，未来的成员必须接受体检以及"性格调查"(2007，哥特利勃)。

健康保险的早期历史还包括雇主提供的被称为"工业疾病基金"的集体健康保险，该保险提供给在同一家公司工作的个人。此类基金是工人通过雇主或工会筹集的，为19世纪末和20世纪初的大部分工业劳动力提供了健康保险的雏形，主要包括带薪病假(莫瑞 Murray，2007)。因此，这些资金与合作社一样具有行业特征，并受到一些机构的赞助。这些早期资金面临着合作社协会在基金可行性方面所面临的一些问题，通过体检的个体才有资格参加其计划。为了缓解道德风险和逆向选择的问题，疾病基金实施了各种各样的测试，如申请人和索赔人的等待期，以及医生对索赔的证明(莫瑞，2007)。

许多工业疾病基金最早体现为早期铁路和其他工业专项基金。例如，铁路基金是1908年美国劳工委员会(U. S. Commission of labor)调查中发现的最大的疾病基金，共有31个此类的基金，拥有262747名成员(莫瑞，2007)。职业也是个人健

① 范娟娟．健康保险的历史起源[J]．中国保险，2018(2)．

康保险的一个重要评级。公司将可保职业划分为几组,每组的平均索赔成本大致相同,并有适用于各种类别的保险费率表(迪克森 Dickerson,1963)。职业评级也面临困难,因为某些职业的风险太大,被认为是“不可保”的。“某些职业被认为不适合个人保险。诸如试飞员、高空障碍赛、沙洲等职业超出了普通保障政策形式的范围。”(迪克森,1963)这些工业疾病基金是现代美国医疗保险体系中由雇主提供的医疗保险的基础。

医疗服务提供者在健康保险的早期发展中也发挥了关键作用。达拉斯贝勒医院(Baylor Hospital)开发了“预付医疗保险”的最初形式之一。贝勒大学医院在这项计划中招收了学校教师。“1250 名教师被鼓励以每月 50 美分的价格提前支付他们在贝勒的医疗费用,作为回报,他们在 12 个月期间可以得到 21 天的半私人护理(包括使用手术室和各种辅助服务 - 麻醉、实验室检查)。”(费恩 Fein,1986;金博尔 Kimball,1934)从中可以看到现在称为“管理式医疗”的早期特性之一:从特定的提供者获得一定数量的好处,以换取每个成员每月固定的付费(PMPM)。使用医疗服务而不是现金支付疾病也被称为健康保险的“服务基础”。使用指定的提供者还意味着,在医疗保险覆盖的质量方面存在一个重要的维度,因为所有的医疗服务都将由贝勒大学医院提供,这意味着学校教师正在接受贝勒对医疗质量和范围的定义。事实上,贝勒计划为那些生病和限制特定医院服务的人提供了医院福利,这引发了 20 世纪 30 年代关于医院是在出售某种形式的预付服务还是实际上是一家医疗保险公司的争议(劳 Law,1974)。

预付计划无疑是健康保险的一种形式,因为它为计划成员提供医疗保健。贝勒医院模式后来发展成为“蓝十字”计划,在 20 世纪 30 年代和 40 年代,各州制定法律使医院服务计划成为可能(第 1974 号法律)。这是第一个涵盖医院服务的蓝十字计划,是由新泽西州纽瓦克市医院协会—国家卫生服务研究和卫生保健技术信息中心(NICHSR,2013)组织的。因此,预付计划不仅是健康保险的一种形式,也是最重要的健康保险公司蓝十字和蓝盾公司诞生的一部分。

“蓝盾”计划源于允许个人在医院服务形成蓝十字计划的同时为医生服务提供资金,加利福尼亚州的医生们在 1939 年为医生的服务制订了一个保险计划,这个计划现在已经发展成了蓝盾(费恩,1986)。在蓝盾计划的起源中可以看到与蓝十字计划相同的推动因素。“医生看到了健康保险的好处,他们也制订了一个保险计划,用于支付住院医生的服务费用,主要是外科手术。”(弗里伯恩 Freeborn 和波普 Pope,1994)与蓝十字保险一样,最初为其服务提供保险的是医疗服务提供者,而不是保险公司,蓝盾的覆盖范围也集中在当时医疗服务中最昂贵的方面,那些需要在医院里进行的服务。

早期健康保险的一个共同特征是，许多健康风险管理与第三方医疗支付捆绑在一起。例如，贝勒医院计划不以现金形式向成员支付福利，而是在医院服务方面提供实物福利。这个项目的风险管理方面是它只支付给生病的人。第三方支付方面的计划是，它支付医疗服务，而不是现金，也称为以“赔偿”为基础的保险。蓝盾计划在更大程度上也是如此，该计划提供医疗保健福利而不是现金支付。简单地说，蓝十字与医院结算用户的账单，而用户只负责保单中规定的共同保险或免赔额（科特查克 Kotelchuck，1976）。

风险管理和第三方支付是识别这些早期健康保险形式的关键，因为它们都包括财务的核心能力。许多早期形式的健康保险提供了一种相互保护的形式，通过向人群“分散风险”来避免个人损失。因此，这些健康保险计划为其成员提供了风险管理。第三方支付源于医疗服务提供商的需求，医疗服务提供商希望将“块状”、高风险的支付流（就其服务的不确定性而言）转变为更有规律的支付流。金融发挥的重要作用是将支付流转换为一次性或改变此类支付的时间。这些早期形式的医疗保险可以被视为“互换”。“两个交易者同意在某时间段内交换双方的支付流的合同协议。”（科布 Corb，2012）这些早期的健康保险形式，以及关于医院预付计划是否真的是健康保险的争论，预示着一场关于健康保险的现代争论，即具有相当确定支付额的预付医疗计划是不是“真正的”健康保险，或者健康保险是否必须包含风险管理成分。

我国健康保险发展较晚，1982 年，随着政府批准中国人保在上海经办“上海市合作社职工医疗保险”，我国的健康保险正式开始发展。健康保险发展初期，我国的商业保险一般只对政府或团体开放，直至 1994 年，寿险公司才开始提供个人购买服务。21 世纪，商业健康保险逐渐从寿险中分离出来，并向其他保险公司开放。至 2006 年，国家颁布了《健康保险管理办法》，我国成立了专门的健康保险公司。

四、健康保险的定义

随着对健康保险的不断研究，人们对健康保险的认识也不断加深，对健康保险的定义也在不断地发生变化。《英汉保险词典》将健康保险定义为“对疾病或意外事故导致的人身伤亡提供保障”的保险。

美国健康保险学会（HIAA）认为，“健康保险是对疾病或意外的经济补偿，也指意外伤害和健康保险或者疾病和意外伤害保险，健康保险覆盖了许多健康保健费用保险，包括医疗、意外伤害、外科手术和牙科等费用保险，健康保险也包括由于疾病或伤害导致的收入损失的保险”。

定义健康保险可以从提供者角度将健康保险分为社会医疗保险、商业性健康保险、管理式医疗和自保计划等。社会医疗保险一般由国家根据一定的法律法规,借助经济、行政和法律手段强制组织实施,用人单位和社会成员个人共同缴纳医疗保险费,建立医疗保险基金,当社会成员个人因疾病或意外伤害需要获得必要的医疗服务时,按规定提供医疗服务补偿的一种社会保险。社会医疗保险制度起源于1882年德国的疾病保险制度。

商业健康保险是由商业保险机构根据不同的客户群体组织的对因健康原因和医疗行为导致的损失给付保险金的保险,保障范围和保障力度多样。

管理式医疗是一般以特定的组织形式运作,通过与医疗机构合作或者自己开办医疗机构,当被保险人罹患被保障的健康风险时可在合作医院就医的保险。

自保计划一般是由多个被保险人自发组织,共同筹集资金在支付医药费方面实行互助。

国内保险学者魏华林、林宝清、孙祁祥等学者,将健康保险的定义归纳总结为:以人的身体健康为标的,对疾病或意外伤害所发生的医疗费用或因意外失能所致收入损失的保险,健康保险还包括因年老、疾病或伤残需要长期护理而给予经济补偿的保险。

原保监会在《健康保险管理办法》第2条对健康保险的定义为:商业保险公司通过疾病保险、医疗保险、失能收入损失保险和护理保险等方式对健康因素导致损失给付保险金的保险。

从保障的内容看,现行的健康保险主要分为四大类,分别是:医疗费用保险、疾病保险、失能收入损失保险及护理保险。疾病保险,是指以保险合同约定的疾病的发生为给付保险金条件的保险。医疗保险,是指以保险合同约定的医疗行为的发生为给付保险金条件,为被保险人接受诊疗期间的医疗费用支出提供保障的保险。失能收入损失保险,是指以因保险合同约定的疾病或者意外伤害导致工作能力丧失为给付保险金条件,为被保险人在一定时期内收入减少或者中断提供保障的保险。护理保险,是指按照保险合同约定为被保险人日常生活能力障碍引发护理需要提供保障的保险。①

① 中国银行保险监督管理委员会. 健康保险管理办法[EB/OL]. 中国银行保险监督管理委员会网站,2019-10-31.

第二节　社会医疗保险

社会医疗保险是社会保障制度体系和社会福利体系的重要组成部分。社会医疗保险的产生和发展极大地促进了社会稳定,弥补了商业健康保险保障效率不足和公平缺失的问题,目标是提高人们的健康水平和幸福感。

一、社会医疗保险的定义

社会医疗保险是国家通过立法强制规定,用人单位和社会成员个人共同缴纳医疗保险费,建立医疗保险基金,当社会成员个人因疾病或意外伤害需要获得必要的医疗服务时,按规定提供医疗服务补偿的一种社会保险。

社会医疗保险的资金来源是社会保险基金成员的缴纳或工薪税,缴费水平与参保人收入成正比,作为一种社会性的风险分散机制,它强调人群覆盖的广度,特别是对老年人及有疾病史的弱势群体的覆盖,因此参保一般是强制性的,保障内容和水平相对统一。由于这些特征,社会医疗保险能够实现医疗资源从高收入向低收入、从年轻健康向老年体弱的人群之间的横向转移,通过资源再分配实现社会公平的目标。

二、我国社会医疗保险的发展历程

从我国社会医疗保障制度的整体发展历史来看,社会医疗保险制度的发展大致分为四个阶段,分别是公费医疗阶段、市场导向的医疗体制改革、转向需方的医疗体制改革以及建设覆盖全民的医疗保险制度。

(一)公费医疗阶段(1949—1979 年)

我国的公费医疗的历史较早。公费医疗在我国表现为三个层次,分别为公费医疗制度、劳动保险制度以及农村合作医疗制度。中华人民共和国成立之前,一些革命根据地创造性地提出并发展了公费医疗预付制度。公费医疗成立之初,主要是为机关事业单位的公务人员提供医疗保障。

1. 公费医疗

1951 年,公费医疗预付制度在陕北老革命根据地以及某些少数民族地区试行，此后又被推广到第二次国内革命战争的各根据地。① 1952 年，原政务院发布了《关于全国各级人民政府、党派、团体及所属事业单位的国家工作人员实行公费医疗的指示》《国家工作人员公费医疗预防实施办法》以及《关于改进公费医疗管理问题的通知》等文件，标志着我国开始在全国的各级行政机关、事业单位中建立公费医疗制度。公费医疗的保障范围也扩大到各级政府机关、党派、人民团体及教科文卫等事业单位的工作人员及部分伤残军人，公费医疗的经费主要来自国家各级政府财政预算拨款，实行专款专用，按编制人数的比例进行分配。公费医疗制度的普及，为保障公务人员的健康发挥了重要作用。到 1993 年年底，我国公费医疗制度惠及 2900 万人，且将高等学校的在校学生纳入保障范围。

2. 劳保医疗

1951 年，国家颁布了《中华人民共和国劳动保险条例》《劳动保险条例实施细则修正草案》等法律法规，全面确立了中国的劳动保险制度的产生。劳动保险制度的保障对象为国有企业职工和退休人员，主要的建设单位为县级以上城镇集团企业。劳保制度的资金主要依照建设单位以及职工的工资总额的一定比例计提。但是，在当时的中国由于没有相应的社会统筹机制，劳保制度的实质是建设单位承担所有的医疗费用，且当时我国实行计划经济，企业收入也属于国家资产。因而，劳保制度的资金最终来源也是国家财政收入，此时的劳保制度也是一种另类的“公费医疗”。

3. 农村合作医疗

我国的农村合作医疗建立在合作社制度的基础上。1959 年，全国人大一届第三次会议提出了《高级农业生产合作社示范章程》。农村合作医疗是通过集体和个人共同筹资建设医疗保障基金，并为农村居民提供医疗保障服务的一种互助互济的医疗保障制度。

（二）市场导向的医疗体制改革（1979—2002 年）

1979 年，十一届三中全会召开后，我国确立了要大力开展对外开放的发展政策，决定经济体制向市场经济体制转变。经济体制使得公费医疗制度失去了赖以生存的环境，加之公费医疗制度在施行过程中，暴露出公费医疗支出猛增，医疗资源浪费严重、医疗覆盖面狭窄等问题。为了使社会医疗体制顺利与市场经济体制接轨，为了解决公费医疗的弊端，全国各地都对传统的公费医疗制度进行了不同形式的改革，从政府的公费医疗体制开始朝着市场导向的医疗体制转变。

---

① 郑功成，等．中国社会保障制度变迁与评估[M]．北京：中国人民大学出版社，2002：120.

1979—1980 年，原卫生部等部门相继发布了《关于加强医院经济管理试点工作的通知》《关于允许个体医生开业行医问题的请示报告》等一系列改革政策，鼓励社会力量参与办医，医疗供给服务开始向市场方向转变。国家颁布了《关于扩大医疗卫生服务有关问题的意见》《关于深化卫生改革的几点意见》《关于城镇医疗卫生体制改革的指导意见》等文件，促进了我国医疗体系向市场化方向改革。

1983 年，中国人民保险公司上海分公司开设了“上海市合作社职工医疗保险”，这是中国人身保险业务恢复后出现的第一笔健康保险业务。政府开始试图通过商业保险的方式解决经济体制转轨过程中遇到的健康风险保障问题。1995 年，我国引入重大疾病保险。2000 年引入保证续保医疗保险和分红重疾险。2002 年，保监会发布《关于加快健康保险发展的指导意见》，大力推动我国商业健康保险的发展。

1985 年，国务院批准了《卫生部关于卫生工作改革若干政策问题的报告》，标志着中国卫生医疗体制改革正式开始。报告提出了改革的总体思路为“放宽政策，简政放权，多方集资，开阔发展卫生事业的路子，把卫生工作搞活”。财政部出台了一系列改革政策，促使医疗服务市场化。同时，国务院发布了《保险企业管理暂行条例》，开始重视保险企业的建设和管理。

1993 年，《中共中央关于建设社会主义市场经济体制若干问题的决定》提出了城镇职工养老和医疗保险金由政府和单位共同负担，实行“社会统筹和个人账户结合”的医疗保障体系改革方向。1994 年，国家体改委、财政部、劳动部以及原卫生部联合发布了《关于职工医疗制度改革的试点意见》，决定在部分地区进行“统账结合”的城镇职工基本医疗保险制度改革试点工作，具体在江苏镇江市和江西九江市进行试点。1996 年，《关于职工医疗保障制度改革扩大试点的意见》出台，改革试点扩大至 40 个城市。1998 年，国务院颁布《国务院关于建立城镇职工基本医疗保险制度的决定》，提出建立适应社会主义市场经济体制的覆盖全体城镇职工的医疗保障制度，建设城镇职工基本医疗保险，并逐步取消劳保医疗制度。

改革开放后，随着我国农村地区开始推行土地承包制，合作社基本解体，农村合作医疗开始崩溃。2002 年 10 月，《中共中央国务院关于进一步加强农卫生工作的决定》明确指出：重新在农村建立新型合作医疗制度，保障农村居民的医疗卫生需求，建立以大病统筹为主的新型农村合作医疗制度，建立城乡医疗救助制度。

(三)转向需方的医疗体制改革(2003—2009 年)

2003 年，非典型肺炎(SARS)在全国的暴发，促使政府开始思考现存的医疗卫生制度的不足。政府开始试图建立多层次的医疗保障体系，充分满足人们多层次、多样化的医疗健康需要。

2003年，国务院发布《关于建立新型农村合作医疗制度的意见》，开始建立由政府组织、引导、支持，农民自愿参加，个人、集体和政府多方筹资，以大病统筹为主的农民医疗互助共济制度。劳动和社会保障部门发布《关于城镇灵活就业人员参与医疗保险的指导意见》，开始将灵活就业人员纳入基本医疗保险制度范围。2006年，国家通过《国务院关于保险业改革发展若干意见》《健康保险管理办法》，通过规范化商业健康保险的经营管理，促使商业健康保险充分发挥作用，弥补社会医疗保险的不足。2007年，国务院颁发《关于开展城镇居民基本医疗保险试点的指导意见》，建立城镇居民医疗保险制度，将之前未纳入城镇居民的非农村城镇居民（学生、少年儿童和其他非从业城镇居民）纳入保障范围。在这个阶段，我国的基本医疗保险制度有了大致的雏形。

（四）覆盖全民的社会医疗保险制度（2009年至今）

2009年，国务院颁布《关于深化医药卫生体制改革的意见》以及《国务院关于医药卫生体制改革近期重点实施方案》，即新医改，进一步明确了多层次医疗保障体系建设的架构：建立和完善以政府主导的基本医疗保障为主体，其他多种形式补充医疗保险和市场主导的商业健康保险为补充，覆盖城乡居民的多层次医疗保障体系；政府主导的基本医疗保障包括：城镇职工基本医疗保险、城镇居民基本医疗保险、新型农村合作医疗和城乡医疗救助，如图2-1所示：

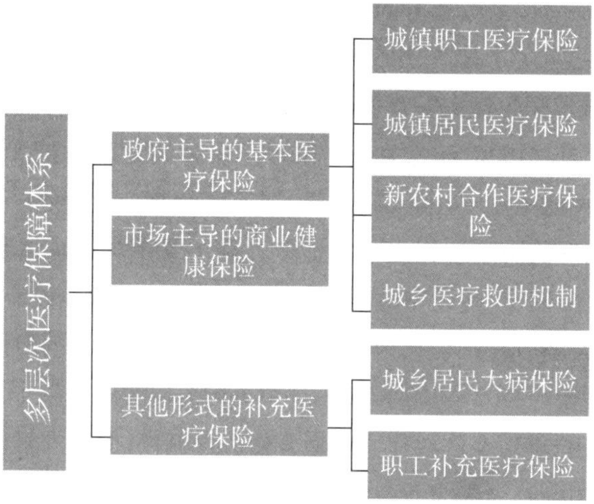

图2-1 我国的医疗保障体系

这一时期,支撑全民医保的“两纵”(职工医保和城乡居民基本医疗保险)、“三横”(医疗救助、基本医疗保险、商业健康保险)的基本医疗保障制度格局已基本形成并逐步完善。全民医保在一些关键领域和环节取得了突破性改革进展。2017 年《中国健康事业的发展与人权进步》白皮书指出,截至 2016 年年底,全国基本医疗保险参保人数超过 13 亿人,参保覆盖率稳固在 95% 以上,基本医疗保险实现全覆盖。以职工基本医疗保险、城镇居民基本医疗保险和新型农村合作医疗为主体的全民医保初步实现。基本医疗保险保障能力和可持续性进一步增强。基本医疗保险待遇水平逐步提高。

2009 年以来,国家相继颁布了《中共中央国务院关于深化医疗卫生体制改革的意见》《关于保险业深入贯彻医改意见积极参与多层次医疗保障体系建设的意见》《关于做好 2010 年城镇居民医疗保险工作的通知》《女职工劳动保护特别规定》《关于开展城乡居民大病保险工作的指导意见》《国务院办公厅关于全面实施城乡居民大病保险意见》等法律法规,逐步完善现有的社会医疗保障体制,形成了我国特有的覆盖全民的社会医疗保险制度。

2016 年 1 月,国务院又发布了《国务院关于整合城乡居民基本医疗保险制度的意见》。该《意见》指出,整合城镇居民基本医疗保险和新型农村合作医疗两项制度,建立统一的城乡居民基本医疗保险(以下简称城乡居民医保)制度。社会医疗保险相关部分政策法规表如表 2－1 所示。

表 2－1　社会医疗保险相关部分政策法规表

颁布时间	颁布部门	政策文件名称	核心表述或预期目标
1951 年 2 月	政务院	《中华人民共和国劳动保险条例》	规定了劳动保险的实施范围、劳动保险金的征集和管理、各项劳动保险的待遇、劳动保险金的支配、劳动保险事业的执行与监督等,明确了适用于中国城镇职工的劳动保险制度。
1998 年 12 月	国务院	《关于建立城镇职工基本医疗保险制度的决定》	城镇所有用人单位及其职工都要参加基本医疗保险,实行属地管理;基本医疗保险费由用人单位和职工双方共同负担;基本医疗保险基金实行社会统筹和个人账户兼顾。 在全国范围内建立保障职工基本医疗需求的城镇职工基本医疗保险。

续表

颁布时间	颁布部门	政策文件名称	核心表述或预期目标
2002年5月	财政部、劳动保障部	《财政部、劳动保障部关于企业补充医疗保险有关问题的通知》	按时足额缴纳社会保险费的企业,可自主自愿决定是否建立补充医疗保险,补充医疗保险用于本企业个人负担较重职工和退休人员的医药费补助,保险资金由企业或行业集中使用和管理,单独建账,单独管理,不得划入基本医疗保险个人账户,也不得另行建立个人账户或变相用于职工其他方面的开支。
2003年1月	国务院办公厅	《关于建立新型农村合作医疗制度意见的通知》	由政府组织、引导、支持,农民自愿参与,个人、集体和政府多方筹资,以大病统筹为主的农民医疗互助共济制度。 到2010年实现在全国建立基本覆盖农村居民的新型农村合作医疗制度的目标,减轻农民因疾病带来的经济负担,提高农民的健康水平。
2003年5月	劳动和社会保障部	《关于城镇灵活就业人员参加基本医疗保险的指导意见》	规定了城镇灵活就业人员参与基本医疗保险的有关问题,明确指出应积极将灵活就业人员纳入基本医疗保险制度范围;规范灵活就业人员参保方式、激励措施、待遇水平;加强治理,切实做好灵活就业人员的医疗保险治理服务工作;精心组织,稳妥推进灵活就业人员参保工作。
2007年7月	国务院	《关于开展城镇居民基本医疗保险试点的指导意见》	2007年开始试点,坚持自愿原则,坚持统筹协调,做好各类医疗保障制度之间的基本政策标准和管理措施等的衔接。 在全国全面推开建立城镇居民基本医疗保险制度,逐步覆盖全体城镇非从业居民。
2008年	国务院办公厅	《关于将大学生纳入城镇居民基本医疗保险试点范围的指导意见》	坚持自愿原则,将大学生纳入城镇居民基本医疗保险试点范围,并继续做好日常医疗工作;确定基本原则和主要政策,试点地区制定具体办法,对参保大学生实行属地管理;完善医疗保障资金筹集机制和费用分担机制,重点保障基本医疗需求,逐步提高保障水平。

续表

颁布时间	颁布部门	政策文件名称	核心表述或预期目标
2009 年 7 月	原卫生部等部门	《关于巩固和发展新型农村合作医疗制度的意见》	在已全面建立新农合制度的基础上，各地要以便民、利民、为民为出发点，大力加强制度建设，巩固和发展与农村经济社会发展水平和农民基本医疗需求相适应的、具有基本医疗保障性质的新农合制度，逐步缩小城乡居民之间的基本医疗保障差距。逐步提高筹资标准和待遇水平，进一步调整和完善统筹补偿方案，强化基金监督管理，让参合农民得到更多实惠，增强新农合的吸引力，继续保持高水平的参合率。
2010 年	第十一届全国人民代表大会常务委员会	《中华人民共和国社会保险法》	从法律上明确国家建立基本养老、基本医疗、失业、生育等社会保险制度，并对确立基本养老关系转移接续制度，提高基本养老保险基金统筹层次，建立新型农村社会养老保险制度、城镇居民养老保险制度和新型农村合作医疗制度做出了原则性的规定，极大地促进了社会医疗保险制度在全国的开展。促使我国加快建立覆盖城乡居民的社会保障体系，着力保障和改善民生。
2012 年 8 月	国务院六部委	《关于展开城乡居民大病保险工作的指导意见》	坚持以人为本，统筹安排；坚持政府主导，专业运作；坚持责任共担，持续发展；坚持因地制宜，机制创新的基本原则。大病保险保障对象为城镇居民医保、新农合的参保(合)人，保障范围要与城镇居民医保、新农合相衔接。大病保险资金可以从现有的保险基金抽取，允许合规商业保险机构承保居民的大病风险。
2015 年 7 月	国务院办公厅	《关于全面实施城乡居民大病保险意见》	坚持以人为本、保障大病；坚持统筹协调、政策联动。坚持政府主导、专业承办；坚持稳步推进、持续实施。争取 2015 年年底前，使大病保险覆盖所有社会基本医疗保险的参保人群。到 2017 年，建立起比较完善的大病保险制度，与医疗救助等制度紧密衔接，减少家庭灾难性医疗支出，提升城乡居民医疗保障的公平性。

续表

颁布时间	颁布部门	政策文件名称	核心表述或预期目标
2016 年	国务院	《关于整合城乡居民基本医疗保险制度的意见》	整合城镇居民基本医疗保险和新型农村合作医疗保险两项制度，统一两个制度的覆盖范围、筹资政策、保障待遇、医保目录、定点管理、统一基金管理。 建立统一的城乡居民基本医疗保险制度，推动保障更加公平、管理更加规范，医疗资源利用率更加有效，促进全民医保体系全面持续健康发展。
2016 年	人力资源和社会保障部、财政部	《关于做好基本医疗保险跨省异地就医住院医疗费用直接结算工作通知》	从 2016 年开始，各地医疗卫生机构开始全国联网，启动跨省异地安置退休人员住院医疗费用直接结算工作。 将异地长期居住人员以及常驻异地工作人员纳入异地就医住院医疗费用直接结算的覆盖范围。

三、我国社会医疗保险现状分析

（一）政府对医疗卫生的投入

根据图 2－2，我国的政府卫生支出不断增长，特别是 2000 年后开始飞速增长。近年来，我国的政府卫生支出的增加有所放缓，但总体支出还是呈现出上升的趋势。

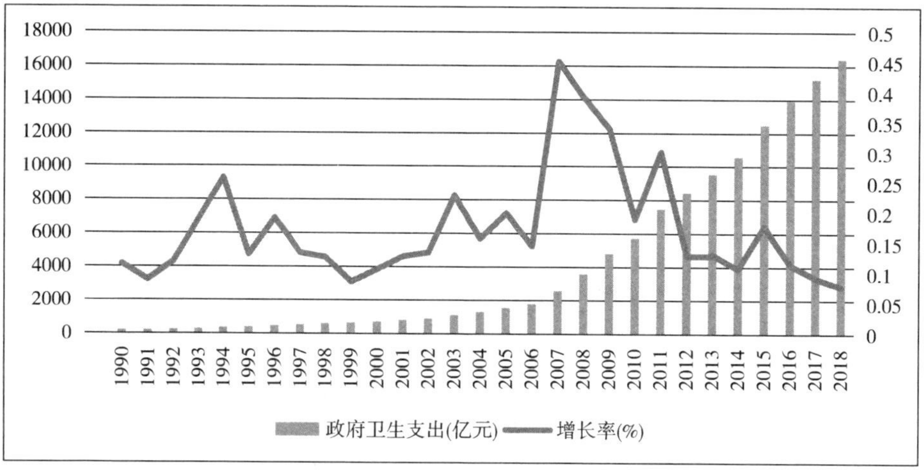

图 2－2　政府卫生支出增长图①

① 数据来源：国家统计局国家数据库。

我国的政府卫生支出主要包含医疗服务支出、医疗保障补助、行政管理实务支出、人口与计划生育支出以及社会保障和就业支出。下表2－2表明了从1990年到2018年政府卫生支出的具体状况。2006年，我国关于社会保障和就业支出的统计口径发生变化，因而表中只记录了2007年到2018年我国的社会保障和就业支出状况。

表2－2　1990—2018年政府卫生支出明细表①

年份	医疗卫生服务支出（亿元）	占政府支出的比例（%）	医疗保障支出（亿元）	占政府支出的比例（%）	行政管理实务支出（亿元）	人口与计划生育支出（亿元）	社会保障和就业支出（亿元）
1990	122.86	65.60	44.34	23.68	4.55	15.53	-
1991	132.38	64.88	50.41	24.70	5.15	16.11	-
1992	144.77	63.33	58.10	25.41	6.37	19.37	-
1993	164.81	60.58	76.33	28.06	8.04	22.89	-
1994	212.85	62.19	92.02	26.88	10.94	26.47	-
1995	230.05	59.39	112.29	28.99	13.09	31.91	-
1996	272.18	58.96	135.99	29.46	15.61	37.83	-
1997	302.05	57.69	159.77	30.52	17.06	44.23	-
1998	343.03	58.13	176.75	29.95	19.9	50.38	-
1999	368.44	57.48	191.27	29.84	22.89	58.36	-
2000	407.21	57.39	211.00	29.74	26.81	64.50	
2001	450.11	56.22	235.75	29.45	32.96	81.79	-
2002	497.41	54.75	251.66	27.70	44.69	114.75	-
2003	603.02	53.99	320.54	28.70	51.57	141.82	-
2004	679.72	52.55	371.60	28.73	60.9	181.36	-
2005	805.52	51.88	453.31	29.20	72.53	221.18	-
2006	834.82	46.93	602.53	33.87	84.59	256.92	-
2007	1153.30	44.67	957.02	37.07	123.95	347.32	5447.16

① 数据来源:《中国卫生和计划生育统计年鉴》(2003—2014)。

续表

年份	医疗卫生服务支出（亿元）	占政府支出的比例（%）	医疗保障支出（亿元）	占政府支出的比例（%）	行政管理实务支出（亿元）	人口与计划生育支出（亿元）	社会保障和就业支出（亿元）
2008	1397.23	38.88	1577.10	43.88	194.32	425.29	6804.29
2009	2081.09	43.21	2001.51	41.56	217.88	515.78	7606.68
2010	2565.60	44.76	2331.12	40.67	247.83	587.94	9130.62
2011	3125.16	41.87	3360.78	45.03	283.86	694.38	11109.4
2012	3506.70	41.59	3789.14	44.94	323.29	812.85	12585.52
2013	3838.93	40.22	4428.82	46.40	373.15	904.92	14490.54
2014	4288.70	40.54	4958.53	46.87	436.95	895.05	15968.9
2015	5191.25	41.61	5822.99	46.68	625.94	835.10	19018.69
2016	5867.38	42.18	6497.20	46.71	804.31	741.42	21591.5
2017	6550.45	43.08	7007.51	46.08	933.82	714.10	24611.68
2018	6908.05	42.12	7796.57	47.54	1005.79	689.72	27012.10

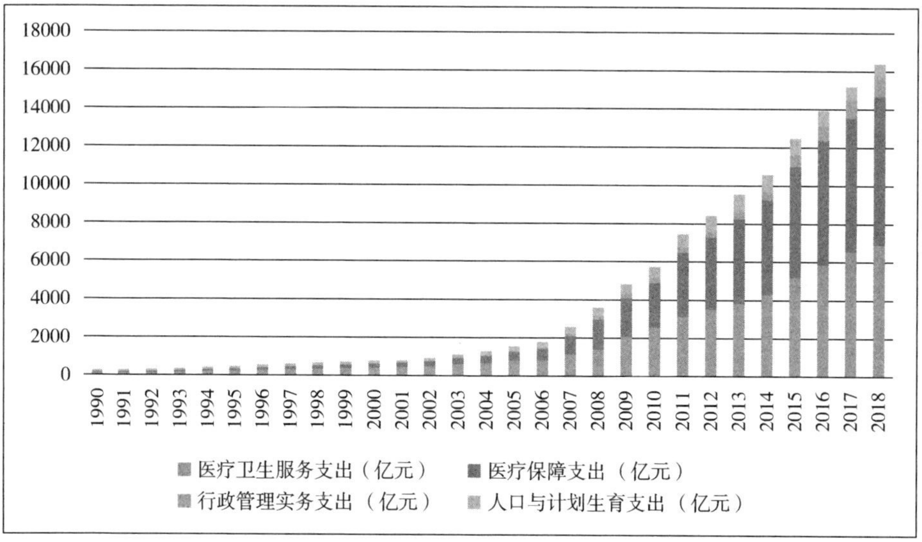

图 2-3　1990—2018 年政府卫生支出明细①

① 数据来源:《中国卫生和计划生育统计年鉴》(2003—2014)。

根据表2－2和图2－3，可知医疗卫生服务占政府卫生支出的比例在下降，而医疗保障支出费用在不断增加，且占政府卫生支出的比例在上升。这表明我国的社会医疗保险的供给也在相应有所增加。

（二）社会医疗保险参保状况

我国城镇职工医疗保险始于1998年，距今已有近22年的历史。1998年，参加医疗保险社会统筹与个人账户相结合改革的职工401.7万人，参加职工大病医疗统筹的人数为1108万人，参加离退休人员医疗费用社会统筹的离退休人员78.8万人。2019年年末参加基本医疗保险人数135436万人，比上年末增加978万人。其中，参加职工基本医疗保险人数32926万人，增加1245万人；参加城乡居民基本医疗保险人数102510万人。较1998年，我国参加社会医疗保险的人数增加了近13亿人。

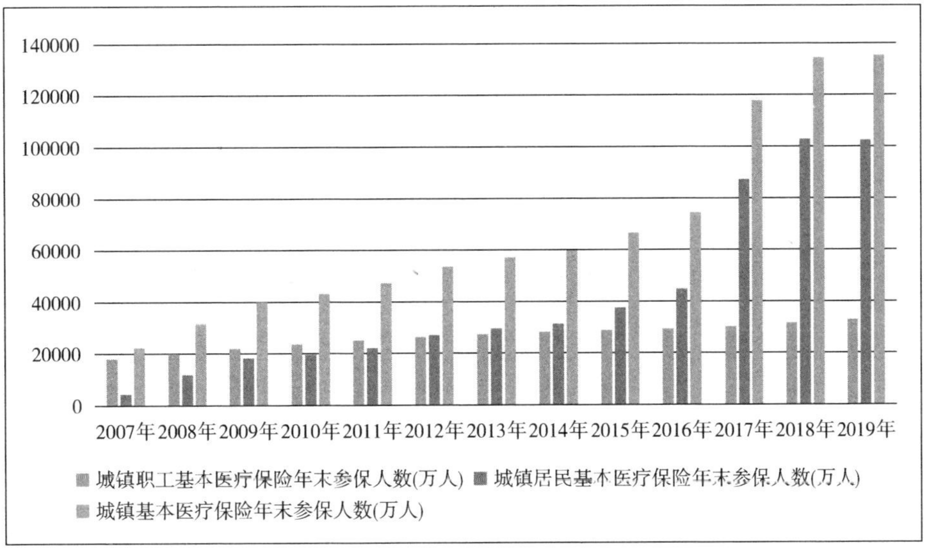

图2－4　2007—2019年城镇基本医疗保险参保人数情况①

根据表2－1和图2－4，可知我国的城镇居民医疗基本保险开始于2007年，最初只在几个城市进行试点。2000年左右我国的城镇居民基本医疗保险在全国范围内推开。

从图2－5可知，基金的收入和支出都有了较大幅度的增长。2001年我国城

① 数据来源：《人力资源和社会保障事业发展统计公报》《中国统计年鉴》。

镇基本医疗保险基金的收入为383.6亿元,支出为244.1亿元;2015年我国城镇基本医疗保险收入为11192.9亿元,较2001年增长了大约29倍,支出为9312.1亿元,较2001年增长了38倍。然而,由于我国老龄化现象的不断加重,保险基金的支出增长幅度也越来越大,这对我国基本医疗保险提出了挑战。

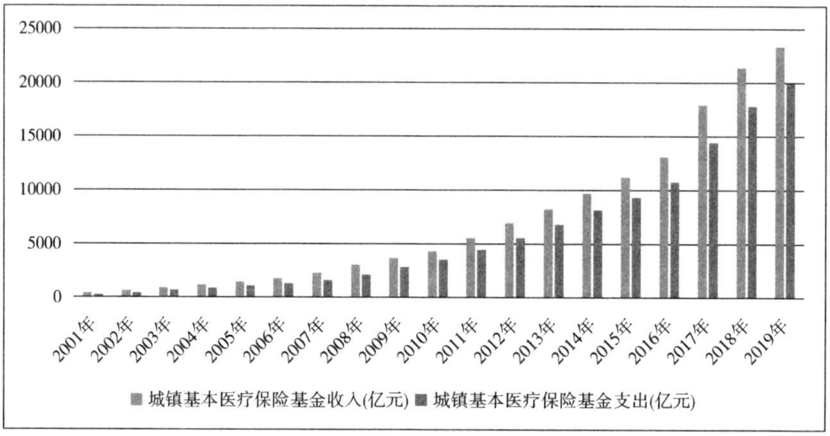

图2-5 2001—2019年我国城镇基本医疗保险基金的收支状况①

表2-3、图2-6显示我国的城镇居民基本医疗保险的参保人数2008年开始大幅增加,参保人数占总人口的比重在逐年上升。

表2-3 社会医疗保险的参保状况②

年份	城镇居民基本医疗保险			城镇职工基本医疗保险			新型农村合作医疗保险		
	参保人数(万人)	增长率(%)	占总人口比例(%)	参保人数(万人)	增长率(%)	占总人口比例(%)	参保人数(万人)	增长率(%)	参保率(%)
2003	-	-	-	10902	15.97	8.44	-	-	-
2004	-	-	-	12404	13.78	9.54	8000	-	75.20
2005	-	-	-	13783	11.12	10.54	17900	123.75	75.70
2006	-	-	-	15732	14.14	11.97	41000	129.05	80.70
2007	4291	-	3.25	18020	14.54	13.64	72600	77.07	86.20

① 数据来源:《人力资源和社会保障事业发展统计公报》《中国统计年鉴》。
② 数据来源:人力资源与社会保障局。

续表

年份	城镇居民基本医疗保险			城镇职工基本医疗保险			新型农村合作医疗保险		
	参保人数（万人）	增长率（%）	占总人口比例（%）	参保人数（万人）	增长率（%）	占总人口比例（%）	参保人数（万人）	增长率（%）	参保率（%）
2008	31822	641.60	23.96	19996	10.97	15.06	81500	12.26	91.50
2009	40147	26.16	30.08	21937	9.71	16.44	83300	2.21	94.20
2010	19528	-51.36	14.56	23735	8.20	17.70	83600	0.36	96.00
2011	22116	13.25	16.41	25227	6.29	18.72	80500	-3.71	97.50
2012	27156	22.79	20.06	26486	4.99	19.56	80200	-0.37	98.26
2013	29629	9.11	21.77	27443	3.61	20.17	73600	-8.23	98.70
2014	28296	-4.50	20.69	28296	3.11	20.69	67000	-8.97	-
2015	37675	33.15	27.41	28894	2.11	21.02	27500	-58.96	-
2016	44860	19.03	32.44	29531	2.21	21.36	27500	-58.96	-
2017	87359	94.74	62.85	30323	2.68	21.81	13300	-51.64	-
2018	89741	2.73	64.32	31681	4.48	22.70	13038	-1.97	-
2019	102510	14.23	73.22	32926	3.93	23.52	-	-	-

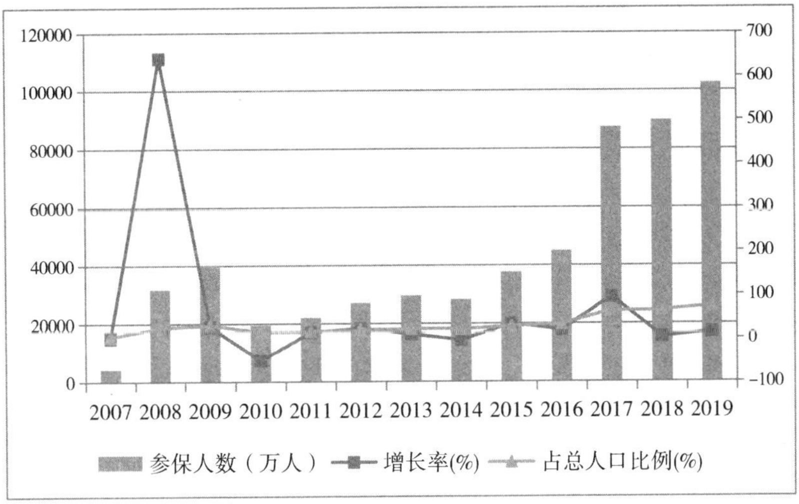

图2-6 城镇居民基本医疗保险参保情况①

① 数据来源：国家统计局，国家数据库《中国卫生和计划生育统计年鉴》。

我国的城镇职工医疗保险的开始时间比较早,可以追溯到1993年左右,本部分仅列举了2003—2019年的数据。根据表2-3和图2-7可知,我国城镇职工基本医疗保险的参保人数稳步增加,增长率逐年降低,参保人数占总人口的比例稳步上升,趋向稳定。

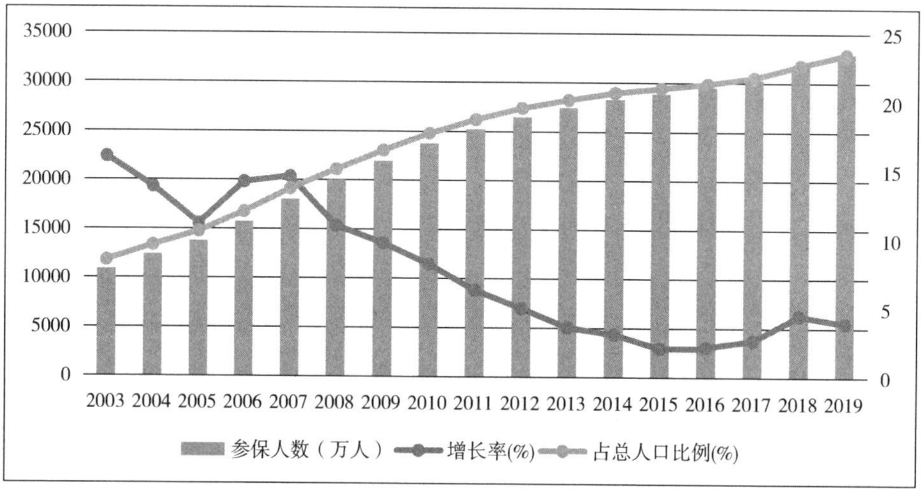

图2-7 城镇职工基本医疗保险参保情况①

2004年,我国开始建立新型农业合作医疗保险体系。根据上表2-3和下图2-8,进行分析。2004年到2014年新型农村合作医疗参保人数不断增加后趋向稳定,参保率从2004年的75.2%增长到2013年的98.7%。2014年后参保人数开始大幅下降,这可能是由于我国开始实施整合城乡居民基本医疗保险制度的政策的影响。

从享受待遇的人数来看,在社会医疗保险的保障下,越来越多的人享受医保的待遇。图2-9显示,2018年享受城镇职工基本医疗保险的人次达19.8亿次,较上年增长9.4%;享受城乡居民基本医疗保险的人次达16.2亿次,同比增长8.7%,都实现了较高的增长率。说明越来越多的人正在通过社会医疗保险受惠。社会医疗保险次均住院费用如图2-10所示。

① 资料来源:国家统计局国家数据库。

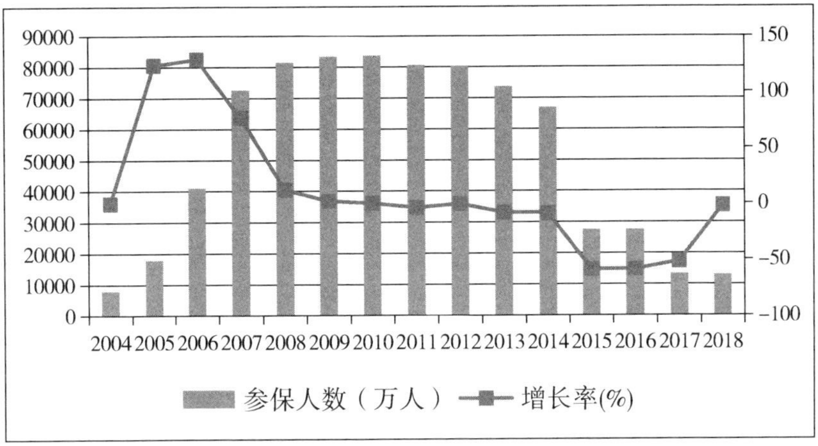

图2-8　新型农村合作医疗保险参保情况①

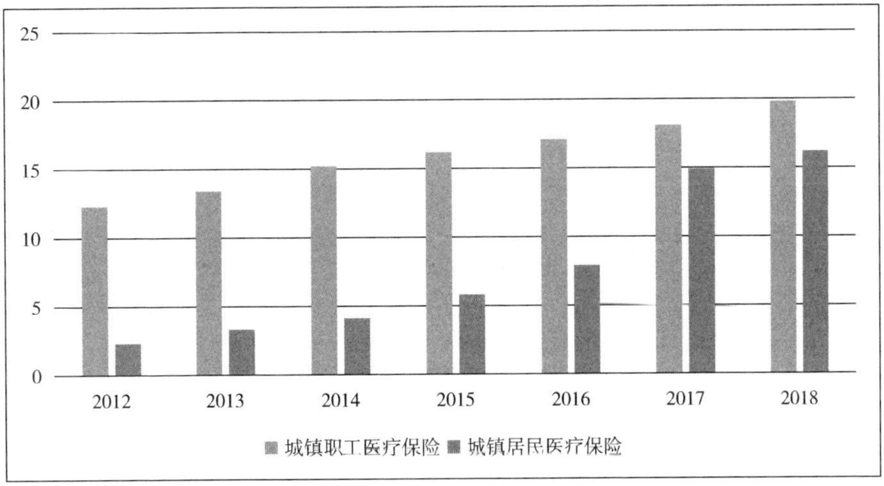

图2-9　社会医疗保险享受医疗待遇人次(单位:亿人次)②

① 数据来源:国家统计局,国家数据库,《中国卫生和计划生育统计年鉴》。

② 数据来源:国家医疗保障局。

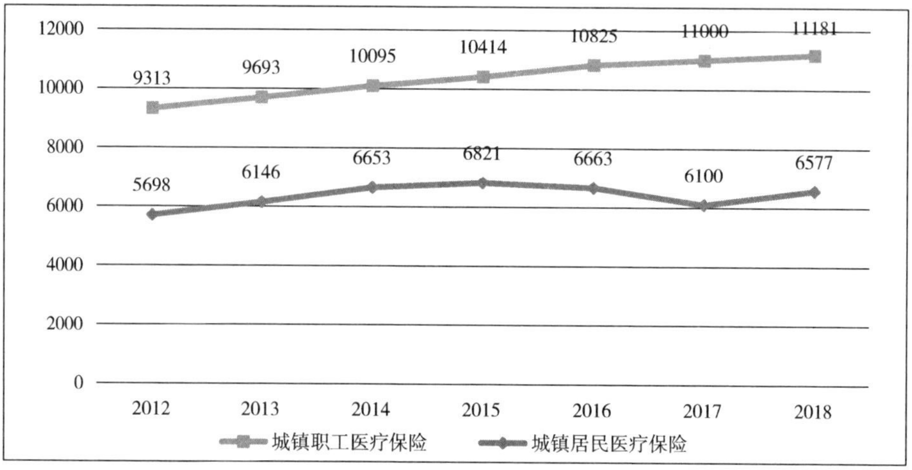

图 2－10　社会医疗保险次均住院费用（单位：元）①

（三）社会医疗基金的收支状况

表 2－4、表 2－5、表 2－6 和表 2－7 分别表示了 2007—2018 年我国城镇基本医疗保险基金、城镇职工基本医疗保险基金、城镇居民基本医疗保险基金以及新型农村合作医疗保险基金的收支情况。根据基金的收支情况表可以看出基金支出增长速度正向筹资收入增长速度靠拢。这四个表均显示城镇基本医疗保险的基金支出增长率有几年超过了收入的增长率。从总体上讲，医疗保险费用在不断增长，这一趋势在短期内难以逆转。

表 2－4　城镇基本医疗保险基金收支表②

年份	筹资收入（亿元）	收入增长率	基金支出（亿元）	支出增长率
2007	2257. 2	29. 20%	1561. 8	22. 33%
2008	3040. 4	34. 70%	2083. 6	33. 41%
2009	3671. 9	20. 77%	2797. 4	34. 26%
2010	4308. 9	17. 35%	3538. 1	26. 48%
2011	5539. 2	28. 55%	4431. 4	25. 25%
2012	6938. 7	25. 27%	5543. 6	25. 10%
2013	8248. 3	18. 87%	6801	22. 68%

①　数据来源：国家医疗保障局。

②　资料来源：国家统计局国家数据库。

续表

年份	筹资收入(亿元)	收入增长率	基金支出(亿元)	支出增长率
2014	9687.2	17.44%	8133.6	19.59%
2015	11192.9	15.54%	9312.1	14.49%
2016	13084.3	16.90%	10767.1	15.62%
2017	17931.6	37.05%	14421.7	33.94%
2018	21384.4	19.26%	17822.5	23.58%

表 2-5 城镇职工基本医疗保险基金收支表①

年份	筹资收入(亿元)	收入增长率	基金支出(亿元)	支出增长率(%)
2007	2214.2	-	1551.7	-
2008	2885.5	30.32%	2019.7	30.16%
2009	3420.3	18.53%	2630.1	30.22%
2010	3955.4	15.64%	3271.6	24.39%
2011	4945	25.02%	4018.3	22.82%
2012	6061.9	22.59%	4868.5	21.16%
2013	7061.6	16.49%	5829.9	19.75%
2014	8037.9	13.83%	6696.6	14.87%
2015	9083.5	13.01%	7531.5	12.47%
2016	10273.7	13.10%	8286.7	10.03%
2017	12278.3	19.51%	9466.9	14.24%
2018	13537.8	10.26%	10706.6	13.10%

① 资料来源:国家统计局国家数据库。

表2-6　城镇居民基本医疗保险基金收支表①

年份	筹资收入(亿元)	收入增长率	基金支出(亿元)	支出增长率
2011	594.2	-	413.1	-
2012	876.8	47.56%	675.1	63.42%
2013	1186.6	35.33%	971.1	43.85%
2014	1649.3	38.99%	1437	47.98%
2015	2109.4	27.90%	1780.6	23.91%
2016	2810.5	33.24%	2480.4	39.30%
2017	5653.3	101.15%	4954.8	99.76%
2018	7846.4	38.79%	7115.9	43.62%

表2-7　新型农村合作医疗保险基金收支状况(亿元)②

年份	基金支出(亿元)	支出增长率	筹资收入(亿元)	收入增长率
2004	26.37	-	40.29	-
2005	61.75	134.17%	75.34	86.99%
2006	155.80	152.31%	213.61	183.53%
2007	346.63	122.48%	427.98	100.36%
2008	662.30	91.07%	784.58	83.32%
2009	922.90	39.35%	944.62	20.40%
2010	1187.80	28.70%	1308.33	38.50%
2011	1710.19	43.98%	2047.56	56.50%
2012	2408.00	40.80%	2484.7	21.35%
2013	2908.00	20.76%	2972.48	19.63%
2014	2890.40	-0.61%	3025.28	1.78%
2015	2933.41	1.49%	3285.01	8.59%
2016	1363.64	-53.51%	1537.25	-53.20%
2017	754.12	-44.70%	815.90	-46.92%
2018	839.00	11.26%	875.00	7.24%

① 资料来源:国家统计局国家数据库。
② 资料来源:《中国卫生和计划生育统计年鉴》(2003—2014)。

目前我国的基本医疗保险主要包含职工基本医疗保险和城乡居民基本医疗保险,具体见表 2－8。

表 2－8 我国现行的社会医疗保险情况①

	城镇职工社会医疗保险		城乡居民社会医疗保险	
实施时间	1998 年	《关于建立城镇职工基本医疗保险制度的决定》	2016 年	《关于整合城乡居民基本医疗保险制度的意见》
	2008	2016	2008	2016
目标人群	城镇正式职工	城镇正式职工	城镇非从业居民、农村居民	城镇非从业居民、农村居民
参保率	80.7%	95%以上	63.8%	95%以上
人均保费总额	1443	2840	131	180
筹资主体				
个人缴纳	工资的 2%—3%	工资的 2%—3%	中西部地区 60%—80%;东部地区:一定比例	中西部地区:60%—80%;东部地区:一定比例
雇主缴纳	工资的 6%—8%	工资的 6%—8%	0	0
政府补贴	0	0	120	450
筹资方式				
个人账户	33%	33%	10%左右,部分地区	10%左右,部分地区
统筹账户	67%	67%	90%	90%

第三节 商业健康保险

与基本医疗保险的强制性和普惠性不同,商业健康保险可以通过商业运营机

① 数据来源:《人力资源和社会保障事业发展统计公报》《中国统计年鉴》。

制，为不同消费能力、风险意识和保障需求人群提供差别服务，并基于健康人群的疾病发生概率设计产品。与此同时，随着医疗体系改革的不断深入，多层次、多元化的医疗保障体系成为政府与百姓的共同诉求，而健康保险正是其中不可或缺的一环。①

一、商业健康保险的定义

中国保监会《健康保险管理办法》(2006)规定，健康保险是指保险公司通过疾病保险、医疗保险、失能收入损失保险和护理保险等方式对因健康原因导致的损失给付保险金的保险。

《国务院办公厅关于加快发展商业健康保险的若干意见》(2014)规定，商业健康保险是由商业保险机构对因健康原因和医疗行为导致的损失给付保险金的保险，主要包括医疗保险、疾病保险、失能收入损失保险、护理保险以及相关的医疗意外保险、医疗责任保险等。

2017 年，中国原保监会对原《健康保险管理办法》进行修订，在新的管理办法中，规定"商业健康保险是由商业保险机构对因健康原因和医疗行为导致的损失给付保险金的保险，主要包括医疗保险、疾病保险、失能收入损失保险、护理保险以及相关的医疗意外保险、医疗责任保险等医疗执业保险"。商业健康保险的保障内涵进行了扩展，与诊疗行为有关的风险保障进入健康保险保障范畴。

商业健康保险的资金筹措来源是投保人自愿向保险公司缴纳的保费，其风险集中单位为单个保险公司，"投保人池"的风险水平对保险公司的盈利状况有重要的影响，为控制赔付风险，商业保险公司往往规定排除已有疾病等较为苛刻的承保条件，并通常对产品采取风险定价法，根据投保人的年龄和健康状况等因素决定的潜在风险来确定保险价格，团体商业保险则以参保团体的平均风险水平为定价基础。商业健康保险的参保原则上是自愿的，保障水平和保障内容由投保人和保险公司双方协商决定，因此保险的个性化较强。与社会医疗保险相比，商业健康保险可实现个人在健康与疾病、青年与老年等不同人生阶段之间的纵向资源转移，而不同人群之间的横向补贴程度则较低。

① 张华玲. 论社会保险与商业保险在医疗保障体系中的互促共进[J]. 时代金融，2017(21).

二、商业健康保险的分类

（一）医疗保险

医疗保险（Medical Insurance）也叫医疗费用保险，是指由商业保险公司提供的，对保险人因疾病或意外事故导致的医疗费用提供经济补偿的保险。保险人对各种医疗保险均可以以团体或个人保单的形式提供。

按照不同的划分标准，医疗保险可以划分为不同的种类。

1. 按照保障范围划分

医疗保险分为普通医疗保险、住院保险、手术保险和综合医疗保险等。

普通医疗保险。普通医疗保险主要承保被保险人治疗疾病的一般性医疗费用，主要包括门诊费用、医药费用、检查费用等。这种保险的保费成本较低，比较适用于一般社会公众。由于医药费用和检查费用的支出控制有一定的难度，这种保单一般有免赔额和自付比例，大多普通医疗保险的保险费用每年更新一次，每次疾病所发生的费用累计超过保险金额时，保险人不再负保险责任。

住院保险。一般住院发生的费用较大，故将住院的费用作为一项单独的保险。住院保险的覆盖的项目一般是被保险人每天住院房间的费用、住院期间的医生治疗费用、检测费用、手术费用、医药费等。住院时间长短将直接影响其费用的高低，因此，这种保险的保险金额应根据病人平均住院费用情况而定。为了控制不必要的长时间住院，这种保单一般规定了自付比例。

手术保险。手术保险提供因病人需做手术而发生的费用。这种保单一般是负担所有手术费用，不论是门诊手术治疗还是住院手术治疗。

综合医疗保险。综合医疗保险是保险人为被保险人提供的一种全面的医疗费用保险，其费用范围包括医疗、住院、手术等的一切费用。这种保单的保险费较高，一般也有免赔额和自付比例。

2. 按照保险金的给付性质划分

医疗保险包括费用补偿型医疗保险和定额给付型医疗保险。

费用补偿型医疗保险是指根据被保险人实际发生的医疗费用支出，按照约定的标准确定给付保险金数额的医疗保险，费用补偿型医疗保险的给付金额不得超过被保险人实际发生的医疗费用金额。

定额给付型医疗保险是指按照约定的数额给付保险金的医疗保险。定额给付保险不适用于损失补偿原则，无论被保险人是否已从其他途径获得医疗费用补偿，保险人都按照责任条款的约定给付保险金，其特点是同实际医疗费用花费没有必要的联系。

（二）疾病保险

疾病保险（Sickness Insurance）是指以保险合同约定的疾病的发生为给付保险金条件的保险，主要针对那些会威胁到生命或者花费比较大的重大疾病，因此也叫重大疾病保险。投保人投保后，被保险人被确诊罹患合同约定的疾病时，保险人按照合同约定的保险金给付，不考虑疾病具体的医疗费用。

疾病保险条款一般都规定了一个等待期或观察期，观察期结束后保险单才正式生效。通常，等待期为合同生效或复效之日起 90 天或 180 天。如果在等待期内罹患合同约定的疾病，此时保险人无给付责任。疾病保险不考虑实际的损失，只根据合同约定的保险金额给付，灵活性高，而且可以按照投保人的需求进行保障。疾病保险的保障期限一般都比较长，基本都在 20 年以上，甚至有些疾病保险的保障期限是终身，保险费可以分期交付，也可以一次交清。

疾病保险的分类如下：

1. 按保险期间划分

疾病保险划分为定期重大疾病保险和终身重大疾病保险两类。

定期重大疾病保险是指投保人投保的定期重大疾病合同是保障被保险人在合同约定的固定期间内患有合同约定的重大疾病的一种，保险人就予以给付的疾病保险。固定期间可以按年数确定（如 10 年），也可以按被保险人年龄确定（如保障至 70 岁）。

终身重大疾病保险指如果被保险人从合同生效日起至生命结束期间发生合同约定的重大疾病，保险人予以给付保险金的疾病保险。

2. 按保险金的给付形态划分

重大疾病保险分为提前给付型、附加给付型、独立主险型、按比例给付型和回购选择型。

提前给付保险重大疾病保险一般是重疾险与寿险结合的一种保单，其重大疾病保险是该保险总保额的一部分，提前给付型保险责任范围包括重大疾病、死亡以及高度残疾。保险期间内如果被保险人经诊断罹患重大疾病，被保险人可以提前支取一定比例的死亡保额作为重大疾病保险。这部分提前领取的保额通常为身故保险金的 25% 或 50%，死亡时获得剩余保险金额。若被保险人未发生约定的疾病，则在死亡时获得约定的赔偿金额。

附加给付型疾病保险，往往是寿险的附加险，保险责任包含重大疾病和死亡两部分。此类保险设定了生存期限即从罹患约定的疾病的时刻起至保险人确认的时间为止，一般为 30 天、60 天、90 天等。若被保险人死亡或残疾则给付保险金；若被保险人患病，并在生存期限内死亡则给付死亡保险金；若被保险人患约定的疾病但是在生存期限内未死亡则给付重大疾病保险金，待被保险人死亡再给付死亡保险金。

独立主险型，此类责任范围包含死亡和重大疾病，但两者的保额均为单一保额。若被保险人发生重大疾病则给付重大疾病保险，死亡保额为零，若被保险人未发生重大疾病则给付死亡保额，重大疾病保额为零。

按比例给付型，此类保险的保险范围一般仅包含重大疾病。当被保险人罹患重大疾病时按治疗费用的一定比例给付，一般这个比例值较高。

回购式选择型重大疾病保险产品是针对提前给付型产品存在的因领取重大疾病保险金而导致死亡保障降低的不足而设计的。根据该产品的条款规定，保险人给付重大疾病保险金后，如果被保险人在某一特定时间后仍存活，可以按照某固定费率买回原保险总额的一定比例（如 25%），使死亡保障有所增加；如果被保险人再经过一定的时间仍存活，可再次买回原保险总额的一定比例，最终使死亡保障可以达到购买之初的保额。此类保险产品最早出现在南非，在澳大利亚和英国非常普遍，目前在我国尚属空白。回购式选择带来的逆选择是显而易见的，因此对于“回购”的前提或条件的设定至关重要。

3. 按产品结构分

疾病保险可以分为独立重疾险、主寿险 + 附加提前给付重疾险、主寿险 + 附加额外给付重疾险。

（三）失能收入损失保险

失能收入损失险（Disability Income Insurance）又称失能保险，是指以因保险合同约定的疾病或者意外伤害导致工作能力丧失为给付保险金条件，为被保险人在一定时期内收入减少或者中断提供保障的保险。失能收入损失保险一般不包括由于生育和工伤导致的失能。

1. 失能的定义与分类

失能是指由于遭受意外伤害或疾病丧失工作能力，无法正常工作。失能又分为部分失能、完全失能、永久失能等。各个国家各个保险公司对于失能的保障责任范围有不同的界定，失能收入损失保险通常采用完全失能作为保障的风险，但是，不同的保单对完全失能的定义不同，大致分为任何职业完全失能、以往职业完全失能、通用完全失能以及推定完全失能四类。

(1)任何职业完全失能

任何职业完全失能,又称为绝对全残,是指被保险人因为疾病或者意外伤害导致不能从事其原来的工作或者其他任何与其受的教育、培训和经验相当的职业。

(2)以往职业完全失能

以往职业完全失能又叫原职业全残,是指被保险人因疾病或者意外伤害而不能完成其以往职业的基本工作时,被视为完全失能。

(3)通用完全失能

通用完全失能是任何职业完全失能与以往职业完全失能结合而产生的。采用通用完全失能定义的保单,在特定期限内采用以往职业完全失能定义,在其他期限内采用任何职业完全失能的定义,从而更好地保障被保险人的利益。在我国采用通用完全失能定义的保单约定的期限一般为两年,并将这个时间称为残疾初期。

(4)推定完全失能

有的失能收入损失保单中规定,只要被保险人出现下列情形之一,即可被认定为完全失能,可以领取保单规定的全残保险金,而不论他是否能从事原职业或任何职业。通常可以推定为完全失能的情形有以下七种:①双目永久完全失明;②两上肢腕关节以上或两下肢踝关节以上缺失的;③一上肢腕关节以上或一下肢踝关节以上缺失的;④一目永久完全失明及一上肢腕关节以上缺失;⑤一目永久完全失明及一下肢踝关节以上缺失的;⑥咀嚼、吞咽功能永久完全丧失的;⑦中枢神经系统功能或胸、腹部器官功能极度障碍,终身不能从事任何工作,丧失生活自理能力。

2. 失能收入损失保险的特征

失能收入损失险的保险金主要依被保险人的选择,保险公司每月或每周提供同样金额的收入补偿,类似于年金的给付。这种特殊的给付方式主要是为了保障被保险人失能后每个月内都有维持生存的费用,防止被保险人利用保险金进行投资行为的发生,抑制道德风险。

保险金给付的期限在保险合同中已经约定。失能收入损失险的保险金给付期限,可短期也可长期。一般会在保险合同的条约中有明确的规定,常见的给付期限有13周、26周、52周、2年、5年甚至给付至65岁。

3. 失能收入损失保险的类型

(1)按保障范围分类

失能收入损失保险按照保障范围可以分为两种:一种补偿因伤害而致残废的

收入损失,另一种补偿因疾病造成的残废而致的收入损失。

(2)按给付期间分类

失能收入损失保险按照给付期间分类可以分为短期失能收入损失保险和长期失能收入损失保险。

(3)按承保对象分类

失能收入损失保险按照承保对象分类可以分为个人失能收入损失保险和团体失能收入损失保险。

(四)护理保险

护理保险(Care Insurance)是指因保险合同约定的日常生活能力障碍引发的护理需要为给付保险金的条件,为被保险人的护理支出提供保障的保险。通常护理保险都是指长期护理保险,其期限可以长达半年、数年、十几年、几十年甚至终身。

1. 护理保险的特征

与其他保险产品相比,护理保险侧重于提供长期护理保障,有着显著的产品特点:护理保险一般都有保费豁免保障,在缴费期间,被保险人一经确定需要"长期护理",保险公司将豁免以后各期保险费,一般规定保险人开始履行保险金给付责任的60天、90天或180天起免缴保费;护理保险的保费通常为平准式,也有每年或每一期间固定上调保费者,其年缴保费因投保年龄、等待期间、保险金额和其他条件的不同而有很大区别;几乎所有长期护理保险保单都是保证续保的,有一些甚至保证终身续保,保险公司不得在保单更新时针对个人提高保险费率。

2. 护理保险的分类

(1)按保险责任划分

护理保险可以分为独立的长期护理保险、寿险保单附加的长期护理保险、医疗费用保险附加长期护理保险、失能收入保险化为长期护理保险以及递进增长的年金护理保险。

独立长期护理保险只提供长期的护理保障,即只在被保险人满足保险公司规定的情况下才对保险合同进行给付。

寿险保单附加长期护理保障在传统寿险保障的同时,通过约定长期护理提前给付责任,或者附加单项的长期护理保险责任,为被保险人提供长期护理保障。

医疗费用保险附约同护理保险在一定程度上都涉及费用补偿,因此可将长期护理保险视为医疗费用保险的延伸。

失能收入保险化为长期护理保险指被保险人在退休前购买长期护理保险在

退休前购买长期护理保险,其退休后,保险公司提供给被保险人与失能收入补偿保额相等的保险金。

递进增长的护理保险以年金的形式向被保险给付约定的保险金,以补偿因长期护理产生的费用。

(2)按保额是否变动划分

护理保险可以分为保额固定长期护理保险和保额变动长期护理保险。保额固定长期护理保险是在被保险人满足给付条件下,保险人按保单约定的固定金额进行给付的保险。保额变动的长期护理保险是在被保险人满足给付条件下,保险人的给付金额随着生活费用或护理机构费用指数的增加,通常逐年增加。

(3)按保障范围分

护理保险可以分为只承保专业护理机构的护理服务的保险和承保专业护理机构和家庭的护理服务的保险等。只承保专业护理机构的护理服务的保险仅补偿给付被保险人在专业护理机构产生的护理费用。承保专业护理机构和家庭的护理服务的保险不仅补偿给付被保险人在专业护理机构产生的护理费用也补偿被保险人在家庭护理的保障。

(4)按给付方式分

护理保险可以分为实际费用补偿型、定额给付型和直接提供护理服务的保险。

(五)健康管理

1. 健康管理的概念

1986 年,世界卫生组织在首届国际健康促进大会上,首次将健康定义为一种资源,健康管理就是对“健康”这种特殊资产的管理。但是健康管理在实践中已然被证明是一个看似清晰,实则实际概念不严密而且令人感觉模糊的学术领域,难以准确定义。① 20 世纪 50 年代,美国率先提出了健康管理的概念,其核心内容是医疗保险机构通过对其医疗保险客户开展系统的健康管理,达到有效控制疾病的发生或发展,显著降低疾病发生概率和实际医疗支出,从而减少医疗保险损失给付的目的。随着健康管理思想在实践中的不断应用,健康管理的概念也不断丰富,健康管理甚至脱离了保险业的限制,出现了专业的健康管理公司,专门开展健康管理的业务,多层次地满足了人们对健康管理的需求。

健康管理(Health Management,Management Care)是指以预防和控制疾病的发

① HUNTER D J,BROWN J. A review of health management research[J]. European Journal of Public Health,2007,17.

生与发展,降低医疗费用,提高生命质量为目的,针对个体以及群体进行健康管理教育,提高自我管理意识水平,并对其生活方式相关的健康危险因素,通过健康信息采集、健康监测、健康评估、个性化监护管理方案健康干预等手段对健康加以改善的过程和方法。① 健康管理通常依照具体实际的应用,分为狭义的健康管理和广义的健康管理。

(1)狭义的健康管理

在实践中,狭义的健康管理往往指一些专业的健康管理公司进行的业务和流程。在美国、德国、英国等健康保险市场上,专业健康保险公司都无一例外地通过事前的健康咨询和健康风险评估、事中的诊疗干预、事后的生活方式干预等服务,来提高医疗风险管控效果,增加承保利润。

(2)广义的健康管理

广义的健康管理完全从健康定义出发,凡是能促进健康的产品、服务都应归入广义健康管理范畴,与健康关联密切的领域主要有环境、饮食、保健品、运动健身、健康养生旅游、养老房地产等。

2. 健康管理的内容

健康管理的内容,简单说就是有效地鉴别个人及人群的健康危险状态,针对不同等级的干预手段,提高干预的有效性,并监测干预效果。一般来讲,分为三步:首先,收集多种信息,全面了解个体健康状况;其次,进行健康及疾病风险的评估;最后,采取各种干预手段。这三步是一个动态的循环,其目的是调动管理对象的自觉性和主动性,有效地利用有限的资源达到最大的健康改善效果,维护和促进人类健康,达到预防控制疾病的发生、提高生命质量、减轻疾病带来的负担等目的。

在最早诞生健康管理的美国,健康管理发展非常迅速。目前,有7700万的美国人在大约650个健康管理组织中享受医疗服务,这意味着每10个美国人就有7个人享有健康管理服务。②

3. 美国管理式医疗

管理式医疗(Managed care)是对一些不同类型的健康保险方式的统称,可以定义为一种对医疗服务进行主动调节和控制的系统,主要监督和控制医疗服务提供者和投保人之间的交易,也就是治病的过程,承保者以其所掌握的投保人为谈判力量来寻找质优价廉的医疗服务,通过创新的支付手段等方式多角度地控制医

① 张晓,等. 健康保险医学基础[M]. 北京:中国财政经济出版社,2018:303.

② 王治超,李玉泉. 中国健康保险发展报告[M]. 北京:中国财政经济出版社,2010.

疗成本,并对医疗服务提供者进行监督以保证医疗服务的质量。目前比较常见的管理式医疗模式主要有健康维护组织(HMO)、优先选择服务组织(PPO)、排他险服务组织(EPO)以及服务点选择计划(POS)等。

健康维护组织是最早出现的一种管理式医疗保险模式,也是目前最为常见的一种管理式医疗保险模式。投保人依据与选定的健康维护组织所商定的价格定期交纳固定的保险费,即成为该健康维护组织的投保人。当投保人生病需要消费医疗服务时,健康维护组织并不是对投保人给予现金补偿而是为投保人提供所需的各种医疗服务,实行服务型补偿。与健康维护组织签约后,投保人在看病时一般不需再支付其他费用,如有特殊情况则按之前的约定缴纳很少的费用。健康维护组织一般都拥有自己的医生和医院的服务网络或者与某些医师团体签有协议,以便为名下的投保人提供所需的医疗服务。同时,健康维护组织也规定投保人要到特定的医生或医院处接受服务,否则可能会拒绝投保人的报销请求,但急诊不在此列。如果投保人确实需要到健康维护组织自有医疗服务网络之外的医生或者医院那里接受医疗服务,则投保人需要提前申请,并自己负担一定的费用。

优先选择服务组织是在健康维护组织的基础之上发展起来的,可以看作是对多种多样的投保人需求的一种回应。优先选择服务组织同样是由一个第三方的医疗服务购买者在掌握了一定的投保人资源后去寻找符合一定条件的医生、医院或者诊所等医疗服务提供者,与之谈判并签订契约,使之为自己名下的投保者提供医疗服务。但与健康维护组织不同的是,优先选择服务组织允许名下的投保者去签约的医疗服务提供者之外的医生或者医院处接受医疗服务。但这样做的前提是,投保者要承担一定的自费部分、缴纳更高的保费或者起付门槛较高。

排他性服务组织起源于健康维护组织。同样是由第三方的医疗服务购买者去寻找合适的医疗服务提供方缔约以提供相应的医疗服务。只是排他性服务组织的投保人在选择医疗服务提供者时受到的限制更严格一些。一般来讲,排他性服务组织都严格禁止名下的投保人去自身签约的医疗服务提供者之外的地方接受医疗服务,否则投保人要自行负担相应的医疗费用。

服务点选择计划的运营模式介于健康维护组织和优先选择服务组织之间。服务点选择计划的投保人在选择医疗服务提供者方面又有很大的自由,既可以选择规定的签约网络内的医生或者医院,也可以选择网络之外的医生或者医院。二者的区别就是如果选择规定的网络内医疗服务提供者则可以享受固定保费不限服务内容的优惠,而如果选择网络外的医疗服务提供者则必须提交相应的报销申请,而且可能要投保人自己承担一部分费用,且不能享受网络内的优惠价格。

与传统的医疗保险模式相比,管理式医疗保险的主要特征有:医疗服务筹资和医疗服务提供有机结合，管理医疗组织与诊所和医院签订合同或者直接拥有自己的医院和诊所；采取多种费用支付方式使医疗服务提供方与第三方利益共享、风险共负、费用分担；成立第三方协会负责对医疗服务提供方的医疗质量进行监督、计量和评估。同时管理式医疗保险除了提供医疗服务以外，还将预防和保健也加入其中，将疾病保险转化为健康保险，这样可以促进健康，降低患病风险，从而减少疾病支付费用。

三、我国商业健康保险的发展现状

我国的商业健康保险业务始于20世纪80年代，在经历了20多年的缓慢发展后，我国健康保险也开始了迅猛发展。根据保监会历年统计数据，2000年我国商业健康保险的原保费收入仅有28亿元，从新医改以来，我国健康保险保持快速发展态势，业务规模不断攀升，利好政策的不断出台也给商业健康保险发展带来了政策机遇。到了2017年，我国健康保险原保险保费收入达到了4389亿元，是2000年的156.75倍，在这段时间，我国的GDP从2000年的99066亿元增长到2017年的821722亿元，增长了8.29倍，健康保险的发展速度远远超过国民经济增速。①2000—2019年健康保险的保险深度和密度如图2-11所示。

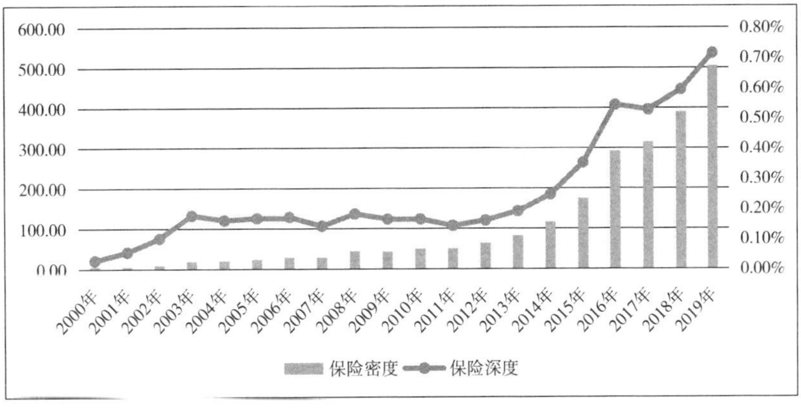

图2-11　2000—2019年健康保险的保险深度和密度②

（一）商业健康保险市场规模

我国保险行业已基本建立起具有一定专业特点的健康保险经营管理体系，

① 数据来源：国家统计局《中国保险年鉴》。
② 数据来源：国家统计局《中国保险年鉴》。

《中华人民共和国保险法》规定:“人身保险公司可以经营健康保险业务,财产保险公司在经保监会批准后可以经营短期健康保险。”从经营机构数量来看,截止到2016年,我国共有7家专业健康保险公司,分别是人保健康、平安健康、和谐健康、昆仑健康、太保安联、复星联合和瑞华健康,其保费收入占整个健康保险市场份额的32.60%。① 到2018年,经营健康保险业务的保险公司已达149家,健康保险产品已达4283种。②

近年来我国商业健康保险业务规模不断攀升,与此同时,赔付率也逐渐稳定。全国的商业健康保险保费收入从2009年的574亿元增加到2019年的6520亿元,年均增幅达到27.6%,远高于同期寿险的业务增长速度。健康保险保费占人身险保费收入比重从6.95%增长到20%;健康保险赔付从217亿元增长到1744.3亿元,增长8倍。同时,健康保险密度由2009年的43元增长至2018年的390元;健康保险深度也就是健康保险规模占GDP的比重由2009年0.16%增长至2018年0.6%。2000—2019年我国健康保险原保险保费收入及赔付支出金额如图2-12所示。

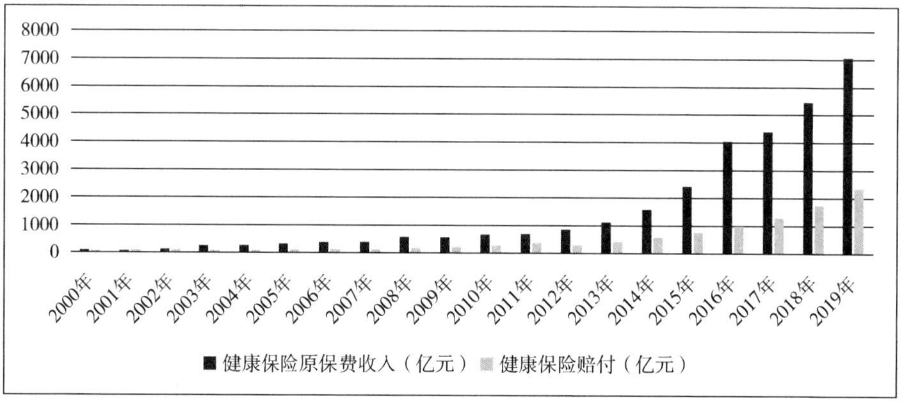

图2-12 2000—2019年我国健康保险原保险保费收入及赔付支出金额③

从图2-13我们可以明显看出,我国健康保险占寿险保费收入的比重④在不断上升。2004年,我国健康保险保费收入占寿险保费收入的比例仅为8.05%,到2019年年末,这个比例增长到22.80%,大约翻了三倍。可见我国健康保险业发

① 卓志. 健康保险学[M]. 北京:中国经济科技出版社,2017.

② 数据来源:《2018年中国商业健康保险报告》。

③ 数据来源:国家统计局《中国保险年鉴》。

④ 为了便于分析,将健康保险保费收入占寿险保费收入的比例近似为健康保险所占的份额。

展之迅猛。但与发达国家相比仍有差距，在一个比较成熟的保险市场中，商业健康保险的保费收入占寿险的保费收入的比例约为 30% 。①

从保障力度来看，2019 年卫生支出中，健康保险赔付 2351 亿元，占总卫生支出的 3. 98% ，社会支出的 14. 34% ，而在德国、加拿大、法国等发达国家，商业健康保险赔付支出在医疗卫生总费用中所占的比例平均都在 10% 以上，美国商业健康保险占社会医疗费用总支出的比例更是高达 37% 。

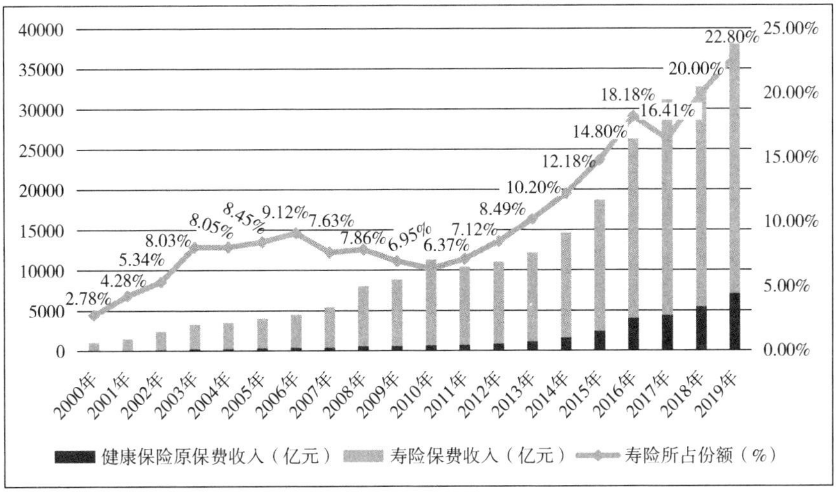

图 2 - 13　2004—2019 年健康保险保费收入占寿险保费收入的变化图②

（二）商业健康保险参与医疗保障体系建设

商业健康保险公司参与承办城乡居民大病保险。2016 年年底，人力资源与劳动社会保障部社会保险事务管理中心对全国城乡居民大病保险经办情况进行了信函调查，共收到 23 个省份的调查反馈。结果显示：2015 年和 2016 年分别有 89. 96% 和 91. 01% 的统筹地区将城乡居民大病保险业务委托给商业保险公司承办，截至 2016 年 9 月底，全国有 16 家保险公司在 31 个省市自治区承办了大病保险业务，为全国 10. 5 亿城乡居民提供了大病保险保障。2016 年大病患者医疗费用的实际报销水平平均提高了 13. 16 个百分点，部分城乡居民的大病医疗费用负担大幅度减轻，最高赔付达 111. 6 万元。

商业健康保险公司积极经办各类医保服务，参与医疗保障体系建设。从 2010

① 李俊．新医改环境下我国健康保险税收优惠政策研究[J]．劳动保障世界，2011(8)．

② 数据来源：《中国保险统计年鉴》。

年至2015年9月底,保险业累计受托管理医保基金860亿元,支付补偿金550亿元;商业保险保费收入711亿元,支付赔款575亿元,累计服务超过3亿人次。同时,商业健康保险公司在经办各类医疗保障管理服务过程中进行了多样化的实践探索,形成了许多有特色的模式,积累了大量的经验。例如,以河南洛阳、江苏江阴模式为代表的委托管理型,以浙江建德市等部分地区为代表的保险合同型,以北京平谷模式为代表的共保联办型。①

此外,商业健康保险公司积极探索服务医改新途径,积极参与投资社会医疗机构,并在强化医疗管控、降低不合理医疗费用方面取得了一定成绩。

(三)商业健康保险支持政策

2006年6月,中国原保监会颁布的《健康保险管理办法》,是我国商业健康保险的第一步法规,2012—2014年期间,又陆续发布《"十二五"期间深化医药卫生体制改革规划暨实施方案》等多篇文件,多次强调多样化健康保险服务发展,鼓励保险公司大力开发各类医疗、疾病保险和失能收入损失保险等商业健康保险产品,并与基本医疗保险相衔接。2014年11月,国务院正式发布《关于加快发展商业健康保险的若干意见》,明确提出要充分发挥市场机制作用和商业健康保险专业优势,使商业健康保险在深化医药卫生体制改革、发展健康服务业、促进经济提质增效升级中发挥"生力军"作用。该文件从深化医药卫生体制改革、发展健康服务业、促进经济提质增效升级的高度定位了商业健康保险的功能作用,并将医疗意外保险、医疗责任保险也纳入商业健康保险的范畴,进一步体现了政策的综合性考量。2017年,《健康保险管理办法》(修订稿)起草,对健康保险法律进行完善,《健康保险管理办法》自2019年12月1日起施行,健康保险市场迎来统一监管规则。可见,发展健康服务业、促进经济提质增效升级,对于保险业的发展和服务经济社会全局都具有十分重要的意义。2020年,银保监会等13部委联合下发《关于促进社会服务领域商业保险发展的意见》,对扩大商业健康保险供给、提升商业保险机构参与医保服务质效、加快发展商业长期护理保险、促进健康服务业发展等发展商业健康保险的措施进行了专门安排部署,并涉及商业健康保险的支持内容,如探索满足60岁及以上老年人保险需求、促进养老服务产业发展等。

税收优惠政策是促进商业健康保险发展的关键因素。对保险公司的税收优惠政策包括2004年3月财政部、国家税务总局颁布了《关于若干项目免征营业税的通知》和《关于人寿保险业务免征营业税若干问题的通知》的有关规定,规定保

① 中国发展研究基金会. 中国商业健康保险研究报告[M]. 北京:中国发展出版社,2017.

险公司销售一年期以上的(含一年期)健康保险可以免征营业税,同时,该政策的对各保险公司的保险产品都进行了详细的规定。2016年3月,财政部与国家税务总局颁布《关于全面推开营业税改征增值税试点的通知》,规定保险业于2016年5月1日开始按照通知全面实施营业税改增值税。对于保险行业而言,规定保险公司保费收入适用于增值税范畴,但是保险期间一年期以上人身保险产品的保费收入按照相关规定属于免税政策使用范围。对于短期人身保险产品(短期健康保险、意外险)纳入增值税征收范围。2019年4月,中国银保监会发布,为进一步支持大病保险业务的健康、持续经营,降低运行成本,对保险公司承办的城乡居民大病保险业务继续免征三年保险保障基金。

朱铭来和丁继红(2008)研究表明,在国际范围内,税收优惠政策的确可以促进健康保险有效供给的增加①。卓志和孙正成(2015)对我国商业健康保险的经营绩效进行实证研究后,认为对健康保险采用"补供方的"税收优惠政策可以促进健康保险的供给②。我国对投保企业和个人投保商业健康保险的税收优惠政策包括2009年6月出台的《财政部、国家税务总局关于补充养老保险费补充医疗保险费有关企业所得税政策问题的通知》,该文件中规定,从2008年1月1日开始,按照国家通知执行,企业为在企业任职或受雇的员工购买商业健康保险,交的保费不超过职工工资总额5%标准内的部分,企业在计算应纳税所得时,准予扣除;超过的部分,不予扣除。2015年11月,财政部、国家税务总局、原保监会印发了《关于开展商业健康保险个人所得税政策试点工作的通知》的规定,规定内容:试点地区个人在购买符合规定的健康保险产品时,购买产品的第二个月起,每月按照200元扣除的标准,按月扣除。累计12个月,不得超过2400元的限额标准扣除个人所得税,超过2400元的部分,将不予税前扣除。以后年度续保时,按照上述规定执行。

(四)商业健康保险产品结构

我国的商业健康保险发展速度很快,健康保险产品的数量也在不断上升。1992年我国销售的各类健康保险产品仅70个,到2018年为止,我国保险市场上在售的健康保险产品多达4283款,在保监会备案的产品超过480个,险种涵盖疾病保险、医疗保险、护理保险和失能损失保险,医疗保险产品数量占比71.73%,重

① 朱铭来,丁继红.健康保险税收优惠政策的国际比较研究[J].经济社会体制比较,2008(2).

② 卓志,孙正成.健康保险业务能否提升保险公司经营绩效——兼论我国商业健康保险经营动力[J].财经科学,2015(11).

大疾病保险产品占比 12.68%，护理保险和失能收入损失保险的产品种类较少。2016 年起，个人所得税优惠商业健康保险产品开始推广。但是，我国的健康保险产品仍然存在同质化现象严重，产品结构单一的问题。目前的保险市场上，疾病保险和医疗保险的种类和覆盖面最广。2015 年我国疾病保险和医疗保险占商业健康保险保费收入的 83.45%，护理保险占 16.42%，失能收入损失保险占 0.13%。① 从保障的范围和功能而言，各家保险公司的险种相似程度高，保险保障的风险范围基本一致，不能满足人民在不同阶段和不同健康风险背景下对健康保险的需求。保单内容和保单费用类似，这极大地制约了我国健康保险的创新。从保险结构看，我国的健康保险的产品具有明显的“寿险化”特征，以附带的理财功能的储蓄类产品为主，设计集中在分红、保费返还上，寿险化、意外险化倾向明显，且多为寿险产品的附加险的形式进行销售。

《中国商业健康保险的定位和发展模式》中，图 2－14 是 2015 年各种健康保险的保费收入占比，从我国在售的健康保险产品来看，我国的健康保险市场上，医疗保险和疾病保险占据半壁江山，护理保险次之，失能收入损失保险所占份额最少。②

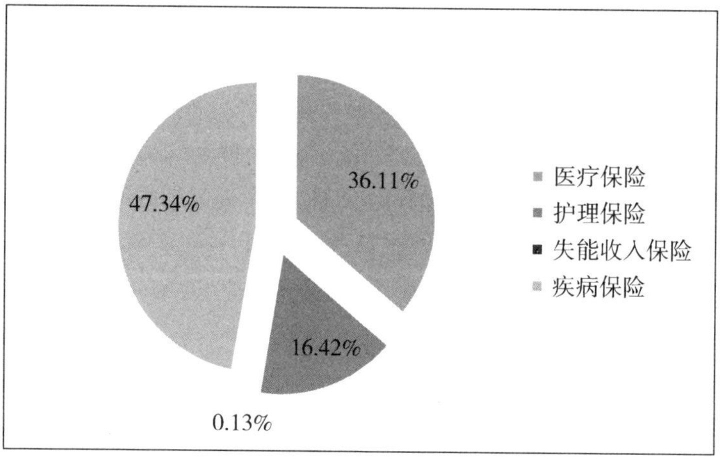

图 2－14　各种健康保险份额图

① 中国发展研究基金会．中国商业健康保险研究[M]．北京：中国发展出版社，2017：9.

② 课题组专题报告：《中国商业健康保险的定位和发展模式》。

第四节　健康保险与经济学

一、健康保险的经济学问题

萨缪尔森(1948)表示经济研究的是一个社会如何利用稀缺的资源生产有价值的商品,并将它们在不同的个体之间进行分配的学科。曼昆(1998)也表示经济学是研究社会学如何管理稀缺资源,研究人们如何做出决策,如何进行相互交易,如何进行理性选择的科学。经济学一些基本理论和概念能够很好地运用到健康保险的研究中,在对一些健康保险政策问题进行解释的时候,往往可以用经济学一些传统的理论和概念来分析和解决问题,如稀缺性、替代、激励和边际分析等,以及健康保险市场上的各个参与者如何根据自己禀赋资源做出科学的配置资源的行为。同时,由于传统经济学假定个体理性地采取行动,即使个体行为的非理性,由于个体共同作用的结果,其总体行为也会呈现出理性特征。但是实际并非如此,个体对理性的偏离是系统性的。因此,结合传统经济学的理论和行为经济学理论,对于研究健康保险理论本源,发展健康保险,指导健康保险的实践具有重要意义。

健康保险主要建立在于不确定性下的选择,经济学中的期望效用理论、不确定性与风险、行为经济学以及风险态度都是分析健康风险、健康保险需求与供给、健康保险的健康绩效及经济绩效等的基础。经济学还可以用于分析健康保险市场的道德风险,逆向选择以及政府干预等问题。通过经济政策的干预,可以实现健康保险资源的优化配置。

(一)健康风险态度

1. 风险厌恶

1963 年,美国著名的经济学家阿罗(Kenneth Arrow)针对美国健康保险市场的消费群体分析得出,风险厌恶心理是人们购买健康保险的重要影响因素①。阿罗(1970)将风险态度分为三种:“风险偏好”“风险中性”和“风险厌恶”,阐述不同的风险态度与消费者购买保险的意愿具有密切的联系。

按照传统消费理论的假定,人们对选择的偏好不受个人现有禀赋或消费的影

① ARROW J K. Uncertainty and the Welfare Economics of Medical Care[J]. American Economic Review,1963,53(5).

响。但与这一假设相反,大量证据表明:偏好是依赖于参照点的。具体来说,人们对在已有消费基础上承受损失的厌恶,远远胜过从增加的消费中获得的快感。

卡尼曼(Kahneman)和弗雷德里克(Frederick,1990)通过一个简单的实验对"禀赋效应"和"损失厌恶"做了说明。他们让一半的被试者每人先得到一个咖啡杯,然后回答他们愿意出售所得杯子的最低价格,并让事先没有得到杯子的人回答愿意为购买这个杯子支付的最高价格。结果发现,卖价的中值是 5.79 美元,买价的中值是2.25 美元,几乎成2∶1 的比例,这一结果已被反复得到验证。这个结果在一定程度上得到了"或有估价"研究调查证据的支持。该研究试图确定一些不常用来交易的物品的价格。"或有估价"常被用于政府成本效益分析或确立对环境破坏行为应采取的法律惩罚等。这类调查一般显示的结果是:买价(如为清理海滩的油污而愿意支付的价格)和卖价(如允许自己的海滩被污染而索要的价格)之间存在巨大的差异。

库兹吉(Koszegi)和拉宾(Rabin,2006)假定一位风险中性的投资者评估一项风险,记作 w=(¥50,50%;-¥50,50%),表示参与者以 50% 的概率获得 ¥50,或以 50% 的概率输掉 ¥50。如果这位参与者在长期的风险活动中,对此类投资形成的预期是 r=(¥100,33.3%;-¥100,66.7%),那么当风险实现为 w=¥50 时,该投资者与预期信念相比,获得的感受是:

[投资者面对 w=¥50 时的感受]=33.3% * R(50-100)+66.7% * R(50+100)。

该公式中第一项表示与预期赢得 ¥100 相比,赢得 ¥50 会有些失望的感受,第二项表示与预期亏损 ¥100 相比,赢得 ¥50 会有些窃喜的感受,两者按照期望的概率加起来就描述了投资者面对 ¥50 收益的总体感受。类似地,当风险实现为 w=-¥50 时,与预期信念相比,该投资者获得的感受是:

[投资者面对 w=-¥50 时的感受]=33.3% * R(-50-100)+66.7% * R(-50+100)。

这样,事前,当 w 代表的风险并未实现时,投资者对这项投资引发的相对愉悦程度的估计可以表示为:

[总的相对感受]=50% * [投资者面对 w=¥50 时的感受]+50% * [投资者面对 w=-¥50 时的感受]

即为两项分别的感受与该结果出现概率的加权平均。

第一,信念对风险态度的影响,取决于信念的分散程度。信念分布越均匀,风险态度越冒进;反之,信念分布越集中,风险态度越保守。从保险经济学的角度来看,这就意味着,决定投保人保险购买数量、免赔额、赔偿上限等的不仅是传统的风险厌恶和禀赋,还取决于投保人事先对风险分布形成的主观预期。事先对风险分布形成的主观预期越明朗,投保人越能体现出较强的保险购买意愿,事先对风险分布形成的主观预期越杂乱,投保人对保险购买的动机就会减弱。虽然这一判断还没有得到严格的实证检验,但对我们理解投保人的保险意愿提供了传统理论所无法替代的线索。

第二,信念对风险态度的影响,还取决于信念是否被投资者预料到,也即投资者是否会及时调整自己的信念,使之与当前的决策相匹配。如果投资者能够及时调整信念,使之反映即将面对的真实风险分布,投资者则会对风险采取更多的防范措施;反之,如果投资者不能及时调整信念,把即将发生的风险看作是意料之外的事情,即信念与即将面对的风险分布相差很远,则投资者会倾向于冒险。这也为巨灾保险的需求不足提供了一种不同于传统观点的解释:巨灾保险之所以需求不足,是因为人们知道当前人类科技无法对地震、火山、台风等重大自然灾害做出较为准确的预测,人们很难为应对这类风险做出事前准备,于是在心理上会倾向于将此类风险看作意外,而不会像对待财产损失风险那样看作是意料之中的事情加以防范,这便导致了人们对巨灾保险的购买意愿不强。

第三,"信念依赖"效用函数能够很好地拟合实证中发现的"低免赔额"现象。"低免赔额"现象指的消费者在购买家庭财产保险时,通常会选择免赔额很低的保单。这一现象之所以引起经济学家的兴趣,是因为家庭财产损失作为一种中等程度的风险,如果按照期望效用理论推算,消费者对其态度趋于风险中性,进而会选择有一定免赔额的保单。但市场中消费者对免赔额的真实选择比理论估算值要低很多。这引来了经济学家对用期望效用理论解释保险购买行为的质疑。西德诺(Sydnor,2006)通过实证数据拟合发现,损失厌恶能够很好地解释消费者对免赔额的选择,并做出较好的预测。

风险厌恶是一个经济学的概念,可以用来解释和优化投资组合的配置选择。拥有特定财富水平的人在如何投资和管理这些财富方面有广泛的选择。他们可以把钱投资于房地产,如房子和汽车,还可以投资股票和债券等金融资产,某些资产可能具有更高的预期收益,而某些资产可能具有更高的风险程度。风险厌恶解释了为什么一个人会把更多的财富投资于股票,而另一个拥有同样财富的人会把更多的钱投资于债券,因为后者的风险厌恶程度更高。风险厌恶原则可以应用于任何有关财富的选择,包括健康资本。

2. 健康风险厌恶

风险厌恶通常是根据个人做出的边际选择来衡量的,这些边际选择是在投资组合的预期回报与风险进行权衡中做出的。人们可以根据自己的健康资本做出的选择，如使用流感疫苗，使用流感疫苗可以看作一项投资，因为它需要花费金钱、时间和可能引起不适，以便在未来获得降低流感风险的收益。流感疫苗也是一种比较次要的选择，因为它只会改变未来患流感的可能性，而这只是一个人整体健康资本的一小部分。流感疫苗的预期回报有可能是负的——就健康资本预期增值而言，流感疫苗的成本可能超过了预期回报。流感疫苗可能仍然有价值，因为它降低了与健康资本相关的风险——它减少了未来可能的健康状况的数量，从而减少了未来健康状况的差异。如果保险市场提供流感保险，以支付在某一天感染流感的货币价值，个人可以根据他们人力资本的减少来计算他们感染流感的总成本，然后购买足够的流感保险来弥补全部损失。

在研究人们如何在其健康资本中做出投资决策方面，可以将风险厌恶与风险中性进行比较。风险中性的人愿意承担任何预期回报为正的投资，即每个人都倾向于选择高回报而不是低回报，任何金融产品的预期收益都必须超过预期成本。然而，风险中性的人并不关心结果的分布。换句话说，如果预期收益相同，人们会对安全债券和风险股票漠不关心，他们只关心回报的预期价值。同样，在流感疫苗的情况下，风险中性的人只有在预期收益大于预期成本的情况下才会接种流感疫苗。

风险厌恶内部存在不同程度的差异，有些是轻微的风险厌恶，有些是中等风险厌恶的，有些又是非常厌恶风险的。不同的人可以根据他们不同的风险厌恶程度做出不同的选择。在风险厌恶程度上，风险厌恶程度越高的人对风险的偏好越低——他们更喜欢健康资本的确定性，而不是回报更高但风险也较高的健康投资，从某种意义上说，这可以归结为一个风险厌恶的人为了避免风险愿意支付多大的溢价，这对保险也很重要，因为它捕捉到了个人的异质性。

将这一决策框架应用于健康资本，风险厌恶意味着在健康资本管理方面需要进行一系列复杂的计算。风险厌恶者还必须检查结果的分布（标准差），大多数结果为正或负（偏度）的可能性，以及低概率事件的可能性（峰度），风险厌恶者将从预期价值计算和世界不同状态的角度来看待与未来健康有关的每一个决策，把所有这些考虑转化为一个数字——期望值，这是平均值的一种形式。而对于风险中性的人来说，将从纯预期价值计算的角度来看待与未来健康有关的每一个决策。

一个厌恶风险的人考虑他们的健康资本面临的所有风险，可能购买健康保险针对所有可能的结果。这些人可能想要为他们所面临的所有风险投保，因此会购买疾病保险、意外伤害保险，以及任何其他可预见的伤害和事故。通过这种方式，规避风险的个人将改变他们的投资组合，包括通过他们持有的各种保险合同来防范可保险事件。最初，他们的财富由健康资本、金钱和其他非健康资产的价值组成，在购买健康保险后，他们的财富包括他们的健康资本、或有债权，以及减少的金钱或其他非健康资产。

这些不同的风险厌恶程度在考虑健康保险的成本时变得很重要。当保险在精算上是公平的，那么风险中性的人对他们当前的投资组合和一个包含更少钱但有更多保险的投资组合是不关心的。相反，风险厌恶者强烈倾向于包含较少资金但以精算上公平的费率提供全面保险的投资组合。当保险在精算上不公平时，不同的个人会要求不同的保险金额。适度规避风险的人可能更喜欢只针对最严重的灾难性风险投保的投资组合，如危及生命的疾病。风险厌恶程度较高的人更倾向于购买一种投资组合，以防范健康资本遭受的灾难性和不那么严重的风险，尽管这种额外的保险成本很高，会导致预期回报率下降。

（二）健康保险定价

保险公司在采用大数法则分摊风险之前，必须要预测未来风险发生的概率分布，尽管保险公司有精算师为其预测某一险种未来的赔付分布，但任何一个预测模型都不可能全面覆盖影响未来方方面面的要素，必然会有所取舍。这导致即便是最优秀的精算师也会对其所开发的风险预测模型持谨慎态度，必须考虑实际情况偏离预测结论所带来的后果（昆罗伊特等 Kunreuther，1993），这体现了保险人对风险建模所持有的不明确厌恶。保险合同涉及的期限越长，如年金保险，或保险合同涉及的赔付金额越大，如农业保险，或标的风险由于技术原因越难于估算，如地震，投保人的不明确厌恶对定价的影响就会越显著。这也为年金保险、农业保险、地震保险之所以有很高的风险溢价给出了心理层面的解释。昆罗伊特等（1993）的问卷调查显示，精算师的确体现出了对风险建模不确定的担忧，并在定价中倾向于采取保守的预测模型。

精算师在计算健康保险的费率时，使用的是客观概率，客观概率是通过逻辑或纯粹的理性来确定的。所有的风险事件都有一个特点，不能提前预知，这就意味着总有不同可能性将会发生。这种普遍的特征已经被一种试图将风险事件结构化的统一理论解释，这就是概率论。科学界已经将概率论作为表达和描述风险事件的规范理论体系，它被广泛地运用来处理大量的风险事件。比如，在一个理想的掷骰子游戏中，每个点数出现的可能性是相同的，都有 1/6 的概率发生。此时概率被称为相对频率，它是一种客观的、不受人的主观意识影响的概率。

然而，大多数相对频率会随着环境的变化而变化，尤其是技术知识及其在社会中的运用发生改变时。一个典型的例子就是预期寿命，随着生活水平的提高、医疗技术的发展等，我国人口死亡率下降，老年人口的比例逐年上升，2018 年年末老年人口占比达到了 11.9%。早逝风险的降低、长寿风险的升高,使国民人口的生存曲线逐渐接近于一个直角。此外,全球气候的变化也导致自然灾害发生的频率增大。

(三)投保人购买健康保险的决策

传统的理论简单地认为主观认知等于客观概率,也即投保人与精算师都按照一个相同的客观概率对保单进行估价,这显然与事实有较大的出入。与保险公司精算师使用客观概率对健康保险进行定价不同,消费者购买健康保险产品的行为中,一般是根据自己对健康风险的主观认知而不是客观概率来做出保险决策的。约翰逊等(Johnson,1993)借鉴特沃斯基(Tversky)和卡尼曼(Kahneman)提出的前景理论——特别是人们对概率认识会有一个主观扭曲。利希滕斯坦等(Lichtenstein,1978)和斯洛维克等(Slovic,1980)研究发现,个人对可能受到影响的风险的估计与个人无法控制的风险截然不同,例如,胃癌死亡的概率被低估,而飓风死亡的概率被高估,风险的估计数也因年龄和性别而异,这一事实也与主观估认识有关,对概率的认识也取决于社会、政治和文化环境,这不仅包括社会经济决定因素,如工业化程度或新闻报道,而且还包括对风险特征的文化解释,共同的社会价值观导致共同的焦虑和对危险的选择性认识。一个典型的例子是法国和德国对 1986 年切尔诺贝利(乌克兰)核事故的反应。德国强调了这项技术的风险,而法国则讨论了其积极方面。主观扭曲还可能是由于强加给个体的后果的人为同质性造成的,比如,人们通常对飓风造成死亡的可能性估计过高,因为他们不仅关心他们的个人生存,而且关心他们在该地区的亲戚朋友的生存。

西契蒂(Ciccheti)和杜宾(Dubin,1994)进行了一项调查,研究人们是否愿意为电话线的损坏进行保险。在这项研究中,电话公司要么要求消费者为电话线维修支付大约 60 美元,要么要求消费者每月购买 0.45 美元的保险。假设电话公司估计了电话线损坏的概率,其期望成本仅仅是 0.26 美元。通过考察不同地理区域电话线损坏的概率与电话线保险购买的联系,西契蒂和杜宾证实人们赋予电话线损坏的概率是非线性的,同时还检验出了现状偏差现象,即那些先前没有购买保险的人,在有新的险种推出时也很少购买。这支持了前景理论对保险购买行为的解释力。

在政策分析方面,主观概率与客观概率的不一致也引起了保险研究者的关注。桑德尼罗(Sandroni)和斯金塔尼(Squintani,2007)分析了当有一部分高风险(即出险概率较高)投保人因为乐观而低估了出险概率时,在具有不对称信息的保险市场上,传统的罗斯柴尔德(Rothchild)和斯蒂格利茨市场均衡不再存在。特别地，基于“主观概率等于客观概率”的假设而做出的“强制保险因其能够促进交叉补贴而同时提高‘高风险’与‘低风险’两类投保人的福利”论断不再成立。

对风险后果的判断也存在主观性，不同的人在不同的情况下对健康风险后果的评价是不同的，这有几方面的原因：一是导致给定结果的路径是其估值的一部分。例如，一个考虑到癌症高风险而戒烟的吸烟者不仅考虑到了更高的生存概率，还要考虑戒烟需要付出机会成本，即牺牲效用，如果前吸烟者仍然死亡，这种对健康的投资结果是一种糟糕的投资（茨威费尔 Zweifel,2001）。二是不同个体对死亡的理解不同，比如飓风，关系到自己是否处于危险之中，或者亲戚朋友是否也处于危险之中，与单一事件相关的可能受影响的人数影响个体对风险后果的评价。三是文化环境对个体评价风险后果也有影响。

（四）后悔厌恶与健康保险

如果一项开支已经付出并且不管做出任何选择都不能被收回，一个理性的人就会忽略它，这类支出称为沉没成本（Sunk Cost）。塞勒（1980）对沉没成本效应的解释是基于前景理论的，前景理论是关于风险决策的一种描述性模型，他使用价值函数曲线展示了人们对收益和损失的客观界定以及个体面对具体收益和损失所带来的不同强度的主观感受，价值函数的最主要特征是人们并不根据最终资产而是根据一个参照点对选择进行评估。如果一个选择的结果在参照点之上，这个选择就是盈利，相反在参照点之下，选择的结果就被认为是损失。前景理论的核心揭示个体选择存在损失厌恶倾向，所谓损失厌恶，即是指在客观价值相同的前提下，对于个体而言损失比获益具有更大的效用值。因为边际效用价值递减规律，价值函数对盈利来说是凹的，而对损失则是凸的。价值函数的这种 S 形状表明人们在盈利条件下通常是风险厌恶的，而在损失条件下是风险寻求的。价值函数的另一个特征是它对损失比对盈利更陡峭。这意味着损失显得比盈利更突出。由此，个体应尽力避免损失，因为同等规模的损失比同等规模的获利给个体带来更大的效用值，且效用值为负。所以，成本沉没效应是由于个体试图避免损失造成。

“后悔”是指个人因为做了某一个决定，而使自己丧失原本较好结果而带来的痛苦。所谓的预期性后悔厌恶，指的是经济人要避免做出一些将来有可能引发后悔的决策。比如，当考虑利用一笔财富进行股票投资或者购买年金时，首先对未来可获得的收益做一个判断。如果全额投资股票，当股票价格走势低迷时我们可能会后悔当时没有选择将一部分财富用来购买年金；类似地，如果全额购买年金，当股票未来出现较高回报率时，我们可能会后悔当时没有选择购买一些股票。卡尼曼、斯洛维奇(Slovein)和特沃斯基(1982)发现,在购买股票过程中,虽然出售一个价格已经上涨的股票从而实现盈利会带来成就感,但随着该股票价格持续上涨,其成就感会逐渐下降,并产生责怪自己抛售太早的想法。泰勒(Thaler,1980)认为个人会因为后悔自己的决策,而觉得自己应该为做错事负责。谢弗林(Shefrin,2000)提到,后悔对个人来说,是一种除了损失之外,还自认为必须对损失要负责的感受。因此,后悔对于个人来说比损失还要痛苦。

具有预期性后悔厌恶的个体,通常的表现是会努力避免极端的方案,倾向于选择能够多方面兼顾的、温和的投资策略(布劳恩 Braun 和穆尔曼 Muermann,2004)。权益指数化年金(Equity - Indexed Annuity)就是一种能够满足投资者股票与年金兼顾的理财产品。其市场比单独的年金市场运作要更加成功,一个方面的原因或许就是因为它更能迎合投资者预期性后悔厌恶的心理。

在对具有不对称信息保险市场的政策研究中,黄等(2007)首次研究了不可观察的消费者预期性后悔厌恶对保险市场均衡和福利的影响。该模型假定投保人分为两类,一类具有预期性后悔厌恶,另一类则是标准的效用最大化者,这两类投保人的其他方面如风险厌恶、初始禀赋等相同,并且两类投保人都自行决定付出多少防损努力来降低出险概率。由于消费者的预期性后悔不能被保险公司直接观察到,保险人采取分离合同来甄别投保人的类型。这种不可观察的预期性后悔厌恶可以导致保险市场出现"优选择":有预期性后悔厌恶的投保人会呈现出更加谨慎的态度,他们愿意购买更多保险,同时采取更多防损努力,从而表现为较低的出险概率。"逆选择"指的是有较高风险(较大的出险概率)的投保人会购买高额保险,而有较低风险的投保人由于其不能被保险人识别而被迫购买较小额度的保险。不对称信息可导致保险市场出现逆选择这一论断最早由罗斯柴尔德和斯蒂格利茨用纳什均衡的方式严格地推导出。但某些保险市场的实证文献却恰恰给出了相反的结论,在汽车保险和医疗保险中,市场呈现出的却是高风险人购买小额保险,而低风险人购买高额保险。学术界就把这种现象称为"优选择"。优选择的起因引起了保险经济学家的浓厚兴趣,除黄等人的工作外,德·梅萨(de Meza)和韦伯(Webb,2001)从风险态度的异质性方面给出了解释,索恩霍尔兹纳(Sonnenholzner)和旺巴赫(Wambach,2009)则从消费者折现率的异质性方面给出了解释。

二、健康保险经济学研究内容

(一)经济最优化

在健康保险市场中,经济的最优化主要指消费者效用的最大化和保险公司收益的最大化。

消费者的效用最大化:经济学中研究消费者效用的最大化一般是通过经济学中冯·诺依曼和摩根斯坦的期望效用理论、消费者的风险态度结合无差异曲线来分析的。

健康保险公司的收益最大化:健康保险公司的收益来自"利差"和"费差"。利差源于预期利率同实际投资回报率的差异。保险公司要扩大收益就要提高投资回报率,通过经济学中的投资理论以及风险管理理论,保险公司可以提高收益。费差的收益源于实际费率和合同费率的差异。保险公司通常利用经济学中的关于企业的经营管理理论、管理学原理等来降低实际费率,获得更大的收益。

(二)健康保险的需求与供给

健康保险的供给和需求是决定健康保险市场价格的两种相对应的经济力量。在经济学中,供给和需求两种力量共同决定了商品的价格。当供给大于需求时,商品的价格下降;当需求大于供给时,商品的价格上升。供给与需求的运动致使商品的价格变化,商品的价格变化又反过来影响商品的供求,最终会达到市场均衡。但是,健康保险是一种特殊的商品,由于信息不对称的现象在健康保险市场上出现频繁,会产生逆向选择和道德风险使得健康保险的供求曲线不同于经济中其他行业的供求曲线,从而将引发不同的市场效应。

健康保险的需求是指在一定时期内,在不同的保险费率水平下,不同的保险金额下,消费者愿意且能够购买的健康保险产品的数量。健康保险的需求必须满足以下三个条件才是有效需求:第一,购买欲望;第二,购买健康保险产品的能力;第三,购买健康保险产品的决定。

健康保险的供给是指在一定时期内各种可能的费率和保险金额的情况下,愿意并且能够提供保险产品的数量。它既可以指整个保险行业为社会提供的保险产品的总量,也可以指单个健康保险产品公司在一定时间内提供的保险产品的总量。

(三)健康保险市场的信息不对称

信息不对称是健康保险非常重要的一个问题。早在1953年阿罗就指出信息不对称是妨碍保险机制顺利运转的主要障碍。健康保险市场存在着许多特殊性和不确定性,从信息不对称的角度来看,首先是逆向选择的存在,其次是道德风险问题。私人保险的这些"市场失灵"使之供给不足,效率低下,最后终于导致公共卷入。社会医疗保险的强制性对避免逆向选择很有效果,但对道德风险似乎却束手无策;而医疗保健体制中的"第三方支付"则被认为是导致产生道德风险的"制度性”因素。

（四）健康保险的健康和经济绩效

用经济学的评估健康保险对健康及经济增长的影响，用经济学的模型揭示经济行为对生产要素的影响，分析健康保险的最优投入，揭示健康保险影响健康的机制及效果，在经济模型中引入健康保险分析经济增长的稳态均衡及动态路径，对社会医疗保险和商业健康保险在经济增长中的作用，拓宽健康经济理论的研究体系。

健康保险同经济增长的影响也是重要的研究问题，健康保险是健康人群与非健康人群之间或健康时与病患时对病患风险的分摊机制，它的直接功能在于保障人们在患病时对医疗卫生服务利用的财务可及性，从健康保险对劳动力素质的影响来看，健康保险制度的完善，劳动者可以及时地获得所需的医疗服务，会使劳动者平均寿命和劳动年限得到延长，从而相对增加了社会劳动力投入总量，使劳动力的再生产得以顺利进行，从而提高社会的劳动效率，最终对经济增长产生影响。

（五）健康保险与个体行为

健康保险的购买不可避免地改变经济中的个体所面临的预算约束与经济激励，进而对个体的就医行为及消费行为等产生影响。健康保险通过建立“第三方购买”机制，保险公司或保险机构成为医疗服务的购买者，代表患者与医疗机构进行博弈。第三方购买改变患者与医疗机构双方地位失衡的状态，使博弈双方地位更趋向平等。而且健康保险强大的谈判能力，可以实现对医疗机构医疗服务行为的有效约束，促使医疗机构提高服务质量和效率。健康保险的制度设计还可以实现合理引导患者的就医行为，减少患者选择医疗机构的盲目性，从而促进医疗机构合理分工，避免医疗资源的低效配置的作用。

在经典经济学理论中，一般认为风险厌恶型个人比较倾向平滑收入的边际，在此时，保险的购买需求就是一种确定性需求，可以降低未来的不确定性。为了降低未来不确定性，人们会把收入的一部分用于储蓄和投资，应对未来可能发生的风险，理性预期学派认为，人们对未来存在不确定性，会减少当期消费，致使在同样财富水平下，具有不确定性的消费水平低于确定性消费水平。购买商业健康保险在一定程度上平滑了个人未来的效用曲线，减少了不确定性，从而促进消费。

第三章

健康保险需求

在典型的风险厌恶模型中,阿罗(1963)和普拉特(Pratt,1964)衡量保险价值的方法是人们愿意放弃多少当前的商品,以实现未来的确定性。梅纳·姆埃利亚胡·雅里(Menahem E. Yaari,1965)在文章《寿命不确定性、人寿保险和消费者理论》中,根据生命周期消费假说,分析了人们在未来收入和寿命不确定的条件下,为了消除不确定性而增加对保险产品的需求的情况,被认为是研究保险需求的开端。不同的学者从不同的角度对商业健康保险需求进行了研究,布朗(Brown,1992)发现在健康保险市场中,对于患者的健康状况和医疗服务资源的利用,医生比患者拥有更多的信息,会引导患者进行不必要的医疗行为,这种医患双方的信息不对称会提高患者对于健康服务的需求。约翰·尼曼(John Nyman,2003)发现健康保险合同具有补偿性,消费者如果愿意在健康时放弃其他消费支出而购买健康保险,就可以在患病时从其他健康群体中获得转移收入。帕特里夏(Patricia,2005)对社会医疗保险和商业健康保险的替代关系和互补关系进行研究发现,为了提高医疗市场资源配合的效率,商业健康保险必须与社会医疗保险实现协同发展。安倍·邓恩(Abe Dunn,2016)通过从产品供给方面研究商业健康保险的需求,发现保险公司相比于消费者在产品成本上享有更多的信息,消费者信息水平较低,处于交易的劣势方,不利于商业健康保险需求的扩大。丽莎(Lisa,2017)发现,相较于没有健康保险的家庭而言,参加了健康保险的家庭对于医疗保健服务的利用率明显更高,并且有健康保险家庭的患病人数增加率也高于未参加保险的家庭。

传统经济模型中,在风险厌恶者面临着财富投资组合的风险时,他们会考虑自己愿意接受的总风险水平。然后,为了在给定的保险价格水平下达到预期的总的风险水平,他们购买覆盖整个投资组合的保险。因此消费者真正想要的是一份涵盖所有危险因素的“超级保险”,如健康、生命、房产等,而不是针对他们面临的每一个单独的风险制定的单独的保险条款。在实践中,购买一份涵盖所有危险因素的单一保险会更有效率,但市场很难提这类保单,这也被称为金融领域的不完全市场问题,特别是在健康保险领域(阿罗,1963;多尔蒂 Doherty 和施莱辛格 Schlesinger,1983)。保险单通常是“捆绑”在一起的,在很长一段时间内为大量突发事件提供补偿,如各种各样的疾病和伤害。

健康保险公司将健康保险细分为“住院服务”“门诊服务”“处方药”“精神卫生服务”等,但从消费者的角度来看,保险就显得不那么全面了——消费者希望为自己健康投保,而不考虑如何根据保险公司对医疗服务的定义来弥补健康损失。消费者主要关心的是如何尽量减少维持健康的金钱和时间成本以及与某一疗程有关的疼痛和不适。

第一节 健康保险需求理论

一、健康保险需求理论

健康保险需求是在某一时期既定的保险费率下,消费者愿意并且能够购买的健康保险产品的数量。保险需求包括质和量两部分。保险需求的质是指对各种不同的保险种类所提供的经济保障以及服务质量的需求;保险需求的量是指社会上所有保险机构能够提供的风险保障的经济总额度。

健康保险需求必须满足两个方面的要求:一是购买者的购买意愿;二是购买者的支付能力,二者缺一不可。与其他产品一样,健康保险市场也受价格机制的影响,存在供给与需求之间的相互制约,这就意味着人们不可能对保险产品产生无止境的需求。此外,健康保险产品的需求又具有其自身的特殊性:健康保险是医疗服务支出的一种融资方式,是国民健康与医疗需求的派生需求;健康保险存在严重的信息问题,由于道德风险和逆向选择的存在,往往会扭曲其需求水平,破坏市场均衡等。因此,对健康保险需求的准确分析和预测,是健康保险科学发展的根本所在。

(一)传统保险需求理论

传统的保险需求模型是建立在预期效用理论基础之上的。消费者的期望效用函数表现为在不确定的条件下可能得到的各种结果的期望效用的加权平均数。以线性财富效用函数为例,具体表现形式如下:假设消费者面临的不确定性的情况有 n 种,在不同情况下拥有的财富分别为 $w_1, w_2, \cdots, w_n$,n 种情况发生的概率分别为 $p_1, p_2, \cdots, p_n$,则消费者的期望效用函数为:

$$EU = \sum_{i=1}^{n} p_i \times E(w_i) \quad \text{（式 3-1）}$$

购买保险的行为反映的是消费者在不确定的条件下的决策行为，经济学家主要使用期望效用函数模型来讨论和研究经济主体在不同的可能结果下的决策行为，通过计算在购买保险和不买保险两种情况下，以发生相关风险概率为权重的财富的期望效用的加权平均数，结合消费者的风险态度决定是否购买保险。健康保险的需求同样可以通过效用函数的形式来表现和判断。

期望效用理论（冯·诺依曼和摩根斯坦，1944；弗里德曼和萨维奇，1948）认为人们购买保险的欲望来自对财务风险的规避。即相对于风险发生的不确定性，人们普遍偏好确定性，愿意通过支出保险费这种确定性代价，而换取对未来不确定性损失发生后可得到补偿的一种承诺。根据这种理论，只要消费者足够厌恶财务风险，保险公司收取的保费即使不够完全公平（fair premium），如除涵盖预期损失外还包含一定的附加费用（loading），消费者也会购买。肯尼斯·约瑟夫·阿罗（1963）的卫生经济学经典著作 *Uncertainty and the Welfare Economics of Medical Care* 明确指出了健康保险需求的一般原因在于风险厌恶特征①。

可以使用预期效用理论分析健康保险需求，期望效用曲线的凹形显示了个体对健康风险的回避性。期望效用模型表明，消费者为回避风险可通过向保险方支付略高于平均损失的那部分费用，从而使个人福利得到改善。在正常情况下，如果购买保险的实际效用超过没有任何保险的期望效用，那么消费者愿意购买健康保险，反之，如果购买保险的实际效用小于期望效用，消费者会因为健康保险的价格太昂贵而不愿购买健康保险。

（二）健康保险需求理论的新发展

尼曼（2003）在 *Demand for Health Insurance* 一书中，提出了一种与传统健康保险需求不同的理论，对人们为什么购买健康保险给出了全新的解释。他认为，购买商业健康保险并不一定是为了规避风险，在相当大的程度上是因为存在获得动机（access motive），即获得收入转移的动机。尼曼发现，一些因为生活水平较低而无法负担高昂医疗成本的人，可以通过购买健康保险获得一定的医疗救助。他认为，健康保险合同是一种补偿交易，消费者如果同意在健康时放弃一部分用于其他商品和服务的消费，用来支付一定的保费，那么他们在生病时就可以从那些身体健康的人身上获得一定的收入转移，从而获取原本无法负担的医疗服务，正是

① ARROW J K. Uncertainty and the Welfare Economics of Medical Care[J]. American Economic Review, 1963, 53(5).

这种巨大的收入转移效应才使人们有动力去购买健康保险。

根据尼曼提出的新理论,雷尼克斯福德(Rexford,2006)阐述了健康保险边际获得动机效用的计算方法,他认为该数据可以通过将健康保险价格与医疗价格相除得到。在雷尼克斯福德的模型当中,将取得更大的边际获得效用作为度量健康保险需求的因素,把获得效用看作是基于对自身身体健康的需求所产生的健康保险的需要,提出了边际获得效用指标。他认为人们愿意付出超出健康保险一般水平的“保险”是由于保险费产生的获得效用,更多的保险将有利于获得高服务质量,例如,参保无须体检、低额自付金额以及随意选择保健提供者的自由等。而比医疗服务价格更高的保费则体现了获得效用的提升。当然,在身体健康时,消费者是否愿意为取得额外获得效用而放弃其他商品和服务,则是另外一种情况。尼曼认为,商业健康保险效用往往随着时间的增长而增加,主要是因为新医疗技术的不断产生以及健康保险使人民生活得到了改善。但是,边际获得效用也并非一直以固定的速率在增长,例如,美国的边际获得效用在20世纪60年代后期、70年代中期、80年代中期和90年代增长速度明显放慢,这可能与Medicaid的实施有关,Medicaid计划在20世纪60年代引入,80年代初用以克服医疗费用的膨胀,90年代实现了医疗保障项目的扩大,其时间恰与边际获得效用的波动相吻合。因为Medicaid计划是免费的,所以其范围的扩展将导致商业健康保险边际获得效用的降低。此外,实例研究结果也表明,当管理式医疗(HMO)有更多的登记人数时,边际获得效用会减少。也就是说,管理式医疗能通过其对医疗资源使用的限制性政策减少健康保险的获得效用①。

二、健康保险偏好

微观经济学的基础是对个人偏好的一组限制,可以通过一个理性选择模型(冯·诺依曼和摩根斯坦,1947)来探究和解释个人选择。偏好的存在说明了为什么个人可能从一种商品的消费中获得比另一种商品更多的效用。偏好还允许经济学家解释个人做出的经济选择,允许经济学家分析“个人决策问题”,即“个人必须从中选择的一组可能的(相互排斥的)备选方案”(马斯·克莱尔等,1995)。

偏好,描述个人如何做出特定的消费决定并产生效用。经济学把这些“偏好关系当作个人的原始特征”(马斯·克莱尔等,1995)。假定已经给出这些偏好,并将偏好应用到他们的选择上,可以描述哪种形式的消费最适合个人,以及政策选

① 朱铭来,尚颖. 商业健康保险需求理论与实证研究综述[J]. 中国卫生政策研究,2011,4(11).

择如何改善个人效用,从而使社会受益。在健康保险的情况下,我们可以使用个人偏好来研究消费者是否购买健康保险和购买多少健康保险,也可以在制定健康保险政策时使用这些选择。

给定每个人的一组偏好,然后可以通过价格与个人在该价格下消费的商品数量之间的关系来描述需求。需求是用来解释市场经济的功能和个人的选择的,人们所做的选择的总和,以及他们必须为自己的选择支付的价格,构成了他们对商品和服务的需求的总体情况。这种消费者需求模型适用于健康保险的消费,以及个人如何应对健康保险价格和可用性的变化。健康保险需求主要分析个人层面的健康保险需求,因为解释健康保险价值的框架是基于个人层面的健康价值建立的。

对健康保险需求的研究还需要考虑不同人群对健康保险需求的异质性,风险厌恶的异质性决定了全民对健康保险需求的差异,对医疗服务需求的差异是决定第三方支付需求差异的一个因素。使用基于偏好的模型意味着任何健康保险产品或保单都必须考虑偏好,而不是试图调整偏好,需求的差异非常重要,与健康保险的供应密切相关。

三、健康保险需求的支付能力与购买意愿

购买健康保险是为了获得有形的经济保障和无形的安全保障,有形的经济保障体现在物质方面,即人们在罹患疾病时得到的经济补偿和给付。无形的安全保障体现在精神方面,即在获得健康保险经济保障之后,投保的个人患病后因可以获得经济补偿而得到的心理上的安全感。因此健康保险需求是指个人或经济单位对健康保险经济保障的需求量。这种需求是以购买意愿和支付能力为前提的。

健康保险的购买意愿是消费者购买健康保险的欲望,是一种主观感受。这种感受往往与保险消费者对健康保险的认知水平、风险态度、经济能力、消费水平、教育背景、宗教信仰、风俗习惯以及主观接受能力等有关。比如,受教育程度越高的人购买健康保险的意愿越强;收入越高,健康保险的购买意愿也越强。

健康保险的支付能力主要是针对健康保险的消费者而言的。健康保险的支付能力主要是指保险消费者能够购买的各种健康保险的总的经济保障金额。健康保险的购买能力主要受消费者的收入、负债、资产以及基本消费支出等影响。

个人购买某一商品的意愿受到的主要约束是这个人的预算集,个人的预算集决定分配给支出和储蓄的总额,预算集可以在最简单的经济模型中设想为一个人能够进行交易的商品的“禀赋”,可以根据一个人可以用于消费的收入和财富的价值来计算个人预算,预算集的存在意味着个人、家庭、雇主或政府在医疗保险上的

支出是有限的。

预算集可以看作是个人购买健康保险数量的限制，个人可以将健康保险作为其预算的一部分进行评估，因为个人在所有商品上都有特定的支出，健康保险是其中之一；也可以被看作在健康保险和所有其他消费形式之间的直接权衡，而不需要将这些消费形式的成本转化为融资条件。这两种方法在数学上是等价的，但在看待健康保险消费者面临的权衡时，有略微的不同，从纯粹的财务角度来看，一个年收入10万元的个人，面临着在健康保险上花多少钱的两难境地，在健康保险上花更多的钱提供更多的健康保障，意味着在保障年限内可以将更多的钱用于医疗保健，留下更少的钱消费其他商品。或者，也可以看一个人可以购买的一篮子商品的价格，其中某些篮子包含相对较多的健康保险，而其他商品相对较少。考虑到这种计算的主观性质，从一篮子商品的角度看，有一个优点，即不必考虑保健资本的财务价值。

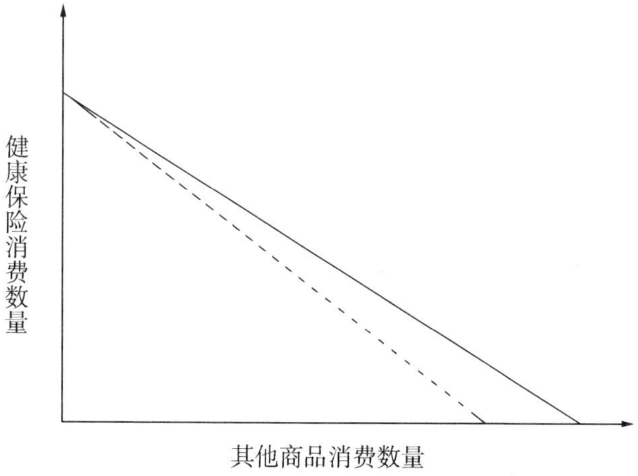

图3-1　健康保险和其他消费之间的权衡

图3-1显示了健康保险和所有其他商品之间的直接权衡。购买健康保险的数量在y轴上，所有其他商品和服务都在x轴上。这条线是向下倾斜的，因为消费更多的健康保险意味着消费更少的其他商品，反之亦然。在直线与y轴交点的极端状态下，个人只购买健康保险，这也被称为"角点解决方案"，因为它是由需求曲线和y轴形成的拐角，在这里，一个人做出了一个极端的选择，即以牺牲所有其他形式的消费为代价，最大化医疗保险的消费。在另一个极端的解决方案中，直线与x轴相交，个人只购买其他商品和服务，不购买健康保险。图3-1主要关注个人预算集的分配问题，即所有资源分配给消费的数量是有限的。图3-1显示

了两个权衡，虚线体现了在其他形式的消费变得相对昂贵而健康保险的价格没有发生变化的情况下，总体消费的减少，以及分配给健康保险和所有其他商品的总消费的相对比例发生的变化。

个人分配的解决方案涉及“无差异曲线”——曲线显示了如何从不同的消费篮子中获得给定水平的效用。鉴于不同的健康保险和其他商品的混合物会产生不同的效用水平，一个人将寻求达到他的预算可能达到的最高无差异曲线（瓦里安 Varian，1992）。这种分配问题的解决方案表明购买更多的健康保险是一种自然的限制，也就是说，获得更多的健康保险剥夺了一个人从消费其他商品中获得更多相对效用的能力，而其他商品和服务的“篮子”里包含了医疗保险支付或替代医疗保险的东西，例如，包含一个人可以直接购买的医疗保健服务，以及不使用医疗保险就可以保存健康资本的疾病预防和健康促进活动。

除健康保险以外的健康促进产品的可获得性，根据不同形式的健康促进的相对价格，使消费倾向于或远离健康保险。例如，假设预防以一种补偿的方式变得成本更低，这意味着健康预防的生产者找到了一种以更低的成本提供一定数量的健康促进的方法。对于流感疫苗生产商来说，如果生产流感疫苗的成本上升，疫苗的售价就会上升，在这种情况下，消费者由于个人消费篮子里的一种商品——流感疫苗的价格上涨，个人消费总量会减少。与购买健康保险相比，购买非健康保险商品的价格也相对上涨（见图 3 - 1 虚线）。最终，人们是否购买健康保险及购买的数量取决于他们对这种补偿性需求减少的反应。

健康资本和健康保险的性质使考虑长期的消费和预算是有益的。一个人的一生，而不是一个时间点或一个时期（如一年），是处理健康资本价值及其变化的理想时间框架。因为健康支出是一种投资决策——试图保持未来的健康，而不是为了使今天感觉更好而做出的消费决策。健康风险也可能在很长一段时间内演变，并产生长期后果。例如，像糖尿病这样的慢性疾病需要多年的时间来发展，并导致一生的健康状况相对于那些没有糖尿病的人来说更差。

关于健康资本的终生视角使我们考虑个人的终生预算，即一个人一生中可用的总支出。这个预算集有很大的不确定性，这是由于一个人的寿命和他们工作收入的不确定性。由于未来医疗保险费用的波动，可用于人力资本的预算集也是不确定的。从理论上讲，是有可能计算出这样一个数字的，然后使用这样一个计算来分配用于医疗保险和其他收入的预算，计算的同时还需要考虑到当前和未来的消费决策。但是在现实中这样做是比较困难的。

四、健康保险需求函数

(一)健康保险的边际效益

需求曲线描述了可用商品或服务的数量与其价格之间的关系,对于健康保险来说,可以从保险价格的角度考虑健康保险需求,需求函数涉及个人为一个给定数量的保险(1 - α)支付的保险费。个人对健康保险的偏好也决定了对保险价格的反应,即需求弹性。需求弹性决定了消费者如何根据他们购买的保险数量的变化来改变他们的消费。价格弹性描述了个人可以接受的溢价变化,例如,从 α = 0.20 的政策转变为 α = 0.19 的更多的保险数量。

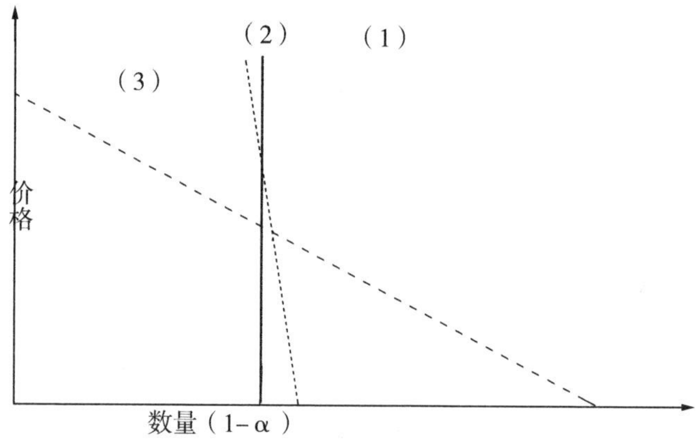

图 3 -2　健康保险的需求曲线

图 3 -2 显示了健康保险的三条基本需求曲线,分别为需求是完全无弹性的(对价格变化没有反应)、需求是相对无弹性的(对价格变化有一定的反应)、需求是有高度弹性的(对价格变化非常敏感),经济学一般使用数学公式和图表来表示这些弹性程度,实心垂直线(1)显示了对健康保险的完全非弹性需求——即使价格下降消费者也根本不会改变他们的消费。几乎垂直的虚线(2)斜率为 -100,表明对健康保险的需求相对缺乏弹性,为了让消费者多买一个单位的健康保险,价格需要降低 10 个单位。最后,斜率为 -1.0 的点对角线(3)显示了高度弹性的需求——消费者对价格变化的响应是一比一,如果价格下降一个单位,那么消费者就会消费多一个单位的健康保险。

需求理论指出,需求会随着价格“补偿”的上涨而减少。当价格下降时,在其他条件不变的情况下,个人会消费更多的商品。然而,价格的变化可能是由许多不同原因导致的,健康保险价格上涨可以反映潜在成本的增加。例如,保险公司管理健康保险的成本增加,从而增加了健康保险成本。健康保险价格的上涨也反映了财富的增加,这使个人更加重视健康保险提供的保障。需求理论把健康保险的价格变化与消费者的反应联系起来,经济学处理这个问题的方法是着眼于"补偿"增长,是在价格变化的情况下保持财富效应不变(马斯·克莱尔等,1995)。计算消费者愿意为健康保险支付的价格、价值和意愿非常重要,因为由健康资本的高价值引发的健康保险的高价格应被视为一个对社会产生的净正效应,而非由于健康保险"太贵"这一事实造成的损失。

健康保险价格的一个重要方面是每个人从给定的健康保险计划中缴纳的保费与预期收益之间存在的差异,这种差异的产生是由于没有两个人的健康风险是相同的。即使是在相同风险评级的健康保险计划中,也没有两个个体是完全相同的。假设精算公平的健康保险计划的人均成本为5000元,如果消费者A预计下一年的成本为4950元,而他支付5000元的保费,那么A支付的净价格(保费减去预期收益)为50元,这个计划对A来说在精算上有点不公平。如果消费者B预计下一年的成本是5050元,他也要支付5000元的保险费,那么B支付的净价格是-50元,B可以在健康保险上获得小的经济收益,因为保险计划对B精算有利。

健康保险个人价格计算之所以重要,是因为每个健康保险市场在保费设定方面都有不同的规则,这意味着同一保险计划中个人之间的交叉补贴水平不同。从历史上看,个人直接从健康保险公司购买健康保险的非团体市场是一个交叉补贴较少的市场,个人的预期索赔和缴纳的保险费之间的匹配度更接近。

社会健康保险一般由政府提供,社会保险可以简单地在精算公平的基础上提供,以便利用政府在健康保险方面的规模经济以及政府提供的健康保险不需要盈利的事实。在实践中,当健康保险计划被构造成一个"广泛有针对性的再分配转移机制",社会健康保险计划通常提供的福利超过保费支付(佩尔森 Varian 和塔贝里尼 Tabellini,2000),在社会健康保险中,也需要评估个人的投保意愿。

(二)健康保险需求函数的类型

消费者购买健康保险基于健康保险需求函数的经济模型,从根本上说,分析个人层面的选择既有理论原因,也有实践原因。理论上的原因是,大多数微观经济模型都将个人作为分析的单位,或者作为效用的主体,在社会层面上,总体上的幸福——社会福利也是衡量所有个体成员效用的总和。

分析个人需求,然后将其用于计算从个人角度考虑的效用、推导需求曲线和最优解的数学模型是比较容易的。还可以将一类个体相加、确定如何使其效用最大化,一类个体的效用相加需要考虑如果分组不同,效用是否会有变化,这正是分析群体层面保险需求所需要的计算类型。

企业为员工提供的健康保险和政府提供的社会健康保险涉及更复杂的需求函数类型。企业提供的健康保险必须包括雇主对利润最大化的追求和个人对健康保险的需求,在分析雇主提供的群体保险时,涉及两个不同的最大化问题:企业所有者的基于利润的目标和员工的效用最大化目标。政府提供的社会健康保险必须纳入政府对社会福利和公共选择的要求。社会健康保险在这个意义上被视为以最好的价格满足个人对健康保险的需求,同时为社会提供一项福利,包括为公民提供最低水平的医疗保险,以及将社会医疗保险计划的收入转移给社会健康保险的受益人。

五、健康保险的边际效益

风险厌恶模型表明,消费者可能面临风险管理的边际收益递减问题,购买部分保险的投保人获得的保障略高于购买几乎完全保险的投保人在获得完全健康保险时所需的最后一项保障。假设保险增加的价格在整个保护数量范围内是相同的,则从 0.50 到 0.51 得到的效用要高于从 0.99 到 1.00 得到的效用。阿罗 - 普拉特风险厌恶模型考察的是对微小风险变化的反应,而不是对巨大的变化或全球性变化的反应(普拉特,1964),因此,考察个人对健康保险的需求,意味着考察其他消费形式的预算减少与健康保险数量的边际权衡。将未参保的个人与拥有足够财富的、可以购买完全保险的人进行比较没有意义,但可以比较购买部分保险的投保人的决策,是只保留目前的健康保险,还是购买部分保障的健康保险。

在考虑边际保险选择时,边际收益递减的经济学概念表明,医疗保险越多,效用收益越低;共同保险费率越低,一个人从进一步减少共同保险中获得的效用就越少,这意味着个人相对不太愿意为保险的每一次"升级"买单。健康保险的边际收益递减依赖于保险价格为正的假设,消费者总是要求保险公司以精算公平或精算优惠的利率提供更多的健康保险。

保险的正价格通过边际收益递减限制了投保人对第三方支付的需求。如果保险公司可以提供同等水平的健康风险管理,改进现有的保险计划,包括改变共同保险或总赔付额的百分比,然后增加一项服务,即保险公司只支付超过一定效力阈值的医疗费用,那么在分配其预算集时,投保人就会理性地减少不那么有效的服务,而使用更有效的服务。代表个人做出这种权衡的保险公司也将提供与健康保险本身的风险管理职能无关的有价值的服务。从经济意义上讲,这种保险的成本可能会更高,保险公司将不得不聘请临床专家来研究各种疾病治疗的有效性,建立一个系统来与保险提供者沟通,并对所提供的服务进行审查,以确保只承保适当的服务。所有这些服务的边际收益都将递减——由于医生专业知识和经验水平的提高,消费者每一单位的边际收益也将相对减少。

个人对其他购买的商品和服务进行的权衡也限制了其对健康保险的需求,健康保险以及几乎所有的商品和服务,边际效益都在递减。从健康保险获得的边际效益递减率和从其他商品和服务获得的边际效益递减率与确定健康保险需求的总预算相互作用。在一个完整的经济模型中,经济主体考虑所有这些权衡的范围,并根据可购买的健康保险和其他商品的类型做出最优决策。

第二节　最优的健康保险

一、健康保险的权衡

根据个人不同的风险厌恶程度来支付健康保险很重要,因为在购买健康保险时消费者也会进行权衡,保险数量、质量和价格的变化会使消费者对健康保险的支出随之变化。健康保险作为消费预算集的组成部分有其存在的价值,健康决定了一个人吃穿住行,以及与他人互动中得到的效用。从理论上讲,不同的个人可以获得不同程度的健康保障,也可以让他们每个人在获得的保护程度与在该保护上的花费之间进行权衡。

健康保险的权衡也适用于企业为员工购买的保险和政府提供的社会医疗健康保险,在健康保险上有所支出的雇主要么通过降低利润来支付这一成本,要么通过降低工资来将成本转移给员工;在社会健康保险上有所支出的政府必须通过减少其他项目的开支来支付这些成本,或者通过对个人征收更高的税款来为这些开支提供资金。

因此,健康保险最优问题可以分解为两个较小的问题:是否投保,以及以获得健康保障为条件购买多少健康保险,这主要考虑到有些人可能在有保险的情况下生活得更好,而另一些人在没有保险的情况下生活得更好。经济学家将这种选择描述为拥有保险和没有保险之间的“巨大差距”。在健康保险中,是否买保险这一决定也很重要,因为健康保险的选择是非连续的,个人面临低数量的保单,其中,α 小于但接近 1(格鲁伯 Gruber,2008)。

以获得健康保险为条件，下一个选择是购买多少健康保险。风险厌恶模型通过考察消费者在不同价格点可以购买的略有不同的保险金额，来衡量健康保险的额度，消费者可能会在两个保险单中进行选择，一个的自付比例是0.20，另一个的自付比例是0.15，后一种保单以更高的保险支付额度提供更多的健康保障，同时保费也会增加，这意味着用于非健康消费替代品的资金减少。个体健康水平、风险厌恶程度和财务资源方面的多样性意味着保险的收益和成本因个体而异。在其他条件相同的情况下，健康状况较差的人、更厌恶风险的人以及需要更多健康保障的人，都会因保险数量的增加而获得更高的效用。

在考虑健康保险的相对价值时，拥有一定健康资本水平的人还必须考虑健康资本保障的替代品，健康保险的三个重要替代品是保健、预防和预防性储蓄。保健是健康保险重要的替代品，在健康保险上的支出可以直接用于医疗保健，从而实现更直接的健康资本增长。预防是健康保险的另一个替代品，旨在降低未来健康损失的可能性或严重性，从而减少对健康保险的需求。预防性储蓄描述了一种储蓄行为，人们通过储蓄来预留将来的医疗支出（卡扎罗斯 Kazarosian，1997）。预防性储蓄的优势在于，未来可以把省下来的资金用于其他消费，一个健康的人可以把这笔钱花在非医疗消费上。这三种选择都避免了支付与健康保险相关的费用，相对于这些选择，健康保险的主要优势在于它涵盖的健康风险范围更广。

经济学还将健康保险视为一种服务，可以改变医疗保健的价格。健康保险给予了购买者给其一笔资金的承诺，这笔资金的数量及给予与否将视购买者未来的健康状况而定。因此，健康保险在某种意义上把财富从健康的状态“转移”到不健康的状态，这就接近了健康保险的概念，即把今天的健康“保存”起来，以备明天使用。健康保险通过提供实物而不是从健康保险中获得现金利益来改变医疗保健的价格，实物福利的提供改变了个人的预算集，从价格的角度来看，医疗保健是一种相对更具吸引力的消费品。因此，获得健康保险的另一个原因是健康保险在人们最需要的时候为医疗保健提供了更低的价格。

由于事前道德风险的存在，健康保险可能会增加风险。因为健康支付的项目和支付的金额是不确定的，健康资本评估和健康保险覆盖的主观性意味着购买健康保险是为了降低而不是消除风险，绝大多数健康保险的支付是以服务而非现金的形式提供的。有远见的人可能因为不确定在健康状况下降之后，他们获得的服务是否符合他们的偏好而购买健康保险。但是，即使有了“全面保险”，医疗结果也存在一些不确定性，因为没有一种健康保险能够让个人完全恢复到遭受损失前的健康状态。而且有健康保险的个人也会受到不确定性的影响，这种不确定性与医疗服务提供者对他们的状况的判断有关，也与保险公司和医疗服务提供者之间可能存在的分歧有关。

假设健康保险的边际成本不为零，边际效益不为无穷大，那么健康保险的价值就是有限的，健康保险在构建保单、确定应支付的赔偿金额以及支付这些赔偿方面的成本很高。从投保人的角度来看，投保人在寻找和选择健康保险产品以及支付保费方面的支出也很高。健康保险的边际效益是有限的，因为与健康相关的风险是有限的，从经济学的角度来看，一个人的健康资本并没有无限的价值。事实上，改善健康资本和增加边际成本时边际效益可能会下降。其经济含义是，可能存在一个"最优"的保险金额，以平衡边际成本和边际效益（保利 Pauly，2000）。

二、最优的健康保险数量

（一）最优的健康保险

最优健康保险数量是对购买多少健康保险为最优这个问题的经济回答。最优健康保险是一种策略，它在消费者对风险管理和医疗融资的偏好与消费者对除医疗保险以外的其他商品的消费偏好之间取得平衡，而这些商品的消费取决于消费者对所有消费的总预算。特别是，最优健康保险考虑了健康资本的价值，以及其替代活动（医疗保健、预防和储蓄）在许多情况下以更低的成本改善健康状况的可能性。最优健康保险是通过选择一种使给定个体的边际效益和边际成本相等的健康保险策略来构建的，边际效益等于边际成本是使健康保险作为消费者整体消费组合的一部分价值最大化的一般经济解决方案。

边际成本和边际效益的均等化意味着，最优保险可以是全额保险、部分保险或完全没有保险。对某些人来说，最理想的保险策略可能是全额报销，全额保险还意味着医疗支出的全面消费平滑，这意味着，无论健康程度如何，医疗支出都和支付的医疗保险费金额相等。全额保险也可被视为医疗保健支出的"全预算"，因为支付的保费限定了个人预算的医疗保健支出的总额，这对于厌恶风险的消费者来说很有吸引力，因为全额报销消除了个人面临的健康财务风险。对大多数人来说，最优保险政策是部分保险，部分保险与完全保险不同，部分保险不能涵盖所有的健康风险，健康保险市场提供的几乎所有健康保险都是部分保险，对医疗保健支出的保险范围施加共同保险、共付额、免赔额和其他限制。对于某些人来说，没有保险的人可能是最优的，特别是如果这个人是风险中性者或风险偏好者。即使是部分健康保险，健康保险的优势也很明显，健康保险允许消费者预付医疗费用，这些医疗费用在某种程度上可以预测，以支付医疗费用为目的的健康保险体现了金融中介的本质，比如健康保险通常包括每年的健康体检。

最优保险是一个经济学的概念，是衡量健康保险现行制度和政策有效性的基准。最优健康保险可以作为判断改善现行健康保险制度的一种方式，经济学也需要计算从当前制度体系转变为更好的健康保险制度体系的成本，然后将这种转变的成本与从次优到最优的医疗保险相关的收益进行比较，以确定这种政策变化是否通过了“成本效益”的测试。

（二）最优健康保单的确定

经济学首先考虑的是，如果保险是保护健康资本的唯一途径，那么最优健康保单是什么？对于面临精算公平的健康保险选择的风险厌恶者来说，最理想的投保金额是全额保险，即 $\alpha=0$（莫辛 Mossin，1968），原因是健康保险的边际效益总是正的，α 从高到低通常使一个厌恶风险的消费者效用更高，因为他们有了相对更多的风险防范。相反，健康保险的边际成本为零——从零上升到较低的 α 不会对风险厌恶个体产生任何成本，因此任何规避风险的消费者都会选择在外延边际上购买健康保险并选择全部保险。

如果健康保险在精算上是不公平的，那么对厌恶风险的消费者来说，最优保单是部分保险。换句话说，如果有一些与保险相关的附加费用，最优健康保单是一个 $0<\alpha\leqslant 1$，早期阿罗（1963）和普拉特（1964）的研究证实了这一结果。我们可以通过考虑不等式的两面理解部分的最优保险，$\alpha>0$ 和 $\alpha\leqslant 1$。完全保险不是最优的原因与风险价格为正有关，一旦风险价格为正，消费者就必须在保险支出和其他商品支出之间进行权衡。因此，消费者将选择不购买全额保险，而是将预算的一部分用于购买健康保险，其余用于其他消费。之所以 $\alpha\leqslant 1$ 是最优的保险是因为会有个体差异，保险公司收取的附加费用越高，消费者分配给健康保险的金额就越少。在极限情况下，附加成本可能足够高，即使是厌恶风险的消费者也会发现保险“过于昂贵”，这个时候消费者会选择无保险。

共同保险、免赔额和其他方法可以用来限制精算不公平保险的使用，例如，免赔额将超过一定额度的所有医疗费用转移给保险公司，同时保留较低成本的赔偿，从而优化了一个人获得的医疗保险金额（斯莱辛格 Schlesinger，1981）。其他形式的不确定性被用来激励部分保险的最优性，包括对保险公司偿付能力和保单下的赔付的不确定性，如果消费者从一家保险公司购买保险，而这家保险公司可能因偿付能力问题而无法全额偿付索赔，那么消费者购买部分保险也是最佳选择（蒙克 Munch 和斯莫伍德 Smallwood，1980）。这些模型抓住了健康保险的两个基本特征——成本高昂以及索赔的不确定性，也就是购买健康保险的被保险人可能不确定他们将遭遇哪些健康风险，也不确定保险公司是否能够在未来支付索赔。

在设定最优健康保单时，考虑与健康保险相关的约束也很重要。实际上，某些形式的健康保险可能被消费者、保险公司和健康保险监管机构认为是“不可接受的”。例如，消费者的最优保险单可能使被保险人必须支付5000美元以下的所有索赔的费用，这对一个财富很少或没有财富的人来说，是不可能的，又如一份为消费者提供全额或近乎全额保险的最优保单可能会被保险公司认为是不可接受的，保险公司会因为道德风险等原因而拒绝出售此类保单。保险监管机构可能会认为，一项包含“负担不起”的保费的保单是不可接受的，不允许保险公司提供此类保单，即使某些消费者愿意接受此类保单。增加这些约束的经济方法是研究所谓的“第二最佳”的优化，保单的实际性质在一定程度上是个人、组织和政府是否能够并且愿意选择以及选择何种健康保险的决定因素。

研究人员已经广泛研究了健康保险最佳范围的问题，最优健康保险计算在一定程度上取决于研究的数据和假设，最优健康保险文献的研究表明，最优的共同保险从25%到58%不等（卡特勒Cutler和泽克豪瑟Zeckhauser，2000）。值得注意的是，其中许多对最优健康保单的估算并非“纯粹”的共同保险保单，因为健康保险包括“止损”条款，根据停止损失条款，共同保险对费用极高的灾难性索赔，如超过一定数额的索赔，是有限制或不予赔偿的（卡特勒和泽克豪瑟，2000）。在许多发达国家，自付费用占总开支的比例接近25%。“平均而言，20%的医疗支出是由患者直接支付的；这一比例各个国家都不尽相同，从荷兰和法国的不到10%到智利、韩国和墨西哥的35%以上不等。”同样需要考虑的是自付费用在支出中所占的比例是一个平均值，它掩盖了人群中存在的巨大差异。在美国，一些人的医疗保险覆盖范围很广，而另一些人的医疗保险覆盖范围要小得多，或者根本没有医疗保险。

第三节　健康保险需求测量

在理论分析的基础上，本部分利用我国部分省、自治区、直辖市的经济发展数据和健康保险保费收入等宏观数据，分析我国部分地区健康保险的需求收入弹性和价格弹性、需求收入弹性和价格弹性的差别以及近几年的变化趋势。

一、影响健康保险需求的因素

阿罗(1963)曾经指出,人们渴望健康,害怕生病,因而会采取购买健康保险的方式来转移可能遇到重大疾病带来的财产损失风险。一旦遭遇疾病侵袭,他们将得到经济补助,从而减轻经济损失。影响健康保险需求的因素有很多,包括以下几点:

(一)风险态度

传统 R-S 模型没有明确提及个体的风险态度对商业保险需求的直接影响,但在 R-S 模型分析过程中,前提假设就是所有的市场参与者的风险态度均为回避型,且规避程度没有显著的差异。但在实际生活中,不同的个体间的风险态度差异巨大,其差异化的风险态度也会对保险产品的选择产生影响。布恩(Boone,2015)观察发现富人往往更健康且有更高的保险覆盖率。海门威(Hemenway,1992)对风险态度对商业保险购买的影响进行了研究,他假设当风险偏好与购买商业保险的概率负相关,暴露在风险中的程度与商业保险购买概率正相关时,低风险且厌恶风险的人就会选择购买商业保险,即保险市场没有出现人们往常认为的逆向选择现象,反而出现了正向选择情况,因此风险态度对商业保险需求的影响路线为通过减弱风险与商业保险的正相关关系使正向选择和无关选择出现。一些学者在实证层面研究了风险态度对商业保险需求的影响,得到的结论包括:(1)风险偏好会减少商业保险的需求。卡特勒和芬克斯坦(Finkelstein,2008)根据 HRS 的数据,分别分析了风险态度对不同险种的影响,以及风险态度与风险之间的关系。他们以投保人的健康相关行为如是否抽烟、是否系安全带、是否喝酒等变量测度风险态度,分析表明,风险偏好会显著减少投保人对各个不同险种的需求,但风险偏好对风险的影响在各个市场有所不同(贝特斯密特 Bajtelsmi,1999)。刘宏和王俊(2012)以日常锻炼行为作为风险厌恶倾向指标,分析表明风险厌恶者购买商业保险的可能性明显更高。(2)风险偏好会增加商业保险的需求,秦芳(2016)发现风险偏好对家庭购买商业保险有显著的正向影响。何兴强和李涛(2009)在实证研究中也得到了相同的结果。傅一铮(2016)也发现风险偏好者会增加商业保险的支出。(3)风险态度对商业保险的需求的影响随着险种的不同而改变。杨娜(2015)对风险态度和各个不同险种需求的实证研究表明,风险偏好者更倾向于购买失业保险,而更少地选择购买养老保险和医疗保险。(4)风险态度通过影响风险因素进而影响商业保险的需求。布赫穆勒(Buchmueller)和菲比希(Fiebig,2009)实证分析发现,财富和风险态度通过影响风险因素对商业保险需求的影响进而影响商业保险需求。高特(Gorter)和希尔普(Schilp,2012)证实在荷兰的医疗保险市场,偏爱风险的人会显著降低保障程度,但增加其风险。在美国的保险市场也得出了同样的结论(高特和希尔普,2012)。莱顿(Layton,2017)发现风险调整模型中,参与者的绝对风险厌恶系数是选择模型的最终组成部分,通过影响调整后的风险大小来影响保险需求。

可见,人们对某一风险的重视程度在很大程度上决定了消费者是否愿意为此花费一定的代价去预防以及转移这一风险的发生。如前文所说,就健康而言,大部分的消费者都是风险厌恶的消费者。消费者的厌恶程度越高,购买健康保险的需求越强。

(二)风险因素和损失程度

风险因素和损失程度是健康保险产生的前提和基础,健康保险的需求与风险程度和损失程度成正相关关系。健康风险因素和损失程度,包括疾病发生率、疾病致死率、医疗费用等,一旦发生往往会给个人或家庭造成直接和间接的经济损失,甚至会使个人和家庭生活遭受巨大打击。某一疾病发生率、致死率、危害程度越高,人们对健康保险的需求也就越高。很多学者对重大疾病保险需求进行了研究,布莱恩·庞塞莱特(Brian Poncelet,2008)认为,市场上多把商业重大疾病保险产生的原因当被保险人不幸罹患重大疾病时,可以用重疾险的理赔金来支付昂贵的医疗费用,从而弥补其经济损失。

(三)健康保险的价格

同经济学研究的普通商品一样,健康保险作为一种商品,其需求往往也会受到价格的影响。健康保险的价格体现为健康保险费率,但保险产品不同于普通商品,普通商品的需求同价格负相关,但是健康保险的需求同价格不是单纯的负相关关系。同普通商品一样,当价格高于人们愿意支付的价格时消费者就不会去购买,但是当价格变动低于人们愿意支付的价格时,人们有时会表现出价格同需求的非负关系。

(四)经济因素

从宏观来看,经济发展水平提高时,商业健康保险的需求也会相应地提高;当经济发展受阻时,商业健康保险市场甚至整个保险市场的发展都可能出现问题。

从微观来看,经济因素通过影响经济收入来影响健康保险的需求。从购买意愿上讲,根据马斯洛基本需求层次理论,当且仅当满足了居民低层次生理需求后,才会出现高层次需求,而健康就是高层次的需求。个人的可支配收入越高,人们就能在满足自身的生理需求的同时去追求健康安全，提高健康保险的购买意愿。从购买能力上讲，随着经济的发展，个人可支配收入不断提高，居民的收入水平不断攀升，在健康保险产品价格不变的基础下，消费者的预算约束线就会向右侧移动，消费者的预算可行集将变大，此时个人对商业健康保险的需求量会随着收入的增加而增加。

因此，经济条件越好，人们对健康保险的购买欲望越强，且可以高效地转化为人们对健康保险的有效需求，影响商业健康保险的最终需求。王璐(2009)通过省际数据对健康保险需求分析指出我国社会健康保险需求是与商业医疗保险保费收入同向增长的①。李琼(2010)认为，中国城乡居民的收入间接影响了人们对健康保险的需求②。

(五)人口因素

健康保险的对象是人的身体健康状况，因而健康保险需求与人口密切相关，而人口因素主要包括人口数量、人口质量和年龄结构。首先，一个国家或地区人口数量越大，在其他条件不变的前提下，可保资源伴随人数的扩张而扩张，因此，人数越多，购买健康保险的人就越多，健康保险的潜在需求也就越大。人口质量指的是人的身体健康状况。不同的身体健康状况对健康保险的态度也不一样，一般来说，越容易生病的人群，想要购买健康保险来转移健康风险的动机越强烈。但是，身强体健的人群，因为较少患病，对健康保险的需求也相对较低。从经济学角度来看，人们是否进行某种消费行为，取决于自己需要付出的成本和可能得到的收益之间的对比，只有当收益大于等于成本的时候，才有可能发生该种消费。年龄结构指的是将人的一生划分为幼儿、少儿、青年、中年和老年等阶段，不同的年龄阶段患病的可能性不同并且患病的种类也不同，相应的对健康保险的需求也就不同。普遍来说，老年人患病的风险更高，随着年龄的增长，患病概率不断上升，因而对医疗方面的需求也更大，所以在医疗服务方面的花费也较多。我国面临着严重的人口老龄化问题，自从2000年底开始，我国正式迈入人口老龄化社会。随着老龄化程度日益加重，中国的人口结构由“金字塔”式变为“松树”状。人口老龄化的不断加剧会引发一系列的问题，其中以医疗和健康问题最为突出，且伴随着年龄的增长，人均医疗费用也在逐年上升，许多老年人希望通过购买健康保险来缓解经济压力。影响健康保险需求的人口因素还包括人口地域结构、人

① 王璐．我国健康保险有效需求的实证分析[J]．技术经济与管理研究，2009(1)．

② 李琼．商业健康保险保费收入影响因素分析——基于湖北、北京、上海三地的比较[J]．南方金融，2009(7)．

口社会结构等。

(六)其他

除了以上的因素外,居民的保险意识、受教育程度、个人的健康状况、医疗保健费用、法律环境、社会阶层以及社会文化等也会影响健康保险的需求。比如,居民的保险意识越强,健康保险的需求越强。教育水平一般通过影响消费者的风险态度和保险意识来影响其购买健康保险的行为。朱铭来、尚颖(2011)归纳整理得出,居民受教育程度越高,健康保险的需求越高,购买率也会随之增加①。王红(Wang)和罗伯特(Robert,2007)指出教育、财富等因素对人们购买商业健康保险的感性需求有直接影响②。沃尔夫(Wolfe)和戈德瑞斯(Goddeeris,1991)利用退休历史调查数据发现,健康状况越差的人购买健康保险的可能性越高,具有某些家族遗传病史的消费者往往具有较高的健康保险需求③。居民医疗保健费用支出是指居民用于医疗保健的药品、医疗器械和服务的支出,包括医疗保健服务费、医药卫生保健品、医疗卫生设备及用品加工修理等费用。从2007年至2016年,我国居民在医疗卫生领域的支出逐年增加,共增长了2.83倍,在这种情况下,人们为了自己的生活质量不受影响,就会考虑采取买入健康保险的途径来转移风险。人们购买了商业健康保险后,一旦遭遇疾病,便可从保险公司获得经济补偿,使他们的健康需求得到保障,从而避免了因疾返贫现象的发生。因而居民医疗保健方面的支出越多,对商业健康保险的需求就会越大。

二、健康保险需求的价格及收入弹性

(一)需求的价格与收入弹性

阿尔弗莱德·马歇尔1980年最早在经济学中提出弹性的概念,它具体指自变量每变化一个单位所引起的因变量的变化幅度,或者解释为自变量每变化1%而导致因变量变化的百分率,因此弹性研究一个经济变量发生变动对另外一个经济变量所产生的影响。在经济学中一般用需求价格弹性(Price elasticity of demand)来衡量需求的数量随商品价格的变动而变化的弹性。通常来说,商品价格

---

① 朱铭来,尚颖. 商业健康保险需求理论与实证研究综述[J]. 中国卫生政策研究,2011(11).

② WANG H H,ROSENMAN R. Perceived need and actual demand for health insurance among rural Chinese residents[J]. China Economic Review,2007(4).

③ MANNING W G,MARQUIS M S. Health insurance:the tradeoff between risk pooling and moral hazard[J]. Journal of Health Economics,1996(5).

的下跌会导致需求数量的增加，反之商品价格的上升会减少需求，所以一般情况下价格与需求成反比，需求的价格弹性系数为负数，仅有如韦伯伦商品①和吉芬商品②等不符合需求定律的特殊商品的需求价格弹性会是正数。当需求价格弹性绝对值小于1时，这个商品可以称为缺乏弹性，即当商品价格产生变动时，对需求的影响较小；当需求价格弹性的绝对值大于1时，这个商品可以称为富有弹性；需求弹性为0时，则代表完全无弹性，即此商品存在着与价格无关的刚性需求；需求弹性为无限大时，则代表该商品具有完全弹性，即使价格产生轻微变动也会使需求全部消失。保险需求价格弹性是指保险价格的变动所引起的保险需求量的变动情况，它反映了需求量对价格变化的敏感程度。针对保险需求的价格弹性，国外学者做了大量的实证研究，如巴贝尔（Babbel，1985）用美国1953到1979年的数据进行实证研究，结果表明，尽管保险产品的价格弹性不大，但保险需求与保险产品价格负相关 。

在经济学中，需求的收入弹性衡量一种物品的需求对消费者收入变化的反应程度，收入弹性为负的物品定义为劣质商品，收入弹性为正的物品定义为正常物品。保险需求收入弹性，是指因国民收入或个人收入变化而引起对保险需求的变动率，或指收入每变动1%所引起的保险需求量变化的百分率，它衡量保险需求量对国民收入和个人收入变化的反应程度。

（二）健康保险需求的价格与收入弹性

健康保险需求弹性是指影响健康保险需求因素的变化与所引起的健康保险需求变化的比例，有区别的是，需求价格弹性仅仅描述价格因素的改变对需求量的影响；而健康保险需求弹性则刻画的是除价格因素以外的其他因素变动对健康保险需求的影响。健康保险需求收入弹性，是指因国民收入或个人收入变化而引起对健康保险需求的变动率，或指收入每变动1%所引起的健康保险需求量变化的百分率，健康保险需求的价格及收入弹性可以定义为：

需求的价格弹性 = 需求量变动的百分比/价格变动的百分比 $= \frac{(\Delta Q/Q)}{\Delta P/P}$，记

---

① 韦伯伦商品（Veblen Good）是经济学里面界定的一种经济商品，特色是商品需求与价格成正向关系，而非正常需求法则的反向关系。这种商品能满足人类的虚荣心，是财富与地位的炫耀，故亦被称为炫耀性消费（Conspicuous consumption）。此名词源于其概念提出者挪威裔美国经济学家托斯丹·邦德·凡勃伦（Thorstein B. Veblen，1857—1929）。

② 英国人吉芬于19世纪发现，1845年爱尔兰发生灾荒，土豆价格上升，但是土豆的需求量却反而增加了。这一现象在当时被称为“吉芬难题”。这类需求量与价格呈同方向变动的特殊商品以后也因此被称作吉芬物品。吉芬物品的特殊性在于：它的收入效应超过了它的替代效应。这也就是吉芬物品的需求曲线呈现出右上方倾斜的特殊原因。

为 EDP。

决定价格弹性正负的两种效应是替代效应与收入效应。替代效应是指在健康保险赔付率下降时，消费者寻找其他的手段进行风险管理，对健康保险的需求减少；收入效应是指赔付率下降，健康保险产品的费率也会下降，使得消费者在收入一定的情况下，购买健康保险的能力增加，从而增加其健康保险需求。

需求的收入弹性 = 需求量变动的百分比/收入变动的百分比 $= \frac{(\Delta Q/Q)}{\Delta I/I}$，记为 EDI。

保险收入弹性并非一成不变，从边际保险消费倾向角度去分析，根据低收入和高收入经济体的边际保险消费倾向较低，而中等收入经济体的边际消费倾向较高这一结论，可以进一步推断，在人均收入增长的情况下，低收入和高收入经济体由于其边际保险消费倾向较低，其保险需求增长的速度也较为缓慢，而中等收入经济体由于其保险消费倾向较高，则比起前两者其保险需求增长的速度较为迅速，也就是说，随着人均收入的增长，人均保费相对于人均收入变化的反映程度呈现微弱—强烈—微弱的变化趋势，即保险的收入弹性与经济增长之间具有倒 U 型的曲线特征即库兹涅茨特征。

三、我国商业健康保险的收入弹性和价格弹性

我国 2006—2018 年商业健康保险的收入和价格弹性如表 3 - 1 所示：

表 3 - 1　2006—2018 年商业健康保险的收入弹性与价格弹性表

年份	商业健康保险保费收入（万元）	商业健康保险赔付率	GDP（亿元）	收入弹性	价格弹性
2006	3769027. 22	0. 331914	219438. 50		
2007	3841660. 53	0. 304203	270232. 30	0. 083255	- 0. 230826883
2008	5854589. 92	0. 299391	319515. 50	2. 873081	- 33. 12431025
2009	5739775. 41	0. 378122	349081. 40	- 0. 211934	- 0. 074575058
2010	6774658. 47	0. 38972	413030. 30	0. 984215	5. 878322353
2011	6917212. 77	0. 519957	489300. 60	0. 113951	0. 062966949

续表

年份	商业健康保险保费收入（万元）	商业健康保险赔付率	GDP（亿元）	收入弹性	价格弹性
2012	8627607. 13	0. 345601	540367. 40	2. 369203	-0. 737387436
2013	11234960. 47	0. 365936	595244. 40	2. 975831	5. 136234053
2014	15871785. 71	0. 359856	643974. 00	5. 041406	-24. 84047422
2015	24104715. 15	0. 316521	689052. 10	7. 410224	-4. 307497464
2016	40424967. 91	0. 247558	744127. 20	8. 470746	-3. 107486514
2017	43894603. 83	0. 294972	831381. 20	0. 731975	0. 448131947
2018	54481300. 00	0. 320172	915887. 30	2. 372802	2. 823069766

数据来源:《保监会统计年鉴》《中经网数据库》。

图 3-3 为 2000—2019 年健康保险保费收入与 GDP 的趋势变化图：

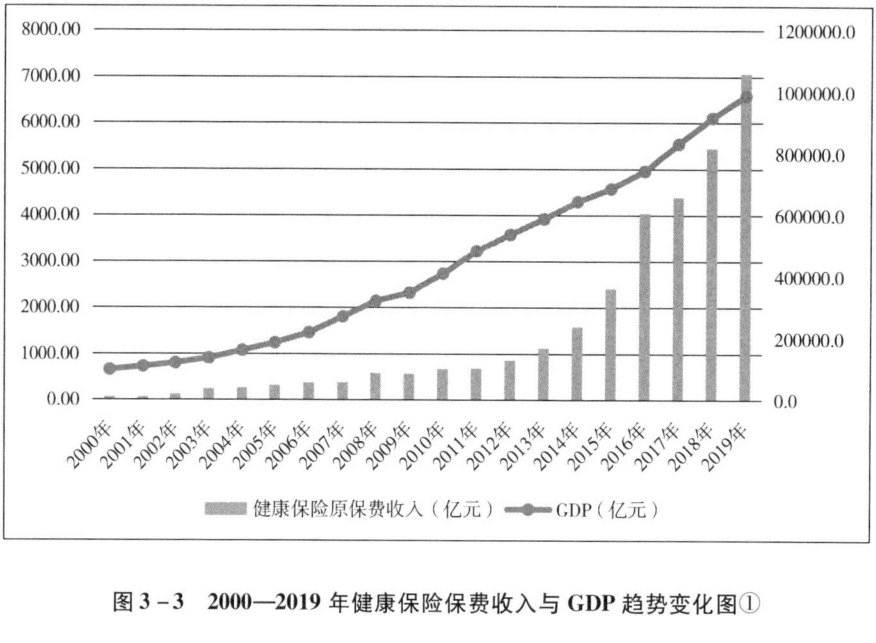

图 3-3　2000—2019 年健康保险保费收入与 GDP 趋势变化图①

通过上述数据可以看出，随着我国 GDP 稳步增长，商业健康保险的保费收入也不断增长。接下来对其健康保险需求的收入弹性变化趋势进行分析。

① 数据来源:《保监会统计年鉴》《中经网数据库》

如图 3-4 所示,2007—2018 年的收入弹性中,除 2009 年外,均在 0 以上。由恩格尔定律可知,对于一个国家或家庭来说,富裕程度越高,则必需品支出的收入弹性就越小;反之,必需品支出的收入弹性则越大。在价格不变的情况下,收入的弹性一般会引起需求的增加,因而 EDI 一般为正数。一般把 EDI >1 的商品称为奢侈品,把 EDI <1 的商品称为必需品。保险需求的收入弹性系数的正常范围值区间为0.84~1.2,该弹性系数的目标值置信区间为1.015~1.058,均值为1.034,说明健康保险需求收入弹性系数值应当略大于1。

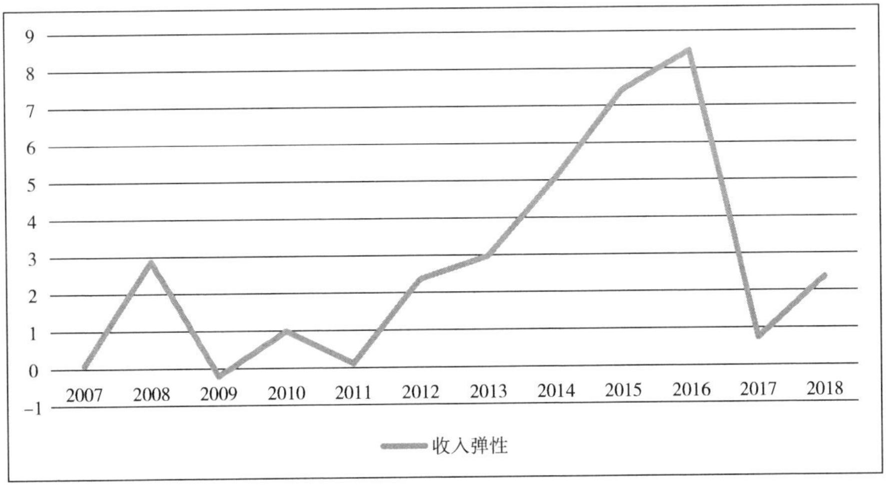

图 3-4 2007—2018 年健康保险需求的收入弹性变化图①

可见健康保险需求的收入弹性的波动与我国的宏观经济发展情况吻合,2009 年的收入弹性小于 0 为异常情况,这与 2008 年全球性的金融危机有关。2011 年以后弹性所属范围逐渐大于 1,并有走高趋势,这说明我国居民把健康保险看作奢侈品的比例在增大,但还没有将其视为生活必需品。另一方面,可以看出中国健康保险市场广阔的上升空间,库兹涅茨曲线能够较为准确地预测其未来的发展趋势。

从我国健康保险的数据来看,价格弹性变化幅度较大且不规律。其中 2009 年和 2012 年甚至出现价格越高需求越大的反常现象。可能的原因有三:一是用赔付率作为价格的代理变量,有其一定的局限性;二是国内健康保险处于刚刚完善市场机制的时期,加上国家对健康保险的大力支持,产生了购买健康保险的羊群效应,保险公司再顺势提高价格增加收益,导致健康保险价格上下波动大的情

① 数据来源:《保监会统计年鉴》《中经网数据库》

形;三是从期望效用理论来看,“保险需求与保险产品价格负相关”的适应条件为正常品。保险产品作为正常商品,当保险价格提高时,投保人原来的效用平衡被打破,其购买保险得到的效用小于支付保费所失去的效用,边际效用递减法则此时开始发挥作用。根据期望效用理论,投保人为了得到新的效用平衡,实现效用最大化,倾向于减少保险费支出。同样,当保险价格降低时,投保人购买保险得到的效用大于支付保费所失去的效用,也因此减少了当期消费,为了实现最大化的效用,投保人倾向于提高保险费支出。因此,“保险需求与保险产品价格负相关”对所有正常的保险产品都可以适用。

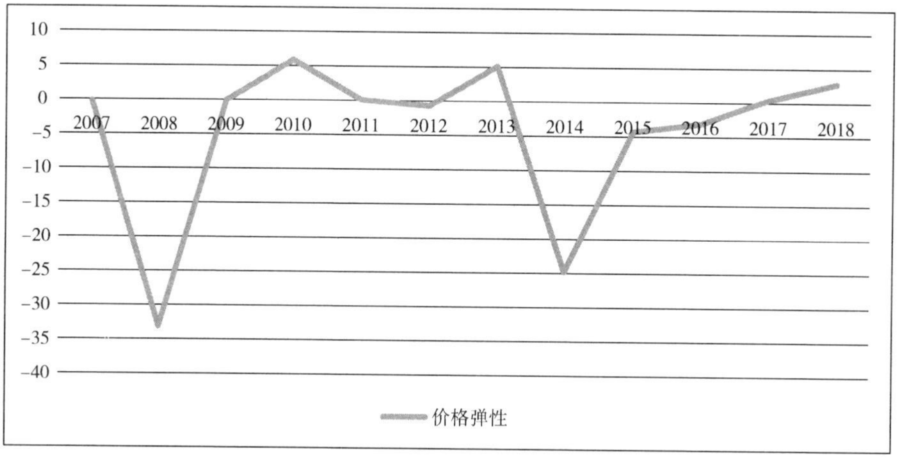

图 3-5　2007—2018 年健康保险需求的价格弹性变化图①

第四节　人口结构对商业健康保险需求的影响

人口结构反映了不同的衡量标准下人口构成的类别属性,过去几十年我国的人口结构发生了很大的变化,人口结构与商业健康保险的需求密切相关,本部分从人口的年龄结构、性别结构、家庭结构、教育结构和城乡结构等方面分析了我国目前的人口结构的发展现状和变化特点及其对商业健康保险需求的影响,使用我国 30 个省、自治区、直辖市(不包括香港、澳门、台湾和西藏)2008—2017 年的数据进行了人口结构对于我国商业健康保险需求影响的实证分析。

① 数据来源:《保监会统计年鉴》《中经网数据库》

一、人口结构影响健康保险需求的研究

按人的自然属性和社会属性，根据年龄、性别、民族、宗教信仰、受教育程度、家庭规模、婚姻状况以及职业类别等标准可以划分出多个不同的人口结构。从人口结构角度分析商业健康保险需求的研究主要可以分为以下几个方面：

（一）基于人口年龄结构的角度

马丁·安德森（Martin S. Andersen，2018）通过对健康保险覆盖率和人们的年龄趋势进行研究发现，随着人们年龄的增加，健康保险的覆盖率会显著上升，年龄对健康保险的需求有显著的影响。乔纳克·波哈尔①（Jonneke Bolhaar，2012）等利用面板回归模型研究健康保险和道德风险的关系，发现居民的道德风险不会显著地影响健康保险的需求，而居民的年龄结构会显著地影响健康保险的需求，老年人口和少年儿童人口比重的上升对于商业健康保险需求的扩大有明显的促进作用。布朗（Browne）和金（Kim，1993）通过建立多元回归模型，对 45 个国家的保险市场数据进行分析，发现人口结构中的年龄结构和教育结构会影响商业健康保险的需求，即少年儿童人口抚养比和老年人口赡养比以及人们的受教育程度对商业健康保险需求有显著的正向影响，而宗教和通货膨胀与商业健康保险需求存在负向关系。利维和马克（Marc，2004）发现，随着美国人口老龄化的程度进一步加深，老年人口患病的概率以及相应的医疗费用支出会显著地提高，为了弥补医疗费用支出，人们将需要更多的商业健康保险来抵御疾病风险，减轻自身的医疗负担。

（二）基于人口教育结构的角度

程江（2015）对中国的健康保险市场进行研究发现，人口的教育结构会影响商业健康保险的需求，受教育时间越长，受教育程度越高，对于商业健康保险需求的促进作用越明显，但居民的受教育水平对于不同的产品类型影响的程度也不同。艾哈迈德·夸瓦加（Ahmed Khwaja，2010）通过建立动态随机效用模型，发现人们的受教育水平对于是否购买商业健康保险没有明显的推动作用，老年人口的增加会促进商业健康保险的发展。王红和罗伯特·罗森曼（Robert Rosenman，2007）发现居民的教育结构对商业健康保险需求有显著的影响，居民的受教育程度越高，相应的风险厌恶意识越强，对风险越敏感，为了应对可能发生的健康风险，会加大

---

① BOLHAAR J，LINDEBOOM M，KLAAUW B V D. A Dynamic Analysis of the Demand for Health Insurance and Health Care[J]. European Economic Review，2012，56(4).

对商业健康保险的需求。波拉克(Pollack)和克朗布施(Kronebusch,2005)认为人口的教育结构会影响个人的风险态度、对医疗服务的需求以及健康的相关知识,从而会显著地影响商业健康保险的需求,受教育水平越高,相应的风险厌恶意识越强,对于保险转移风险的作用认识得越透彻,有助于商业健康保险需求的扩大。李等(Li,2007)基于25个OECD国家1993—2000年的数据,运用广义矩估计的模型进行实证分析发现,人口的教育结构会显著地影响其对商业健康保险的需求,受教育水平的提高会有利于商业健康保险需求的释放,高学历人口比低学历人口更容易购买商业健康保险。

(三)基于人口家庭结构的角度

李宏(2013)通过研究发现,人口结构中的家庭结构即家庭人口规模会影响商业健康保险的需求,家庭人口规模与家庭收入会显著地影响商业健康保险的需求。一般来说,家庭规模越大,抵御风险的能力就越强,家庭成员较少的家庭为了规避风险会扩大对商业健康保险的需求。此外,家庭收入越高,对商业健康保险的需求也越大。

阿里·阿斯加里(Ali Asgary)和肯·威利斯等(Ken Willis,2004)研究发现,人口的家庭规模结构和教育结构会一定程度地影响商业健康保险需求,家庭规模结构与商业健康保险呈现一定的负相关关系。此外,医疗保健设施和服务的可及性以及对医疗服务的需求显著地影响人们对健康保险的支付意愿,医疗服务和医药费用支出较大的人群为了减轻经济负担,会购买医疗保险产品来缓解经济压力。刘易斯(Lewis,1989)研究了人口家庭结构对健康保险产品需求的影响程度,研究发现,对于那些以家中男性为主要家庭收入来源的家庭,为了防止男性罹患疾病或者发生意外导致家庭生活无法维持,他们会增加对健康保险产品的需求来保证子女或配偶能够维持原来的生活消费水平。

我国的商业健康保险起步较晚,对于商业健康保险的研究是随着我国商业健康保险的发展和兴起以及健康保险制度变革而逐渐开展的,主要分为理论研究和实证研究。理论研究包括吴自豪、方美芳(2018)发现居民的年龄结构、教育结构、职业结构、性别结构、健康保险产品的保障性和多样性对商业健康保险购买意愿的显著影响,90%20岁至30岁的年轻人认为需要购买商业健康保险。随着人口教育结构的升级,学历水平与商业健康保险需求呈现显著的正相关关系,此外,男性比女性更愿意购买商业健康保险。唐金成和张杰(2017)通过对近几年商业健康保险的研究进行归纳总结发现,我国中低收入人口占比较大,造成商业健康保险的需求不足,居民的收入不高、国家的税收体系不完善、居民的风险防范意识不强、居民对基本医疗保险的过于依赖严重阻碍了商业健康保险需求的释放。朱铭来、尚颖(2011)梳理了国内外关于商业健康保险需求影响因素的文献发现,影响中国商业健康保险需求的主要有居民的健康状况、收入水平、受教育程度和社会保险的开展情况四种因素,居民的教育结构与商业健康保险呈现一定的正相关关系。葛卫遥(2016)通过对影响我国商业健康保险的因素进行研究,发现我国人口结构中的城乡结构以及教育结构会显著地影响商业健康保险的需求,城镇人口比农村人口更愿意购买商业健康保险,高学历人口比低学历人口更愿意购买商业健康保险。

定量分析主要分为宏观和微观两个角度:宏观研究主要是从人口因素、经济因素和社会因素方面进行回归分析,探索与商业健康保险需求的关系;微观上,相关学者主要是利用微观调查数据(CHNS 数据库、CHFS 数据库等)探索个人可支配收入、风险意识、受教育水平、医疗负担等因素对个人购买商业健康保险意愿的影响。

宏观实证研究包括以下成果:廖虹媛①(2018)利用灰色关联度分析法,通过对湖南省 2001—2016 年数据进行实证分析发现,居民的消费水平对商业健康保险需求的影响最大,其次是居民对保险的认知程度、地区的经济发展水平、人口的年龄结构、医疗卫生财政支出。其中,随着人们受教育程度的提高,人口教育结构会显著促进商业健康保险需求的扩大,同时,老年人口比重的增加也会增加商业健康保险的购买量。齐子鹏②等(2018)运用广义矩估计实证方法对省级面板数据进行实证分析,从人口结构的角度出发,研究表明少年儿童抚养比、老年人口赡养比、有配偶人群占比、家庭规模和受教育程度对商业健康保险的需求有显著影响。倪澜、冯国忠③(2018)利用省级面板数据构建个体固定效应模型,发现居民可支配收入、基本医疗保险基金收入、老年人口赡养比和人均门诊费用对商业健康保险需求有显著的影响,而人口的教育结构对商业健康保险需求的影响不大。此外,城镇职工的基本医疗保险对商业健康保险需求的影响最显著,对于城镇居民基本医疗保险参保人群,收入对商业健康保险需求量影响最显著。

---

① 廖虹媛. 湖南省商业健康保险需求影响因素的实证研究[J]. 保险职业学院学报,2018,32(2).

② 齐子鹏,许艺凡,胡洁冰. 基于人口结构角度的商业健康保险需求分析[J]. 保险研究,2018(5).

③ 倪澜,冯国忠. 基于截面固定效应模型的商业健康保险需求影响因素分析[J]. 中国卫生经济,2018,37(3).

微观实证研究包括以下成果：崔文祎①（2014）利用中国营养健康与调查（CHNS）2009 年的数据发现居民人口的教育结构、城乡结构和收入水平对商业健康保险需求起正向作用，社会医疗保险的参与度起反向作用，人口的性别结构影响不显著，人口的年龄结构与商业健康保险需求呈现倒 U 型关系。刘宏、王俊（2012）发现城乡居民社会医疗保障对商业健康保险需求有显著的促进作用，他们还对人口结构与城乡居民商业健康保险需求之间的关系进行了比较分析，发现家庭成员数量与商业健康保险的需求存在一定的关系，为了防止道德风险，家庭成员数量较多的购买者容易被保险公司拒保。而且随着年龄的增长，购买商业健康保险时被保险公司拒保的概率也在增加。苏俊鹏（2015）分别从人口的年龄结构、教育结构和性别结构等方面来衡量对商业健康保险需求的影响，并通过对中国营养健康与调查（CHNS）2004、2006、2009 三个年度的回归结果进行纵向对比，发现随着时间的推移，影响商业健康保险需求的人口结构因素在不断变化：父母重视孩子的健康，积极为孩子购买商业健康保险，而对于老龄人口的投保则不明显；受教育年限对于商业健康保险的需求有明显的促进作用；在性别上，女性比男性更愿意购买商业健康保险，但随着时间的推移这种性别的影响在不断减小。梁慧慧（2017）利用中国家庭金融调查（CHFS）2013 年的截面数据，发现人口的年龄结构和性别结构会显著地影响商业健康保险的需求。具体来说，人们随着年龄的增长会更倾向于购买商业健康保险，但是 60 岁以上人口对商业健康保险的需求不会再随着年龄的增加而增加。此外，男性人口相比于女性人口也更愿意购买商业健康保险，对商业健康保险的需求更大。

二、人口结构对商业健康保险需求的影响机理

本部分基于人口结构的角度，为了尽可能地考虑人口结构指标的多样性，从人口自然结构、人口社会结构和人口地域结构三方面选取了具有代表性的指标来研究其对商业健康保险需求的影响，利用固定效应模型探索我国人口结构与商业健康保险需求的关系。

（一）人口自然结构对商业健康保险需求的影响机理

近年来，我国人口的低出生率、低死亡率以及低自然增长率现象凸显，人口自然结构也发生了很大的变化，人口的老龄化和少子化趋势明显。

① 崔文祎．中国商业健康保险需求影响因素分析［D］．成都：西南财经大学，2014.

1. 老年人口增加

从老年人口的角度来看,老年人口的增加对商业健康保险需求的影响主要有两个方面。

一方面,老年人口通过影响经济发展间接影响商业健康保险需求。老年人口增加导致的人口老龄化会对国家的经济产生非常复杂的影响,涉及经济的生产、消费、投资、储蓄等一系列环节。随着人口老龄化程度的加深,我国经济市场中的非劳动人口会显著增加,劳动人口所创造的国民收入便会减少。此外,老年人口退休后生活收入减少,还会降低整个社会的储蓄水平进而影响投资水平。总之,老年人口的增加会对经济产生很多影响进而导致健康保险市场的发展受限,会减少对商业健康保险的需求。

另一方面,老年人口通过影响人们的风险意识直接影响商业健康保险需求。近年来我国的"空巢家庭"增多,人口的预期寿命也更长,人们逐渐有了把"长寿风险"转嫁出去的保险意识,会推动商业健康保险市场的快速发展,扩大对商业健康保险的需求。根据我国国家卫生服务调查的资料显示,老年人口患慢性病的比例较大,就医次数较多,人们在年轻时候患病的概率是比较小的,但是随着人们年龄的增长,身体的各项机能逐渐退化甚至丧失,患病的可能性大大升高。与年轻人相比,老年人口的医疗费用支出是相当高的,美国65岁以上人口的医疗保健支出占到总人口的30%,澳大利亚60岁以上人口的医疗保健支出是15岁以下人口的6倍。同样,我国慢性病的发病率近年来逐渐上升,患有慢性病的老年人口治疗时间跨度长,老年人口也会有相应的长期稳定的医疗保健支出,这种情况下老年人口的医疗费用支出往往是比较大的。基本医疗保险有起付线、封顶线等限制条件,不能完全覆盖老年人口的医疗费用,为了弥补这部分超支的费用,老年人口会倾向于购买一些医疗费用保险、重大疾病保险以及长期护理保险等保险以减轻自身的医疗负担。

2. 少儿人口减少

从少儿人口的角度来看,随着我国二胎政策的实施,人口的出生率有了一定的提高,但我国的少子化现象仍旧比较突出,少儿抚养比总体上仍然是呈现下降的趋势。根据钱嫣虹(2014)对人口结构中少儿抚养比与保险需求关系的研究发现,一方面,少儿人口数量下降,虽然父母需要抚养的孩子变少,但与此同时,当父母年老后能够赡养他们的子女数量也会减少,会导致父母为自己未来的健康风险做规划,为了给自己一份健康保障,他们对商业健康保险的购买意愿会增加,商业健康保险的需求会上升。另一方面,少儿人口数量的降低使得孩子在家庭中的地位上升,相比于过去,父母会花费更多的金钱在孩子身上,对孩子的健康状况也更加重视。少年儿童处于生长发育阶段,身体机能发育没有成熟,抵抗力不强,患病风险比成年人更高,相应的医疗费用支出也会增加,为了弥补这方面的费用支出,减轻医疗费用负担,很多父母会为孩子购买相应的健康保险产品。此外,目前我国保险市场上很多寿险公司都针对未成年人尤其是少年儿童开发了特定的商业健康保险产品,多样化的健康保险产品也给了父母更多的选择空间。

综合以上两个方面,我国少儿人口的减少会导致商业健康保险需求的增加。

3. 男女性别差异

我国人口性别结构中男女性别比的下降对商业健康保险的需求既可能有正向的影响,也可能有负向的影响。

从人口的生理和心理特征来看,何贵兵、梁社红等(2002)通过对男性和女性的生理和心理进行研究发现,性别与人们的风险态度有一定的关系。就获得确定的利益来说,男性比女性更偏好风险;就弥补可能的损失来说,女性比男性更偏好风险。保险的作用是弥补损失,经济补偿,由于商业健康保险是为了弥补人们的医疗费用支出损失,减轻人们的经济负担,转嫁人们的健康风险。因此从这个角度来说,为了弥补损失女性相比于男性可能更愿意购买商业健康保险。

从我国的现实情况来看,女性与男性在生理上以及后期的生活习惯中会面临不同概率的健康风险①。根据我国寿险业生命表显示,我国女性的平均预期寿命高于男性,无论是各年龄段人口的死亡率还是患重大疾病的概率,我国女性都是低于男性的,男性除了有不良习惯(如抽烟、酗酒等)的人数多于女性外,法定退休年龄也是高于女性的。不良习惯、工作强度的加大以及工作时间的延长都会导致男性患病的概率上升,男性的健康风险高于女性,因此相较于女性,男性购买商业健康保险的概率会上升。

(二)人口社会结构对商业健康保险需求的影响机理

1. 家庭规模

根据周依群、王国军(2017)的研究,不同类型的家庭面对风险的承受能力是不同的,家庭的规模同家庭的风险承受能力呈现同向变化的趋势:家庭规模越大,家庭人口数量越多,承受风险能力越强;相反,家庭规模越小,家庭人口数量越少,承受风险的能力就越弱②。

一般来说,大规模家庭由于家庭成员较多,风险可以由家庭成员共同承担。

---

① 王宏扬,樊纲治. 人口结构转变与人身保险市场发展趋势——基于省际面板数据的实证研究[J]. 保险研究,2018(6).

② 周依群,王国军. 人口结构、地区差异与社会保险支出——基于我国省际面板数据的实证研究[J]. 现代经济探讨,2017(11).

而对于小规模家庭，我国比较典型的是“4+2+1”模式，一个家庭中四位老人、两位大人、一个孩子，年轻夫妇需要赡养老人、抚养孩子，相应的生活压力增大，会在一定程度上弱化家庭的风险承受能力。从我国近年来家庭平均人口数来看，我国的家庭人口规模呈现小型化、简单化的趋势，小规模的家庭抵御风险的能力较弱，尤其是那些经济负担落在一人身上的家庭，如果家里的“顶梁柱”面临了严重的健康风险，那么家庭中其他成员的生活可能就会无法维持，这种情况下小规模的家庭对商业健康保险的需求就会增加。

齐子鹏、许艺凡等(2018)通过研究发现虽然家庭的规模同家庭的风险承受能力呈现同向变化的趋势，家庭规模越大，家庭人口数量越多，承受风险能力越强，但随着家庭规模的扩大，家庭成员的数量增多，尽管风险承受能力有了提高，整个家庭面临风险事件的概率和种类也会增加。家中老人和孩子数量的增长使得家庭面临的健康风险较高，老人身体状况不好，医疗费用支出频繁，少年儿童处于生长发育阶段，身体机能发育没有成熟，抵抗力不强，患病风险较高，相应的医疗费用支出也会增加。此外，现在保险市场上有很多针对家庭推出的健康保险品种，相比于个人购买商业健康保险来说，整个家庭购买商业健康保险的保费更加低廉，很多人会为所有的家庭成员购买商业健康保险，给家庭中的老人、小孩以及年轻人提供全方位的保障。

因此，人口家庭规模对商业健康保险的需求有两方面的影响。从家庭规模扩大带来家庭风险承受能力增加的角度来说，人口家庭规模的扩大会导致商业健康保险需求下降；从家庭规模扩大导致家庭面临的风险种类和数量增加的角度来说，人口家庭规模的扩大会推动商业健康保险需求的上升。

2. 婚姻状况

从人口的婚姻结构来看，我国人口的婚姻结构中有配偶人群的比重近年来呈现上升的趋势，有助于商业健康保险需求的扩大，主要原因有以下几个方面：

首先，婚姻对于一般人来说是必须经历的过程，从单身到已婚，人们对家庭的责任也更加重大，需要赡养父母、抚养孩子，因此已婚人士会更关注自身的健康状况，为自己购买一份健康保障能够让整个家庭的风险降低；

其次，有配偶人群在从单身转变为已婚后，形成了新的家庭，那么他们的收入来源会变得多样化，获得收入的形式也会更加丰富，家庭整体的经济状况会有较大程度的改善，而经济状况的改善对于人们的保险消费有一定的促进作用，因此，结婚后整个家庭对商业健康保险的需求会增加；

最后，过去我国的家庭规模一般较大，子女结婚后和老人一起生活的情况比较普遍，但近年来随着经济的发展和人们生活观念的转变，我国家庭规模趋于小型化，年轻人婚后一般不会和父母居住，“空巢家庭”数量增多。为了给父母一份安全的保障，规避健康风险损失，子女通常会为父母购买相应的商业健康保险产品。

3. 教育结构

在微观经济学的效用理论中，如果一件商品给消费者所带来的效用越大，那么消费者就越愿意购买该商品，越渴望拥有它①。人们对于保险产品的渴求程度很大程度上取决于保险产品给人们所带来效用的大小，而人们对保险产品的渴求程度有很大程度上取决于个人的风险态度，相比于风险偏好者和风险中性者，风险厌恶者更愿意购买保险产品来转移风险，保险产品所带来的效用也最大。

人们的风险意识很大程度上受教育水平的影响，受教育水平越高，对风险的认识越透彻，对于保险知识的掌握以及保险功能的了解就越全面，也会培养出相应的风险厌恶意识。受教育年限越长、受教育水平越高的人一般越能够理性地分析自身的健康保险需求，从而购买商业健康保险产品来应对可能发生的健康风险，增加商业健康保险的需求。

此外，居民的受教育水平除了会影响他们对商业健康保险的认知程度和信任程度外，还会影响人的经济状况，受教育程度高的人群往往能获得比较高的经济地位，在满足了最基本的生理需求后，便会追求更高层次的生活水平。我国的基本医疗保险具有“广覆盖、低水平”的特点，只能满足人们最基本的健康需求，受教育程度较高的人群出于使自身以及家庭效用最大化的考虑，还会购买相应的商业健康保险产品。中国健康与营养调查报告中，将全部人口和所有购买了商业健康保险的人按照受教育程度进行分类，发现购买商业健康保险的人中受教育水平较高的人所占的比例显著高于所有人口中受教育水平较高的人所占的比例，因此人口的受教育水平越高，对商业健康保险的需求就越大。

（三）人口地域结构对商业健康保险需求的影响机理

首先，相比于农村人口而言，城镇人口对身体健康状态更为关注，对健康管理知识也更加重视，对健康保险作用的认知也存在明显的差异，整体上来看城镇人口是要优于农村人口的。

其次，城乡居民在患病后的就医行为的不同也会导致不同的健康保险需求，相同的患病概率下，农村人口的就医次数以及就诊医院的等级一般不如城镇人口，进一步导致医疗保健支出有所不同（城镇居民的医疗保健支出更多），城镇人

① 崔文祎．中国商业健康保险需求影响因素分析［D］．成都：西南财经大学，2014.

口为了弥补这部分的支出可能就会购买相应的健康保险产品,拉动商业健康保险的需求。

最后,城镇人口和农村人口在居住地方面有明显的差异,一般来说,农村人口居住地相对比较分散,而城镇人口的集中化程度较高。从保险公司的角度来看,保险机构网点的布局是根据地区经济发展水平以及人口集中度而设置的,相比于城镇,在农村设置保险网点的成本可能会比较高,保险网点的分布不均也会造成城镇人口对商业健康保险的需求会显著地高于农村人口。

因此,我国人口地域结构中城镇人口所占比重的增加会导致商业健康保险需求的扩大。

三、我国人口结构影响商业健康保险需求的实证分析

(一)变量选取

1. 被解释变量

关于被解释变量的选择,最能直接反映商业健康保险需求的指标是保费收入。一般来说,保费收入与商业健康保险的需求呈现正相关关系,保费收入越大,则说明需求越高。此外,由于各个省份经济发展状况的不同,商业健康保险的保费总收入差距过大,本部分以商业健康保险的保险密度(DEN)即各省商业健康保险保费总收入除以各省份人口总数作为被解释变量,衡量商业健康保险的需求水平。

2. 解释变量

本部分选取的人口结构主要分为三个方面,人口自然结构(年龄结构、性别结构)、人口社会结构(家庭结构、婚姻结构、教育结构)、人口地域结构(城乡结构)。

人口的年龄结构方面,本部分选取的是老年人口赡养比(ODR)和少儿人口抚养比(CDR)。根据国际惯例,一般认为年龄在 14 岁及以下的为少年儿童人口,年龄在 65 岁及以上的为老年人口,年龄在 15—64 岁的为劳动年龄人口。老年抚养比是一个国家或地区老年人口数量与劳动年龄人口数量的比值,少儿抚养比是一个国家或地区少年儿童人口数量与劳动年龄人口数量的比值,老年抚养比和少儿抚养比可以直观地表示我国人口年龄结构的现状。

人口的性别结构方面,本部分选取的是性别比率(GR)。性别比是一个国家或地区男性总人口与女性总人口的比值,一般用每 100 名女性人口所对应的男性人口来表示,其计算公式为 GR =(男性人口数量/女性人口数量)×100,反映了不同地区总人口中的男女比例关系。

人口的家庭结构方面，本部分选取的是平均家庭户规模(FAM)。我国的户数分为家庭户和集体户，而平均家庭户规模是根据我国所有省份家庭户的户数以及相应的人口数加权计算得出的，其计算公式为 FAM = (家庭户户数 × 家庭户每户人口数)/家庭户总户数，代表了平均每户家庭所拥有的人口数量，反映了不同地区人口家庭规模的大小程度。

人口的婚姻结构方面，本部分选取的是有配偶人口所占比重(COU)。目前我国 15 岁及以上人口的婚姻状态主要有未婚、初婚有配偶、再婚有配偶、离异以及丧偶五种，有配偶人口所占比重为初婚有配偶人口比重与再婚有配偶人口比重之和，其计算公式为 COU = (15 岁及以上初婚有配偶人口数 + 15 岁及以上再婚有配偶人口数)/15 岁及以上人口数，反映了不同地区人口的婚姻状态。

人口的教育结构方面，本部分选取的是平均受教育年限(EDU)。平均受教育年限根据各地区 6 岁以上人口的受教育水平得出，各学历对应的受教育年限分别为文盲是 0 年，小学毕业是 6 年，初中毕业是 9 年，高中毕业是 12 年，大专及以上毕业是 16 年，其计算公式为 EDU = (文盲人口数 ×0 + 小学学历人口数 ×6 + 初中学历人口数 ×9 + 高中学历人口数 ×12 + 大专及以上学历人口数 ×16)/6 岁以上人口数，可以直观地反映出一个地区的教育水平和人们的受教育程度。

人口的城乡结构方面，本部分选取的是城镇化率(UR)。一个国家或地区的城镇化率最能反映该地区的人口城乡结构，其计算公式为 UR = 城镇人口数量/总人口数量。

3. 控制变量

根据前文的理论分析，除了人口结构会对商业健康保险的需求产生影响之外，地区的经济发达程度以及人们的医疗费用支出也会影响商业健康保险的需求。经济发达程度的量化指标为人均生产总值(AGDP)，即各省的 GDP 总产值与地区总人数的比值。医疗费用支出的量化指标为城乡居民人均医疗保健支出(PAY)，其计算公式为 PAY = (城镇居民人均医疗保健支出 × 城镇居民人口数 + 农村居民人均医疗保健支出 × 农村居民人口数)/(城镇居民人口数 + 农村居民人口数)。

表 3－2 变量含义

变量含义	变量表示	变量解释
健康保险需求	Lnden	健康保险密度的对数
年龄结构	Cdr	少儿人口抚养比
	Odr	老年人口赡养比
性别结构	Gr	性别比(女性为 100)
家庭结构	Fam	平均家庭户人口数
婚姻结构	Cou	有配偶人口所占比重
教育结构	Edu	平均受教育年限
城乡结构	Ur	城镇人口所占比重
经济发展水平	lnagdp	人均 GDP 的对数
医疗费用负担	lnpay	城乡居民人均医疗保健支出的对数

（二）数据来源

本部分选取了我国 30 个省、自治区、直辖市(不包括香港、澳门、台湾和西藏)2008—2017 年的数据,分析目前我国的人口结构对于商业健康保险需求的影响。本部分的样本中没有包括西藏,一方面是因为西藏的数据在各类统计年鉴上并不完整,部分年份的数据缺失;另一方面,本部分研究的是商业健康保险需求,而根据原中国保监会网站数据显示,西藏的商业健康保险保费在全国的保费总额当中占比极低,商业健康保险的发展水平与其他省份相比有很大差距,如果将西藏纳入本部分的样本中,该极端值会对实证分析的结果产生较大的影响。因此本部分将西藏排除在样本范围之外。所使用的数据均来自《中国统计年鉴(2008—2017)》《中国保险年鉴(2008—2017)》。

（三）模型设计

经过 Hausman 检验和 F 检验,可以排除随机效应模型和混合回归模型,最终选择固定效应模型,模型的一般形式如下:

$$Y_{it} = a_i + \sum_{k=1}^{N} \beta_k X_{kit} + \varepsilon_{it} \quad \text{(式 3－2)}$$

其中 i＝1,2…30 表示 30 个省份;t 表示时间,即 2008—2017 年; Y_{it} 表示第 i 个省份在第 t 时期的商业健康保险的保险密度; a_i 表示第 i 个省份的固定效应,代表每个省份所固有的一些特征,不随时间变化; X_{kit} 表示解释变量; β_k 表示待估系数; ε_{it} 则表示误差项。

（四）实证检验

1. 变量的描述性统计结果

各变量的描述性统计结果如表3－3所示。

表3－3 各变量描述性统计

变量	符号	均值	标准差	最小值	最大值	观测数
健康保险密度对数	lnden	4.38	0.97	2.16	7.31	300
少儿抚养比	cdr	22.56	6.29	9.60	39.60	300
老年抚赡比	odr	13.07	2.68	7.40	20.60	300
性别比	gr	104.90	3.74	95.07	120.43	300
家庭户规模	fam	3.08	0.32	2.33	3.78	300
有配偶人口比重	cou	73.04	2.89	64.28	78.74	300
平均受教育年限	edu	8.92	0.94	6.76	12.50	300
城镇人口比重	ur	54.72	13.21	29.12	89.61	300
人均GDP的对数	lnagdp	10.57	0.51	9.20	11.77	300
城乡居民基本医疗保健支出对数	lnpay	6.75	0.49	5.33	7.97	300

2. 平稳性检验

在对面板数据进行回归分析之前，首先进行面板数据的单位根检验。一些非平稳的数据本身没有直接的关系，但由于可能存在相同的变化趋势，直接进行回归分析的话会导致"虚假回归"或者"伪回归"。本部分采用面板数据LLC单位根检验方法，LLC检验的原假设是数据存在单位根，如果拒绝原假设的话，则表示不存在单位根，数据是平稳的。表3－4结果显示本部分进行回归分析的所有变量均在1%的置信水平上显著，不存在单位根，可以进行相应的回归分析。

表3－4 面板数据单位根检验

变量	LLC检验T值	平稳性
健康保险需求	－6.1321***	平稳
少儿抚养比	－13.3144***	平稳
老年赡养比	－9.61492***	平稳
性别比	－11.3595***	平稳
家庭户规模	－13.0436***	平稳

续表

变量	LLC 检验 T 值	平稳性
有配偶人口比重	-13.9587***	平稳
平均受教育年限	-10.1044***	平稳
城镇人口比重	-32.9866***	平稳
人均 GDP 的对数	-18.2224***	平稳
城乡居民基本医疗保健支出对数	-10.8581***	平稳

注：＊＊＊、＊＊、＊分别表示在1%、5%、10%的置信水平上显著。

3. 面板回归分析

采用固定效应模型对我国30个省区市2008—2017年的人口结构与商业健康保险的有关数据进行回归，结果如表3-5所示：

表3-5　固定效应模型的回归结果

变量	系数	Prob.
常数	-13.6984***	0.0000
少儿抚养比	-0.0195*	0.0930
老年赡养比	0.1081***	0.0000
性别比	0.0080	0.1110
家庭户规模	0.6945***	0.0000
有配偶人口比重	0.0203*	0.0894
平均受教育年限	-0.0777	0.4764
城镇人口比重	0.0420***	0.0001
人均 GDP 的对数	0.3730**	0.0460
城乡居民基本医疗保健支出对数	1.0516***	0.0000

注：＊＊＊、＊＊、＊分别表示在1%、5%、10%的置信水平上显著。

由表3-5可知，少儿人口抚养比、老年人口赡养比、平均家庭户规模、有配偶人口占比、城镇人口占比、人均GDP及城乡居民人均医疗费用支出均通过了显著性检验，对商业健康保险需求产生显著的影响，而性别比率和平均受教育年限未能通过显著性检验，对商业健康保险需求没有产生显著的影响。总体来看，回归模型较好地验证了人口结构对商业健康保险需求的影响。

从人口的自然结构来看，我国老年人口抚养比对商业健康保险的需求有显著的正向作用,我国老年人口的增加有助于提高商业健康保险的需求,这与前文的理论分析具有一致性。少儿人口抚养比对商业健康保险的保险密度有负向的影响关系,少儿抚养比的减少使得父母更加依靠自己而不是子女来解决医疗负担,会导致对商业健康保险的需求上升,少子化也会让父母更关注每个孩子的健康状况,为孩子购买相应的健康保险。人口性别比对商业健康保险的影响不显著,可能是因为虽然男性和女性在风险态度以及所面临的健康风险方面有所不同,但是我国的人口性别比近年来变化幅度不大,趋于一个比较稳定的状态,所以对商业健康保险的需求没有显著的影响。

从人口的社会结构来看,家庭结构对商业健康保险需求的影响十分显著,平均家庭户规模越大,家庭的成员数越多,对商业健康保险的需求就越大。平均家庭户人口数的系数为0.695,说明人口的家庭规模对商业健康保险的需求影响是比较大的。有配偶人口所占比重对商业健康保险的需求有正向的促进作用,有配偶人口对家庭的责任感很强,结婚后更加关注自身和家人的健康状况。而且通常已婚家庭的购买力更高,对健康保险的需求更大。人口的平均受教育年限对商业健康保险需求的影响不显著,一方面可能是因为随着人们的受教育程度上升,对于自身的健康状况更加重视,对于疾病的预防比较到位,患病的概率下降,对商业健康保险的需求较少;另一方面可是虽然人们的平均受教育年限在提高,对保险的认知进一步加深,但形成实际的需求不仅需要购买意愿,还需要购买能力,目前受教育程度较好的人群有很多是在校学生,他们大部分没有经济收入,对商业健康保险的潜在需求无法转化为有效需求。因此,人口的平均受教育水平对商业健康保险的影响不显著。

从人口的地域结构来看,城镇人口所占比重对商业健康保险保险密度的影响系数是0.042,相比于农村人口,城镇人口对商业健康保险的认识以及相应的保险意识比较强,更愿意购买商业健康保险,城镇人口所占比重越大,商业健康保险的需求也越大。

除了人口结构外,两个控制变量也对商业健康保险的需求有明显的促进作用,人均GDP衡量了地区的发展水平,一般来说,发达地区保险网点的设置比较密集,对保险的宣传工作做得比较好,自然会加大人们对商业健康保险的需求。城乡居民医疗保健支出的增加使人们的经济负担加重,而社会医疗保险设置了起付线、封顶线等限制条件,保障水平较低,人们会购买商业健康保险来减少自身的医疗支出,这也扩大了商业健康保险的需求。

(五)稳健性检验

为了检验本部分使用固定效应来研究人口结构对商业健康保险需求结果的

可靠性，本部分通过改变样本容量，将总体样本分为三个子样本，分别进行固定效应模型的回归分析，研究人口结构对商业健康保险需求的影响是否还与整体样本具有一致性。根据中国国家统计局划分经济地域的标准，我国整体上可分为东部地区、中部地区和西部地区。东部地区包括北京、天津、河北、辽宁、上海、江苏、浙江、福建、山东、广东、广西和海南，中部地区包括山西、内蒙古、吉林、黑龙江、安徽、江西、河南、湖北和湖南，西部地区包括重庆、四川、贵州、云南、西藏、陕西、甘肃、青海、宁夏和新疆。稳健性检验结果如表 3－6 所示：

表 3－6 稳健性检验结果

	东部	中部	西部
常数	－17.97143 (－7.215387)	－10.96989 (－3.505778)	－6.796115 (－2.274667)
少儿抚养比	－0.034093* (－1.430709)	－0.062753*** (－2.964912)	－0.010318 (－0.567058)
老年赡养比	0.090964*** (4.545033)	0.176277*** (6.756266)	0.060193** (2.072581)
性别比	0.010552 (1.459473)	－0.020773 (－1.798362)	－0.006753 (－0.745567)
家庭户规模	0.815947*** (2.922679)	0.659293*** (2.477379)	0.597555*** (2.872502)
有配偶人口比重	0.032471* (1.647718)	0.036276 (1.496275)	0.019136 (0.991941)
平均受教育年限	－0.010372 (－0.045978)	－0.202764 (－1.104253)	－0.257987 (－1.446588)
城镇人口比重	0.046230*** (2.812587)	0.017219 (0.886241)	0.109098*** (3.508428)
人均 GDP 的对数	0.745598** (1.944837)	0.325372 (1.214628)	－0.048290 (－0.135834)
城乡居民基本医疗保健支出对数	0.773332*** (3.705322)	1.355871*** (5.071728)	0.832673*** (4.256520)

注：＊＊＊、＊＊、＊分别表示在 1%、5%、10% 的置信水平上显著。

由表3-6可知,在将总样本分成三类子样本后,人口结构对商业健康保险需求依然会产生显著的影响。

首先,从人口自然结构对商业健康保险需求的影响作用来看,东部和中部地区的少儿抚养比系数显著为负,与全国样本的回归结果具有一致性,西部地区的少儿抚养比系数也为负,但这种影响并不显著;老年赡养比系数方面,东部、中部、西部地区系数均显著为正,对商业健康保险需求有显著的正向作用,证实了我国人口老龄化对商业健康保险的促进作用,表明我国老年人口的增加会显著地促进商业健康保险需求的扩大;人口的性别比方面,虽然东部地区对商业健康保险的需求有正向影响,中西部地区对商业健康保险需求有负向影响,但是这种影响均不显著,证实了我国人口的性别结构对商业健康保险需求的影响并不显著。

其次,从人口的社会结构对商业健康保险需求的影响作用来看,东部、中部、西部地区的家庭规模均对商业健康保险的需求产生了正向的影响作用,家庭平均人口数量越多,对商业健康保险的需求越大;人口的婚姻结构显示,东部地区的有配偶人口所占比重对商业健康保险需求有着正向的影响作用,有配偶人口所占比重越大,商业健康保险的需求也越大,而中部地区和西部地区虽然回归系数为正,但这种影响未能通过显著性检验;人口的教育结构显示,和全国样本数据回归结果一样,东部、中部、西部的平均受教育年限对商业健康保险需求均没有显著的影响。

最后,从人口的地域结构来看,东部地区和西部地区的城镇人口所占比重对商业健康保险的需求有显著的促进作用,城镇人口所占比重越大,商业健康保险的需求越大,中部地区的系数虽然也为正,但这种影响并不显著。

通过稳健性检验结果可知,虽然人口结构对商业健康保险需求的影响与前文所述存在一定的差异,但总体上是具有一致性的,也说明本部分的研究结论具有一定的可靠性。

四、研究总结及政策建议

根据本部分的实证结果以及稳健性检验结果,我国人口结构对商业健康保险的需求有显著的影响:年龄结构方面,随着未来人们预期寿命的增加,我国老年人口比重上升,人口老龄化的程度不断加深,会显著地促进商业健康保险需求的扩大;得益于国家的"全面二胎"政策,少儿人口比重近几年有了一定的升高,但我国人口的少子化现象仍然比较明显,人口的少子化会扩大商业健康保险的需求。家庭结构方面,由于我国人口的家庭规模呈现出小型化的特点,而家庭规模与商业健康保险需求呈反向变动关系,所以我国人口家庭结构的转变会抑制商业健康保险的发展。婚姻结构方面,近几年我国人口中有配偶家庭的比例有所上升,能够使商业健康保险的需求增加。城乡结构方面,我国城镇人口比重的持续扩大对于推动商业健康保险需求的增长有很大的影响,未来随着城镇人口比重的进一步增加,这种推动作用会更加明显。性别结构和教育结构方面,我国人口的性别比逐年下降,人口的受教育年限逐年增加,但这两种人口结构的转变对商业健康保险的需求没有明显的影响。

笔者基于对商业健康保险需求的相关理论分析以及人口结构对商业健康保险需求的影响的实证分析结果,提出以下建议:

一是优化保险产品的设计。通过人口结构对商业健康保险需求影响的研究发现,人口的老年赡养比增加会显著地扩大商业健康保险的需求。由于老年人口的患病概率比较高,对于保险公司来说属于高风险客户,保单中老年人口比例的增加会导致保险公司的赔付支出增加,因此很多保险公司在商业健康保险的产品设计中设有投保年龄限制,很多的疾病保险产品要求被保险人的年龄在60岁甚至55岁以下,将很多老年人排除在保障范围之外。但随着我国老年龄化程度的加深,老年人口比例加大,他们对于商业健康保险的需求量也很大。保险公司应该把握我国人口结构的发展机遇,积极地推动保险产品供给侧的结构性改革,完善相关的产品体系,开发多样化的、有针对性的产品,拓宽老年市场,如加大对护理保险产品的设计和推广,将护理保险作为附加险与重疾险和医疗保险捆绑销售,促进护理保险的快速发展。与此同时,针对老年人的健康保险产品的设计也要进行严谨的市场调查分析,科学的费率厘定,防止带来过高的经营风险。

二是制定差异化营销方式。人口的家庭规模对商业健康保险有显著的影响,家庭人口数量的增加会导致商业健康保险的需求扩大,家庭中不管是老人、小孩还是年轻人,都需要健康保险产品来保障他们的生活。但是家庭成员之间面临的健康风险不同,因此保险公司需要根据家庭成员的特点,通过差异化的健康保险产品营销来提高商业健康保险的成交量。工作的成年人是家庭的支柱,一旦患上重大疾病将会对家庭造成巨大的经济损失,对于这部分人群保险公司的营销重点应该放在重疾险上。老年人新陈代谢功能降低,一旦生病恢复需要一定的时间,此外,老人手脚不如年轻人灵活,容易出现意外伤害,所以对于老年人的健康保险产品营销应该主要集中在医疗保险、意外伤害保险和护理保险方面,可以让老人更安心地享受晚年生活,不用担心自己会给子孙增加负担。

三是加强政策推动与市场监管。由于缺乏明确的费率调整政策,健康保险公司在设计开发医疗保险时,只能开发一年期或期限非常有限(如六年内)的医疗保险产品,用“停售老产品、升级新产品”的模式应对未来因医疗通胀和医疗技术进步导致的医疗费用增加。这一点也是广大消费者对医疗保险产品最大的顾虑，他们担心保险公司随意停售保险产品会导致其未来无法获得非常必要的医疗保障。因此，保险期限和保险费用的相互制约，成了此前健康保险产品发展的桎梏。2020 年，银保监会下发了《关于规范短期健康保险业务有关问题的通知（征求意见稿）》，拟对一年期以内的短期健康保险产品的设计、续保、停售、理赔等方面进行规范，明确规定不得虚高保额、不得“保证续保”、不得随意停售、不得无理拒赔等。可见，监管对短期健康保险趋严的方向不变，银保监会推动长期可调费的保证续保健康产品发展，使这一产品形态与国际健康保险接轨，给经营长期健康保险的保险公司提供了应对长期医疗通胀等赔付风险的制度保障，也从根本上解决了保险公司先前不敢尝试开发长期产品的问题，推动了健康保险产品向多元化发展，解决了短期险扎堆、同质化等问题，维护了广大消费者的续保权利，提供了灵活的长期健康保障，满足了人民群众的医疗健康保障需求。

第四章

健康保险供给

大多数美国人通过他们的雇主,或通过配偶或父母的雇主获得健康保险。2011 年,超过一半(55.1%)的个人享受私人保险公司或者雇主提供的医疗保险,这使得雇主提供的健康保险成为美国最常见的健康保险来源(德纳瓦斯·瓦特等 DeNavas - Walt,2012)。而一些低收入人群则从公共社会保险项目中获得保险,如医疗保险和医疗救助。2013 年,医疗救助覆盖 5230 万人:4350 万 65 岁及以上的老年人,880 万残疾人(联邦医院保险理事会和联邦补充医疗保险信托基金,2014)。医疗救助计划累计为 5890 万人提供了医疗援助。据估算约有 7250 万人(约占美国总人口的五分之一)参与了医疗救助计划(CMS 精算师办公室,2014)。第三类人群在"个险"市场上直接从私人健康保险公司购买保险。

第一节　健康保险供给理论

一、健康保险供给的经济学原理

(一)健康保险供给的定义

健康保险供给是指在一定的社会经济条件下,国家和从事保险经营的企业所能提供的并已提供的保险种类和数量,保险供给的形式也体现为两方面:

一是有形的经济保障,体现在物质方面,即保险人对患病的被保险人,按保险合同的规定,给予一定数量的经济补偿和给付。

二是无形的经济保障,即对投保人提供心理上的安全保障,对投保人来说,给自己或家人购买健康保险,在自己或家人患病时可以获得补偿与给付,这或多或少减少了投保人和其家人心理上的压力,改变家庭的决策,这种心理上的安全感是通过保险公司所提供的保险供给实现的。

健康保险供给还可分为供给的质和量。健康保险的供给的质是指市场上的保险机构所能提供的各种不同类型的健康保险项目，如重大疾病医疗保险，护理保险等，以及能够提供的各种不同的经济保障额度；健康保险供给的量表现为社会上的所有保险机构能够提供的补偿某种健康风险的经济保障额度，或者单个保险机构为特定健康风险提供的总的经济保障额度，也就是说，健康保险的供给不仅可以表示社会上整个保险行业提供的健康保险的总量，也可以表示单个保险机构在某一时期内提供的健康保险的总量。健康保险的市场供给一般是供给意愿和供给能力统一的结果，二者缺一不可。

（二）健康保险的供给主体

健康保险的主要供给方是保险公司，保险公司供给主要从期望利润最大化出发，保险公司是因风险汇聚而产生的，其主营业务面临着很大的不确定性，即在一定的保费收入下，保险公司的投资收益、赔付支出、提取保险责任准备金等都存在很大的不确定性，往往取决于外部环境而非自身意愿。例如，保险公司的投资收益取决于当年的国际经济环境、宏观经济状况、市场利率水平和股市涨跌等，如果当期发生股灾，保险公司的资产投资收益率会大幅下滑；如果遇到多头市场，保险公司的资产投资收益率会大幅攀升。市场利率的变化往往也会导致提取寿险责任准备金和长期健康保险责任准备金数额的巨大变化，导致人身保险公司营业成本的大幅波动。例如，如果市场利率连续几年降低，会使提取寿险责任准备金和长期健康保险责任准备金数额大幅攀升；反之，如果市场利率连续几年升高，会使提取寿险责任准备金和长期健康保险责任准备金数额大幅减少。因此保险公司的利润水平受到很多因素的影响，利润有极大的不确定性。事实上，保险公司追求期望利润最大化还有两个潜在假定：一是没有保险监管，二是保险公司股东或投资者可以通过资本市场实现完美的分散化投资。如果有严格的保险监管，监管机构会对产品定价、偿付能力水平、分销成本等做出各种监管规定，可能导致保险公司行为呈现风险厌恶态度。如果没有完美的资本市场，未实现分散化投资的保险公司股东往往也会呈现风险厌恶特征，但是保险公司就只能追求期望效用最大化，而不是期望利润最大化了。

经济理论学中，假定保险公司可以准确评估任何标的风险，而且，保险公司可以实时监控保险标的风险水平的变化，根据客户的风险和风险变化收取适当的保费并进行及时调整，那么保险公司对客户风险的信息不对称就是完全不存在的，保险市场也就自然不会存在逆向选择和道德风险问题。在这种情况下，对于追求长期期望利润最大化的保险公司来说,只要可以带来期望利润的业务,保险公司都愿意做,因此,保险公司的产品供给会异常丰富。而且,由于保险公司可以准确评估风险、客户也可以准确评估自身的风险,双方对风险期望损失的评估是一致的,唯一的区别是,保险公司是风险中性的,而客户是风险厌恶的,于是,客户愿意支付风险溢价将风险转移给保险公司,而保险公司也是愿意接受的,只要能够带来期望利润即可。也就是说,在保险公司追求期望利润最大化和双方均可准确评估风险的条件下,健康保险市场的产品将会极大丰富,保险交易将会异常频繁,保险业也将非常发达。可以想见,在高度发达的保险业的帮助下,绝大多数风险都会进入保险公司的业务范围,基本不存在保险公司不愿销售某些产品的情况。

(三)健康保险供给的约束

保险经济学强调风险管理作为全面保险的供给约束的作用。风险管理对保险公司很重要,因为所有保险公司都必须遵循偿付能力和财务可行性的原则。由于健康保险公司的规模和性质,健康保险公司应该能够更好地管理个人医疗成本的风险,但这种能力是有限的。从某种意义上说,健康保险公司是代表全体被保险人管理储备金的“传递”实体,保险公司为某个人支付的款项不适用于另一个人,因此保险公司无法承担将破坏整个风险池或产生不可接受的高额保险费的风险,而且健康保险公司需要有充足的储备金,用于支付高于平均水平(预期)的索赔。

成本效益作为健康保险供应约束也非常重要,成本效益是指在某一特定卫生服务的特定支出水平上所获得的健康量。成本效益是健康保险供应的一个限制,因为并非所有的健康冲击都可以完全逆转或修复,而且用于医疗保健的资源有限(纽曼 Neumann,2004)。考虑到医疗保险是以服务为基础的而不是以现金支付理赔的,保险公司必须在特定情况下选择承保范围。因此,医疗保险的覆盖范围在一定程度上受到医学进步程度的限制,医疗保健越能使一个人恢复到原来的健康水平,保险公司能提供的健康保险涵盖的内容就越多。

消费者和生产者的不合理性也限制了健康保险的范围,许多人并不完全理性,并非所有的经济决策都是在纯粹的前瞻性基础上做出的,这违反了预期效用最大化的主要假设之一。保险的重要行为偏差包括损失厌恶、框架效应和零风险偏差,对损失的厌恶可能会导致消费者高估健康保险的价值,框架效应是一种根据风险的呈现方式不同而做出不同的判断的倾向,如果以不同的方式解释条款,框架效应会导致消费者从两个等价的健康保险合同中获得不同的效用。零风险偏见,即把小风险视为无风险的倾向,可能会导致个人低估健康保险保护他们免受灾难性事件影响的程度(卡尼曼,2003)。这些行为都会影响风险厌恶者购买精算公平的保险的意愿。传统保险经济学模型的这些局限性通常被归为“行为经济学”或“行为保险”(昆罗伊特等,2013;里希特等 Richter,2014)。

如第二章所述,行为经济学能够解释经典经济学无法解释的健康保险选择。例如,现状偏好,即偏好于保持现状的倾向,导致消费者保留他们已有的健康保险,而不是转向更好的保单。汉德尔(Handel,2013)通过一个案例展示了现状偏好,在这个案例中,雇主向员工提供了几项政策,其中一项政策明显不如另一项政策。换工作的心理成本可以从留在较差计划中的人数中看出,尽管换工作并没有给他们带来经济成本。另一种行为经济学的解释是,那些在计划中变得较差的人发展出了一些“依恋”,或者由于之前已经加入了该计划而对该计划有较高的价值。这种现象可能通过降低新健康保险保单相对于现有保单的感知价值来限制健康保险的需求。

另一种形式的消费者需求是与理性框架不一致的,针对低严重性和高频的事件的保险普遍存在。保险需求模型意味着保险通常应该是部分的,并且覆盖范围集中在灾难性事件上。因为当市场完全、保险无风险、信息完全对称时,完全保险可能是最优的。针对灾难性事件的部分保险将支付高强度、低频率医疗费用,如心脏病发作,避免低强度或高频率索赔。但这限制了保险的范围,因为它不鼓励保险公司向个人提供特定类型的部分健康保险。

二、健康保险的市场供给

在经济学中,供给可以通过经济商品的生产函数来描述,生产函数是一个数学公式,它表示生产者使用投入来生产产出的方式。生产商可以利用一种技术将投入转化为有价值的产出(瓦里安,1992)。健康保险模型中,生产函数允许生产者生产一定数量的保险来满足一个特定的风险管理水平$(1-\alpha)$的个人需求。健康保险公司利用各种投入,以产出满足个人需求的健康保险。供给的关键要素是成本,即在现有生产技术条件下,提供健康保险的成本。最简单的生产函数是直接贸易,一个拥有“禀赋”或预先拥有的财富存量的个人,可以通过与其他人交换其“禀赋”来充当生产者。

提供健康保险的最基本经济学模式是每个人都拥有一定的财富,并且这些财富都面临着风险。可以考虑一群个体,他们被赋予了土地和住所等基本物资的供应,并拥有初始水平的健康资本。在这样的经济中,个人既是消费者又是生产者,他们可以消费他们目前拥有的商品,也可以与其他个人进行商品交易,成为商品的供应商。虽然不可能直接交易健康资本,但个人可以根据其健康资本水平交易或索赔，从而成为健康保险公司。两个人可以互相承诺，如果其中一人遭受了负面的健康冲击，那么保持健康的一方将把自己的部分“禀赋”（财富）捐给患病的交易对方，以分担这种风险。

大多数健康保险计划要求个人为购买健康保险支付保险费，政府提供的健康保险承担公民的健康风险，一般也需要支付社会保险费或税收。在互惠原则下，这些较大的健康保险公司作为“传递”工具或中介机构，帮助个人分担风险（艾克胡特等 Eeckhoudt，2005）。换句话说，个人本质上是在承担与他人健康相关的风险，通过保险来降低自己的风险，因此健康保险计划的支出受到个人财富总和的限制。

规模经济决定健康保险的成本。风险管理具有一定的规模经济特征，因为预测十个人的医疗成本要比预测一个人的成本容易，第三方支付也具有明显的规模经济效益。建立医疗保险报销制度需要较大的固定成本，包括确定服务的成本，以及为每种医疗保险服务设定最优价格所涉及的反复试验。第三方支付可以被认为是一种“公共产品”，因为它是不排他性的、非竞争性的，政府的公共产品供给可以被看作是私人组织第三方支付供给不足的一个解决方案。

范围经济也可以决定健康保险的成本。风险管理中范围经济的潜力不如规模经济的潜力明显。范围经济意味着生产者可以通过覆盖不同类型的个人来降低其平均成本。然而，风险管理的基础是以覆盖更多的相同的个人群体来降低成本。第三方支付领域范围经济的潜力也不如规模经济那么明显。范围经济在很大程度上取决于为一个群体设计的医疗报销体系对另一个群体的适用程度。例如，考察将老年人住院费用支付系统应用于儿童人群的效果，医疗保险支付体系越普遍，医疗保险领域的潜在经济效益就越大。

三、健康保险供给函数

（一）供给作为价格的函数

供应函数描述一种商品或服务的数量与其价格之间的关系，从某种意义上说，供应是需求的对立面。在最简单的供给模型中，每个人都有自己的“禀赋”。个人愿意接受特定商品的特定价格是供应功能的基础。供给者提供给定商品的成本是放弃这部分“禀赋”消费的机会商品。在更复杂的供应模型中，给定商品或服务的成本可以基于生产该产出所需的所有投入。

成本是健康保险讨论的一个重要部分，因为健康保险的成本对于决定个人和其他人愿意购买多少健康保险至关重要。在放弃有价值的投入以获得产出方面，成本具有特定的经济意义,这就是机会成本,机会成本是指作为生产的一部分加以利用的资源的经济价值。在健康保险中,成本包括经营保险公司所需的资本,也包括雇用精算师、保险商、营销商和其他健康保险专业人员的支出。资本和劳动力都是昂贵的,因为它们可以用于其他生产用途。例如,用于生产健康保险的资金也可以用于生产汽车保险,这些投入的成本一般用市场利率来衡量,雇用保险专业人员的成本由劳动力市场决定。

经济理论不能预测健康保险供应对价格变化的反应,经济学关注的是供给曲线是否"向上倾斜",向上倾斜的供给曲线是指供应商以更高的价格提供更多的商品的趋势(马斯·克莱尔等,1995)。考察供给曲线斜率的原因是,一种商品或服务的潜在成本是该商品或服务供应的主要决定因素,在健康保险中,健康保险平均价格随参保人数的下降而下降是有理论基础的。在给定的保险池中,更多消费者允许保险公司在大量消费者中分摊提供健康保险的高固定成本。

健康保险的成本决定健康保险公司是否愿意接受给定数量的保险的给定价格,例如,一个人愿意承担他人的健康风险以成为健康保险计划的一部分,这种意愿将随着风险池的规模的扩大而增加,因为一个人将通过保险公司以自己健康风险的大幅降低为保证,承担与所有其他个人相关的小风险。换句话说,个人愿意承担他人的健康风险,作为自己获得健康保险的精算公平价格。

企业为员工购买健康保险可以看作是一种利润最大化的行为,如果一家公司能够将更多的员工纳入健康保险计划并从中获利,企业肯定会这么做;如果公司能够以精算上不公平的价格提供保险,也能从健康保险的供应中获利,但其中的利润有限,这时公司愿意支付健康保险的意愿就会受到其提供健康保险后的盈利能力的限制。

(二)健康保险的成本

资本和劳动力是生产健康保险的两大重要的投入,健康保险需要资金,因为它需要支付生产保险的固定成本,并为统计异常值(即医疗成本远高于预期的人群)提供缓冲资金。在风险管理方面,资本可用于购买数据或现有模型,以帮助保险公司确定不同人群的预期医疗保险索赔,以及这些索赔的可变程度。在第三方支付的情况下,资本可以用来创建或购买用于构建保险合同、进行索赔审核和索赔支付的系统。

经营保险计划的另一个重要的投入是劳动力,特别是熟练劳动力的投入。精算师和保险商可以估算损失,对健康保险进行定价;专业的销售和营销人员进行保险的分销,需要有效地销售自己的保险服务;保险合同的订立、理赔以及其他管理都需要大量的劳动力。

任何健康保险公司使用的资本和劳动力的比例都是由健康保险的特点以及资本和劳动力的相对价格决定的,生产健康保险所需的资本和劳动力不是固定资本,劳动力是不完美的替代品。例如,健康保险公司可以雇用精算师来确定某一保险业务的预期损失,或者购买一台可以执行相同计算的计算机。为大量人口承担健康风险的健康保险公司可以雇佣大量精算师来确定其所承担风险的特征,而且可以动用更多资本,以缓冲潜在的损失。

以降低成本为目标的保险公司将采用成本较低的选择,以降低健康保险的总成本。保险公司在生产健康保险时要权衡利弊,看看使用资本和劳动力生产保险的相对价格。当资本变得相对昂贵时,比如借款价格上涨时,保险公司可能会选择使用劳动力作为替代品,减少资本的使用。相反,当劳动力价格上涨时,比如精算师的市场工资上涨时,保险公司可能会试图用更多的资本来替代精算劳动力。

资本是健康保险的关键投入,因为健康保险公司通过建立和管理储备金来提供经济风险管理。布鲁姆(2007)将准备金定义为"用于尚未发生或尚未累计的债务",并确定了四种类型:保费准备金、索赔准备金、保单准备金和总保费准备金。每一种准备金都代表着健康保险公司经营管理过程中的一种风险。

由于健康保险公司承诺同时支付特定风险池的所有参保人针对保险合同提出的所有合法索赔,准备金有助于管理它们的偿付能力和持续经营能力。健康保险准备金是保险公司针对其承担的健康保险业务引起的已有或未来负债而建立的基金。偿付能力和持续经营能力面临的挑战既包括可能针对合同提出的索赔数量,也包括索赔的时间。索赔延迟是指索赔申请、处理和裁决所花费的时间。

(三)健康保险的供给方式

健康保险经营遵循统计上的"大数定律",大数定律指出,对于任何概率分布,随着抽取次数的增加,从该分布中抽取的平均值收敛到预期平均值(鲁特里奇 Routlcdgc,2016)。将大数法应用于健康保险索赔意味着风险池越大,保险公司的平均被索赔金额就越确定,100 个相同个体的平均医疗支出可能比这 100 个人中的某一个人的医疗支出要低。大数定律通过将风险变量(个人医疗支出)转换为风险较小的变量(大型群体的平均医疗支出),使健康风险管理变得更容易、成本更低,因此,在 100 人的风险池中增加一个人根本不会改变与该群体相关的风险,而且实际上可能会降低风险。健康风险管理的成本——确定个人纳入风险池并确保其医疗支出的边际成本——可能与风险池现有成员相似。这一现象影响着健康保险风险管理的主要经济规模。

在大数定律应用于健康保险时，要关注大数定律背后的假设：每次随机抽取的金额是相同的，并且抽取的金额是独立分布的，要求每个人的医疗支出预期相同，或者至少相似，这可以通过将具有类似健康风险的个人纳入特定的健康保险风险池来实现，独立分配是指每个人的医疗支出是独立的。

由于医疗支出的金融中介的固定成本较高，健康保险公司作为第三方支付也存在规模经济，健康保险的固定成本包括设计健康保险合同、确定个人索赔的核实和支付方式以及核算健康保险相关的资本成本（布鲁姆，2007）。保险公司提供的健康保险产品对所有投保人都是一致的，所以健康保险计划中增加另一个人的边际成本较低。美国的管理医疗保险公司一般会建立一个优先医疗服务提供者和医疗网络，为被保险人提供医疗服务，向医疗网络中添加个体的边际成本非常低，尽管在某些时候，个人的数量可能超过网络的容量，需要添加额外的医疗服务提供者。在这两种情况下，边际成本基本上等于营销和核保的可变成本，也就是识别潜在投保人、说服他们购买健康保险合同以及核实他们符合保险计划的资格要求的成本。

范围经济，指的是以低于单一服务的成本生产多种服务的能力，范围经济在医疗行业普遍存在，范围经济一般出现在多产品公司，因为许多卫生保健公司在本质上是多产品的，只要联合生产两种或两种以上的商品比单独生产更便宜，就会产生范围经济（佛兰德等 Folland，2010）。跨类别的范围经济意味着，健康保险公司可以以低于单独提供这两种服务的平均成本，为一个群体提供健康风险管理和第三方支付服务。范围经济也可适用于不同类型的群体，如健康状况良好的年轻人和健康状况较差的老年人，他们有两种不同的风险分布，因此属于两个独立的风险池。不同风险群体损失建模的方法应该是相同的。然而，在实际操作中，健康保险市场是高度细分的，不同的健康保险产品为不同年龄、不同职业、不同收入或不同地理区域的人提供不同的服务。

在实践中，健康保险公司为被保险人提供全方位的健康保险服务，制订具有不同特征的健康保险计划，计算和收取保费，并代表被保险人向医疗服务提供者支付费用。在美国，医疗服务提供者还经常提供综合风险管理和第三方支付服务，这些服务可以与在“综合交付系统”（IDS）中提供的医疗服务捆绑在一起，如

Geisinger 健康系统①和 Kaiser Permanente 医疗计划②,这些系统向个人提供医疗保险和医疗保健服务(恩托芬 Enthoven,2009)。

第二节 健康保险定价

一、健康保险定价的原理

健康保险公司的一项重要的任务是应用标准化方法将健康风险货币化并提供给个人或人群,在这样一个系统下设计、应用和估计支出的一般的精算术语是“损失建模”。从保险公司的角度来看,实施这种方法的关键是健康保险合同必须标准化,因为这允许保险公司创建被保险人数为一人以上的保险合同。

确定个人预期成本也决定了保险合同所涵盖的特定个人的精算公平保险费。人口的预期成本是基于保险公司能为一群处境相似的人支付的金额的平均值。为承保而聚集在一起的这群人也被称为“风险池”,保险公司建立一个风险池,这样就可以计算保险费,从而支付索赔、支付保险管理的费用,并为公司留出误差准备金。

健康保险公司使用相似的个体在不同意外情况下的期望价值计算方法来评估为人群提供保险的索赔成本、评估与消费者健康状况相关的成本。基本保险定价公式如式 4-1 所示。

$$E[Loss] = E[Frequency] \times E[Severity] \qquad (式 4-1)$$

对保险公司来说最重要的是预期损失,也称为索赔费用。预期损失可以在人群、个人甚至具体干预的水平上进行评估。例如,在美国,医疗保健的平均支出等于一个人在一年内使用医疗保健的预期频率(利用率)乘以平均医疗保健费用(价格)。

在个人层面,预期医疗支出也等于一个人利用医疗保健的可能性乘以该医疗保健的预期成本。个体成本与群体成本的差异取决于个体的特殊特征,健康状况较好或较年轻的人比健康状况较差或较年长的人平均花费低,还有一些变量与支

① 盖辛格健康系统(Geisinger Health System,GHS)是美国宾夕法尼亚州中部、中南部、东北部,以及新泽西州南部的区域医疗保健服务提供者。

② 凯撒医疗(Kaiser Permanente)集团诞生于 1945 年,是美国最大的综合医疗服务系统和非学术类研究机构,以 HMO(health maintenance organization)形式运营。

出有一种“非单调”的关联——当女性处于生育年龄时，女性的医疗支出高于男性，而老年男性的医疗支出普遍高于同龄老年女性。

保险公司还需要计算与特定医疗服务(如预防)相关的平均支出，与一个群体或特定个体使用该特定医疗服务的概率以及平均成本有关。因此，群体的预期损失可以用“自顶向下”或“自底向上”的方式计算。可以有以下两种计算方式：在一年内归因于个人的总索赔(“密度”的方法)，或算出每个干预的成本，然后求和到总成本作为“许多组成部分之和”(“加总”的方法)(布鲁姆，2007)。

由于与健康冲击或贬值相关的预期概率或预期严重性的差异，不同的个人和人群的预期损失不同，不同人群患病概率差异的一个例子是流感，流感更有可能影响非常年轻的人、老年人和健康状况不佳的人。流感也是一个表明同一种健康冲击可能存在不同的预期严重程度的例子，这导致了医疗保健的成本有差异，因此那些健康状况较差的人健康保险的成本更高，这既是因为他们更容易生病，也是因为当他们生病时，可能会有更多的医疗支出。

虽然健康保险公司会估算医疗保健的全部成本，但它可能只支付其中的一部分，支付的比例取决于健康保险合同的特征，包括免赔额、共同支付和自付比例。这些安排有两个作用：第一是直接降低了保险公司预期支付的金额，一个人有20%的自付比例就可以降低健康保险公司20%的成本；第二，这种成本通过概率和严重性的渠道间接降低了预期损失，如果一个人有自付比例，在仅患有轻微病症的情况下可能就会选择不那么强烈的治疗措施，这也被称为道德风险，道德风险是决定索赔预期成本的一个关键因素。

健康保险的成本中超过了健康保险索赔成本的部分也被计入健康保险保费的一部分，健康保险公司将提供保险的成本作为定价因素进行评估，附加因素包括管理成本、保险公司的利润率，以及为高于预期的索赔保留准备金或缓冲的成本(布鲁姆，2007)。健康保险管理费用高昂的原因是估计预防措施、个人和群体的保健费用比较昂贵，需要健康保险公司、大型数据库和计算机以及其他资源的时间和精力，第三方支付还要求保险公司核实索赔并代表个人进行支付。

二、健康保险保障程度的测量

(一)健康保险的数量

在传统市场中，数量是指消费者从生产者那里得到的某种特定商品或服务的数量，这就使得经济学能够设想并解释，一个人在特定价格下所消费的特定商品的数量——一个人吃了多少苹果，或者一个人用了多少加仑汽油？这里还有一个关于商品可替代性的基本假设。任何给定的汽油加仑对于任意一个驾驶员是可替代的,这意味着两加仑具有相同质量等级的汽油是相同的。

最普通的保险模式着眼于人们为保护其资产组合而选择的保险金额,健康资本是个人投资组合中更广泛的资产组合的一部分,这些资产代表个人的总体财富。规避风险的个人寻求为自己的部分或全部财富投保,以避免与财富冲击相关的损失。戈利耶使用以下方法解释"标准投资组合问题":"一个规避风险的代理拥有的一项资产可能会遭遇随机损失 y……可以选择保留份额为 α 的风险。比例为(1 - α)的风险将出售给保险公司,支付与预期赔偿金成比例的保险费,这也被称为保单的精算价值。"(戈利耶,2001)。

在标准的投资组合模型中,个人选择他们希望保留的风险水平,以便在降低风险的愿望与保险成本之间进行权衡,这个模型是健康资本保险概念化的一个很好的方法,因为人们在出生时就被赋予了健康资本,除非他们选择获得健康保险,否则他们总是完全处于健康冲击和贬值的风险之中。(1 - α)是表明了保险合同约定保障的风险总体数量,α 是衡量风险的个体选择保留的风险总量。当 α = 0,(1 - α) = 1,则个人有完全保险;当 α = 1,(1 - α) = 0,则个人是自我保险或没有保险的。在这个框架下,风险保护是一种纯粹的商品,对消费者而言,两个提供相同的保障金额的保险合同对他们的保护是相同的。

在设置适当的 α 时,个人和保险公司都面临着管理多少风险的问题。购买健康保险时,个人必须决定保留多少风险,保险公司面临着相反的问题——它想承担多大的风险,接受 α 值较高的个体保留更多健康资本的风险,接受较高(1 - α)的保险公司承担更多的与被保险人健康资本相关的风险。出于这个原因,α 也被称为个人接受的"共同保险率"。从某种意义上说,购买部分保险的个人和他们的健康保险公司是"共同保险公司"。按其风险的 80% 获得健康保险合同的人,即(1 - α) = 0.80,有一个共同保险率为 20%,即 α = 0.20。根据这样的健康保险条款,个人承担 20% 的风险。

健康保险公司可以通过多种方式将健康风险分摊给个人,包括免赔额、共同支付额和保险限额,这些方法对应更高的由个人保留的风险 α。共同支付、共同保险、免赔额和保障范围限制有不同的含义,共同保险以风险的比例份额为基础,而共同支付额、免赔额和承保限额则以固定金额为基础。共同支付通常与成本较低的服务相关,而共同保险对成本较高的服务或预期医疗成本较高的个人更为重要。共同支付是指个人的索赔,而免赔额和承保范围的限制是指个人在较长时期内所遭受的全部损失——每年的保险单,甚至是一生的保险单。表 4 - 1 显示了不同方法的例子。

表 4-1 健康保险范围的限制

健康保险的限制	计量方式	应用的例子
共同保险	比例	个人支付每一次索赔额的 20%
免赔额	绝对值	个人支付每项索赔的前 1000 元 个人每年支付第一次索赔的 5000 元
共同支付额	绝对值	个人每次看病支付 50 元
保障范围限制	绝对值	个人支付超过 100 万元的所有索赔费用 个人每年支付超过 300 万元的所有索赔费用 保险公司对个人一生的赔付上限为 500 万元

规避风险的个人对不同类型的健康保险设计也有一定的偏好。从被保险人的角度来看,每一种形式都有不同的收益和成本,对于保险公司也是一样的。共同保险降低了医疗服务的价格,20% 的共同保险合同相当于所有医疗服务享受 80% 的折扣。免赔额对个人有价值,能消除许多小额索赔,损失理赔费用就大为减少,从而可以降低保险公司的经营成本,同时降低投保人要缴纳的保费,在免赔额制度下,个人对自己的最高自付费用有明确的认知。共同付款以相对较小的成本降低了保险费,对于有经济能力的人来说,50 元的医药费并不多,因此他们可能愿意接受这样的医药费,以获得保费更低的保险。保险范围限制主要有利于降低保险成本,因为保险公司会向愿意限制保险范围的个人收取较低的保费。

保单下的财务安排形式和预期索赔的组合用于衡量在订立健康保险合同时所提供的保障数量,这种计算也被称为"精算价值",即某一特定计划预计在一年内覆盖的预期医疗保健总成本的百分比。例如,如果一个人预计在某一年要承担 5000 元的医疗费用,而他的计划是预计要支付其中 4000 元,那么该计划的精算值就是 80%,这相当于一个共同保险费率为 20% 的计划。精算值与共同保险水平并不完全对应,因为一个计划可以通过共同保险、免赔额、共同支付额和承保限额的组合来达到特定的价值水平。例如,保险条款 A 规定共同保险率为 20%,以及年度的免赔额为 5000 元,则该保险条款可能有一个 $\alpha=0.25$ 的特定的个体。共同保险率为 15%,每年 15000 元的免赔额的保险单 B 可能存在 $\alpha=0.30$ 的个体,因此尽管保单 A 的共同保险率更高,但事实上保单 A 比保单 B 提供了更高的保障水平,当然这是根据固定合同下的预期索赔而不是实际索赔计算的。

同样也可以在索赔后再衡量保险保障的数量。在保险合同结束后,个人可以计算自费支付总额和医疗保健支出总额,以确定他们的医疗保健支出中被医疗保险覆盖的支出比例。平均而言,这一数额应等于事先测量的数量,但个人经验将有很大差异。例如,某人购买了一份免赔额为1000元的保单,而在计划年度内的索赔额只有500元,则保险公司不会向他支付任何款项。这相当于个人在事后没有保险,即 $\alpha=1$。与此相反,一个购买了含1000元免赔额的保险的人,若遭受严重的伤害,损失达30万元,那么他的损失几乎全部由保险公司支付,即 $\alpha=0$,事后支付计算也被用来计算保险合同的"医疗损失率",即用于支付医疗索赔的保险费比例。

(二)健康保险的质量

健康保险公司对同一份健康保险合同的提供方式存在着很大的差异,这种变化与健康资本的主观性有关,因为保险的目的是将损失的百分比与个人和保险公司支付的金额联系起来。如果损失的数额本身是用某种程度的误差来衡量的,那么两份共同保险费率都是20%的健康保险计划可以根据对个人人力资本的不同估价支付不同的数额。

健康保险的质量可以从消费者或提供者的角度来衡量。从消费者的角度衡量保险质量,购买健康保险的动机来自风险厌恶者对其健康资本进行保护的愿望,健康保险的质量是最终决定个人从健康保险中获得多少效用的因素之一。从提供者的角度来看,衡量健康保险质量的原因是,他们的收益决定了他们提供的医疗保健的质量。与消费者相比,提供者还拥有一个关键的信息优势,即他们拥有关于健康计划质量变化的更多信息。在衡量健康保险的质量时,这一优势变得特别重要,因为它在评估健康保险时不如健康保险的数量那么明显。

在健康保险质量方面,消费者关心的是他们在选择医疗服务机构方面的自由度,他们关心在特定条件下医疗服务提供者能力和结果的差异,以及更人性化的偏好,如医生对病人的态度。消费者想要在特定的情况下寻求最专业的医疗机构,因为该机构能更好地帮助他们维持健康资本。保险公司选择的医疗服务提供者不同,会导致在相同数量的医疗服务下,相同健康保险计划的保险质量存在差异。

保险质量还可能与个人在服务和健康保险费方面的价格差异有关。例如,想要做膝关节置换手术的个人可能面临不同的选择,公立医院和民营医院价格有差异,不同级别医院医生的经验不同,护理水平也存在差异,个人对不同医疗机构的偏好也存在差异,保险公司可以利用这些偏好,在保持服务数量不变的情况下,以较高的感知质量获得较高的保费。

消费者还有可能根据索赔审查的严格程度来衡量健康保险的质量,保险公司扮演着至关重要的第三方支付角色,从投保人的角度来看,质量更高的保险公司索赔审查过程更容易,如果保险公司需要大量文件、特定程序、药物的事先授权或其他形式的审查材料,投保人可能会认为该健康保险产品的质量较低。投保人也可能对索赔支付的速度有偏好,保险公司是否以及索赔时间存在一些不确定性,因为保险公司扮演着仲裁和支付索赔的中介角色。更高质量的保险能够更快地支付相同的索赔,降低了投保人的财务风险。

还可以通过健康结果来衡量健康保险的质量,更高质量的健康保险能更好地改善生存和生活质量。一些研究表明,从无保险到有保险的转变可以降低死亡率。例如,研究 2010 年美国马萨诸塞州全民保险改革(Massachusetts universal insurance reform)中健康保险涵盖范围扩大的影响时,索默斯等(Sommers,2012)发现,保险扩展降低了那些最容易从没有保险转向有保险的人的死亡率。虽然死亡率是衡量健康保险质量的客观指标,但将更好的保险与更低的死亡率联系起来的证据基础是有限的。因此,很难仅用死亡率作为质量的替代指标。在许多情况下,健康保险的质量与死亡率之间没有因果关系。包括兰德健康保险实验(RAND Health Insurance Experiment)和俄勒冈州医疗补助实验(Oregon Medicaid Experiment)在内的权威研究显示,健康保险涵盖范围的扩大和质量的提升使人群中血压和抑郁等指标有所改善,但保险数量增多与死亡率降低之间几乎没有联系(凯瑟琳·贝克等,2013;曼宁等,1987)

还有研究表明,健康保险计划的调整可以直接解决健康保险固有的基本风险。利用"基于价值的保险设计"的健康保险计划尝试调整健康保险的条款,以反映不同人群中医疗保健的潜在有效性(切尔纽等 Chernew,2007),利用"基于风险的合同"的保险公司根据结果向医疗服务供应商付款(弗兰克等 Frank,1995)。通过客观和主观的健康结果来衡量健康保险质量的方法有很多种。

更高质量的保险可以保证获得更多的医疗保健的可能性,获得医疗保健的可能性与医疗服务的程度、索赔审查和支付的及时性有关,衡量可获得性的方法是检查健康保险的存在对医疗保健或自费支付的总体消费的影响程度。可以以获得的护理数量来衡量和与护理相关的健康结果(高登 Gold,1998)。获得医疗保健与特定类型的健康冲击相关,较高质量健康保险意味着可更快、更容易地找到愿意提供治疗的提供者或设施(汤普森等 Thompson,1998)。

高质量的健康保险也有更好的客户服务。如美国 NCQA 提供的医疗效果数据和信息集(HEDIS)中列出了健康保险的排名,该排名的排列依据是客户服务满意度,例如,能否为客户选择一个合适的健康计划等(里德等 Reid,2013;汤普森等,1998)。与其他质量指标一样,这些客户服务排名大多是无形的,甚至可能与其他质量和数量指标不相关。

健康保险质量的另一个重要方面是保障期限。健康保险期限是指保险合同对个人健康承保的时间,在许多实行全民健康保险的国家,保险期限相当于一个人的一生。在美国,大多数健康保险都是按年计算的。这意味着在某一年内发生的任何健康损失费用都由健康保险公司支付,这也意味着,在计划年度结束时,拥有保险的个人可能会面临保费变化,以反映他们未来预期索赔的变化。风险厌恶者还关心那种离散、随机的健康冲击,期望获得年度更新覆盖范围。例如,平时没有心脏问题但心脏病发作了的个人就遭受了一次离散的健康冲击。一年的细分市场不太适合长期的健康贬值,例如,糖尿病是一种慢性疾病,其症状需要多年的积累。很难确定一个人患糖尿病的"日期",但是表明某人患糖尿病的标志物可能会随着时间的推移而增加(塔巴克等 Tabak,2009)。在为期一年的定期健康保险制度下,糖尿病患者将被收取精算保险费,其中包括在某一年内需要护理的可能性,对于患有糖尿病等疾病的个人来说,这一成本可能高于非糖尿病人群。

(三)健康保险价格的原理

在市场中,价格指的是消费者为某种商品或服务所付出的金钱和生产者所获得的金钱,"最简单的市场行为是价格接受行为"(瓦里安,1992)。在健康保险中,假定消费者是"价格接受者",因为他们接受给定的健康保险价格。然后,在一个特定的价格,消费者可以从健康保险公司获得特定数量的健康保险产品。

在保险市场中,保险费是指消费者为保险支付的金额和生产者为保险获得的金额。保险费由两个基本要素组成。一个是预期的保险单索赔金额,保险提供的数量$(1-\alpha)$决定了保险合同索赔的费用。另一个要素是保险的附加因素,保险公司还需要资本和利润率。所有这些额外的费用都会被添加到预期索赔中,以计算总保费(布鲁姆,2007)。

如果把保险看作是一种金融资产,它的价格就是预期收益加上风险溢价。这种风险溢价是由风险资产的收益与价格核心的协方差来衡量的(戈利耶,2001)。然而,一些健康经济学家将健康保险的价格单独定义为附加因素。"价格不只是支付的溢价,因为溢价包括消费者无论如何都要支付的东西的平均费用。保险的价格只是超出保险公司所增加的预期利益的任何加价而已。"(菲尔普斯,2003)

保险公司利用保险安排的特点,在合同条款下的预期索赔的基础上计算保险费。在"精算公平"的保险合同下,保费与预期索赔额相等;在"精算不公平"的保险合同下,保费超过了预期的索赔额,这意味着保险有一个正的附加费用;在"精算有利"的保险合同下,保险费低于预期索赔,因为保险有负的附加费用。

精算公平关系到风险管理的价格,精算公平合同的风险管理价格为零,精算不公平契约的风险管理价格为正,一份精算上有利的合同对风险管理来说有负的价格,拥有这样一份合同的个人将被"支付"放弃他们的风险。风险管理的价格也决定了个人购买保险的意愿与他们对风险的偏好有关,风险中性的个人只会购买精算公平或精算优惠的保险,他们不会为风险管理买单。风险厌恶者愿意购买精算上不公平的保险,只要他们不"太不公平",原因是风险厌恶者对风险管理有积极的需求,因此只要风险管理费不是"太高",他们愿意为风险管理付出正的代价。

三、健康保险定价模型

(一)Markov 多状态模型

健康保险常用的产品定价模型为 Markov 多状态模型。基本的 Markov 模型包含了三个生命状态:a,i,d,它们分别表示健康、疾病和死亡状态。数学语言描述如下:模型的状态空间为 $l=\{a,i,d\}$, $S(x)=j$,表示 x 岁的生命个体处于状态 j。三种状态之间互相可以转换,具体有四种转换方向,即从健康到疾病、从健康到死亡、从疾病到健康和从疾病到死亡。定义 Γ 是直接状态转化集合,即 $\Gamma\subseteq\{(i,j)\mid i\neq j;i,j\in l\}$,具体表示为 $\Gamma=\{(a,i),(a,d),(i,d),(i,a)\}$,这样就组成了一个最简单的三状态 Markov 模型。Γ 表示的状态转化如图 4-1 所示:

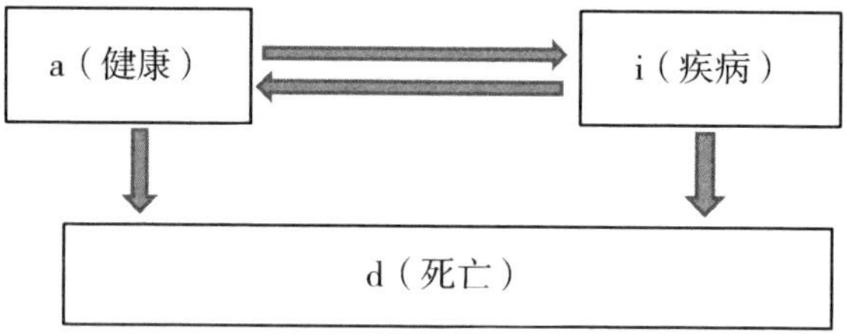

图 4-1 三状态 Markov 模型状态转移图

通常假设 $\{S(x);0\leqslant x\leqslant\infty\}$ 是定义在连续时间上的 Markov 过程,$S(x)\in\{1,2,\cdots,N\}$,且 $S(x)$ 满足 Markov 过程条件:

$$Pr\{S(y_n)=h_n\mid S(y_{n-1})=h_{n-1}\wedge S(y_{n-2})=h_{n-2}\wedge\cdots\wedge S(y_1)=h_1\}$$
$$=Pr\{S(y_n)=h_n\mid S(y_{n-1})=h_{n-1}\}(0\leqslant y_1\leqslant y_2\leqslant\cdots y_n)\qquad(式4-2)$$

1. 重要的定义和概念

(1)转移概率 ${}_tP_y^{gh}$,表示处于状态 g 的 y 岁个体到 y+t 岁时转移到状态 h 的概率。

$${}_tP_y^{gh}=Pr\{S(y+t)=h\mid S(y)=g\},h=a,i,d;g=a,i\qquad(式4-3)$$

(2)持续转移概率 ${}_tP_y^{\overline{gg}}$，表示处于 y 岁个体到 y + t 岁时一直处于状态 g 的概率。

$$ {}_tP_y^{\overline{gg}} = Pr\{S(y+u) = g, u \in [0,t] \mid S(y) = g\}, g = a,i \quad \text{（式 4-4）} $$

(3)转移力 μ_y^{gh}，表示处于 y 岁的个体从 g 状态转移到 h 状态的能力。

$$ \mu_y^{gh} = \lim_{t\to 0}\frac{{}_tP_y^{gh}}{t}, h = a,i; g = a,i, h \neq g \quad \text{（式 4-5）} $$

(4)概率 ${}_tP_y^{ai}(\tau)$，表示 y 岁健康个体在 y + t 岁时处于疾病状态，且状态至少持续 τ 时间的概率。

$$ {}_tP_y^{ai}(\tau) = Pr\{S(y+u) = i, u \in [t-\tau, t], S(y) = a\}, 0 \leqslant \tau \leqslant t \quad \text{（式 4-6）} $$

根据上述定义可知，${}_tP_y^{ai}(0) = {}_tP_y^{ai}$，且 ${}_tP_y^{ai}(\tau) = 0, \tau \geq t$。则：

$$ {}_tP_y^{ai}(\tau) = \int_0^{t-\tau} {}_uP_y^{aa}\,\mu_{y+u}^{ai}\,{}_{t-u}P_{y+u}^{\underline{ii}}\,du, 0 \leqslant \tau \leqslant t \quad \text{（式 4-7）} $$

2. 转移概率、持续转移概率以及转移力之间的关系

(1)转移概率满足切普曼－科尔莫戈罗夫方程(Chapman－Kolmogorov)，即：

$$ {}_tP_y^{gh} = \sum_{k=a,i} {}_\tau P_y^{gk} ? {}_{t-\tau}P_{y+\tau}^{kh} h = a,i,d; g = a,i \quad \text{（式 4-8）} $$

根据持续转移概率的定义和式 4－7 可得：

$$ {}_tP_y^{\overline{gg}} = {}_\tau P_y^{\overline{gg}} ? {}_{t-\tau}P_{y+\tau}^{\overline{gg}} g = a,i \quad \text{（式 4-9）} $$

(2)对于连续时间区间上的 Markov 过程 $\{S(x); o < x < \infty\}$，状态空间为 $\{a,i,d\}$，其中 $\{a,i\}$ 是可转移状态，$\{d\}$ 是吸收状态，转移概率和转移力之间的关系为：

$$ \frac{d({}_tP_y^{aa})}{dt} = -{}_tP_y^{aa} ? [\mu_{y+t}^{ai} + \mu_{y+t}^{ad}] + {}_tP_y^{ai}\mu_{y+t}^{ia} \quad \text{（式 4-10）} $$

$$ \frac{d({}_tP_y^{ai})}{dt} = -{}_tP_y^{ai} ? [\mu_{y+t}^{ia} + \mu_{y+t}^{id}] + {}_tP_y^{aa}\mu_{y+t}^{ai} \quad \text{（式 4-11）} $$

$$ \frac{d({}_tP_y^{ad})}{dt} = {}_tP_y^{ai} ? \mu_{y+t}^{id} + {}_tP_y^{aa} ? \mu_{y+t}^{ad} \quad \text{（式 4-12）} $$

$$ \frac{d({}_tP_y^{id})}{dt} = -{}_tP_y^{ia} ? [\mu_{y+t}^{ai} + \mu_{y+t}^{ad}] + {}_tP_y^{ii}\mu_{y+t}^{ia} \quad \text{（式 4-13）} $$

$$ \frac{d({}_tP_y^{ii})}{dt} = -{}_tP_y^{ii} ? [\mu_{y+t}^{ia} + \mu_{y+t}^{id}] + {}_tP_y^{ia}\mu_{y+t}^{ai} \quad \text{（式 4-14）} $$

$$ \frac{d({}_tP_y^{id})}{dt} = {}_tP_y^{ii} ? \mu_{y+t}^{id} + {}_tP_y^{ia} ? \mu_{y+t}^{ad} \quad \text{（式 4-15）} $$

(3)对于连续时间区间上的 Markov 过程 $\{S(x);o<x<\infty\}$,状态空间为 $\{a,i,d\}$,其中 $\{a,i\}$ 是可转移状态, $\{d\}$ 是吸收状态,状态持续概率和转移力之间的关系为:

$$\frac{d({}_tP_{\bar{y}}^{aa})}{dt}=-{}_tP_{\bar{y}}^{aa}?[\mu_{y+t}^{ai}+\mu_{y+t}^{ad}] \quad (式4-16)$$

$$\frac{d({}_tP_{\bar{y}}^{ii})}{dt}=-{}_tP_{\bar{y}}^{ii}?[\mu_{y+t}^{ia}+\mu_{y+t}^{id}] \quad (式4-17)$$

由上述两式可得:

$${}_tP_{\bar{y}}^{aa}=exp\left\{-\int_0^t[\mu_{y+t}^{ai}+\mu_{y+t}^{ad}]du\right\} \quad (式4-18)$$

$${}_tP_{\bar{y}}^{ii}=exp\left\{-\int_0^t[\mu_{y+t}^{ia}+\mu_{y+t}^{id}]du\right\} \quad (式4-19)$$

(二)不同健康保险产品的保费

健康保险产品定价是健康保险供给非常重要的因素,各类健康保险基本的定价方法如下。

1. 医疗保险

由于社会医疗保险的定价和保费设计需要考虑的方面较多,这里只讨论商业医疗保险中报销赔偿式医疗保险的纯保费定价模型,这里测算的保费均为纯保费中的风险保费。风险保费的测算需要考虑和估计医疗保险的赔款频率 p 和平均每次的期望赔付金额 $\bar{X}$,纯保险费如下:

$$p_{net}=p\times\bar{X} \quad (式4-20)$$

从报销式医疗保险的形式上看,其赔付服从离散分布或连续分布,因此报销式医疗保险的纯保费同疾病发生的分布有着密切联系。

以一个疾病发生为泊松分布的报销式医疗保险为例,讨论此医疗保险的纯保费问题。为了方便讨论,我们假设保险疾病 i 的发生服从“λ_i”的泊松分布①。医疗保险一般来说都是短期的,我们假设承保期限为 1 年疾病 i 的免赔额为 d_i,限赔额为 L_i,且一年内赔付额 x_i 的概率为 p_i,则保险人面临的赔付的随机变量如式 4-21 所示:

$$Y_{i=}\begin{cases}X_i-d_iX>d_i\\0X\leqslant d_i\end{cases} \quad (式4-21)$$

① 因为泊松分布的无记忆性同实际疾病的发生相似。

由此，可知 i 疾病的理赔总额 S_i 服从复合的泊松分布，其概率密度函数为：

$$f(x) = \sum_{n=0}^{+\infty} \frac{e^{-\lambda_i}}{n!} \lambda_i p^{*n}(x) \qquad (式4-22)$$

其中，$p^{*n}(x)$ 表示 X_i 的 n 次卷积结合赔付的随机变量，则理赔次数服从参数为 λ_{ip} 的泊松分布，且 $p(X_i > d_i) = p(Y_i > 0)$。

理赔额的分布密度函数如式 4－23 所示：

$$f_{Y_i}(x) = \frac{f_{X_i}(x + d_1)}{p}(x > 0) \qquad (式4-23)$$

由上述表达可知保单的纯保费为：

无免赔额和无限额赔付时的纯保费：

$$E(S_i) = \lambda_i ?E(X_i) = = \lambda_i \sum_{i=1}^{n} x_i p_i \qquad (式4-24)$$

有免赔额和有限额赔付时的纯保费：

$$E(S_{id}) = \lambda_i p(X_i > d_i) ?E(Y_i) \qquad (式4-25)$$

医疗保险往往涉及多种疾病，且涉及的疾病的分布不尽相同。而不同的疾病往往有着不同的疾病损失分布，因此不同的疾病损失分布计算出的保费并不相同。疾病的分布在一定程度上决定了最终的纯保费。除了泊松分布外，还有很多其他的分布较为接近疾病的损失分布。在计算时可以先通过数据进行拟合，得到最接近的疾病损失分布，再利用疾病的损失分布求出期望损失，最终得出纯保费。表 4－2 列出了几种常见的疾病分布：

表 4－2　常见的疾病损失分布表

分布	分布函数	N 阶矩
Burr 分布	$F(x) = 1 - \left(\frac{\lambda}{\lambda + x^{\tau}}\right)^{\alpha}$ $\alpha > 0, \lambda > 0, \tau > 0$	$E(X^n) = \frac{\lambda^{\frac{n}{\tau}}\Gamma\left(\alpha - \frac{n}{\tau}\right)\Gamma\left(1 - \frac{n}{\tau}\right)}{\Gamma(\alpha)}$ $\alpha\tau > 0$ $\Gamma(\alpha) = \int_0^{\infty} x^{\alpha-1} e^{-x} dx$

续表

分布	分布函数	N 阶矩
Pareto 分布	$F(x)=1-\left(\frac{\lambda}{\lambda+x}\right)^{\alpha}$ $\alpha>0,\lambda>0$	$E(X^n)=\lambda^n n!/\prod_{i=1}^{n}(\alpha-i),\alpha>n$
Gamma 分布	$F(x)=\Gamma(\alpha,\lambda x)$ $\alpha>0,\lambda>0$	$E(X^n)=\prod_{i=1}^{n-1}(\alpha+i)/\lambda^n$
Weibull 分布	$F(x)=1-e^{-cx^{\tau}}$ $c>0,\tau>0$	$E(X^n)=\frac{\Gamma(1+1/\tau)}{c^{n/\tau}}$
对数 Normal 分布	$F(x)=\Phi\left(\frac{lnx-\mu}{\sigma}\right)$ $-\infty<\mu<+\infty,\sigma>0$ $\Phi(x)=\frac{\int_{-\infty}^{x}exp\left(-\frac{y^2}{2}\right)dy}{\sqrt{2\prod}}$	$E(X^n)=exp\left\{n\mu+\frac{1}{2}\sigma^2 n^2\right\}$

2. 重大疾病保险

重大疾病保险是指当被保险人在保险期限内罹患合同内写明的疾病时，保险公司按照合同约定的保险金额进行给付的健康保险。重大疾病的赔付一般是定额的，且可以赔付一次，也可以赔付多次。重大疾病保险的定价一般采用多状态的 Markov 模型进行。图 4－2 表示了重大疾病保险中的状态转移状况。

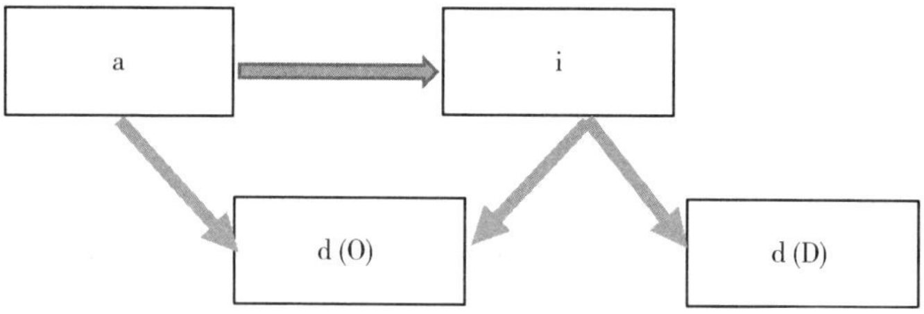

图 4－2　重大疾病保险状态转移图

图 4－2 中，a 表示健康；i 表示重大疾病；d(D)表示重大疾病而导致的死亡，状态 d(O)表示除重大疾病外，其他原因导致的死亡。为了方便表示与计算，我们

假设：

$s(y)=a$ 表示 y 岁的生命体处于健康的状态，$s(y)=i$ 表示表示 y 岁的生命体处于疾病的状态，$s(y)=d(D)$ 表示 y 岁的生命体处于因重大疾病导致死亡的状态，$s(y)=d(O)$ 表示 y 岁的生命体处于因其他原因导致死亡的状态。i 表示的重大疾病的状态是不可逆的，即人们罹患重大疾病后不可能完全治愈，不能完全恢复健康状态。

假定：

μ_y^{ai} 表示从状态 a 到 i 的转移力，则 $\mu_y^{ad(O)}$ 表示从状态 a 到 $d(O)$ 的转移力，$\mu_{y,r}^{id(O)}$ 表示从状态 i 到 $d(O)$ 的转移力，$\mu_{y,r}^{id(D)}$ 表示从状态 i 到状态 $d(D)$ 的转移力。

其中，r 表示状态持续时间，$\mu_{y,r}^{id(O)}$、$\mu_{y,r}^{id(D)}$ 表示从疾病状态转换到死亡状态的概率同疾病持续时间相关。

根据上述的转移力和状态持续概率的关系，即式 4－18 和式 4－19，可以推导得出：

$$ {}_tP_x^{\overline{aa}} = exp\left\{-\int_0^t[\mu_{x+u}^{ai}+\mu_{x+t}^{ad(O)}]du\right\} \quad （式 4－26） $$

$$ {}_\tau P_{x+t}^{\overline{ii}} = exp\left\{-\int_0^\tau[\mu_{y+t+u}^{id(O)}+\mu_{y+t+u,u}^{id(D)}]du\right\} \quad （式 4－27） $$

重大疾病保险的纯保费：

一次性给付的重大疾病保险的趸交纯保费为 $\bar{A}_{x:\overline{n}|}^{(DD)}$。假设年龄为 x 的处于健康状态的个体投保了一份重大疾病保险，保险的期限为 n，在被保险人罹患合同内写明的重大疾病时，保险人给付 1 单位保额，保单终止。该保单的状态转移图如图 4－2 所示。

则该重大疾病的趸交纯保费为：

$$ \bar{A}_{x:\overline{n}|}^{(DD)} = \int_0^n {}_uP_x^{\overline{aa}}\mu_{x+u}^{ai}v^n du \quad （式 4－28） $$

三次给付方式的重大疾病保险的趸缴纯保费，假设总保额为 1 单位，给付分三次进行，分别在年龄 x＋u（初次诊断出重大疾病）、x＋u＋τ_1 和 x＋u＋τ_2 岁给付，每次的给付比例为 α、β 和 $1-\alpha-\beta$。那么，在这种分期赔付下的趸交纯保费可以表示为：

$$ \bar{A}_{x:\overline{n}|}^{\{DD;\alpha,\beta\}} = \int_0^n {}_uP_x^{\overline{aa}}\mu_{x+u}^{ai}[v^u + {}_{\tau_1}P_{x+u}^{\overline{ii}}\beta v^{u+\tau_1} + (1-\alpha-\beta)\,{}_{\tau_1+\tau_2}P_{x+u,0}^{\overline{ii}}v^{u+\tau_1+\tau_2}]du $$

（式 4－29）

3. 失能收入损失保险的定价模型

失能收入损失保险往往是在被保险人失能后按一定的周期进行长期给付的。因此,失能收入损失保险大多是根据连续年金精算现值来进行定价的。根据保险的收支相等原则,理论上失能收入的保险费收入应当等于赔付的金额以一定利率折现后得到的现值之和,这里主要介绍趸交纯保费的计算方法。

失能收入损失保险主要涉及三个状态,即健康、失能以及死亡。三种状态之间互相可以转换,具体有四种转换方向,即从健康到失能、从健康到死亡、从失能到健康和从失能到死亡,具体如图 4 - 3 所示:

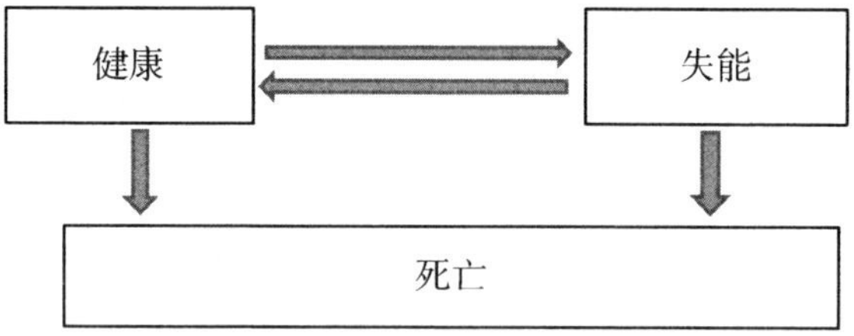

图 4 - 3　失能收入损失保险状态转移图

简单假设保险金额为 1,保险期限为 n 年的失能收入损失保险,根据连续年金精算现值定价法,可以计算得到该保险的纯保费为:

$$\bar{a}^{12}_{x:n} = \int_{0}^{n} {}_{t}P^{12}_{x}\, v^{t} dt \qquad (\text{式} 4-30)$$

式 4 - 30 中,${}_{t}P^{12}_{x}$ 表示的转移概率,即从一个状态 1 转移到另一个状态 2 的概率,1 可以表示健康或失能,2 可以表示失能、健康或死亡,v 表示折现因子。通常用曼联法、Inception - Annuity、构造增量—减量表等方法来计算转移概率。这里仅介绍前两种方法。

(1)曼联法

曼联法,全名为曼彻斯特工会法(Manchester Unity Method),是一种计算长期健康保险的重要方法。曼联法主要是采用经验数据反映出的伤病发生率和伤病的持续时间来求出一系列保险金给付额精算现值的一种传统的方法。曼联法的定价模式如下所示:

设 f_{x+t} 表示被保险人在 x + t 岁时失能且能生存的条件下在 x + t 岁时处于失能状态的概率,则:

$$f_{x+t} = Pr\{s(x+t) = 2 \mid s(x+t) = 1 \cup s(x+t) = 2\} \qquad (\text{式} 4-31)$$

上面的 f_{x+t} 仅仅是到达年龄 x + t 的函数,也就是说它没有考虑 x + t 以前被保险人的状态和转移情况，只考虑 x + t 时被保险人的状态和转移状况。因此，转移概率 ${}_tp_x^{12}$ 的曼联估计法为：

$$ {}_tP_x^{12} = \frac{l_{x+t}}{l_x} f_{x+t} \qquad (式4-32) $$

根据上面趸交纯保费的计算公式，将式 4－30 代入式 4－28 可得：

$$ \bar{a}_{x:n}^{12} = \int_0^n {}_tp_x^{12} v^t dt = \int_0^n \frac{l_{x+t}}{l_x} f_{x+t} v^t dt \qquad (式4-33) $$

进一步运算可得：

$$ \bar{a}_{x:n}^{12} = \int_0^n \frac{l_{x+t}}{l_x} f_{x+t} v^t dt = \sum_{h=1}^{n} \frac{1}{l_x} \int_0^1 f_{x+h-1+s} v^{h-1+s} ds $$

$$ \cong \sum_{h=1}^{n} \frac{l_{x+h-\frac{1}{2}}}{l_x} v^{h-\frac{1}{2}} \frac{\int_0^1 f_{x+h-1+s} l_{x+h-1+s} ds}{\int_0^1 f_{x+h-1+s} ds} \qquad (式4-34) $$

设中心失能率为：

$$ \alpha_y = \frac{\int_0^1 f_{y+\tau} l_{y+\tau} d\tau}{\int_0^1 l_{y+\tau} d\tau} \qquad (式4-35) $$

则趸交纯保费为：

$$ \bar{a}_{x:n}^{12} \cong \sum_{h-1}^{n} \frac{l_{x+h-\frac{1}{2}}}{l_x} v^{h-\frac{1}{2}} \alpha_{x+h-1} \qquad (式4-36) $$

（2）Inception－Annuity 方法

根据 Markove 模型的结论结合式 4－30，令 1 等于 a，表示健康；2 = i 表示失能则我们可知：

$$ \bar{a}_{x:n}^{ai} = \int_0^n {}_tp_x^{ai} v^t dt = \int_0^n {}_uP_x^{aa} \mu_{x+u}^{ai} v^n ({}_{t-u}P_{x+u}^{ii} v^{t-u}) du $$

$$ = \sum_{h=1}^{n-1} \int_0^1 {}_{h+u}P_x^{aa} \mu_{x+h+u}^{ai} v^{h+u} \left(\int_{u+h}^{n} {}_{t-u-h}P_{x+u+h}^{ii} v^{t-u-h} dt \right) du \qquad (式4-37) $$

令 $a_{x+h+u}^{*} \triangleq \int_{u+h}^{n} {}_{t-u-h}P_{x+u+h}^{ii} v^{t-u-h} dt$ 则将 a_{x+h+u}^{*} 带入式 4－37 得：

$$ \bar{a}_{x:n}^{ai} = \sum_{h=0}^{n-1} \int_0^1 {}_{h+u}P_x^{aa} \mu_{x+h+u}^{ai} v^{h+u} a_{x+h+u}^{*} dt $$

$$ \cong \sum_{h=0}^{n-1} v^{h+0.5} a_{x+h+0.5}^{*} \int_0^1 {}_{h+u}P_x^{aa} \mu_{x+h+u}^{ai} du \qquad (式4-38) $$

根据 Markov 模型中的结论可知：

$$ {}_{h+u}P_x^{aa} = {}_hP_x^{aa}\,{}_uP_{x+h}^{aa} + {}_hP_x^{ai}\,{}_uP_{x+h}^{ia} \approx {}_hP_x^{aa}\,{}_uP_{x+h}^{aa} \qquad (式4-39) $$

把4－39代入式4－38可知：

$$ \bar{a}_{x:n}^{ai} = \sum_{h=0}^{n-1} v^{h+0.5}\, a_{x+h+0.5}^{*}\,?\,{}_hP_x^{aa} \int_0^1 {}_uP_{x+h}^{aa}\,\mu_{x+h+u}^{ai}\,du \qquad (式4-40) $$

令 $w_x \triangleq \int_0^1 {}_uP_x^{aa}\,\mu_{x+h+u}^{ai}\,du$，表示 x 岁的健康个体到 x＋1 岁时发生疾病的概率，把 w_x 代入的式4－40中，可得：

$$ \bar{a}_{x:n}^{ai} \cong \sum_{h=0}^{n-1} {}_hP_x^{aa}\, w_{x+0.5}\, v^{h+0.5}\, a_{x+h+0.5}^{*} \qquad (式4-41) $$

4. 长期护理保险的定价模型

长期护理保险是当被保险人发生因合同约定的事项导致需要护理服务时，由保险人按保险金额进行给付的保险。长期护理保险的状态往往涉及多个，为了方便研究和理解，这里的定价模型简化为存在四个状态（a、i_1、i_2、d）的长期护理保险模型。图4－4是具有两个需护理状态 i 的长期护理保险多状态模型。

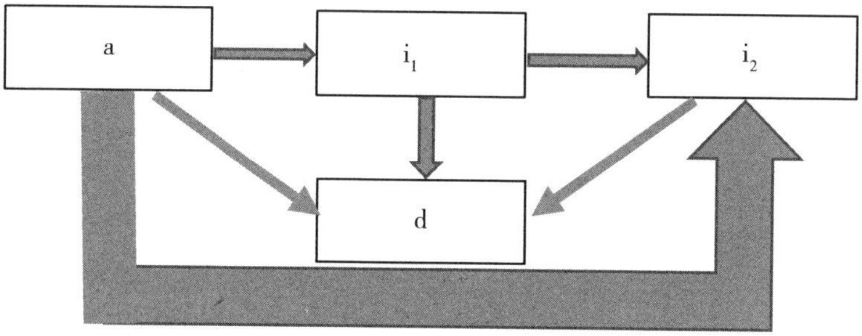

图4－4 长期护理保险状态转移图

长期护理保险经常进行给付时，给付给发生疾病的被保险人和给付给发生残疾的被保险人的赔付额不同，因此赔付额与被保险人所处的状态的严重程度有关。$S(y)=a$，表示 y 岁的生命个体处于健康状态；$S(y)=i_1$，表示 y 岁生命个体处于疾病 i_1 状态；$S(y)=i_2$，表示 y 岁生命个体处于疾病 i_2 状态；$S(y)=d$，表示 y 岁生命个体处于死亡状态。我们用 $\mu_y^{ai_1}$ 表示从状态 a 到 i_1 的转移力，则 $\mu_y^{ai_2}$ 表示从状态 a 到 i_2 的转移力，$\mu_{y,r}^{i_1i_2}$ 表示从状态 i_1 到 i_2 的转移力。

假设在疾病状态 i_1，保险人给付数量为 R_1 的赔付金额，在疾病状态 i_2，保险人给付数量为 R_2 的赔付金额。那么，我们定义疾病状态下 i_1 和 i_2 的赔付概率分别为：

$$ \varphi_1(x,t) = P\{S(x+t)=i_1 \mid S(x)=a\} = {}_tP_x^{ai_1} \qquad (式4-42) $$

$$\varphi_2(x,t) = P\{S(x+t) = i_2 \mid S(x) = a\} = {}_tP_x^{ai_2} + {}_tP_x^{ai_1i_2} \quad (式4-43)$$

则,净趸缴保费为:

$$A_x^{LTC} = \int_0^{\infty} R_1\ \varphi_1(x,t) + R_2\varphi_2(x,t)dt \quad (式4-44)$$

利用转移概率和转移力来表示赔付概率,即把 ${}_tP_x^{ai_1}$ 、${}_tP_x^{ai_2}$ 和 ${}_tP_x^{ai_1i_2}$ 的表达式代入4-44:

则有:

$${}_tP_x^{ai_1} = \int_0^t {}_uP_x^{aa}\mu_{x+u}^{ai_1} ?_{t-u} P_{x+u}^{i_1i_1}du \quad (式4-45)$$

$${}_tP_x^{ai_2} = \int_0^t {}_uP_x^{aa}\mu_{x+u}^{ai_2} ?_{t-u} P_{x+u}^{i_2i_2}du \quad (式4-46)$$

$${}_tP_x^{ai_1i_2} = \int_0^t {}_uP_x^{aa}\mu_{x+u}^{ai_1} ?_{t-u} P_{x+u}^{i_1i_1}du \quad (式4-47)$$

将式4-45、式4-46和式4-47代入式4-44得:

$$\begin{aligned}
A_x^{LTC} &= \int_0^{\infty} R_1\ \varphi_1(x,t) + R_2\varphi_2(x,t)dt \\
&= \int_0^{\infty} R_{1\,t}\,P_x^{ai_1} + R_2({}_tP_x^{ai_2} + {}_tP_x^{ai_1i_2})dt \\
&= R_1\int_0^{\infty} {}_uP_x^{aa}\mu_{x+u}^{ai_1}\,v^u\left[\int_0^{\infty} {}_{t-u}P_{x+u}^{i_1i_1}\ v^{t-u}\right]du \\
&\quad + R_2\int_0^{\infty} {}_uP_x^{aa}\mu_{x+u}^{ai_1}\,v^u\left[\int_0^{\infty} {}_{t-u}P_{x+u}^{i_2i_2}\ v^{t-u}\right]du \\
&\quad + R_2\int_0^{\infty} {}_uP_x^{ai_1}\mu_{x+u}^{i_1i_2}\,v^u\left[\int_0^{\infty} {}_{t-u}P_{x+u}^{i_1i_1}\ v^{t-u}\right]du
\end{aligned} \quad (式4-48)$$

其中:

$${}_uP_x^{aa} = exp\left\{-\int_0^u [\mu_{x+z}^{ai_1} + \mu_{x+z}^{ad}]dz\right\} \quad (式4-49)$$

$${}_{t-u}P_{x+u}^{i_1i_1} = exp\left\{-\int_0^{t-u} [\mu_{x+u+z}^{i_1i_2} + \mu_{x+u+z}^{i_1d}]dz\right\} \quad (式4-50)$$

$${}_{t-u}P_{x+u}^{i_2i_2} = exp\left\{-\int_0^{t-u} [\mu_{x++uz}^{i_2d}]dz\right\} \quad (式4-51)$$

$${}_tP_x^{aa} = \int_0^u {}_zP_x^{aa}\mu_{x+zz}^{ai_1}\,P_x^{i_1i_1}du \quad (式4-52)$$

总保费包含纯保费和附加保费,除了介绍的纯保费,附加保费一般包含了代理人佣金、理赔成本、营运成本、保费税等。

第三节 健康保险市场均衡

一、供给与需求的均衡

均衡是经济学的一个基本概念。处于均衡状态的市场既稳定，又能给整个社会带来最大的利益。健康保险的均衡意味着消费者和生产者需求之间的某种"中间满足"。消费者希望保护健康资本风险，生产者希望获得利润。均衡的基本方面是，对于给定价格，消费者愿意为给定需求量支付，生产者愿意以这个价格提供这个量。换句话说，市场"出清"，所有可能的交易都是由市场双方进行的，每一方都在市场给出的价格和数量下得到满足。

需求和供应函数显示均衡时将获得的价格和数量，可以用图表来考虑这个市场清算过程：健康保险的需求是"向下倾斜"的，因为当价格较高时，消费者对保险的需求较少，而供给是"向上倾斜"的，因为生产者在较高的价格水平下提供了更多的保险。这两条曲线相交于表示市场出清情况的点。供给等于需求意味着找到这样一个价格，消费者在这个价格下需求的保险数量等于生产者在这个价格下供给的保险数量。在图4-5中，需求曲线（虚线）是向下倾斜的。在较高的价格，消费者选择自我保险，即$(1-\alpha)=0$，$\alpha=1$。在低价格或价格为零时，情况正好相反——消费者选择全额保险，即$(1-\alpha)=1$，$\alpha=0$。对于保险公司来说，情况正好相反，如实线所示，当价格较高时，他们向消费者提供更多保险（更低的α）。交叉点是消费者和生产者在保险的价格和数量上达成"一致"的平衡点。在这个模型中，决策不是由个人做出的，而是市场将消费者和生产者结合在了一起，使其最符合消费者的偏好和生产者的成本结构。

为了使市场清晰，对这些需求和供给的限制需要一系列的条件，其中最重要的是需求函数中的凸性（马斯·克莱尔等，1995）。凸性意味着消费的边际回报是递减的，这种凸性对健康保险来说很重要，因为尽管风险厌恶消费者的理想是全额保险，但同样的消费者可能愿意接受部分保险，因为其费用与全额保险相比更低。

从经济学的角度来看，健康保险的均衡供给是稳定的。对这种稳定性的直观解释是，如果个人消费者或生产者试图"偏离"均衡，在给定的价格和数量水平上将会发生什么。假设消费者想要购买比均衡时略多一点的健康保险，由于在大多

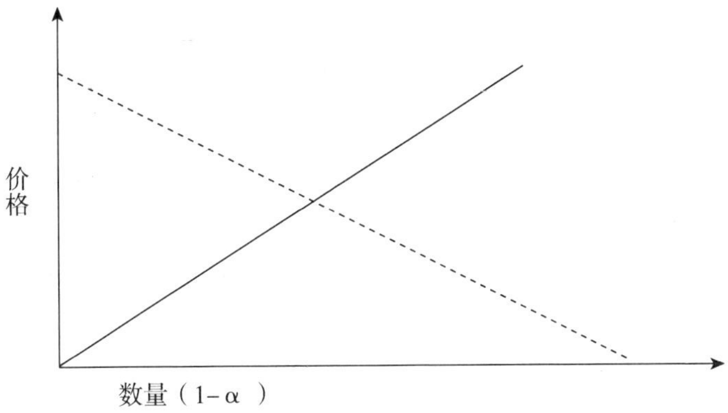

图 4－5 健康保险的供给曲线和需求曲线相交

数情况下，个人将从多一个单位的健康保险中获得较低的边际利益，所以通常他们愿意支付的额外保险费不符合供应商愿意接受的较高数量健康保险的保险费。同样，想要销售更多数量健康保险的公司，只有当保险公司能够获得的保费比目前消费者愿意支付的更高时才会进行销售，因此他们将无法找到一个愿意购买的买家。市场清算在经济学上也具有特殊的性质，在于经济资源配置的最优解，即在经济中提供最优的医疗保险。

对健康保险来说，消费者是异质的，因此均衡可以支持以不同价格销售的多种类型的保险。换句话说，如果消费者对健康保险的偏好强度不同，那么生产者可以"分离"市场，以更高的价格向风险厌恶程度更高的人出售更高数量的保险，同时较少地向风险厌恶程度较低的人提供较低价格的保险。市场仍然处于均衡状态，但在这种情况下，会"出清"两个不同的群体，所有给定风险厌恶水平的消费者都为同一种产品支付相同的价格，而所有的生产者都接受相同的产品的相同价格。通过放宽消费者需求和生产者成本重合的许多假设，可以使均衡进一步扩展。例如，需要放宽参与者关于健康保险的信息的假设，关于健康风险的部分信息和关于健康保险性质的不对称信息使均衡健康保险模型更加现实。

因为健康保险市场是动态的，均衡使经济学家能够研究需求和供给变化时将发生的变化。例如，健康资本的价值可能会随着人口的变化而变化，由于医疗新技术的引进或由于更多的医疗服务结构进入健康保险市场，提供健康保险的成本可能会发生变化，每一个变化都意味着需求或供给函数的变化。健康资本估值的积极变化将导致人们购买健康保险的意愿相对提高，这意味着在任何给定价格下都有更大的需求。提供健康保险成本的负变化将导致保险公司相对更愿意接受给定的健康保险保费，这意味着在任何给定价格下都有更大的健康保险供应。

政府作为可以干预保险市场的参与者是经济政策的核心,政府的参与能够实施"更好"的均衡的政策。有关政府作用的问题在健康保险方面尤其重要。从阿罗(1963)开始,健康经济学强调偏离健康保险市场经济的最优均衡解决方案所需的条件,不受监管的市场得到最优解决方案的可能性较低,意味着政府干预可以通过政策改善健康保险市场的结果。正确实施政府的健康保险政策需要了解市场如何应对健康保险和医疗保健的数量和价格变化,了解健康保险市场应对个人健康需求变化所做的改变、市场应对健康保险成本的变化所做的改变、市场对健康保险政策如健康保险补贴、税收或监管的反应,这些问题是通过公共政策改善健康保险市场的基础。

二、均衡下的健康保险最优

均衡中的最优性是指健康保险最优量的生产和消费。"最优"的经济意义是,提供每一种服务的边际成本等于个人从所生产的服务的消费中所享有的边际效益(鲍莫尔 Baumol 和布莱德 Blinder,2009)。健康风险的能力有限意味着最优风险管理的数量是有限的,如同经济是一个整体,在健康保险中,考虑分配问题的原因是健康资源是有限的。经济学理论为确定适用于健康保险服务的经济资源的最优分配问题提供了一个解决方案。

福利经济学基本定理解释了均衡对确定经济资源最优配置的重要性,这些定理"描述了竞争均衡的效率特性"(布莱克等 Black,2012)。福利是社会从市场经济交易中获得的总体效益。就健康保险而言,个人和机构利用市场来交易健康保险。在实践中,这种交易需要健康保险市场的需求方支付保费,健康保险市场的供应方提供健康保险服务。

福利定理将市场均衡的存在与分配的最优性联系起来。基本的福利定理指出:"在没有任何市场失灵的情况下,竞争均衡是帕累托效率。"(布莱克等,2012)在任何市场的均衡中,消费者和生产者共同决定某种商品的消费数量以及价格。福利经济学第一定理的结论是资源分配的理想状态,假定有固定的一群人和可分配的资源,从一种分配状态变化到另一种状态时,在没有使任何人境况变坏的前提下,要使得至少一个人变得更好,这也被称为"帕累托效率"。在健康保险的范围内,这意味着不能改善健康保险市场的均衡。虽然转移是可能的,即增加某些个人或群体的风险管理或金融中介的数量,但这些转移会损害其他人。此外,此类转移给失去者带来的伤害,将超过给获得者带来的好处,即这种转移制度只会损害整个社会的福利。

福利经济学第二定理描述了如何通过均衡来实现最优分配,第二福利定理指出:“如果适当地安排了财富的一次性转移,任何帕累托最优结果都可以作为一种竞争均衡。”(马斯·克莱尔等,1995)这个定理与第一个福利定理背道而驰。它指出,当通过财富分配实现最佳均衡时,如果至少有一个人变得更糟,那么至少有一个人只能变得更好。在健康保险方面,这意味着,如果政策制定者希望实现特定的结果,那么实现这一目标的方法就是将市场力量的使用与一次性财富转移结合起来。财富的一次性转移可以被认为是一种税收,当某些人放弃一定数量的货币财富时,其他人将会获得这些资金的直接转移(布莱克等,2012)。第二福利定理还意味着,任何社会上最优的分配都会得到均衡的支持、市场双方都认可的价格和数量水平,在健康保险的背景下,这意味着风险管理和金融中介的最优配置是稳定并可持续的。

如果将这些理论应用于健康保险将意味着政策在健康保险市场上的作用非常有限。第一福利定理意味着,如果均衡的条件得到满足,那么健康保险的最优配置所需要的一切就是允许人们进行交易。第二福利定理意味着政策的作用略有不同,既可以作为确定均衡的初始条件,又在某种意义上通过贸易和金融转移的结合将均衡转移给社会。考虑到这一点,如果政策制定者的工作是完全的,人们也就不需要购买健康保险了。

福利理论中得到的均衡结果向经济学家和政策制定者提出了挑战,要求他们证明政府在健康保险中发挥更大的作用。健康保险的历史,以及目前在政策干预下运转良好的健康保险市场,意味着政府的干预是必需的,因为健康保险的本质不满足福利经济学的基本假设。或者也许干预是一个错误的尝试,不需要政策干预市场也将会处于出清状态。

基于真实市场违反福利定理的一个或多个严格假设这一事实,可以证明干预是合理的。这些假设包括家庭的“凸”偏好、企业的“凸”生产集、“完整的”市场、“公开已知的价格”,以及“每个代理都充当价格接受者”的假设(马斯·克莱尔等,1995)。

三、健康保险的补贴与税收

健康保险市场的两项重要政策干预措施是对健康保险的补贴和征税。健康保险补贴以健康保险形式的转移取代一次性转移,健康保险税通过在保险费支付的基础上增加额外的健康保险支付,提高了健康保险的市场价格。很多健康保险市场都使用了补贴,美国的非团体市场、雇主提供的健康保险和社会健康保险计划都包括降低消费者健康保险价格的补贴,美国的健康保险税包括对州一级保险征收的一般“保费税”,以及根据《平价医疗法案》联邦政府对医疗保险征收的新税(卡尔森 Carlson,2012;康明斯 Cummins 和坦尼森 Tennyson,1992)。

在美国,医疗保险补贴的方式各不相同。例如,在雇主提供的市场中,政府健康保险补贴以减税的形式出现。因此,对高收入人群来说,雇主提供的医疗保险补贴相对更有价值,因为他们的收入面临更高的边际税率。非团体市场的医疗保险补贴直接取决于收入,收入较低的人在购买保险时获得的补贴更多(西斯科等 Sisko,2014)。因此,与雇主提供的保险补贴相比,收入较低的人平均需要支付的保险价格也较低,并从补贴中获得相对较多的利益。社会健康保险的补贴可能基于收入或健康状况,比如医疗补助计划。在这种情况下,对收入较低或健康状况较差的人的补贴更高,类似于补贴在非群体市场的运作方式。

健康保险补贴使更多的人获得健康保险。研究发现有资格获得补贴的低收入人群对保险成本高度敏感,从经济角度看,他们的需求是最"有弹性的"。因此,除非补贴大大超过目前的水平,否则这一人群的医疗保险很可能远远达不到"全面"的医疗保险水平。为了迅速实现基本医疗保险对广大农村居民和城镇非就业居民的全覆盖,我国政府先后于 2003 年和 2007 年试点了新型农村合作医疗和城镇居民基本医疗保险,并对这两大制度采取了最高能达到 80% 的保费补贴政策。试点之初,政府对两大制度的人均补贴分别是 20 元和 40 元。经过多次调增,至 2017 年,人均补贴已经达到 450 元。

更难以观察到的健康保险补贴是由于风险池内的健康保险价格变化而产生的补贴,即"交叉补贴"。保险的价格在风险池中存在不同人群的情况下会有很大的差异,并不是每个表示个人之间预期索赔差异的变量都可以用来确定每个人的保险费。"从理论上讲,保险费率可以根据发现的与索赔成本有实质性关联的任何变量进行调整。在实践中,评级变量通常限于那些既有理性因果关系又有这种相关性的变量。"(布鲁姆,2007)一些变量与健康冲击倾向密切相关,布鲁姆举了三个例子,年龄、性别和职业。在同一收入水平的个人群体中,由于限制健康保险费的规定,每个人支付的保险价格仍可能根据他们个人健康状况的变化而变化。

美国有三项最重要的健康保险规定:对医疗保险承保的限制、"费率限制"和"保证发行"的要求。承保限制是指健康保险公司不能使用健康状况或病史来设定健康保险费(加伯勒等 Gabel,2012);费率限制是指医疗保险计划成员支付的保费只能在一定程度上有限变化;费率区间是同一健康计划的两名成员支付的最低和最高保费之间的比率,根据美国法案,这一比例限制在 3∶1,这意味着给定健康计划的最高保费上限是最低保费的 3 倍(哈灵顿 Harrington,2010)。保证发行问题是指将个人排除在健康保险计划之外的限制(哈灵顿,2010)。这些政策为健康保险提供了与健康状况有关的隐性补贴,因为健康状况较差的人支付的保险费用较低,但他们期望从支付的保费净额中获得的收益要高于那些健康状况较好的人。补贴是隐式的,因为健康保险公司被迫改变了健康保险费而不是接收现金转移支付全部或部分的溢价与明确的补贴,健康保险公司也没有能力或者不愿意使用特定的评级因素。

第四节　健康保险市场供给

一、影响健康保险供给的宏观因素

商业健康保险供给的影响因素,既包含微观因素,也包含宏观因素。影响健康保险供给的宏观因素有供给主体、社会环境、保险监管、信息不对称等。

(一)供给主体

健康保险的供给主体指的是市场中出售健康保险产品的机构①,主要包含政府相关部门、保险组织、保险公司、保险中介以及保险代理人等。我国的健康保险的供给主体主要是各大寿险公司和部分经营财产险的保险公司。保险机构的数量和质量直接影响到市场上所能提供的健康保险的量。供给主体的数量越多,健康保险供给的量越大,在市场经济的竞争机制下,健康保险的有效供给越强。供给主体的资本水平越高,管理水平越高,则其所能提供的医疗保险的数量越多,经济保障水平越高。供给主体的质量越高,其供给的保险产品越能满足消费者多样化的健康保险需求,健康保险的有效供给越多。供给主体的偿付能力越高,经营效率越好,供给能力就越强。

(二)社会环境

国家的社会制度和社会政策都会对健康保险的供给产生巨大的影响,社会环境也会对健康保险的供给产生直接影响。比如,美国健康保险的供给主要依靠商业健康保险,社会健康保险主要针对的是低收入群体或特定群体,而中国则建立了面对全体成员的社会医疗保险制度。

政府政策对健康保险的供给起着直接性和决定性的作用,一般而言,各种税收优惠政策和财政补贴政策都能大力推动商业健康保险产品供给数量的增长。美国 1973 年通过的 HMO 法案,促使大量的商业健康保险机构参与到了国家的医

① 郝演苏. 健康保险辞典[M]. 北京:中国财政经济出版社,2017.

疗保障计划中,健康保险的供给量大幅增加。自我国 2003 年颁布了《关于促进健康服务业发展的若干意见》,准许财产保险公司经营短期健康保险产品以来,多家财产保险公司开始进入健康保险市场;2012 年颁布了《关于全面实施城乡居民大病保险意见》,准许商业保险机构发行大病保险,这些都促进了健康保险产品供给量的增长。

(三)保险监管

完备的健康保险监管体系有利于规范健康保险的经营环境,促进健康保险产业的健康发展运行,提高健康保险的有效供给。不完善的保险监管政策则可能导致行业内的混乱,使消费者不信任健康保险,导致健康保险的供给减少。

保险的监管政策可以直接或者间接地通过影响健康保险市场环境、设置准入门槛以及规范保险机构的经营管理来影响健康保险供给。健康保险经营的复杂性和重要性决定了健康保险的运行离不开健全的保险监管制度。保险的监管变严格,对保险机构供给健康保险的约束变强,健康保险的总供给量可能会下降,但是有效供给会上升。目前,我国健康保险行业的监管较为宽松,法律条文缺失情况严重。有效完备的健康保险监管条例有助于维护健康保险行业的运行,并且提升健康保险的有效供给。

(四)经济发展

随着社会经济的发展,保险部门已经成为成熟经济体不可或缺的部分。一国的经济水平是影响保险供给的最重要的因素,健康保险的供给随经济发展而不断提高,这是由健康保险的保障性质决定的。对于不确定情况下的决策,可以运用效用理论,将期望值看作一个经济项目的价值,无论面对怎样的健康风险 X,付出数额 EX 都不会有明显差异。但初始财富水平在很大程度上影响人们的决策,"如果我们假定所有国家都沿着一条共同的发展道路前进,就可以从研究中得出一条合理的结论,即保费的收入弹性大于 1"。说明国民收入的一定增长会产生保费收入更大规模的增长,但保费的增长不会引起供给的增长。

二、影响健康保险供给的微观因素

影响商业健康保险供给的微观因素包括商业健康保险的价格、商业健康保险供给者的风险经营管理水平、健康保险的成本和保险技术和信息不对称等。

商业健康保险的价格。商业健康保险产品是一种特殊的商品,遵循着一般的市场经济规律。作为正常商品,商业健康产品的价格越高,商业健康产品的供给越多,反之,价格越低,商业健康产品的供给越低。

商业健康保险供给者的风险管理水平。商业健康保险供给者的风险管理水平越高,健康保险的成本越低,其供给能力越强。反之,供给者的风险管理水平越低,其供给能力越弱。

健康保险的成本。商业健康保险的成本即赔付率越高,成本越高,经营健康保险产品的利润越低,商业健康保险的供给越低。反之,健康保险的赔付率越低,健康保险的供给越高。

保险技术。保险技术水平越高,保险公司通过提供产品而获利的可能性就越高,保险公司就会增加保险产品的供给。相反,保险技术水平越低,保险公司盈利的可能性就越小,这会促使保险公司减少对保险产品的供给。

信息不对称因素。信息不对称会导致逆向选择和道德风险增多。就健康保险而言,如果健康保险的供给主体得到的健康信息较少,需求主体得到的健康信息较多,那么需求方往往会购买对自己有利的健康保险,促使商业健康保险的需求量上升,使得供给方的成本上升,进而导致健康保险的供给减少。道德风险是指消费者因已购买健康保险而降低对健康风险因素的防范心理,使得健康风险发生的概率提高。该概率的提高会使健康保险的供给的定价提高,进而影响需求,导致健康保险的供给变化。

三、商业健康保险产品供给

1982 年我国恢复保险业务以来,保险种类不断丰富,目前仅健康保险产品的种类就已有上千种。根据前文的介绍,商业健康保险一般被分为医疗保险、疾病保险、失能收入损失保险和护理保险四大类。目前我国健康保险类型较为单一,以重疾险和医疗险为主。2015 年,我国重大疾病保险保费收入为 1141.21 亿元,占比 47.34%,医疗保险占比为 36.11%,护理保险占比为 16.42%,失能收入损失保险占比仅为 0.13%①。

(一)重大疾病保险供给

1995 年,中国大陆市场引入重大疾病保险,最初是作为寿险的附加险,保障 7 种重大疾病,其中包括恶性肿瘤、心肌梗死、脑中风、冠状动脉搭桥术、尿毒症、瘫痪和重大器官移植。1998 年以后我国的重大疾病保险脱离了附加险的形式,开始以主险的形式进行销售。2001 年,我国首次推出分红型的重大疾病保险——健乐增额终身重大疾病保险。2003 年,由于健康保险管理复杂,我国停售分红型的重

① 中国发展研究基金会. 中国商业健康保险研究报告[M]. 北京:中国发展出版社,2017:9.

大疾病保险。2007年,中国保险行业协会颁布了《重大疾病保险的疾病定义使用规范》,我国的重大疾病保险开始走向规范化发展之路。

有行业数据显示,截止到2019年上半年,我国重疾险保单数量已达3亿张,平均每年新增3000万张保单,新增保费1000亿元以上,重大疾病保险的保障范围现在的161种疾病包含106种重大疾病和55种轻症,包括恶性肿瘤类疾病、脑部疾病、心血管类疾病以及肾病等多种类型的疾病。这表明我国疾病保险的保障范围和种类正在不断扩大,重大疾病保险供给在增加。

(二)长期护理保险的供给

在美国,长期护理保险是一个非常难于管理的产品,美国早期出售的长期护理保险的保单遭受了很大的损失。美国在20世纪70年代就开始出售长期护理保险的产品,第一张长期护理保险保单的发售是在1974年,从20世纪90年代一直到2000年左右,长期护理保险数量在美国快速增长,大量的公司进入这一领域。随着行业发展,这些公司发现当初主要的一些定价假设都与实际情况有很大的偏差,造成了巨大的亏损。从2002年开始整个长期护理保险行业的销量都开始大幅度下滑,销售长期护理保险的公司也开始迅速减少,从高峰期的将近130家到2017年只剩下15家公司。从产品特点看,目前美国市场只有15家公司还在出售长期护理保险产品,大部分产品由6—7家公司销售,现在已经没有公司销售终身给付的产品了,新产品都设置了一个平均3年左右的期限,最长年限不超过5年;同时产品还设置了140美元/天左右的赔付上限,每个月的赔付上限是4200美元;新产品平均保费在2700美元/年①。

目前,我国的老龄化程度不断加深,对护理保险的需求也在不断上升。2006年,中国人民健康保险股份有限公司推出了该公司首个商业长期护理保险——"全无忧长期护理个人健康保险",这也是我国的第一个商业长期护理保险。目前,国内开设长期护理保险的公司较少,产品的数量和类型较其他商业健康保险较少。表4-3即为常见的几种长期护理保险产品。

① Thomas McInerney(托马斯·麦金纳尼)在"2017中国健康保险业创新国际峰会"上的演讲。

表 4－3 几种常见的长期护理保险产品①

保险名称	信泰人寿百万终身护理保险	国寿康馨长期护理保险	人保健康全无忧长期护理个人健康保险	昆仑守护一生终身护理保险产品
投保年龄	30 天—60 周岁	18—60 周岁	18—59 周岁	8—65 周岁
最低保额	3000 元	10000 元	10000 元	100000 元
交费期间	趸交/5 年交/10 年交/15 年交/20 年交	趸交/5 年交/10 年交/20 年交	趸交/5 年交/10 年交/20 年交	趸交 /10 年交/20 年交/30 年交
保障期限	终身	10 年/20 年/交费日至满 60 周岁	终身	终身
保障金	长期护理金 护理关爱金	长期护理金 疾病身故金 老年关爱金	长期护理金 (60 周岁前) 老年护理金 (年满 60 周岁) 身故保险金	意外医疗金 (70 周岁前) 长期护理金 (70 周岁前) 身故金 (70 周岁前死亡)

中国保险行业协会发布的《2016 中国长期护理调研报告》报告显示,不同人群、不同地区在长期护理服务及其保障方面的诉求以及现实与需求之间存在较大缺口。随着老人数量及收入水平的增长,老人对于护理的意愿和需求仍然在正向增长。我国 60 岁以上的老年人中有七成以上存在不同程度的护理服务需求。但是,快速增长的护理需求背后对应的却是庞大的护理缺口。目前除了 2 小时以下的轻度护理需求和 8 小时以上的刚性高度需求外,只有一半老年人的护理需求得到了满足。

(三)失能收入损失保险的供给

失能收入损失保险一般可以分为补偿因意外伤害导致残疾的收入损失和补偿因疾病导致残疾的收入损失。我国的失能收入损失保险发展缓慢,还处于发展

① 数据来源:信泰人寿网和向日葵保险网。

的初级阶段。2006 年前,我国的失能收入损失保险处于探索阶段,直到《健康保险管理办法》的颁布,才正式确立了失能收入损失保险作为商业健康保险的地位。2008 年,中宏保险设计并推出了首款家庭型失能补偿损失保险。2014 年中国人保推出了团体失能收入损失保险。截止到 2017 年 9 月,我国失能收入损失保险共有 55 种,在售的失能收入损失保险产品仅 32 种。这 32 种失能收入损失保险中,19 种是团体失能收入损失保险,13 款为个人失能收入损失保险,不足健康保险产品总数的 1%①。

① 王绪瑾,宁威,等. 健康保险产品创新[M]. 北京:中国财政经济出版社,2018:256.

第五章

健康保险市场的信息不对称

第一节　健康保险市场的信息不对称概述

一、信息不对称

(一)健康保险的信息不对称

经济学中的信息不对称理论一直是学者争相研究的热点,它是指在经济活动中部分人群比其他人拥有更多的信息,构成理论信息优势,这种信息优势可以使其在经济活动中获利。保险市场上信息不对称的诱发因素分为主观因素和客观因素。主观上,不管是保险人还是投保人,都具有人性的弱点,都希望自己的利益能得到满足。投保人希望以最低的保险费获得最多的风险保障,保险人希望收取保险费但风险不要发生,最终都是为了个人利益的最大化。客观上,保险合同的格式化特征是信息不对称产生的事实基础。格式化的特征使保险人可以事先依据自己的意愿制定保险合同,因此保险人会尽可能地利用自己的信息优势制定对自己有利的条款内容。投保人因其在合同风险信息上处于弱势地位,无法参与保险合同的制定过程或为合同的制定提供意见,只能根据保险人提供的合同选择接受或不接受。1953 年,信息经济学大师阿罗(1963)就指出,信息不对称是"妨碍保险机制顺利运转的主要障碍"。

一般经济模型中包含的一个假设是完全信息的假设,而健康保险必须放宽这一假设。完全信息有两种不同的表现形式:第一,商品没有不为人知的一面,完全的信息也是对称的——买方和卖方都有同等数量的商品信息;第二,信息也有可能并不完整,但仍然是对称的,因为买卖双方对于交换的商品都有相同的不完整的信息。而实际上,信息可能是不完整且不对称的——交易双方中的任意一方或双方都不愿与另一方共享的信息（奥斯本 Osborne 和鲁宾斯坦 Rubinstein，1994）。

健康保险市场以多种方式提供不完整且非对称的信息。不完整的信息涉及健康的概率和个人性质。个人可能充分了解自己的健康风险，但这种风险是概率性的——某个人有可能在未来十年内患心脏病，但这种风险是否能够精确地量化还未可知，而且并非所有可能需要的信息都可用来量化这种风险。健康资本的多因素和主观性质意味着消费者在购买保险时保险公司可能无法充分了解其健康状况。

关于健康资本的不完整信息的另一个重要方面是消费者可能从不同的健康状况获得不同水平的效用。两个相似的人，他们的脚踝骨折可能从受伤开始会经历十分不同的负效用，一个人可能会经历高度的疼痛，而另一个人可能会经历中等程度的疼痛和不适。经济学的研究通常使用偏好，为了确定健康成本的变化对一个人健康的影响，可以研究个人的偏好，但没有人能真正了解个人在遭受了一次严重伤害后的损失效用。从这个意义上说，在许多情况下，定义和衡量与未来伤害或疾病相关的“负效用”是不可能的，这使得有关未来健康状况价值的信息是片面的，但不一定是不对称的。对健康未来价值的不确定性使人们很难通过消费者的选择得出消费者对健康保险的许多特征的偏好——因为消费者可能根本就没有机会做出这些选择。

保险合同双方都有强烈的隐瞒信息的动机，以利用信息不对称获利。消费者有强烈的动机去掩饰他们真实的健康风险水平。虽然在要约保险时歪曲一个人的健康状况可能是欺诈行为，但是面对是否向健康保险公司披露特定健康状况这一选择时，多数消费者会理性地选择避免泄露对个人不利的信息，因为这可能会导致更高的保费。同时，健康保险公司可以有选择地向考虑购买保险的消费者披露有关保险范围的信息，但不排除他们刻意漏掉一些必要信息的可能性。

（二）信息不对称的后果

保险市场具有信息不对称的特征（菲尔普斯，1992），不确定性潜伏在保险市场的每个角落，不存在能够消除疾病、对冲不确定性的保险市场（阿罗，1963；盖诺 Gaynor，1994）。道德风险和逆向选择将福利损失强加给其他消费者或生产者，其程度是由行为实施者造成的后果的严重性决定的。从某种意义上说，一个人如果消费了低效率的医疗保健，就会把这个成本强加给群体社会中的其他人，因为分配给低价值服务的钱本可以更好地花在其他事情上，所以社会中的其他人会遭受损失。逆向选择可以被视为将福利成本强加于其他消费者或生产者。利用信息优势以精算优惠保费购买健康保险的个人，必定会得到该计划其他成员或遭受损失的健康保险公司的医疗补贴。

从保险消费者方面看，相对于保险公司，投保人对于风险标的信息的掌握要更加完整真实。在健康保险中，没有人比自己更了解自己的身体状况，若一些投保人投保时不如实履行告知义务，保险人就无法根据投保标的的风险状况确定是否承保以及应该以什么费率承保。

相对于投保人，保险人掌握着大量行业信息，包括自身经营状况和偿付能力、对风险的技术性评估等重要技术和信息，但由于各方面原因，保险公司不会完整地向投保人披露这些信息，又由于保险合同条款制定的专业性和技术性很强，语言晦涩难懂，使得保险消费者在缔约过程中处于信息不对称的劣势地位，在投保时难以了解保险公司及保险条款的真实情况，只能凭借主观印象或者保险代理人的介绍做出判断，为日后的索赔留下了隐患；此外，一些保险公司及其业务人员在保险交易中隐瞒与保险合同有关的重要情况，欺骗投保人和被保险人，不及时履行甚至拒不履行保险合同约定的赔付义务，使一些保险消费者通过合同化解风险的目的无法实现，失去了对保险公司的信任。

信息不对称的另一个后果是，保险公司可能会以干扰市场功能的方式行事。健康保险市场有一系列不同的保险公司，有些保险公司提供的产品质量好，有些提供的健康保险产品质量则较差，如果消费者事先难以区分这种质量差异，那么高质量的保险公司将难以开出更高的价格，从而可能会影响保险的整体质量（阿姆斯特朗 Armstrong 和陈 Chen，2009）。由于医疗保险索赔的主观性，以及许多健康保险的提供者不是传统的医疗保险公司，而是雇主、政府或医疗保健提供者，这种困难在医疗保险领域就变得更加突出。

二、健康保险的道德风险

（一）道德风险

经济学强调价格的作用，它帮助个人在当下做出消费决定，并做出跨时期的替代决定，例如，决定今天的消费数量以及明天的储蓄数量。在某些假设下，允许消费者和供应商自由交易商品，这种交易将产生市场价格，从而产生对经济资源的有效分配。然而，自由贸易的一个基础假设是理性，这也会导致道德风险。20 世纪 60 年代，阿罗（1963）最早在保险领域引入了道德风险概念。保利（1968）提出了道德风险是参加保险个体的理性致损倾向。道德风险是信息不对称的一种表现形式，也是经济学中十分重要的概念，有广义和狭义之分。狭义上的道德风险指的是某些个体在进行经济活动时，为了使自身的福利效用最大化，不惜伤害他人利益的行为。广义上的道德风险不仅包含狭义道德风险，而且包括委托代理关系中可能存在的风险行为，具体来说，广义上的道德风险指的是在委托代理关系中，因代理人和委托人中的一方处于信息劣势地位，双方信息不对称，使得信息优势的一方在追求自身利益最大化的同时伤害到另一方利益的行为。

（二）健康保险的道德风险

保利（1968）强调了“道德风险”的理性基础：“通过保险寻求比没有保险时更多的可享受的医疗服务的行为不是道德背信弃义的结果，而是理性的经济行为的结果。”具体到医疗保险领域，道德风险指的是个体在购买医疗保险之后，由于在患病时可以获得补贴使得其患病的边际成本降低，从而在就医时倾向于浪费医疗资源的行为。肯尼研究了医疗保险中的道德风险，研究结果表明，如果公司或者政府为个体的医疗费用支出进行补贴时，个体会出现过度消费的倾向，即相对于未参加保险的人会消耗更多的医疗服务。道德风险是一种与保险对医疗服务价格的影响有关的现象。

健康保险可能会导致低效率的医疗或保险泛滥。在个人面临损失后，任何形式的医疗保险都会直接降低被保险人需负担的医疗保健服务的价格。其最终效果可能是将医疗保健服务的消费提高到一个总费用很高但效率较低的水平，即“过度消费”医疗保健。保险公司支付的部分或全部费用都可能被视为一种成本，最终会提高所有人的保费。

健康保险通常以医疗服务为基础进行报销，而不是采用现金支付的报销手段，这使个人免受他们所接受的医疗服务价格的影响。虽然健康资本也是一种资本形式，但是其价值没有自然的界限。相比之下，财产保险公司对损失的总体规模就有一个自然的限制，如一辆汽车的“全部损失”，并以汽车的市场价值（或重置价值）为赔付上限，但健康保险公司采用这种方法难度很大，因为生命不是一种市场商品。道德风险可根据风险发生时间分为事前道德风险（Ex-ante moral hazard）和事后道德风险（Ex-post moral hazard）。

（三）社会医疗保险的道德风险

社会医疗保险的强制性对避免逆向选择有明显的效果，但似乎对道德风险束手无策。目前各国医疗保健体制中的“第三方支付”被认为是导致道德风险产生的“制度性”因素。社会医疗保险的支付制度具有特殊性，它不是由被保险人直接支付而是由第三方进行支付的。这种“第三方支付”的结果是患者和医生在“交易”过程中各自的心理感受都是“免费的”，在“第三方支付”制度下，尽管医疗保健的社会成本为正数，并且数目可能很大，但他们双方在整个“交易”过程中都面临着“零”成本，其边际私人成本也是“零”；由于医疗保健的供给者并没有受到其购买者支付能力的约束，其结果必将是私人成本与社会成本的背离。

社会医疗保险越全面，被保险人对其行为后果承担的责任就越少，承担损失的行为动机就越少，被保险人的精神收益就越大，患者在享受医疗服务时越有可能出现过度消费的倾向。医生方面也存在着道德风险，他们在提供医疗服务的过程中或是可得到计额式的酬金、获得经济收益，或是可获得精神收益，于是，医生存在着过度供给的动机。这样，医疗保险制度从整体上就面临着“使用过度”的现象，商业健康保险市场上的逆向选择导致的消费不足在社会医疗保险制度下就表现为道德风险导致的消费过度。

在“第三方支付”制度下，医生实际上是患者和国家（保险制度）这两个委托人共同的代理人，在这复杂的三角形的委托—代理关系中，由于信息不对称，投入产出的联系过于松散，三方之间信息不畅，加之“健康”的标准和治疗的效果与其他“产品”相比很难界定和度量，医生不太容易向他的两个委托人提供足以证明其绩效的“事实”，所以，“健康”的标准很难写进合同之中。更何况一种疾病存在着多种治疗方案，至于采取哪一种为最佳就更难以用合同来定义了。

（四）道德风险的后果

道德风险在保险范围内具有直接的经济成本。与道德风险相关的直接经济损失包括提供保险范围的成本和健康保险支付的医疗保健服务的价值。由于使用保险理赔制度的成本较高，被保险人的理赔成本会高于为无医疗保险的个人提供等值医疗保健服务的成本，这意味着健康保险的保费要高于个人自付的平均医疗保健支出。这种高支出的效果是，当个人获得保险时，用于医疗保健的预算增加了，用于其他消费形式的预算减少了。就附加成本与索赔总额相关的程度而言，道德风险扩大了赔付规模，也将使个人承担更高的保险成本，由于道德风险而增加的医疗保险可变成本对保险购买者来说是一项真实的成本。

道德风险在保险范围上也有间接成本。道德风险降低了医疗保健的价值，因为一个人通过健康保险获得的边际额外医疗保健可能具有较低的边际效益。个人支付医疗保健费用的人倾向于选择边际效益最高的医疗保健项目，任何增加个人医疗支出预算的项目都可能导致他们购买的医疗服务边际效益降低，在这个意义上，“低效医疗”一般指个人因有医疗保险而获得的，但在没有医疗保险的情况下不会选择的医疗服务。

道德风险的存在是缺乏全面保险或全面承保损失的主要理由之一（霍尔姆斯特罗姆 Holmstrom，1979；温特 Winter，2000）。考虑到拥有健康保险的消费者通常会比没有保险时消费更多的医疗保健服务,健康保险公司在定价时会既考虑个人对没有保险时的医疗保健的偏好,也考虑与道德风险相关的价格效应,消费者也会把价格较高这一因素纳入他们购买保险的决策中。衡量道德风险对健康保险市场上现有健康保险范围的影响是困难的,但并非不可能(志 Chii 和萨拉尼 Salanie,2000)。

(五)道德风险的防范

将医疗费用风险在被保险人与保险人之间进行合理分担,可以降低被保险人产生道德风险的可能性。防范被保险人对额外医疗服务的需求,必须采取需方控制医疗费用的手段。所谓医疗费用的需方控制是指利用费用分担机制,增加投保人和被保险人的费用意识和需求弹性,减少道德风险,限制不必要的医疗服务需求,常见的医疗费用分担形式有免赔、共同保险、最高限额等。防范医疗服务机构的道德风险的方法包括改变医疗费用的补偿方式、加强医疗服务的利用审查等,又如收集其他医疗机构的医疗服务收费信息,和受委托的医疗机构的医疗服务费用进行比较,这样就可以剔除更多的外部不确定因素的影响,使对医疗机构的奖惩与医疗机构控制医疗费用的努力程度更为密切,调动医疗机构努力控制医疗费用的积极性。

三、健康保险的逆选择

(一)逆选择

逆选择可以解释为在自由选择的前提下由于信息不对称而造成的市场资源配置扭曲的现象。它是指市场交易的一方如果能够利用多于另一方的信息使自己受益而使对方受损时,信息劣势的一方便难以顺利地做出买卖决策,于是价格便随之扭曲,并失去了平衡供求、促成交易的作用,进而导致市场效率的降低。一个重要的逆向选择模型是“柠檬”模型(阿克洛夫 Akerlof,1970)。阿克洛夫考虑了二手车市场上信息不对称的可能性(卖家比买家更了解汽车),他证明了没有一辆车是可以卖出去的,尽管事实上所有的卖家都愿意接受低于买家愿意提供的价格,因为买家无法区分高质量和低质量的汽车(柠檬)。将此应用于健康保险,该模型意味着,尽管消费者愿意支付高于保险公司最低要求的费用,但可能也无法在自由市场上获得健康保险。阿克洛夫认为,这种可能性是支持政府医疗保险的一个论据,即政府为老年人提供保险,因为其中一些老年人可能被医疗保险公司视为“不可保”。

罗斯柴尔德和斯蒂格利茨(1976)考虑了以私人信息为特征的竞争性保险市

场的情况。个人可以自由接受或拒绝任何保险合同,并且由于风险厌恶,他们有动力购买保险。保险公司也可以自由地提供任何保险合同,而他们的主要限制是竞争性市场"涉及市场参与者之间的自由进入和非共谋行为"。其结果是一种"分离均衡",即风险较高的人以较高的保费购买有着相对较高的风险防范能力的保险,而风险较低的人以较低的保费购买风险防范能力相对较低的保险。至关重要的是,在这种模式下,保险公司的利润为零——市场最多只能将保险分成两类,但这不会为保险公司带来正的经济利润,为不同保费水平的人提供不同级别的保险是保险公司确定消费者风险水平的一种方法。

逆向选择是指那些更有可能提出保险索赔的个人首先寻求保险的倾向。逆选择可以看作是个人对私人信息的理性回应,人们最好不披露信息,因为披露信息将导致更高的溢价。逆向选择在保险中是一个重要的考虑因素,因为它将成本强加于他人,当个人支付的保费低于预期成本时,保险池中的其他成员就将弥补差额。布鲁姆(2007)在他关于"管理反选择"的讨论中区分了"外部"、"内部"和"持续性"逆选择,他区分了一个人最初选择保单的倾向,逆选择源于索赔("外部"逆选择)、保险公司续保("内部"逆选择)和保单持续性("持续性"逆选择)。

(二)健康保险的逆选择

健康保险公司不仅要对消费者做出反应,而且要理性地尝试预测他们的行为,并将其纳入保险供应中。由于逆向选择的存在,健康保险公司可能会因消费者隐瞒私人信息而导致保险供应不足。

健康保险市场与二手车市场相似,不同的人感染疾病的"禀赋"是不同的。从理论上讲,天生体弱者只能支付较高的保险费才能买到医疗保险,但是,逆向选择的结果是高风险的人隐瞒其真实风险状况,积极投保的人很可能都是天生体弱的人,正如阿克洛夫所言,购买保险的人恰恰是那些更加需要保险的人。所以,由于积极购买保险的人的风险高于平均风险,65 岁以上的老年人很难买到医疗保险。投保者藏匿私人信息的行为会使保险商发现公司在亏损,为了经营下去,他只好提高保费,但这样的结果却使风险相对较小的人觉得吃亏而纷纷退出市场,留下风险较高的人,保险商出于经营的目的须再次提高保费从而再次迫使一些人退出市场。这种恶性循环继续下去将会使退出市场的人越来越多,最后,在其他假设条件不变的情况下,医疗保险市场就会出现供给不足。

因此,在商业健康保险中,由于人的健康状况是不同的,有健康与非健康之分,在保险公司事先设定的投保费率下,那些身体健康的人很少购买保险,而那些身体较差的人购买健康保险的可能性就高。而有关身体健康状况的信息,在保险公司与投保人那里的分布是不对称的,保险公司由于这种信息不对称而面对的逆向选择使得保险公司亏损的可能性大增。

逆向选择的实证研究表明,这一趋势可以极大地改变保险的范围。卡特勒和雷柏(Reber,1998)给出了“逆向选择”的一个突出例子,被称为“死亡螺旋”,因为逆向选择可能使某些健康保险合同不可持续,导致保险公司撤回这些保险产品。这种变化使哈佛大学的福利结构从向雇主提供的健康保险补助供给变为可变交款转向的固定交款,员工们很快就从高成本的PPO计划转向了低成本的HMO计划,而这种转变始于那些更年轻、可能更健康的员工。三年后,哈佛被迫放弃了PPO计划。作者得出的结论是,逆向选择导致的经济结果是参保者的福利损失。

科恩(Cohen)和西格尔曼(Siegelman,2010)指出,之前的许多研究都对健康保险中的逆向选择进行了测试,一些案例中发现了逆向选择,在另一些案例中没有发现逆向选择,他们探讨在实践中可能无法证实逆向选择理论的原因——个人可能不了解自己的健康状况或如何将信息转化为保险福利,保险公司可能因全面的数据和复杂的预测技术而具有信息优势。他们还提出了“有利选择”的可能性,即部分消费者更加厌恶风险,因此更有可能购买保险,其健康风险也较低。这涉及一个贯穿于保险研究的问题,即许多结果都可能是由未被观察到的风险厌恶程度的差异、健康状况的差异以及对不同健康状况的偏好造成的多样性的结果,从而导致关于逆向选择的非结论性结果。社会医疗保险的强制性对避免逆选择很有效果。

(三)逆选择的后果

投保人的逆向选择行为增加了保险公司的承保风险和赔付成本,在很大程度上影响了公司预期利润的实现和经营的持续性,从保险公司的角度出发,当然希望低风险者投保,这样实际风险发生率会低于理论风险发生率,公司在保证保费收入足以支付赔付金额的基础上还能有盈余。实际上,风险越高,健康保险公司的赔付和保费收入之间的缺口越大,若高风险者不断把低风险者逐出保险市场,保险公司承担的风险会日益增加,健康保险市场的运行将缺乏效率,部分低风险潜在客户的正常保险需求将受到抑制,严重的甚至还会使健康保险市场陷入崩溃。

(四)逆选择的防范

要解决健康保险领域的逆向选择问题,有两个途径:一是正确区分被保险人群的风险状况;二是设计有区别的保险产品,从而将高风险被保险人与低风险被保险人分开。通过健康保险的核保,进行风险评估,保险公司在接到投保人的投保单后,对投保标的(被保险人的身体)的风险加以审核、筛选、分类以决定是否接受这一风险,并在接受风险的情况下,决定保险费率。其中,医务风险选择很重要,该风险选择是指由体检医师按照医学的观点对被保险人的健康状况做出判断而进行的风险选择过程。还可以考虑运用免赔条款促使高风险(健康状况不好)的被保险人选择一种保单,以其较高的定价反映他们的期望索赔成本,即提供全额保险;让低风险(健康状况良好)的被保险人选择有较大免赔额的保单,以反映他们较低的期望索赔成本,即提供部分保险。

四、其他的经济外部性

经济学中"外部性"指的是消费者可能不支付一项服务的全部价格,或者生产者可能不支付生产一项服务的全部成本。这违反了嵌入到无约束优化方法中的假设,即消费者和生产者"内部化"他们的选择的所有后果。消费者选择的主要后果是支付价格,这意味着金钱或交易资源不能用于其他目的。生产者选择的主要结果是承担所提供的商品或服务的全部成本。在健康保险方面,这意味着消费者将被期望支付其健康保险的全部费用,而生产者将对提供这种保险的费用负全部责任。

人们获得他们无力支付的医疗服务的能力也可以被认为是一种经济外部性。例如,通常是一种法律要求,即医疗服务的提供者可以不考虑病人的支付能力而先对他们进行治疗,阿罗(1963)在对医疗体系经济学的研究中就说明了这是医疗保健市场的独有的特征之一。美国的医院受法律约束,如紧急医疗和积极劳动法案(EMTALA)规定它们须向那些遭受"严重的急性症状(包括严重的疼痛)"的人以及孕妇提供服务(李 Lee,2004)。如果在没有这种法律保障的情况下,个人将理性地预期医疗保健费用,并通过使用健康保险或预防性储蓄为其做出预付计划。这些保障造成的另一个后果是,对那些负担不起医疗费用的人来说,这些医疗费用的负担部分落在了那些有健康保险的人身上,这是一种外部性。如果健康保险支付了那些没有支付能力的人的费用,那么没有保险的人会给那些有健康保险的人施加外部成本(格鲁伯,2008)。

不完全市场是另一个可能阻碍个人获得他们想要的健康保险的外部因素。不完全市场模型中一般都有假设,任何有风险的意外事件都可以作为"或有债权"或金融担保买卖(黄奇辅和李兹森伯格,1988)。在健康保险的方面,完全市场意味着任何与健康有关的可能风险都存在市场。完全市场是很重要的,因为他们支持保险的选择,个人可以购买任何程度的保障,保险公司也可以出售任何水平的保障,在没有完全市场的情况下,某些程度的保障措施可能无法获得。不完全市场可以被视为一种市场失灵,由于市场将成本强加给不能签订双方互相认可的合同的个人或保险公司,导致个人接受的保险比他们想要得到的保险少。

健康保险本身也是有风险的,因为健康保险公司可能无法按照承诺支付索赔。健康保险公司无力支付索赔是一种外部性,因为保险公司的违约可能会转嫁给其他方面,例如,承担破产保险公司成本的政府。在这种情况下,个人的“保险”比预期得少,因为他们通过健康保险降低自身健康风险的同时,也要承担较小但不为零的保险公司将倒闭的风险。这种市场失灵给被保险人或医疗提供者带来了成本,也给为保险公司破产埋单的纳税人带来了成本。

健康保险的许多财务安排都是为了确保健康保险市场的参与者将其行为的成本内部化,将个人对自身健康状况的信息优势成本内部化是使用部分保险的主要原因之一。让投保人支付一部分因被保险人的个人风险或行为而产生的医疗费用,通常被称为“参与游戏”(纽曼等,2007)。然而,利用共同保险、免赔额等措施来应对信息不对称是不完善的,因为这些措施也并不能控制医疗保健费用。此外,还有一个与低收入人群的自付能力有关的重要问题,当个人不能或不愿支付这些费用时,这些费用就由整个社会承担,从而使成本外部化。

医疗保健生产者将医疗保险成本内部化的做法也有利有弊,如美国的医疗保险预支付系统(PPS),该系统旨在将使用医疗服务的责任推给医疗服务提供者。PPS 是由医疗保险计划设计的,目的是让医疗服务提供者将他们提供的医疗服务的成本内部化,这些医疗服务是通过向医院支付固定的医疗费用来实现的。这个系统以住院时间的缩短(LOS)来衡量,可以在一定程度上减少因医疗保险而造成的对医疗服务的低效过度利用。但是也有研究发现,PPS 及相关系统的成本较高,由于其系统较为复杂,健康保险也产生了较高的附加成本(爱泼斯坦等 Epstein,1991;纽豪斯 Newhouse 和伯恩 Byrne,1988)。还有研究表明,为了最大化地从医疗保险和其他保险公司获得利润,医疗服务提供者继续使用他们的信息优势向特定的群体或特定症状群体提供低效率、高水平的治疗和低效率、低水平的治疗,这被称为“上调”(西尔弗曼 Silverman 和斯金纳 Skinner,2004)。在这种情况下,社会继续为第三方支付所产生的外部效应买单。最终,这些费用的发生率以及哪种制度能将社会成本降至最低是制定最佳医疗保险制度以及确定费用支付方的决定因素。

第二节 道德风险理论模型

本部分基于我国的基本医疗保险市场，构建基本医疗保险的参保人和医疗服务提供者的效用模型，通过求解最优化模型，从供给和需求影响医疗服务数量方面提出存在过度需求和供给诱导的假设。

一、道德风险的体现

道德风险是指在患病之后，由于医疗保险的存在使其可以获得医疗费用支出的补贴，个体会出现过度消费的倾向，即相对于未参加保险的人会消耗更多的医疗服务。而另一方面医疗服务提供者占据信息优势，会为了自身利益最大化诱导患病者购买昂贵的或不必要的医疗服务，增加了患者的医疗成本，造成资源浪费（埃文斯 Evans，1974；芬克斯坦，2007）。

（一）过度需求

在多数国家里，医疗市场特征是消费者、付款者和第三方医疗保险提供者的有机组合。第三方保险人的出现意味着需求价格可以在某种程度上独立于供应价格，这使得医疗市场面临需求方的道德风险，没有合适的手段鼓励病人节约医疗资源（科尔奈、翁笙，1999）。参保人的道德风险是医疗保险的参保人因面临较低的医疗成本而出现过度需求（Excess Demand，ED）的倾向（费尔德斯坦 Feldstein，1973；费尔德曼 Feldman 和道德 Dowd，1991）。

过度需求体现在两方面，一是因保险覆盖而消费的服务量和价格超过最优水平，医疗保险购买者在购买保险后，对医疗服务的消费量和可接受价格都有所提高（雷比策 Rebitzer 和雷格 Rege，2008）。程等（1997）的研究也发现医疗保险让个人在医疗服务利用时面临较低的边际成本，由此产生过度需求。里法恩等（Riphahn，2003）对于德国医疗保险数据进行了研究，考察医疗保险类别和就诊以及住院行为之间的关系，结果表明未参加医疗保险的个体的就医行为较少，这说明医疗保险中存在道德风险。

二是已购买的医疗服务中因个人自付减少而增加的超过最优水平的服务量。最著名的是美国的兰德（Rand）实验，兰德公司将人群分为两组，其中一组的个体在就医时要独自承担 95% 的医疗费用，对照组则免费获得医疗服务，结果表明实验组的医疗费用支出比对照组少 60%，这说明了医疗保险中确实存在道德风险。

有研究指出病患负担25%的费用和不需负担医疗费用的制度安排相比,前者将减少19%的医疗支出;而负担50%的费用将减少支出30%以上(纽豪斯,1988)。曼宁等(1987)对兰德实验的结果进行了详细分析,他发现如果将个体的自付比率提高10%,则相应的医疗费用支出会减少1%左右。菲尔普斯和纽豪斯(1974)指出,如果提高医疗保险的免赔额度,或者增加被保险人的自付比例,个体会倾向于减少医疗资源的过度使用。奇阿普里等(Chiappori,1998)对于法国1993年紧急医疗服务的改革进行了研究,他发现若社会医疗保险引入共付比率增加,那么个体的就诊行为将会减少。胡(Hu,Chandra,1999)在Lucas人力资本积累与经济成长的分析中加入健康资本因素,研究结果表明,个人分摊比例越低或经济增长越快都将使医疗服务需求增加更多。上述研究的推论显而易见,消费者承担医疗费用的比例过低,就可能出现"需求诱发供给"现象。当由第三方(比如说疏于管理的政府)提供医疗服务的资金来源,供需方均不向医疗资源效率负责时,无论医疗服务的供给者还是需求者均可能过度消耗医疗资源,最终交易成本反映为医疗保障体系开支膨胀,从而导致政府财政困难。钱德兰等(2010)的研究发现共付比例影响了就诊次数和处方药物的使用,认为存在过度需求。国内的一些研究也发现了医疗保险对医疗支出的促进作用(臧文斌,2012;袁正,2014),以及不同自付比例对医疗支出的影响(李玲等人,2014)。黄枫、甘犁(2012)通过分析医疗改革前后门诊支出的变化来研究我国城镇职工基本医疗保险中的道德风险问题,结果表明,医疗改革之后门诊的自付利率会增加,并且相比于医疗改革前门诊总费用会减少,然而参加基本医疗保险的个体的看病倾向以及门诊中自付医疗费用的比率未发生变化,从而说明了我国城镇职工基本医疗保险中存在较为严重的道德风险问题①。

(二)供给诱导

医疗服务提供方的道德风险是指由于医疗服务提供方作为参保人和医疗保险机构的双重代理人,具有信息优势,当医疗服务提供者为了个人的利益,滥用与病人之间的委托代理关系,就会出现供给诱导SID②(Supplier Induced Demand,SID)(福克斯,1978;保利,1980;麦奎尔McGuire,2000)。学者们对供给诱导的实证分析一般都是基于非随机调查实验以及自然实验的,通过加入保险变量或者保险赔偿额度变量去考察个体就医时医疗资源使用的情况。尽管有关医疗服务的

① 黄枫,甘犁.医疗保险中的道德风险研究——基于微观数据的分析[J].金融研究,2012(5).

② SID还有一种定义为:医生处方中的那些如果患者掌握充分信息就不会选择的服务。

网站有助于消费者获得健康信息，但是由于治疗效果的不确定，消费者仍然无法拥有完全的信息（保利，1968），也很难自行评估医疗质量的好坏，病患只能委托医疗服务提供者为代理人，替自己选择治疗方式、进行医疗决策。查克利（Chalkley）和马尔科姆森（Malcolmson，1995）指出，不同制度安排的不同的激励机制常常导致不同代理问题出现。从供给方来看，在委托—代理关系中，信息弱势的病患希望医疗服务提供者做出符合其利益的决策，但厂商和代理人的双重角色极易促使医生行为扭曲，行为扭曲的结果表现为对病患进行需求诱导。部分学者的研究表明供给诱导需求现象普遍存在。健康保险的第三方支付系统，即从保险公司而不是直接从患者那里支付医疗费用可能会为医疗服务提供者提供额外的获利渠道，因为他们可以利用自己的信息优势从提供的额外护理中获益，而给病人带来直接的经济负担（保利和萨特斯威特 Satterthwaite，1981）。

大多研究都支持供给诱发需求的现象（福克斯，1978；莱斯 Rice，1983）。制度安排中的激励机制使医生收入与其诊疗收入密切相关，他们将充分利用信息不对称和不确定性，诱导更多医疗需求，增加病患或医疗体系的卫生支出。供给诱导体现在供方数量的增加导致的医疗服务消费的增加上（莱斯，1983；海 Hay，1982）。罗默（Roemer，1961）发现“造好的一张病床就等于填满的一张病床”的现象。福克斯（1975）的结果发现外科医生与人口的比例每增加 10% 会导致人均利用外科手术率增加 3%，表明医生具有诱导患者需求的能力。叶（Yip，1998）根据诱发需求的假说推断出，当医师的执业项目受收入效应影响时，他将会增加服务量来弥补收入的减少。国内学者也有从提高医生/人口比反而使医疗服务的利用量和价格都相应增长方面进行的分析（李军山和贺睿博，2014；李晓阳等人，2014）。因此，供给诱导体现在与市场竞争规律相矛盾的医生数量与医疗服务需求的正相关关系上（费尔德斯坦，1970），即当医生/人口比上升时医疗服务数量也会增加（德拉特尔 Delattre 和多蒙 Dormont，2003）。

二、社会医疗保险道德风险的理论模型

笔者在格罗斯曼（1972）的健康需求模型及埃利斯（Ellis）和麦奎尔（1986）的供给诱导模型①的基础上，针对我国基本医疗保险的情况，构建了社会医疗保险事后道德风险的理论模型。

① Ellis 和 McGuire（1986）构建了医生的医疗服务提供在医生自己收益和患者健康获益之间权衡的模型。

（一）模型设定

我国大多数居民都拥有基本医疗保险，因此模型主要以参与政府提供的基本医疗保险的居民为研究对象。

假设1：医疗保险体系中包括i个参保人，参保人是理性的，且所有参保人在除患病可能性以外的其他方面表现为同质性，参保人的收入为Y，g代表除医疗以外的其他消费的函数，参保人患病时使用的医疗服务数量为q；医疗保险体系中包括j个医疗服务提供者，r是医疗服务的价格，价格给定，医疗服务提供者没有能力决定医疗服务的价格，但可以决定医疗服务的数量；

假设2：参保人从医疗服务中所获得的收益的效用函数U是连续的、可微分的、递增的和严格的凹函数，即$U > 0$，$U' < 0$。这些性质可以保证患者对于收入变动风险的厌恶性；假设参保人面临两种状态，状态0为健康状态，概率为$1-p$，状态1为遭遇损失的生病状态，概率为p；

假设3：医疗服务提供者是风险中性的，其效应函数为V，$V' > 0, V'' = 0$；

假设4：我国基本医疗保险规定，参保人缴纳一定数目的保险费m，获得一定的医疗保障，假定参保人承担的共保率为θ，因此，保险合同由(θ, m)组成。参保人是一个追求效用最大化的消费者，其效用函数是：

$$EU(g,q) = (1-p)U(Y-m) + pU(Y-m-\theta rq, rq) \qquad \text{（式5-1）}$$

$(1-p)U(Y-m)$是参保人健康时的期望效用，$pU(Y-m-\theta rq, rq)$是参保人患病时的期望效用，由于医疗服务能够使参保人恢复健康，因此认为医疗服务的消费能够给参保人带来效用，g表示医疗消费外其他物品的消费，且$g = \begin{cases} Y-m, \text{状态}0 \\ Y-m-\theta rq, \text{状态}1 \end{cases}$，参保人的预算约束为$Y = g + m + \theta rq$。

医疗服务提供者同时关注利润和病人的收益，其效用函数为：

$$V(\pi, q) = V(\frac{1}{j}rq - c(q), B(q)) \qquad \text{（式5-2）}$$

$c(q)$是医疗服务提供者的成本，π是基本医疗保险体系中单个医疗服务提供者的利润，$\pi = \frac{1}{j}rq - c(q)$，$B(q)$是病人的收益函数。

（二）模型分析

参保人的理性选择是使自身的效用最大化，表示为：

$$\max_q EU(g,q) \qquad \text{（式5-3）}$$

$$s.t.\ Y = g + m + \theta rq \qquad \text{（式5-4）}$$

寻求最大化期望效用函数的解 q。建立拉格朗日函数：

$$\varphi = (1-p)U(Y-m) + pU(Y-m-\theta rq, rq) + \lambda(Y-g-m-\theta rq) \quad (式5-5)$$

解出一阶最优条件为：

$$-\theta r U_2 + r U_1 = 0 \quad (式5-6)$$

其中，$U_1 = \frac{\partial U}{\partial rq}, U_2 = \frac{\partial U}{\partial(Y-m-\theta rq)}(\theta U_1 = U_2)$　（式5-7）

式5-7的左半部分表示参保人选择医疗服务的边际成本，右半部分是参保人的边际收益。理性的参保人会在 θ 的位置使用医疗服务，由于 $0 < \theta < 1$，参保增加 q 的边际成本小于边际收益，参保人会有两种行为倾向：一是以较低成本获得医疗服务的心理预期，二是对于医疗服务价格的敏感性降低，参保人会增加医疗服务的消费 q。同时，θ 的变化会影响 q，θ 越小，参保人面临的边际成本越低，因此消费量 q 会增加。

命题1：共保率 θ 会影响参保人对医疗服务商品的消费，θ 越小，参保人在患病情况下对医疗服务商品的需求越大。

从医疗服务提供者的角度来看，由于医疗服务价格受到政府的制约，我国医疗服务提供者不能自由定价，但医疗服务市场可以看作是一个典型的垄断竞争市场，医疗服务提供者具有影响医疗服务数量 q 的能力。医疗服务提供者利用自己的影响力追求效用最大化的行为（斯塔诺 Stano，1987）可表示为：

$$maxV\left[\frac{1}{j}rq - c(q), B(q)\right] \quad (式5-8)$$

寻求最大化期望效用函的解 q，一阶最优条件为：

$$V'_1\left[\frac{1}{j}r - c'(q)\right] + V'_2 B'(q) = 0 \quad (式5-9)$$

$$V'_1\left[\frac{r}{j} - c'(q)\right] = -V'_2 B'(q) \quad (式5-10)$$

等式的左半部分 $V'_1\left[\frac{r}{j} - c'(q)\right]$ 表示医疗服务提供者的一个单位边际利润带来的效用增加，可以看作供给诱导需求的边际收益，右半部分 $-V'_2 B'(q)$ 则表示一个单位的病人收益，可以看作诱导需求的边际成本，表示多诱导一个单位需求所增加的成本，包括用来说服参保人购买更多的医疗服务所耗费的时间成本，以及医生的心理成本等（克伦威尔 Cromwell 和米切尔 Mitchell，1986）。一般来说，病人的收益随着医疗消费量 q 的增加而增加，$B'(q) > 0$，医疗服务提供者的效益随着单位利润的增加而增加，$V'_1 > 0$。医疗服务提供者在一个单位利润同病人收益之间进行权衡，医疗服务提供者获得的边际收益等于病人的边际利益时，可以实现效用最大化。当 $\frac{r}{j} = c'(q)$ 时，市场饱和；当 $\frac{r}{j} > c'(q)$ 时，新的提供者进入，则 $\left[\frac{r}{j} - c'(q)\right] > 0$ ，$V'_2 < 0$ ，提供者的效用随着病人收益的增加而下降；当 $\frac{r}{j} < c'(q)$ ，有提供者退出，$\left[\frac{r}{j} - c'(q)\right] < 0$ ，$V'_2 > 0$ ，提供者的效用随着病人收益的增加而上升。

当有新的医疗服务提供者进入时，提供者的效用随着病人收益的增加而下降，要保持原有效用，医疗服务提供者需要增加 q 才能保持效用不变，因此医疗服务提供者会选择诱导需求的方式来增加 q。

命题 2：随着新的医疗服务提供者的加入，医疗服务提供者的效用随着病人收益的增加而下降，为了维持效用不变，医疗服务提供者倾向于提供更多的医疗服务，从而产生供给诱导。

第三节　社会医疗保险中道德风险的实证分析

我国社会医疗保险覆盖率的提高既伴随着就诊率和住院率的提高，又伴随着医疗费用的快速增长，2003—2016 年期间，人均医疗费用分别增长了 2 ~ 3 倍。芬克斯坦和麦克奈特（2008）对美国 Medicare 的研究发现，社会医疗保险是美国医疗费用急剧增加的主要原因。本部分使用中国健康与营养调查（China Health and Nutrition Survey，CHNS）的数据进行实证检验，探讨我国社会医疗保险中的道德风险问题。

一、变量选择与数据来源

（一）数据来源

本部分数据源于“中国健康与营养调查数据库”（CHNS）1989—2011 年的数据，样本涵盖了 9 年、12 个省份（直辖市、自治区）。其中，“卫生保健和医疗服务”和“医疗保险”作为主要数据库，将该子数据库的样本数据同“个人信息”、“教育”和“工作”等子数据库的数据关联，将获得的数据作为原始样本。

为了更好地观察样本的行为，基于如下原则对样本进行筛选：剔除 18 岁以下的样本；剔除问卷调查无法确定是否有医疗保险的样本；剔除无法确定医疗支出的样本；剔除同时购买商业保险的样本；删除模型所需其他变量观察值缺失的样本；最后，删除样本的一些异常值，最终得到了 9183 个观察值。

（二）变量的选取

本部分的被解释变量是医疗支出、门诊医疗支出和住院医疗支出，主要采用问卷调查中关于"过去四周患病或受伤花了多少钱或至今已经花了多少钱"、"过去四周患病或受伤门诊的支出"和"过去四周患病或受伤住院的支出"的回答，该变量能衡量患者医疗服务的消费量。

根据前文的理论分析，医疗保险的事后道德风险分为参保人的过度需求和医疗服务提供机构的供给诱导，过度需求体现在共保率降低带来的医疗消费的增加，供给诱导体现在医疗机构数量的增加带来的医疗消费的增加。本部分从需求方面和供给方面分别设计变量，过度需求的衡量变量是医疗保险的门诊支付比例和住院支付比例，供给诱导的衡量是分年度分地区的每十万人口的卫生机构数和每千人口卫生技术人员数的变量。由于我国基本医疗保险有不同类型，因此根据问卷调查中对"医疗保险的类型"这一问题的回答设计四个特征变量。

模型中还包括影响医疗支出的一系列控制变量：是否患病或受伤和患病或受伤的严重程度是影响医疗支出的主要因素，需要作为控制变量；个体基本特征变量也是影响医疗支出的因素，因此将收入、年龄、性别、民族、户籍、婚姻状况、受教育程度、医疗保险的类型等个体特征变量作为控制变量加入；还加入了地区和时间虚拟变量以控制地区和时间对被解释变量的影响。

表 5－1　文中使用变量的描述①

变量名称	变量衡量	变量描述
Expenditure（患病就医的支出）	连续变量	过去四周患病或受伤花了多少钱或至今已经花了多少钱（包括所有挂号费、药费、治疗费、床费，等等）
Outpatient（门诊的医疗支出）	连续变量	过去四周患病或受伤门诊的支出（包括所有挂号费、药费、治疗费、床费，等等）
Inpatient（住院的医疗支出）	连续变量	过去四周患病或受伤住院的支出（包括所有挂号费、药费、治疗费、床费，等等）

① 变量的顺序按调查问卷中的顺序排列。

续表

变量名称	变量衡量	变量描述
Insurance (是否有医疗保险)	虚拟变量	有医疗保险取1,否则取0
Outpatient% (门诊医疗保险支付的比例)	连续变量	关于"门诊百分之几由医疗保险支付或可能由医疗保险支付?"的回答
Inpatient% (住院医疗保险支付的比例)	连续变量	关于"住院百分之几由医疗保险支付或可能由医疗保险支付?"的回答
Service (卫生机构数(每十万人口))	连续变量	所在省区当年的卫生机构的密度
Physician (卫生技术人员数(每千人口))	连续变量	所在省区当年的医疗服务人员的密度
Illness (是否患病或受伤)	虚拟变量	关于"过去的四周中,你是否生过病或受过伤? 是否患有慢性病或急性病?"的回答,是取1,否则取0
Severe (患病或受伤的严重程度)	连续变量	过去四周患病或受伤的严重程度,包括三个值:不严重=1,一般=2,相当重=3
Income (收入)	连续变量	关于"包括补助,上一年每月工资有多少钱?"的回答
Age (年龄)	连续变量	个体基本特征
Gender (性别)	虚拟变量	个体基本特征,男性取1,女性取0
Nationality (民族)	虚拟变量	个体基本特征,汉族取1,其他民族取0
Urban or Rural (户籍)	虚拟变量	城镇还是农村,城镇取1,农村取0
Marital (婚姻状况)	虚拟变量	个体基本特征,已婚取1,其他取0
Education (受教育程度)	虚拟变量	大专或大学本科毕业以上取1,以下取0

续表

变量名称	变量衡量	变量描述
Type（医疗保险的类型）	虚拟变量	包括公费医疗、城镇职工基本医疗保险、城镇居民基本医疗保险和农村新型合作医疗
Province（地区）	虚拟变量	北京、辽宁、黑龙江、上海、江苏、山东、河南、湖北、湖南、广西、贵州、重庆
Year（时间）	虚拟变量	1989、1991、1993、1997、2000、2004、2006、2009、2011 年共 9 个年度

二、模型设计

大量零医疗支出和零住院医疗支出会破坏随机误差正态性的假设，为修正这一问题，本部分参考了曼宁（1987）和段等（Duan，1983 – 1984）提出的四部分模型，第一部分用 Probit 模型估计样本是否发生了医疗支出（包括门诊支出和住院支出）：

$$I_i = 1(\beta_1 Insurance_i + \sum_l \beta_l Z_{il} + \varepsilon_i > 0) \qquad (式 5-11)$$

其中，被解释变量为代表医疗支出的虚拟变量，如果医疗支出大于 0，$I_i = 1$，否则 $I_i = 0$；解释变量 $Insurance_i$ 为是否参加基本医疗保险的虚拟变量；Z_{il} 为一组控制变量，包括个体特征变量、城市和年份的虚拟变量以及基本医疗保险的特征变量；ε_i 为随机扰动项。参数 β_l 反映了医疗保险对于医疗支出的影响。

第二部分用 Probit 模型估计当个人医疗支出大于零时，样本是否发生了住院医疗支出：

$$J_i = 1\left(\beta_1 Insurance_i + \sum_l \beta_l Z_{il} + \varepsilon_i > 0 \mid I_i = 1\right) \qquad (式 5-12)$$

其中，被解释变量为代表住院医疗支出的虚拟变量，如果住院医疗支出大于 0，$J_i = 1$，否则 $J_i = 0$；解释变量 $Insurance_i$ 为是否参加基本医疗保险的虚拟变量；Z_{il} 为一组控制变量，包括个体特征变量、城市和年份的虚拟变量以及基本医疗保险的特征变量；ε_i 为随机扰动项。参数 β_1 反映了医疗保险对于住院医疗支出的影响。

第三、四部分分别用线性模型描述非零的医疗支出下，门诊医疗支出和住院医疗支出的方程：

$$\log(E_{oi} \mid I_i = 1)/\log(D_{oi} \mid I_i = 1) = \alpha + \alpha_1 Outpatient\%_i + \sum_j \alpha_j Demand_{ij} + \sum_k \alpha_k Supply_{ik} + \sum_l \alpha_l Z_{il} + \mu_i \qquad (式 5-13)$$

$$\log(E_{ii} \mid J_i = 1)/\log(D_{ii} \mid J_i = 1) = \alpha + \alpha_1 Inpatient\%_i + \sum_j \alpha_j Demand_{ij} +$$

$$\sum_k \alpha_k Supply_{ik} + \sum_l \alpha_l Z_{il} + \mu_i \quad (式5-14)$$

式5－13的被解释变量是个人门诊医疗支出 E_{oi} 的对数，式5－14的被解释变量是住院医疗支出 E_{ii} 的对数；解释变量包括衡量需求的变量 $Demand_{ij}$ 和衡量供给的变量 $Supply_{ik}$，α_j 分别反映需求对门诊医疗支出和住院医疗支出的作用，α_k 分别反映供给对门诊医疗支出和住院医疗支出的作用。μ_i 为随机扰动项，$Cov(\varepsilon_i, \mu_i) = 0$。

三、实证检验

（一）样本分布及特征

表5－2显示，样本数据始于1989年，2000年以前调查的样本分布在7个省，2000年以后增加了辽宁和黑龙江，2011年又加入了北京、上海、重庆，共覆盖了全国的12个省区市，分别有中、东、西部的代表，具有广泛的全国代表性。调查的时间又涵盖了我国医疗制度改革的过程，且具有较大的跨度，因此，样本具有广泛的代表性。

表5－2　样本数据年份和省份的分布

	1989年	1991年	1993年	1997年	2000年	2004年	2006年	2009年	2011年
北京									217
辽宁					51	121	97	103	90
黑龙江					35	77	103	65	62
上海									298
江苏	83	105	76	80	110	195	126	238	173
山东	58	69	34	163	60	139	118	97	138
河南	141	131	126	28	125	184	183	233	208
湖北	104	117	64	56	75	152	162	127	107
湖南	67	93	32	50	72	172	159	104	162
广西	138	193	71	73	91	159	238	134	267
贵州	94	94	73	63	82	138	129	145	147
重庆									239

医疗支出是本部分重要的变量,图 5-1 是样本不同年度各省医疗支出的均值。

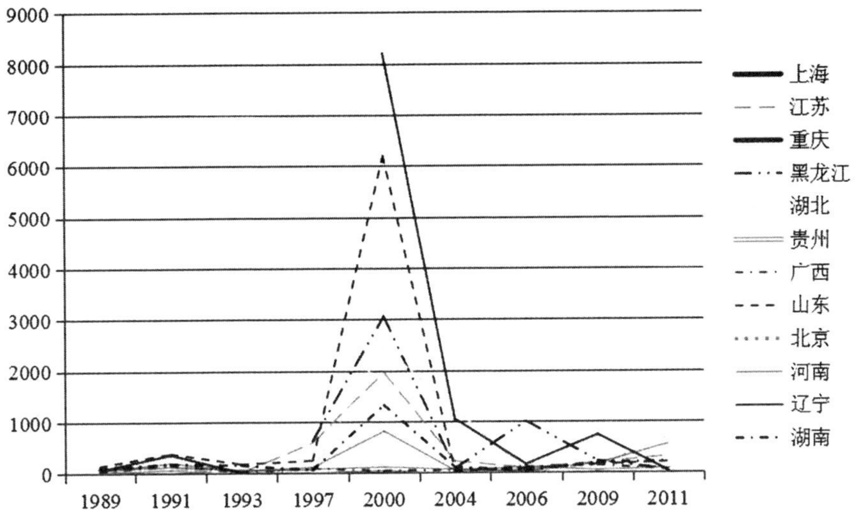

图 5-1 样本不同年度各省医疗支出的均值

数据资料显示,样本的 12 个省中,人均医疗支出最高的是辽宁(2012.374 元),最低的是贵州(46.284 元);从年度来看,医疗支出最高的年度是 2000 年(2638.492 元),最低的是 1989 年(73.284 元)。

(二)单因素分析

表 5-3 给出了相关变量的描述性统计分析结果。可以看出,医疗支出、门诊医疗支出、住院医疗支出的标准差特别大,说明离散程度很高,我们采用对数变换修正该数据的非正态性。差异比较和统计检验结果显示有医疗保险的样本医疗支出(1183.847)在 1% 的置信水平下高于没有医疗保险的样本(904.378),有医疗保险的样本收入在 10% 的置信水平下高于没有医疗保险的样本。没有医疗保险的样本疾病的严重程度高于有医疗保险的样本,且平均年龄较大。有医疗保险的样本和没有医疗保险的样本所在省份(市、区)的医疗机构数和卫生技术人员数的差异在 1% 的置信水平下显著,有医疗保险的样本所在省份(市、区)的医疗机构较多,而卫生技术人员较少。单变量检验的结果显示了两组人群的明显差异,但在排除其他可观测因素干扰后的关系如何,还有待进一步考察。

表 5 – 3　相关变量的描述性统计和差异的 T 检验结果

	All N = 10018		Insurance = 1 N = 4637 (1)		Insurance = 0 N = 5381 (2)		差异 (3) = (1) – (2)	P 值	95% 的置信区间	
变量	均值	标准差	均值	标准差	均值	标准差			最小值	最大值
患病就医的支出 ≠ 0	964. 384	402. 374	1183. 847	472. 734	904. 378	375. 384	279. 469 ***	0. 002	73. 218	392. 384
门诊的医疗支出 ≠ 0	45. 364	572. 384	45. 364	572. 384	0	0	45. 364	–	–	–
住院的医疗支出 ≠ 0	2836. 455	857. 374	2836. 455	857. 374	0	0	2836. 455	–	–	–
门诊医疗保险支付的比例	38. 374	34. 125	38. 374	34. 125	0	0	38. 374	–	–	–
住院医疗保险支付的比例	52. 874	27. 385	52. 874	27. 385	0	0	52. 874	–	–	–
卫生机构数	7. 570	1. 667	7. 182	1. 847	7. 927	1. 388	– 0. 745 ***	0. 000	– 0. 737	– 0. 628
卫生技术人员数	4. 619	2. 164	5. 235	2. 851	4. 041	0. 880	1. 194 ***	0. 000	0. 901	1. 027
患病或受伤的严重程度	1. 793	0. 670	1. 754	0. 626	1. 763	0. 683	– 0. 039 **	0. 037	0. 055	0. 119
收入	837. 637	1655. 8	974. 384	1483. 99	812. 867	1538. 49	161. 517 *	0. 081	0. 081	0. 122
年龄	58. 079	1. 296	58. 042	35. 364	58. 121	56. 793	– 0. 079	0. 892	– 2. 031	1. 812

注：* 表示 10% 的显著性水平，* * 表示 5% 的显著性水平，* * * 表示 1% 的显著性水平。

（三）基本医疗保险中过度需求和供给诱导的检验结果

调查的9183个样本中有4027个样本在过去4周内有医疗支出，表5-4是对四部分模型的参数估计结果，前两列是对式5-11的Probit估计，3、4列是对式5-12的Probit估计，5、6列是对式5-13的OLS估计，最后2列是对式5-14的OLS估计。

表5-4 四部分模型的检验结果

	第一部分（1）		第二部分（2）		第三部分（3）		第四部分（4）	
	B	Sig.	B	Sig.	B	Sig.	B	Sig.
常数	0.857***	0.000	0.828***	0.000	2.036***	0.000	-0.044	0.694
是否有医疗保险	0.281*	0.062	0.432*	0.086	0.444***	0.000	0.622*	0.089
门诊医疗保险支付的比例					0.115***	0.000		
住院医疗保险支付的比例							0.192*	0.087
卫生机构数	0.075	0.246	0.045	0.342	0.102***	0.000	0.006**	0.037
卫生技术人员数	0.001	0.128	0.001	0.128	0.091***	0.000	0.008**	0.014
是否患病或受伤	0.013***	0.000	0.121***	0.000	-0.238***	0.000	0.115***	0.000
患病或受伤的严重程度	0.006***	0.000	0.136***	0.000	0.726***	0.000	0.192***	0.000

续表

	第一部分（1）		第二部分（2）		第三部分（3）		第四部分（4）	
收入	0.352**	0.033	0.216**	0.014	0.273***	0.003	0.192***	0.001
年龄	0.022	0.541	0.021	0.540	0.041**	0.031	0.001	0.292
性别	0.003*	0.091	0.006*	0.090	-0.012	0.294	-0.031	0.211
民族	0.015	0.635	0.000	0.342	0.032***	0.000	0.005**	0.033
户籍	0.006**	0.028	0.005**	0.046	0.288***	0.000	0.071***	0.008
婚姻状况	0.001	0.172	0.001	0.137	0.572***	0.000	0.069**	0.040
受教育程度	-0.002	0.105	-0.002	0.152	-0.517***	0.000	-0.151***	0.000
医疗保险类型	加入		加入		加入		加入	
省区市	加入		加入		加入		加入	
年份	加入		加入		加入		加入	
R^2	0.226		0517		0.493		0.367	
调整后 R^2	0.183		0.392		0.467		0.341	

注：*表示10%的显著性水平，**表示5%的显著性水平，***表示1%的显著性水平。

第一部分模型的结果显示：社会医疗保险对医疗支出的影响是正的并在10%的置信水平下显著，影响程度为28.1%，说明社会医疗保险会提高样本就医的概率。

第二部分模型的结果显示：社会医疗保险在10%的置信水平下显著影响住院的概率，影响程度为43.2%，说明社会医疗保险会提高样本住院的概率；是否患病和疾病的严重程度在1%的置信水平下影响住院的概率，影响程度为12.1%和13.6%。

第三部分针对门诊医疗支出的OLS估计可以看出，医疗保险门诊支付比率的上升同门诊医疗支出在1%的置信水平下显著正相关，医疗保险门诊支付比率提高1%，将显著增加样本11.5%的门诊医疗支出，反映供给的变量同医疗支出在1%的置信水平下显著正相关，说明卫生机构数（每十万人）供给增加1%，门诊的医疗支出增加10.2%；卫生技术人员数（每千人口）供给增加1%，门诊的医疗支出增加9.1%。这符合福克斯（1978）的研究发现，当外科医生/人口比每增加10%，会导致人均利用外科手术率增加3%，说明卫生技术人员增多会增大诱导需求动机，使医疗支出增加。

第四部分针对住院医疗支出的OLS估计可以看出，医疗保险住院支付比率的上升同住院医疗支出在10%的置信水平下显著正相关，医疗保险住院支付比率提高1%，将显著增加样本19.2%的住院医疗支出，反映供给的变量显示医疗机构数同医疗支出在5%的置信水平下显著正相关，说明卫生机构数（每十万人）供给增加1%，住院的医疗支出增加0.6%，卫生技术人员数（每千人口）供给增加1%，住院的医疗支出增加0.8%。

第三、四部分OLS模型控制变量的结果显示：是否患病和疾病的严重程度在1%和5%的置信水平下影响门诊和住院医疗支出，正常来说，患病的样本，疾病严重的样本医疗支出更多；年龄与医疗支出、门诊医疗支出和住院医疗支出的关系是正的，对门诊医疗支出的影响是显著的，说明年龄越大的样本门诊医疗支出越大，这与现有文献中年龄和医疗支出有正向关系相符合；民族对门诊医疗支出和住院医疗支出都有显著的影响，这可能受到不同民族不同特点的影响；户籍在1%的置信水平下显著影响门诊医疗支出和住院医疗支出，相对农村户口的样本，城市户口的样本门诊医疗支出高28.8%，住院医疗支出高7.1%，这可能是由于城乡医疗服务设施的可及性和方便性不同，以及观念和意识等方面的不同；婚姻状况也显著影响门诊医疗支出和住院医疗支出，已婚的样本比未婚的样本门诊医疗支出高57.2%，住院医疗支出高6.9%，这可能是因为已婚的样本由于对家庭的责任，为避免疾病所带来的对家庭的影响，会消费更多的医疗服务以尽量消除可能的风险；教育程度在1%的置信水平下显著影响门诊医疗支出和住院医疗支出，同教育程度较低的样本相比，教育程度较高样本的门诊医疗支出低了51.7%，住院医疗支出低了15.1%，这可能是由于教育水平高的人在利用医疗服务生产健康时拥有更高的效率，可以节省医疗服务的投入；收入在1%的置信水平下显著影响门诊医疗支出和住院医疗支出，收入较高的样本比收入较低的样本门诊医疗支出高27.3%，住院医疗支出高19.2%。

四、稳健性检验

（一）对过度需求的探讨

四部分模型的检验结果发现医疗保险带来了医疗支出的增加，但该增加是由于过度需求还是由于医疗需求的释放还需要进一步检验，本部分通过区分不同支付能力的参保人的医疗支出对其他生活支出的影响来进行检验，如果医疗支出没有对生活支出产生挤出，说明医疗支出在其可支付能力之内，医疗需求释放不是主要因素，此时医疗保险带来的医疗支出增加更多的是过度需求。

模型设计如下：

$$expense_i = \eta_0 + \eta_1 Covered_i + \sum_l \eta_l Z_{il} + \mu_i \quad \text{（式 5－15）}$$

被解释变量 $expense_i$ 是除医疗支出之外的其他消费支出，$Covered_i$ 是保险支付的比例，Z_{il} 为一组控制变量，μ_i 为随机扰动项。该模型是针对所有有医疗支出的样本，由于要区分不同支付能力的参保患者，因此根据个体自付医疗支出占收入比例的 10%、20% 和 40% 划分四个区间进行分组检验。由于数据的限制，$expense_i$ 使用食品消费支出来替代，采用 CHNS 数据库中提供的家庭三天食品实际总消费数量为基础，结合社区水平数据中的“食品价格”信息计算出家庭的食品消费金额（贾男等，2011）。

表 5－5 对过度需求的进一步检验结果

	个体自付医疗支出占收入的比例 <10% (1)		个体自付医疗支出占收入的比例 10%—20% (2)		个体自付医疗支出占收入的比例 20%—40% (3)		个体自付医疗支出占收入的比例 >40% (4)	
	其他消费支出		其他消费支出		其他消费支出		其他消费支出	
	B	Sig.	B	Sig.	B	Sig.	B	Sig.
常数	0.345***	0.000	0.454***	0.000	0.473***	0.000	0.645	0.135
是否有医疗保险	0.075**	0.031	0.034**	0.029	0.121*	0.085	0.316	0.263
门诊医疗保险支付的比例	0.037	0.157	0.058	0.151	0.049*	0.091	0.184*	0.058
住院医疗保险支付的比例	0.047*	0.026	0.069*	0.033	0.148**	0.029	0.284**	0.017

续表

	个体自付医疗支出占收入的比例<10%（1）		个体自付医疗支出占收入的比例10%～20%（2）		个体自付医疗支出占收入的比例20%～40%（3）		个体自付医疗支出占收入的比例>40%（4）	
	其他消费支出		其他消费支出		其他消费支出		其他消费支出	
	B	Sig.	B	Sig.	B	Sig.	B	Sig.
是否患病或受伤	-0.463**	0.020	-0.182**	0.034	-0.382**	0.028	0.321**	0.038
患病或受伤严重程度	-0.007***	0.000	-0.013***	0.000	-0.729***	0.000	-0.190***	0.000
年龄	-0.021	0.764	-0.021	0.450	-0.041	0.343	-0.451	0.632
性别	0.004	0.382	0.005	0.192	-0.003	0.382	-0.002	0.182
民族	0.024	0.637	0.001	0.343	0.032	0.832	0.005	0.372
户口	0.006**	0.038	0.005*	0.074	0.197*	0.082	0.036*	0.058
婚姻状况	0.001	0.172	0.001	0.137	0.378	0.289	0.039	0.168
受教育程度	0.010	0.103	0.219*	0.089	0.371***	0.000	0.193***	0.000
医疗保险类型	加入		加入		加入		加入	
省区市	加入		加入		加入		加入	
年份	加入		加入		加入		加入	
R^2	0.403		0.398		0.392		0.419	
调整后R^2	0.387		0.219		0.293		0.402	

注：*表示10%的显著性水平，**表示5%的显著性水平，***表示1%的显著性水平。

从分组回归结果中可以看出，当个人自负医疗支出占收入的比例低于10%，在10%～20%，以及20%～40%时，医疗保险在5%和10%的置信水平下显著正向影响食品消费支出。当个人自负医疗支出占收入的比例低于10%时,门诊医疗保险支付比例对食品消费支出的影响不显著,住院医疗保险支付比例对食品消费支出在10%的置信水平下显著,说明住院医疗保险支付比例变化对食品消费支出的影响比门诊医疗支付比例大。因此,医疗保险支付比例变化没有对食品消费支出造成影响,而医疗保险促进了医疗支出的增长,可以认为是由于患者的过度需求而不是医疗需求的释放,因为医疗服务是在其可承受能力之内的,不存在医疗需求的释放。这同谢明明等(2016)的研究结论——医疗保险对医疗费用的显著促进作用更多的是因为事后道德风险而非医疗需求的释放相符合。

当自负医疗支出占收入的比例高于40%时,门诊医疗保险支付和住院医疗保险支付比例在10%和5%的置信水平下显著正向影响食品消费支出,保险支付比例降低(自付医疗支出提高)对生活支出产生了一个明显的挤出,说明自付医疗支出已经影响到了这部分人群的生活,医疗支出增长更多的是需求的释放。同时当自负医疗支出占家庭收入的比例高于40%时,医疗保险对医疗支出的增加没有显著影响,因此需要进一步提高基本医疗保险对重大疾病的保障水平。

（二）对供给诱导的探讨

四部分模型的检验结果发现随着医疗供给的增加,门诊医疗支出和住院医疗支出也随之上升,但需要区分这部分增加是供给诱导的作用还是可近性增加(索伦森 Sorenson)和格里藤 Grytten,1999)。可近性增加是指随着医疗供给的增加,患者等待就医时间的减少、医疗服务的品质提高导致的医疗支出增加。因此将样本根据每十万人口的卫生机构数的均值进行分组,比该均值小的定义为医疗资源缺乏区,超过均值的省份定义为医疗资源充足区。在医疗资源缺乏区,人们的医疗需求并未满足,当医疗供给增加,医疗需求也随之增加,这部分需求的增加被称为可近性增加;而在医疗资源充足区,医疗供给远远超出人们的实际需求,如果随着医疗供给的增加,需求仍增加,则认为存在供方诱导需求。

表 5－6　对供给诱导的进一步检验结果

	卫生机构数 ≥ 7.31		卫生机构数 <7.31	
	医疗支出 ≠ 0 (1)		医疗支出 ≠ 0 (3)	
	B	Sig.	B	Sig.
常数	0.268	0.555	2.855***	0.000
是否有医疗保险	0.451***	0.000	0.322***	0.004

续表

	卫生机构数 ≥7.31		卫生机构数 <7.31	
	医疗支出 ≠0 (1)		医疗支出 ≠0 (3)	
	B	Sig.	B	Sig.
门诊医疗保险支付的比例	0.115**	0.037	0.167**	0.028
住院医疗保险支付的比例	0.278*	0.003	0.318*	0.002
卫生机构数	0.261***	0.000	0.131	0.504
卫生技术人员数	0.088***	0.000	0.052*	0.095
是否患病或受伤	-0.185**	0.014	-0.006	0.926
患病或受伤严重程度	0.931***	0.000	0.862***	0.000
年龄	0.001**	0.016	0.001	0.363
性别	0.002	0.970	-0.118	0.113
民族	-0.022***	0.002	0.044	0.163
户口	0.264***	0.000	0.524***	0.000
婚姻状况	0.632***	0.000	0.580***	0.000
受教育水平	0.437***	0.000	0.109	0.333
工作	-0.232***	0.002	-0.455***	0.000
医疗保险类型	加入		加入	
省区市	加入		加入	
年份	加入		加入	
R^2	0.276		0.181	
调整后 R^2	0.253		0.179	
样本数	5031		4152	

注：* 表示10%的显著性水平，* * 表示5%的显著性水平，* * * 表示1%的显著性水平。

表5-6的结果显示，在医疗资源丰富的省份（市、区），卫生机构数（每十万人）和卫生技术人员数（每千人口）同医疗支出在1%的置信水平下正相关，卫生机构数（每十万人）增加1%，医疗支出增加26.1%；而卫生技术人员数（每千人口）增加1%，医疗支出增加8.8%，说明在医疗资源丰富的省份（市、区），医疗卫生机构密度过高，在竞争压力下，医疗服务提供机构为了最大化自身效用，只能利

用自己在医疗信息上的优势，诱导病人的医疗需求。而在医疗资源贫乏的省份（市、区），除了卫生技术人员数（每千人口）同医疗支出在10%的置信水平下正相关，卫生技术人员数（每千人口）增加1%，医疗支出增加5.2%，其他的检验结果都不显著，这说明医疗资源缺乏的地区来自供方的供给诱导在一定的程度上低于医疗资源丰富的地区。

五、研究总结及政策建议

本部分的研究结果显示：社会医疗保险会显著影响医疗支出，门诊支付比率显著增加门诊医疗支出（11.5%），住院支付比率显著增加住院医疗支出（19.2%）。根据个体自付医疗支出占收入的比例对需求进一步检验的结果发现：当个人自负医疗支出占收入的比例低于40%时，存在过度需求引起的医疗支出增长，而高于40%时，医疗支出增长更多的是需求的释放。

卫生机构（每十万人）供给增加带来门诊人均医疗支出增加10.2%和住院人均医疗支出增加0.6%；卫生技术人员（每千人口）供给增加带来门诊的人均医疗支出增加9.1%和住院的人均医疗支出增加0.8%。对供给进一步检验的结果发现：在医疗资源丰富的省份（市、区），卫生机构数（每十万人）增加1%带来医疗支出增加26.1%，卫生技术人员数（每千人口）增加1%带来医疗支出增加8.8%；在医疗资源贫乏的省份（市、区），卫生技术人员数（每千人口）增加1%带来医疗支出增加5.2%。说明医疗资源丰富的地区的医疗支出增加存在供给诱导，而医疗资源贫乏的省份（市、区）医疗支出增加更多的是可近性增加。

本部分的研究结论为我国如何进一步深化医疗保险制度改革提供了一些证据：

一是医疗保险支付比例对于过度需求有显著影响，应当制定合理的支付比例。同时过度需求受到不同样本自付医疗支出占收入比例的影响，因此应当统计不同收入水平人群的医疗支出及补偿程度分布，在科学统计的基础上提高低收入人群的保障水平，释放低收入人群的医疗需求，并适当提高高收入人群的自付比例，控制可能出现的过度需求；

二是供给诱导对医疗支出有显著影响，应当从制度设计上规范医疗服务提供方的行为进而影响供给诱导，如采用按病种进行收费的方式（DRGs）①，美国在实施 DRGs 后，Medicare 住院总费用的增长速度从 18.5% 下降到了 5.7%，平均住院天数从 10.4 天降至8.7 天。同时通过研究可以看到我国的医疗资源分配不均衡，医疗资源丰富地区的医疗服务供给增加带来的医疗支出增加主要受到供给诱导的影响，因此我国医改应该从大局出发，对医疗资源做出合理的设计和规划；

三是发挥医疗保险机构的作用，我国的医疗保险机构对于控制医疗支出发挥的作用不大，这主要是由于中国的医疗保险机构的管理层级偏低，资讯掌握不足，应当加强医疗保险机构自身建设，实现其在医疗市场中应有的信息功能和威慑功能。还需要完善医疗保险谈判机制②，医疗保险经办机构应探索建立与医疗服务提供者的谈判机制，发挥对医疗服务和医药费用的约束作用。

---

① 按病种付费制是以国际疾病诊断分类标准将患者按诊断、年龄和性别等分为若干组，每组又根据病情轻重程度及有无并发症、并发症严重程度确定疾病诊断相关组的分类标准，结合循证医学的依据，通过临床路径测算出每个组各个分类级别的医疗费用标准，并预先支付给医疗服务机构的医疗保险费用支付方式。

② 中共中央国务院关于深化医药卫生体制改革的意见［EB/OL］. 中央政府门户网站，2009 - 04 - 18.

第六章

健康保险与就医行为

20 世纪 90 年代以来，就医行为成为医学行为学、医疗保障和卫生事业管理领域研究的热门话题。就医行为是指人们在有病感或者产生某种症状时，为了达到确认疾病存在和寻求减轻疾病痛苦的目的而采取的社会行动（卡斯尔·科布，Kasland Cobb，1966），包括疾病处理方式、对就医机构的选择及医疗支出等。就医行为在很大程度上反映卫生服务需求状况，直接关系到患者所需要的卫生服务消费的数量和内容。健康保险可以在一定程度上增加居民就医的经济保障（蒙 Meng 等，2012），影响居民的就医行为（纽豪斯和马奎斯 Marquis，1978；曼宁等，1987；巴布 Babu 等，2005），社会医疗保险还可以通过政策设计，引导居民的就医行为，提高医疗保险的效果。

第一节　健康保险与就医行为

一、就医行为的影响因素

医学行为学主要研究疾病和人的行为之间关系。医学行为学认为，就医行为是当个体在感到自己身体不适或者出现某种不良症状时所产生的寻求外部医疗帮助的一种行为。医学行为学中认为在大多数的情况下，只有个体在有病感后，个体才会出现就医的行为。

医学行为学中认为能够影响到个体产生就医行为的因素有很多，大致可以划分为三大类的因素，即对症状的认知情况、医疗服务的状况和社会的经济状况。

对症状的认知情况取决于症状的特征和患者自己的心理特征两个方面。疾病方面的特征包括症状表现出的强度和持久性、疾病的预计后续状况和症状对个人在日常生活与社会活动中带来的影响这三个方面。医学行为学认为，如果症状表现出的强度越轻微，症状持续时间越短，对症状预计的后续发展良好，并且症状的出现没有影响到个体的日常生活与社会活动,那么个体一般会选择延迟就医或者选择不进行就医。如一些普通的感冒通常个体能够通过自己治疗的方式痊愈,一般不会产生就医行为。如果症状表现得较为严重,会对个体的社会活动产生较大影响,个体一般会产生就医行为。另外,如果症状表现得非常严重,如某些"不治之症",这时患者可能会丧失对疾病治愈的期望和信心,也可能不会产生就医行为。

患者的心理特征也能影响个体对疾病的认知情况。患者的心理特征主要包含患者的个性、心理状态、社会文化背景和关于疾病的知识及经验。患者的个性方面,医学行为学认为当个体的性格偏内向时,会对自己身体所产生的一系列症状反应较为敏感。心里猜疑感较强的人也容易对自身的症状做出过分的评价。心理状态上,该理论认为那些正高度专注于自己的工作和学习中的人以及正高度投入于某些娱乐中的人都容易对自身的症状忽视,处于情绪高昂状态中的人也很容易忽视自身的症状。另外,处于焦虑和忧虑中的人则非常容易感受到自身的症状,而且容易增强对症状的担心。不同社会文化环境下往往对同种症状的看法和评价也是不一样的。缺乏医疗常识和对疾病认识较少的人很容易忽略具有明显疾病意义的症状,当然他们也很可能将很多正常的生理现象误认为是疾病症状。该理论认为,具有较高文化程度的人通常会清楚更多的医学类知识,他们对于疾病能够带来的危害认识更清楚,他们也更容易意识到疾病预防和疾病及时治疗的重要性,因此当出现疾病感觉时他们选择去就医的概率要比文化程度低的人高。

医疗服务状况也能影响到个体的就医行为。医学行为学中将医疗服务状况划分为医疗费用状况、医疗服务的便捷性、医疗服务的接受程度这三个方面。医学行为学认为医疗费用的支付和分担形式会直接影响到个体的就医行为,有保险的人比没有保险的人就诊率要高。医疗服务的便利程度也会影响个体的就医行为,如果医疗机构距离较远交通不便或疾病患者的身体状况不便于活动,都有可能产生延迟就医或者有病不医的现象。另外,医疗服务的可接受程度上,如果患者患病后希望尽快摆脱疾病困扰的心理没有被医生理解,或者医生就医过程中对患者服务态度较差,患者没有得到关心及尊重,医疗服务环境较差,都会影响到个并产生就医行为。

社会经济状况也会影响到个体的就医行为,医学行为学认为,财力、时间和精力会影响个体的就医行为,一些经济状况较差、工作较为忙碌、家务较为繁重的人经常会选择延迟就医或者等到疾病非常严重时才会就医。

二、健康保险同就医行为的研究

（一）就医行为的研究综述

沃林斯基（Wolinsky，1999）从行为周期的角度研究就医行为，他认为人在患病后，一般经历三个阶段：首先，个人觉察到身体异常并接受患病角色；其次，患病后个体决定是否去寻求和利用保健服务；最后，患病个体进入接受医疗服务的社会关系，健康恢复之后这种社会关系结束。克莱尔（Claire，1995）研究了美国高校学生，调查了他们在患病后能否及时得到医疗卫生服务，以及在患病后是否到学校诊所就诊。发现学生个体对学校诊所的卫生服务利用情况不同，大多数被健康维护组织（HMO）或者商业健康保险的保障覆盖范围内的学生在患病后选择到学校诊所进行医治，而那些没有参加健康保险和仅仅依靠政府医疗救助的学生，患病后的就诊率较低。琳达（Linda，2003）调查了 1989—1993 年间的 451 名中学生的 3469 次就医行为，调查结果显示：患病后寻求医疗服务的比例为 66%，其中，寻求使用社区卫生服务网获得医疗服务的占 97%，少数学生平均一年就医次数比较高，学校卫生中心服务的学生每年就医次数约为 5.3 次。

我国部分学者也对此进行了研究，邢海燕（2002）等研究了某农村居民的就医行为，认为居民的就医行为受到很多方面的影响，比如有居民的年龄、患病的严重程度、文化程度、收入水平、是否经常到医疗单位就诊、离医疗卫生组织的远近、医疗保障的形式等等。年龄较大的居民、自感疾病比较严重、经常就诊于门诊部和医疗点及私人诊所、单位或住处离医疗机构比较近的居民常选择找医生看病治疗；而年龄在 25—35 岁之间的居民、自感疾病不严重或不知道严重程度、经常就诊于乡镇卫生院、单位或住处离卫生机构的距离较远的居民通常采取自我医疗。冯海龙（2006）等通过研究比较城乡中老年人这一群体的就医行为得出以下主要结论，城市中老年人相对于农村中老年人来说就医状况较好，农村中老年人看病多去卫生诊所，而城市中老年人多以医院为主，农村中老年人群看病完全自费的比例大于城市老年人群。陈静等（2007）通过研究武汉市部分社区老人的就医行为发现，不少老年人就医意识淡薄，即使是患了大病，仍然有不少老年人不去医院就医。沈启莹等（2008）的研究对象是深圳不同健康水平的居民，健康状况较好的居民在身体出现不适时选择休息及自服药的比例高于健康状况差和较差者；健康状况较差的居民选择综合性医院就医考虑医疗费用的比例高于其他组的居民。另外，不管健康状况如何，在居民身体出现不适时选择综合性医院均较高，尤其是健康状况差和较差的居民选择综合性医院就医的比例高于其他组的居民。不选择社区医院的原因中技术条件差、设备落后、没有药品各组存在差异,健康状况差的居民对设备落后、没有药品因素要求高。赵文晓等(2009)通过对济南市某社区居民的就医行为进行调查研究,发现居民在患小病时通常选择“自我医疗”的方式,去药店买药而不去医院就诊;儿童及老年人患病时多去大医院就诊。

(二)就医行为影响因素的研究综述

安德森(1968)提出的医疗服务利用的行为模型,此模型包括四个主要部分:环境因素(Environment)、人群特征(Population characteristics)、健康行为(Health behavior)和健康结果(Health outcomes),用于寻找影响家庭或个人使用医疗服务的有关影响因素。该模型指出,人们的倾向因素、能力因素、对医疗服务的需求以及环境因素会影响他们对医疗服务的利用,该模型提出了倾向特征、能力因素和对医疗服务的需要 3 个层次的变量,并通过这 3 个变量来预测和解释人们对医疗服务的利用情况。梅尼特(Mechanic,1978)通过研究建立了求医行为的通用理论。他认为人的求医行为取决于以下 10 个因素:1. 对疾病症状的认知程度;2. 对疾病的忍受程度;3. 疾病影响家庭、工作和其他社会活动的程度;4. 症状出现频率的持续程度;5. 所认知症状的危险程度;6. 导致拒绝的基本需要;7. 能得到的信息、知识和文化假设;8. 其他与患病反应相竞争的需要;9. 一旦症状得到认知后,是否有其他对疾病的解释;10. 治疗资源的可得性、物质可及性、求医行为所带来的心理压力和经济支出。乔恩·克里斯蒂安(Jonb Christianson,1980)主要是通过比较研究居民对医疗服务提供者的选择行为,主要是引入了这几个因素:就医的旅行成本、家庭收入、医保覆盖面、居住年限、对专家的态度、对医疗保健的态度等因素。研究者认为,消费者在选择医疗服务时考虑的主要因素是就医的旅行成本。研究指明,专家小组医疗模式与其他医疗服务提供模式相比,消费者会有更高的花费,但是如果两种模式的花费相当,专家小组医疗模式是消费者更愿意选择的最通常的医疗服务。汉森(Hanson,2004)等人则主要是从公立、私立医院的价格与质量的角度对居民的就医行为进行了讨论。苏布拉曼尼亚(Subramanian,2006)的研究是建立在一个特殊的模型上的,它将个体的年龄、性别、种族情况、医保覆盖面、收入水平、教育程度、婚姻状况以及国家收入中位值等条件建立在这个模型中,最后得出结论是收入是关系到美国人的主观健康水平的一个关键因素。

我国学者也对此进行了研究,董海娜(2006)研究发现,居民在选择不同医疗机构的行为过程时,考虑的主要因素基本相同,主要因素包括:医疗机构离家或单位的方便性,医疗技术的高低及设备的先进程度,服务态度,有无熟人,还有就是医疗价格。孙敏等(2007)以成都市 5 个城区 14 家医院的 574 名住院患者作为调查研究对象,研究发现对患者的就医行为有影响的因素主要有年龄大小、职业状况、医疗保险情况和收入高低等因素。姚兆余(2008)等对苏北地区某镇的农村居民进行调查研究认为,影响农村医疗服务体系、文化程度的高低、经济收入状况和医疗保障形式是居民就医行为的主要因素。高其法等(2007)认为患者的行为心理因素是造成就医集中现象的重要原因,其中,关于参照点的选择是影响患者就医行为的重要因素,风险厌恶、损失厌恶、心理账户、敏感度递减等因素也是重要的影响因素。通过提高社区医院的力量、改革医疗保险的支付方式、对技术的理性追求等措施,可以缓解这一反常现象。周毅等(2008)在对居民医疗费用的负担形式与就医行为相关性研究中发现,医疗费用的负担形式对居民就诊的医疗机构的选择具有统计学差异,但对患者住院或该住院而未住院的情况所造成的差异不具有统计学意义。张春瑜等(2009)随机抽取某大型综合性医院(以下称 W 医院)门诊和住院的患者共 1443 人,通过问卷调查的方式发现,患者选择 W 医院就医的首要考虑因素依次是医疗技术、位置远近、服务态度、有无熟人、就医环境和价格因素;同时,患者就医行为受相关群体的影响很大,与患者接触程度越密切的相关群体对患者就医行为的影响越大;在媒介方面,报刊是目前患者获得医学知识和医疗信息的首要途径,其次是电视媒体,再次是网络。鲍勇等(2009)对上海市社区居民就医行为及影响因素的研究发现,社区居民受就医医院的医疗水平、技术水平因素影响。选择综合性医院就诊的主要原因是医疗技术,不选择的原因主要是等候时间长;选择社区医院就诊的主要原因是交通便捷,其次是价格便宜,不选择的主要原因是技术不够。

三、我国就医行为分析

通过我国的数据对我国居民的就诊率、医疗费用以及对就诊医院的选择等就医行为进行分析。

2018 年我国各类医疗卫生机构总诊疗人次达 83.08 亿人次,居民到医疗卫生机构平均就诊 6.0 次。总诊疗人次中,医院 35.77 亿人次(占 43.05%),基层医疗卫生机构 44.06 亿人次(占 53.03%),专业公共卫生机构 3.22(占 3.88%),其他医疗机构 0.03 亿人次(占 0.04%)。其中,公立医院诊疗人次 30.5 亿人次(占医院总数的 85.29%),民营医院 5.26 亿人次(占医院总数的 14.7%)。2018 年乡镇卫生院和社区卫生服务中心(站)门诊量达 19.3 亿人次,乡镇卫生院和社区卫生服务中心(站)门诊量占门诊总量的 23.23%。

2018 年我国医疗卫生机构入院人数 25453 万人,年住院率为 18.27%。入院人数中,医院 20017 万人(占 78.6%),基层医疗卫生机构 4376 万人(占 17.2%),其他医疗机构 1060 万人(占 4.2%)。其中,公立医院入院人数 16351,占医院总数的 81.7%,民营医院 3666,占医院总数的 18.3%。

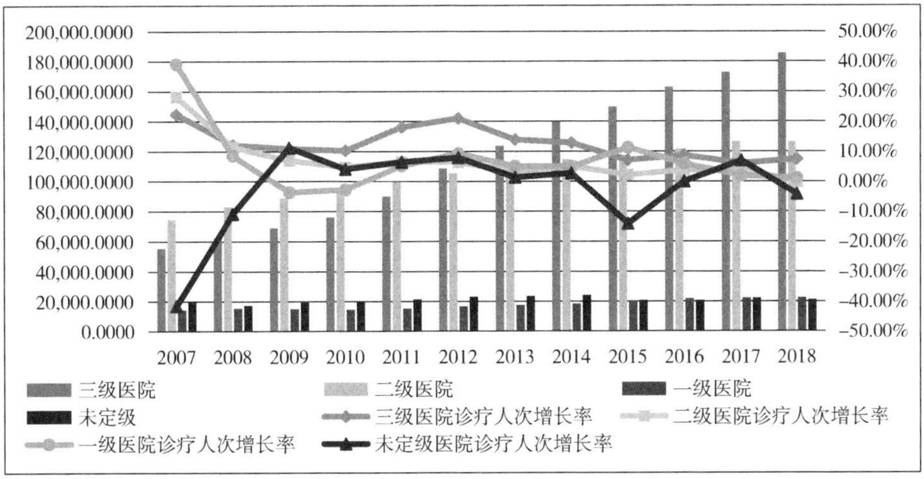

图 6-1 2007—2018 年不同等级医院诊疗人次数(万人次)和增长率(%)①

图 6-1 可以看出,2007—2018 年,三级医院和二级医院的诊疗人数远远高于一级医院和未评级医院,其中三级医院的诊疗人次数最多。从趋势上看,三级医院和二级医院的诊疗人次数一直保持上升的趋势,上升幅度有所下降;一级医院的诊疗人数在 2009 年和 2010 年有较大幅度的下降,之后一直处于增长状态;未评级医院的诊疗人次数波动将大,时增时降,总体未有较大增长。不同等级医院的诊疗人次数的增长率从 2010—2012 年都是上升的,在 2013 年和 2014 年有所下降。从就诊人数在不同等级医院的分布看,2018 年 52.14% 的人选择了到三级医院就诊,造成了三级医院"人满为患";35.56% 的人选择到二级医院就诊;仅有 12.30% 的人到一级和未评级医院就诊。

2018 年医院次均门诊费用 274.1 元,人均住院费用 9291.9 元,日均住院费用 1002.8 元。2018 年医院次均门诊药费(112.0 元)占 40.9%,人均住院药费(2621.6 元)占 28.2%。各级公立医院中,三级医院次均门诊费用上涨 5.2%,人均住院费用上涨 1.7%,涨幅比上年有所下降,低于公立医院病人费用涨幅。

2018 年,社区卫生服务中心次均门诊费用 90.5 元,人均住院费用 3059.1 元,社区卫生服务中心次均门诊药费(80.4 元)占 68.4%,人均住院药费(1169.6 元)

---

① 资料来源:各年卫生统计年鉴。

占36.6%。2018年,乡镇卫生院次均门诊费用71.5元,按当年价格比上年上涨7.5%,按可比价格上涨5.3%;人均住院费用1834.2元,按当年价格比上年上涨6.8%,按可比价格上涨4.6%。日均住院费用285.3元。

2018年,乡镇卫生院次均门诊药费(39.3元)占55.0%,人均住院药费(730.7元)占39.8%。

图6-2可以看出,2008—2018年我国医院的诊疗人次在不断提高,尤其在2011年和2012年比较明显,这两年增长率都在10%以上。同时,门诊病人次均医药费和住院病人人均医药费也在不断上涨,有着较高的增长率,但增长幅度表现出下降的趋势。

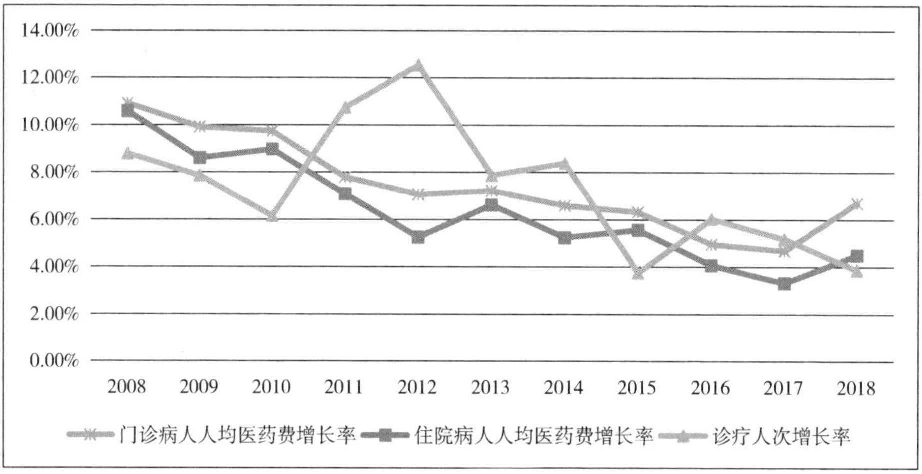

图6-2 2008—2018年门诊病人人均医药费增长率、出院病人人均医药费增长率和总诊疗人次增长率(%)①

第二节 健康保险影响就医行为的理论模型

一、健康保险影响就医行为的机制

个体就医行为是一个复杂的过程,大多数文献对就医行为的影响因素进行分析,一部分学者专门针对医疗保险的影响进行了研究(克里斯蒂安森Christianson,

① 资料来源:各年卫生统计年鉴。

1980;苏布拉曼尼亚,2006)。从现有文献来看,关于医疗保险对就医行为影响的研究主要集中在医疗服务利用,医疗机构选择,就医方式等方面。在这几方面中,医疗保险对医疗服务利用的影响最受西方学者关注。美国的社会医疗保险提高了个体的医疗服务利用率已经被很多学者证明(麦克威廉斯 McWilliams 等人,2003;卡德 Card 等人,2008,2009;芬克斯坦 Finkelstein,2007;阿亚尼安 Ayanian 等,2000)。理查德·罗塞特 Richard Rosett 和黄连富(1973)的研究发现医疗保险提高了个体的医疗服务利用,同时也提高了每次就诊的医疗支出。安德森等人(Anderson,2010)对美国数据的研究发现,没有医疗保险的患者急症就诊率要低40%,住院比率低61%。布林迪西等人(Brindis,1995)针对学生群体的研究发现,大多数在健康维护组织(HMO)或者商业健康保险的保障覆盖范围内的学生在患病后选择到学校诊所进行医治,而那些没有参加健康保险和仅仅依靠政府医疗救助的学生,患病后的就诊率较低。戈德曼等人(2006)对英国国家就业健康补贴计划的研究发现,健康补贴计划提高了个体的医疗服务使用。一些学者还发现,医疗保险不同的自付比例会影响医疗服务利用。曼宁(1987)等人利用兰德保险实验数据研究发现,免费医疗计划消费者的就诊次数和医疗支出比自付比例为95%的保险计划的消费者分别高出67%和46%。达夫尼(Dafny)和格鲁伯(2005)对美国拥有 Medicaid 儿童的研究发现,Medicaid 覆盖率的提高导致了儿童住院率的上升。国内也有部分研究,刘国恩等(2011)研究发现医保制度提高了老年人的就医程度,明显地促进了老人及时就医率。更多的研究是针对新农合的,雷晓燕和林万川(Xiaoyan Lei,Wanchuan Lin. 2009)发现新农合显著降低农民前往传统的民间医疗机构就诊的次数,增加了预防性保健服务的使用。瓦格斯塔夫等(Wagstaff,2009)发现新农合增加了中国农村居民的门诊就诊概率和住院概率,尤其是增加低收入人群的门诊和住院服务的利用。李湘君等(2012)的研究发现新农合促进农村居民对医疗服务的有效利用。

从医疗保险对医疗机构选择的影响来看,乔维特(Jowett,2004)等人对越南低收入人群的研究发现,有保险的患者更容易利用门诊服务和选择公立卫生机构提供者。布朗等人(2009)发现新农合促使许多之前倾向于到村诊所和乡镇卫生院看病的农村居民,到医疗条件更高的县市级医疗机构乃至省级或者专业性较强的医院进行就诊。齐璐璐(2014)认为居民在就医的过程中受医疗保险影响较大,他们更看重医院是否属于定点医疗机构。

从医疗保险对就医方式的影响来看,牛顿等人(Newton,2008)的研究发现同有医疗保险的人群相比,没有医疗保险的人群更多地使用急诊,由于大多数没有医疗保险的人到急诊是因为非紧急状况,导致了急诊人满为患。巴克(Barker,

2001)的研究发现医疗保险是影响人们选择不同价格治疗方案的重要原因。于等人(Yu,2010)的研究发现新农合对住院服务的使用有较大的正向影响,但对门诊等非住院服务的使用没有显著的影响。还有一些国外的研究发现不同的医疗保险对就医行为也会产生不同影响。米切尔和哈德利(Hadley,1997)针对患有乳腺癌的年轻女性群体的研究发现,不同保险类型对于其选择治疗方式和医院有影响。波尼昂(Boonyoung)和穆克(Muecke,2005)[32]研究了泰国南部中年妇女的就医行为,发现不同医疗保险对中年妇女的就医行为的影响显著不同。

二、健康保险影响就医行为的理论模型

(一)模型设定

模型主要考虑基本医疗保险市场,由于基本医疗保险是面对全体居民,因此不考虑逆选择的情况。

医疗保险的参保人是理性的,且所有参保人除患病可能性以外的其他方面表现为同质性,参保人的收入为 Y,参保人患病时消费的医疗服务数量为 q;参保人的效用函数 U 是连续的、可微分的、递增的和严格的凹函数,即 $U' > 0$, $U'' < 0$,这些性质可以保证患者对于收入变动风险的厌恶性;假设参保人生病的概率为 π;由于不同医疗保险的报销比例不同,因此假定医疗保险的共保率为 α,参保人缴纳的保险费为 p,因此,保险合同由 (p,α) 组成。假定参保人缴纳的保费是精算公平保费,则 $p = \alpha\pi q$。

参保人是一个追求效用最大化的消费者,其效用函数是:

$$EU(w) = \pi U(Y - \alpha\pi q - q + \alpha q) + (1 - \pi)U(Y - \alpha\pi q) \quad (式6-1)$$

参保人最终的财富可以表示为:患病时,$W_1 = Y - \alpha\pi q - q + \alpha q$,效用为 $U(Y - \alpha\pi q - q + \alpha q)$;健康时,$W_2 = Y - \alpha\pi q$,效用为 $U(Y - \alpha\pi q)$。

(二)模型分析

参保人选择一定的消费数量最大化期望效用:

$$\max_q EU(w) = \pi U(Y - \alpha\pi q - q + \alpha q) + (1 - \pi)U(Y - \alpha\pi q)$$

(式6-2)

一阶最优条件为:

$$\frac{dEU}{dq} = \pi U'_1(-\alpha\pi - 1 + \alpha) + (1 - \pi)U'_2(-\alpha\pi) \quad (式6-3)$$

其中,U_1 表示参保人患病状态下的边际效用,U_2 表示参保人健康状态下的边际效用。$q = 0$ 必须是非负的,因此得到两个 Kuhn - Tucker 条件:

$$\frac{dEU}{dq} = (1-\pi)\alpha\pi(U'_1 - U'_2) + \pi U'_1 \qquad \text{(式6-4)}$$

$$\begin{cases} dE/dq < q, \text{如果} q^* = 0 \\ dE/dq = 0, \text{如果} q^* > 0 \end{cases}$$

假定 $\alpha = 1$,即个体没有医疗保险的情况,则 $\frac{dEU}{dq} = -\pi U'_1 < 0$ (其中 $U'_1 > 0$),最优解是边界解, $q^* = 0$,说明个体不就诊是最优的。当 $dEU/dq = 0$ 时, $q^* > 0$,说明取得内部解,个体就诊是最优的。

因此,个体利用有限的资源(Y),衡量对医疗及其他商品的投入,从而获得最大的效用,当个体处于患病状态选择就医时,会使财富减少,从而舍弃或减少其他方面需求的满足,为了达到总体效用最大化,个体会权衡到医院就诊带来的效用增加同减少财富带来的效用损失。在个体拥有医疗保险的情况下,个体就诊带来的效用增加不变,但减少其他方面需要带来的效用损失的程度降低。因此提出假设1:

同没有医疗保险的居民相比,有医疗保险的居民在患病时更倾向于就诊。

假定最优解 $q^* = q^*(\alpha)$,即消费的医疗服务是共保率 α 的函数。使用比较静态分析,假定式6-4的最优条件受到一个外生冲击 $d\alpha$,带来对 p 的最优的调整 dp^* ,使目标效用函数的最优解变化。新的最优解仍然满足 $dE/dq = 0$ 。因此,比较静态分析等式为:

$$\frac{\partial^2 EU}{\partial q^2} \cdot dq + \frac{\partial^2 EU}{\partial q \partial \alpha} \cdot d\alpha = 0 \qquad \text{(式6-5)}$$

式6-5的左半部分表示共保率变化对期望效用的冲击,右半部分表示最优的医疗数量调整对效用的影响。对该式整理后得到:

$$\frac{dq}{d\alpha} = -\frac{\partial^2 EU/\partial q \partial \alpha}{\partial^2 EU/\partial q^2} \qquad \text{(式6-6)}$$

已知 $U' < 0$,因此式6-6的分母是负数($\partial^2 EU/\partial q^2 < 0$,最优化的充分条件)。因此需要判断分子的符号,其中

$$\partial^2 EU/\partial q\partial\alpha = \pi U''_1(-\alpha\pi - 1 + \alpha)(-\pi q + q) + \pi U'_1(-\pi + 1) + (1-\pi)U''_2(-\alpha\pi)(-\pi q) + (1-\pi)U'_2(-\pi) \qquad \text{(式6-7)}$$

经整理后,得到:

$$\partial^2 EU/\partial q\partial\alpha = \pi(1-\pi)q\{[(1-\pi)\alpha - 1]U''_1 + \alpha\pi U''_2\} + \pi(1-\pi)(U'_1 - U'_2) \qquad \text{(式6-8)}$$

由于 $U''_1 < 0$, $U''_2 < 0$, $U'_1 - U'_2 < 0$,且 $0 < \alpha < 1$, $0 < 1-\pi < 1$,因此

式6－8的的符号取决于$[(1-\pi)\alpha-1]U''_1$，当π的值非常大且α的值很小时，式6－8大于0。可以得到：

$$\frac{dq}{d\alpha}=0 \quad (式6-9)$$

个体通过消费不同数量的医疗服务达到自身效用最大化①。报销比例决定于α，α越大，报销比例越大，个体从医疗服务消费中得到的效用是递增的。假定不同的报销比例代表不同的医疗保险。因此提出假设2：

不同的医疗保险制度下个体消费医疗服务存在差异，从消费的数量上看，报销比例α增加会引起个体消费医疗服务的数量增加。

为了分析参保人对就医机构的选择，假定参保人在患病状态下选择两个医疗机构就医，一个医疗机构是医疗保险报销机构，参保人的消费数量是q_x，面临的价格是$(1-\alpha)p$，另一个医疗机构是非医疗保险报销机构，参保人的消费数量是q_y，面临的价格是p。参保人将收入的一部分M用于医疗服务消费，患病的参保人的效用函数表示为：

$$EU(q_x,q_y)=\ln(q_x)+\ln(q_y) \quad (式6-10)$$
$$\text{s.t. } M=(1-\alpha)pq_y+pq_y$$

拉格朗日函数为：

$$L(q_x,q_y,\lambda)=\ln(q_x)+\ln(q_y)+\lambda[M-(1-\alpha)pq_y+pq_y] \quad (式6-11)$$

求解最优化方程，得到：

$$q_x=\frac{1}{\lambda(1-\alpha)p},\ q_y=\frac{1}{\lambda p} \quad (式6-12)$$

由于$0<(1-\alpha)<1$，因此$q_x>q_y$，而且α会影响医疗服务数量。个体根据效用最大化原则来选择医疗机构，在不同的医疗机构中，医疗保险的报销比例α不同，会影响个体在该医疗机构的消费数量，与非医疗保险定点机构相比，个体会更愿意到医疗保险定点机构就诊，或到医疗保险定点机构消费的医疗数量更大。提出假设3：

有医疗保险的居民更倾向于到医保报销机构就医。

① 尽管有时候个体是一种被动的选择，但个体仍然具有决策的权利。

第三节 健康保险影响就医行为的实证分析

居民的就医行为关系到不同层次医疗机构资源的利用效率及医疗机构的发展,关系到我国医药卫生体制改革的效果,还关系到我国居民的整体健康水平。探究基本医疗保险对居民就医行为的影响,一方面可以评估基本医疗保险政策的实施效果(帕森斯 Parsons,1949),另一方面能更有针对性地对医疗卫生领域进行改革。本部分对医疗保险影响就医行为,以及不同类型医疗保险对就医行为影响的差异展开深入的实证研究,使用嵌套 logit 模型对中国健康与营养调查数据库(CHNS)的数据进行分析,分析医疗保险制度设计对就医行为的引导作用,揭示就医行为背后深层次的原因,并提出从政策层面如何通过医疗保险的制度设计优化居民就医行为的对策。

一、数据来源与变量选择

(一)数据来源

本部分研究使用"中国健康与营养调查数据库(CHNS)"1989—2011 年调查的面板数据,样本涵盖了 9 年 12 个省份,具有广泛的全国代表性和时间代表性。CHNS 数据库除了收集家庭医疗保险、卫生保健和医疗服务的利用的数据,还包括人口社会学特征、家庭收入、教育等方面的信息。其中,"医疗服务"子数据库有 113446 个样本,本部分将该子数据库的样本数据同"个人信息""教育""工作及收入"等子数据库的数据匹配,将获得的数据作为原始样本。

为了更好地观察样本的行为,研究基于如下原则对样本进行筛选:剔除 18 岁以下的样本;剔除问卷调查无法确定是否有医疗保险的样本;剔除无法确定就医地点的样本;剔除无法确定住院还是门诊的样本;删除模型所需的其他变量观察值缺失的样本;最后,删除样本的一些异常值。本部分的最终总样本数为 6995 个。

(二)变量选择

本部分将衡量就医行为的三个基本指标,分别是居民患病时疾病处理方式,居民患病时对医疗机构的选择以及就诊方式。中国健康与营养调查调查问卷询问了居民"当你感到不舒服时,你怎么做的?""你在哪个医院看的病?"和"是看门诊还是住院治疗?"是嵌套 Logit 模型的三个水平,居民对第一个问题的回答是自己治疗或完全不在意,归入第一个子集(自我诊疗),居民回答找当地卫生员,去看医生(诊所,医院)归入另外一个子集(到医疗机构就医),第二个子集根据不同级别医院的分类,将回答为村诊所/社区卫生服务站,私人诊所,单位诊所,其他诊所,乡计生服务机构,乡医院/社区卫生服务中心的归类为乡镇级医院,将回答为县妇幼保健医院,县医院,职工医院的归类为县级医院,将回答为市妇幼保健医院/直辖市区级妇幼保健院,市医院/直辖市区级医院的归类为市级医院。第三个子集根据回答是看门诊还是住院治疗进行归类。

"是否加入了医疗保险"是本部分最重要的解释变量,该变量为虚拟变量,"加入基本医疗保险"赋值为1,否则取0。医疗保险的类型包括公费医疗、城镇职工基本医疗保险(城职保)、城镇居民基本医疗保险(城居保)、新型农村合作医疗保险(新农合)和商业保险,不同类型的医疗保险同样作为虚拟变量。

根据就医行为模型(安德森和纽曼,1973;安德森,1995),影响就医行为的个体变量的因素除了医疗保险,还包括先决特征(Predisposing)、能促因素(Enabling)和疾病状况(Illness Level)等。本部分尽可能控制影响就医行为的其他变量,包括:年龄、性别、婚姻状况等个体特征;社会结构因素,如民族、户口①、受教育程度、月收入水平②;疾病的状况,选择患病或受伤的严重程度;健康状态,使用调查问卷中的自评健康状况来代替,自评健康状况变量的取值:非常好 =1,好 =2,一般 =3,差 =4。另一类影响就医行为的变量是医疗服务状况,这里主要考虑医疗费用状况,由于 CHNS 数据库中没有对医疗服务状况的数据,因此引入外部数据,数据主要源于各年度的《中国卫生和计划生育统计年鉴》,其中,医疗费用状况使用对应省对应年度不同层级医疗机构的人均医疗费用的数据。

二、模型设计

本部分使用理论模型分析了医疗保险对个体就医行为的影响,并提出了相关的假设。实证部分根据假设,按照"就医决策 - 选择就医机构 - 就医方式"的树状分层结构来选择最终就医方式,采用嵌套 logit 模型来模拟这种分层选择逻辑(麦克法登 McFadden,1984)。嵌套 logit 模型使得个体在代表了每个决定的最大效用的基础上进行选择。假定个体 i 以效用最大化为目标,先在就医决策 $r=1,2$(自我治疗、就诊)中进行选择,再在医疗机构 $l=1,2,3$ 中进行选择,最后在就医方式(门诊,住院)中进行选择,模型构建如下:

---

① 引入户口这个具有中国特色的社会经济变量,是因为农村和城镇户口居民通常难以平等享受本地的公共服务,并可能影响居民的就医行为。

② 月收入水平是关于问卷调查"包括补助,一般每月工资有多少钱?"的回答。

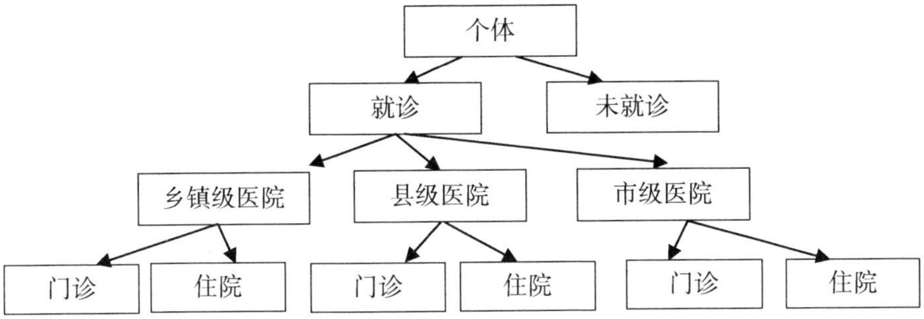

图 6-3 嵌套 logit 模型层次结构图

这一选择过程的条件概率为：

$$p = \frac{\exp(u_j^i)}{\sum_{j=1}^{2}\exp(u_k^i)} \times \frac{\exp(u_l^i + \lambda_l I_l)}{\sum_{r=1}^{3}\exp(u_l^i + \lambda_l I_l)} \times \frac{\exp(u_r^i + \lambda_r I_r)}{\sum_{r=1}^{3}\exp(u_r^i + \lambda_r I_r)}$$

（式 6-13）

式 6-13 中，个体 i 在第一层选择中选定区域 r 的概率由解释变量即包含值项 I_l 和 I_r（inclusive value, IV）共同决定。λ_l 和 λ_r 为包含值的影响系数。$(1-\lambda_l)$ 和 $(1-\lambda_r)$ 为相似系数，反应同一区域 r 内医疗机构的相似程度。$0<\lambda_l<1$ 和 $0<\lambda_r<1$ NLM 是有效估计的充分条件。

三、实证检验

（一）变量描述性统计

表 6-1 给出了按照样本是否拥有医疗保险和调查年份分组的样本情况，可以看出，2009 年以前没有医疗保险的人群占样本的绝大多数，2011 年随着基本医疗保险覆盖率的提高，样本中有医疗保险的居民占绝大多数。医疗保险的主要类别包括公费医疗、城职保、城居保、新农合、商业保险等，有医疗保险的人群中，调查年份公费医疗的样本占有医疗保险的样本的绝大多数，公费医疗制度是国家为国家工作人员提供的一项社会保障制度，国家通过医疗卫生部门向享受人员提供制度规定范围内的免费医疗预防《公费医疗管理办法》。当前虽然公费医疗已经逐渐由城职保、城居保和新农合三种基本医疗保险制度取代，但本部分的统计中可以看出，2011 年公费医疗仍占到拥有医疗保险样本的绝大多数。2009 年后出现了城职保和城居保的参保的样本且增长较快，1989—2011 年参加新农合的样本数呈现不断增加的态势。但也可以看出，商业保险的发展非常缓慢，2011 年购买商业保险的人数是所有年份中最多的，但也仅占当年样本数的 5.08%。

表6－1 不同年份、不同医疗保险参保情况①

年份	公费医疗	城职保	城居保	农村新型合作医疗	商业保险	其他保险	没有医疗保险
1989	23	0	0	3	0	0	60
1991	133	0	0	28	0	3	407
1993	119	0	0	27	0	3	398
1997	93	0	0	29	0	3	353
2000	102	0	0	19	9	3	317
2004	163	0	0	74	41	10	762
2006	136	0	0	61	21	8	689
2009	151	50	33	132	39	10	800
2011	146	375	195	219	76	17	469
总计	1066	525	314	592	186	57	4255

图6－4是样本1989—2011年9个省份拥有医疗保险的样本统计情况，可以看出，从1989—2009年，医疗保险的参保率都很低，在30%以下，2009年实施新医改后，参保率有了显著的增加，2011年的参保率达到了68.44%。

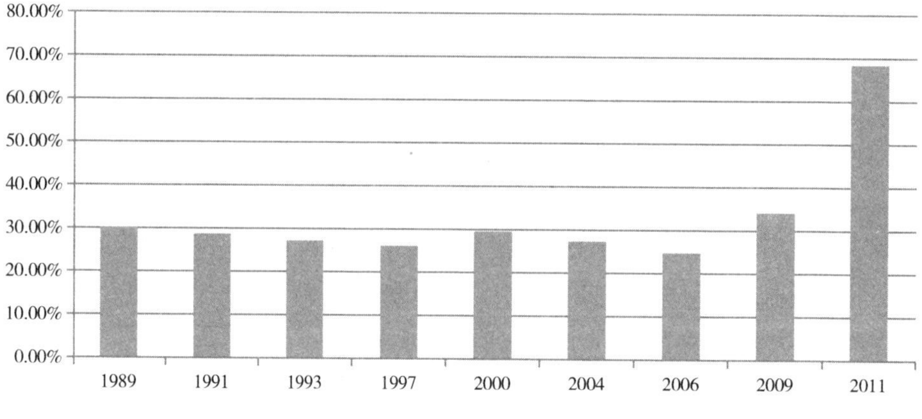

图6－4 1989—2011年9个省份样本医疗保险参与统计情况②

表6－2给出了按照是否拥有医疗保险分组的相关变量的描述性统计和T检验，可以比较有医疗保险的样本和没有医疗保险的样本的差距。由于住院天数、

① 资料来源：中国健康与营养调查数据库（CHNS）。

② 资料来源：中国健康与营养调查数据库（CHNS）。

医疗支出和收入的标准差比较大，说明离散程度很高，采用对数变换修正该数据的非正态性。

相比有医疗保险的居民，没有医疗保险的居民在患病后更倾向于就医，且更倾向于去高一级别的医院就医，有医疗保险的居民同没有医疗保险的居民在年龄、民族、户口、受教育程度、婚姻状况、收入、自评健康状况等方面都有显著差异，有医疗保险的居民的自评健康状况显著差于没有医疗保险的居民，由于商业保险是自愿购买，且基本医疗保险中除了城镇职工医疗保险是强制的，其他基本医疗保险都存在居民的选择，因此可能存在逆选择的问题，在后文的检验中要控制逆选择对模型结果的影响。由于单因素分析缺少了控制变量的影响，因此两组样本在排除其他可观测因素干扰后的关系如何，还有待进一步考察。

（二）实证检验

本部分运用 Stata 对模型进行检验，在第一层选择时，以自我治疗作为对照组，分析居民患病时疾病处理方式的影响因素。其次，加入衡量医疗机构状况的变量，以乡镇级医院为对照组分析居民医疗机构选择的影响因素。最后，以门诊为参照组，分析居民就诊方式的影响因素。

（一）嵌套 Logit 模型的结果

从嵌套 Logit 模型的第一层开始对参数进行估计，依次得到各层的估计结果，如表 3。其中第一层和第二层分别包含 8 个和 6 个解释变量，这些变量是选项不变回归元（casc specific variables），第三层包含 6 个解释变量，这些变量是选项变化回归元（alternative - specific variables）。

表 6-2 描述性统计和差异的 T 检验

变量	Insurance = 1 N = 2740 (1)		Insurance = 0 N = 4190 (2)		均值的差 (3) = (1) - (2)	标准差	p - value	95% Confidence Interval of the Difference	
	均值	标准差	均值	标准差				Lower	Lower
疾病处理方式	0. 769	0. 422	0. 666	0. 472	0. 103 ***	0. 013	0. 000	0. 078	0. 128
医疗机构选择	6. 735	3. 866	5. 452	3. 968	1. 283 ***	0. 108	0. 000	1. 071	1. 495
住院天数	10. 541	9. 416	10. 714	11. 228	-0. 173	1. 042	0. 868	-2. 220	1. 873
医疗支出	2486. 011	9437. 988	1908. 843	9626. 057	577. 167	352. 265	0. 101	67. 750	113. 415
性别	0. 513	0. 500	0. 521	0. 500	-0. 008	0. 014	0. 549	-0. 035	0. 019
年龄	60. 355	15. 683	63. 315	62. 405	-2. 960 **	1. 490	0. 047	-5. 881	-0. 039
民族	0. 967	0. 180	0. 901	0. 299	0. 066	0. 107	0. 214	0. 051	0. 081
户口	0. 417	0. 493	0. 676	0. 468	-0. 259 ***	0. 013	0. 000	-0. 285	-0. 234
受教育程度	0. 123	0. 328	0. 019	0. 137	0. 104 ***	0. 006	0. 000	0. 093	0. 115
婚姻状况	0. 844	0. 363	0. 813	0. 390	0. 031 ***	0. 010	0. 003	0. 010	0. 051
月收入	929. 101	1761. 794	202. 409	545. 299	726. 692 ***	15. 406	0. 000	558. 619	619. 018
自评健康状况	0. 720	1. 120	1. 408	1. 169	-0. 687 ***	0. 032	0. 000	-0. 750	-0. 625

注：* 表示 10% 的显著性水平，* * 表示 5% 的显著性水平，* * * 表示 1% 的显著性水平。

表 6-3 医疗保险对就医行为的影响

	第一层:患病时疾病处理方式(对照组:自我诊疗)		
是否有医疗保险	0.516*** 0.000		
性别	0.221 0.532		
年龄	0.178*** 0.001		
民族	0.001 0.202		
户口	-0.326*** 0.001		
受教育程度	0.322*** 0.000		
婚姻状况	-0.104 0.458		
收入	1.059*** 0.000		
自评健康状况	0.001*** 0.000		
	第二层:医疗机构选择		
	乡镇级医院	县级医院	市级医院
公费医疗	0.385*** 0.000	0.258** 0.012	0.319*** 0.000
城职保	-0.649*** 0.000	0.480*** 0.000	0.453*** 0.000
城居保	0.236*** 0.001	-0.688*** 0.001	-0.019 0.948
新农合	0.312*** 0.000	-0.736*** 0.003	-0.514*** 0.000

续表

	第二层:医疗机构选择		
	乡镇级医院	县级医院	市级医院
商业保险	-0.542*** 0.000	0.271*** 0.000	0.553*** 0.000
人均医疗费用	-0.558** 0.038	-0.495* 0.080	-0.458** 0.003
	第三层:就诊方式(对照组:门诊)		
公费医疗	0.483 0.182		
城职保	0.136** 0.014		
城居保	0.473** 0.030		
新农合	0.104* 0.077		
商业保险	0.301*** 0.000		
患病严重程度	0.663** 0.012		
年份	加入		
省份	加入		
Dissimarity parameters:			
IV 自我诊疗	0.438		
IV 就诊	0.236		
IV 乡镇级医院	0.537		
IV 县级医院	0.439		
IV 市级医院	0.348		
样本观测数	6995		
极大似然函数值	-985		

续表

	第三层:就诊方式(对照组:门诊)
Chi2	22.37
Prob > chi2	0.000
IIA 检验	0.0045

注:* 表示 10% 的显著性水平,* * 表示 5% 的显著性水平,* * * 表示 1% 的显著性水平

包含值(IV)和 IIV 检验是 NLM 模型衡量分层选择逻辑有效性和稳健性的重要指标。根据麦克法登(1984) 的研究,当 IV 值处于(0,1)这个开区间并且接近 0.5,可以确定 NLM 模型的有效性。表 6 - 3 中,IV 值都在 0.2 到 0.6 之间,且大部分显著水平达到 1%,说明使用分层结构是合适的。此外,IIA 检验均小于 0.05,说明 NLM 的结果比较稳健。模型的结果解释如下:

患病时疾病处理方式:以自我诊疗为参照物的结果显示,医疗保险极大地改变了样本的疾病处理方式,有医疗保险的样本在患病时找卫生员或看医生的概率提高了 51.6%,且在 1% 的置信水平下显著。对控制变量的检验结果显示,年龄、户口、受教育程度、收入、自评健康状况对于样本就医行为有显著的影响。年龄分别在 1% 和 5% 的置信水平下显著影响样本对县级医院和乡镇级医院的选择,随着年龄的增加,居民在患病时更倾向于找卫生员或看医生,这同莱因哈特(Reinhardt,2000)、布朗和西奥哈利德斯(Theoharides,2009)的研究发现年龄因素会对个体的就医行为产生显著影响一致。城镇户口的样本更倾向于就诊,这比较符合实际,因为在中国二元经济结构背景下,城镇户口居民和农村户口居民在获取医疗资源的公平性和可及性上存在差异。受教育程度在 1% 的置信水平下同疾病处理方式正相关,说明教育程度越高的样本患病时越倾向于就医,说明教育程度越高的样本患病时越倾向于就诊,这同已有研究认为教育与医疗利用显著正相关相符(伊库库 Ichoku 和莱布兰特 Leibbrandt,2003;林德洛 Lindelow,2004;哈伯顿 Habtom 和鲁伊斯 Ruys,2007)。收入同疾病处理方式正相关且在 1% 的置信水平下显著,说明收入水平越高,居民患病就医的概率越高,这同已有研究发现人均收入对就医有正向影响是一致的(马基宁等 Makinen,2000;杰弗里 Jeffrey 和霍奇基斯 Hotchkiss,2003)。研究还发现自评健康状况显著影响居民的疾病处理方式,自评健康状况越差的居民,在患病时越倾向于就医。但研究并未发现性别对疾病处理方式有影响,这同高(Gao)和姚(Yao,2006)等的研究结果不一致,可能受到样本选择的影响。

医疗机构选择:模型显示不同的医疗保险对居民选择医疗机构的影响是不同的,享受公费医疗的样本到县级和市级医院就医的相对概率要高,且在1%的置信水平下显著,其中,选择市级医院的倾向更加明显(38.5%),参加城职保的样本县级和市级医院就医的相对概率要高,分别高48%和45.3%。而参加城居保和新农合的样本选择乡镇级医院就医的相对概率显著较高(23.6%和31.2%),且在1%的置信水平下显著,这主要是因为新农合的参保对象是农村居民,因此大多选择乡镇级医院就医选择,而城职保和城居保将社区卫生服务中心、专科医院、院店合作和二级及其以下医疗机构确定为首诊医疗机构①。购买商业保险的样本选择市级医院就医的概率在1%的置信水平下显著,说明购买商业保险的样本倾向于选择市级医院就医。人均医疗费用对居民选择不同层级医疗机构的影响分别在5%和10%的置信水平下显著,且影响都是负向的,说明人均医疗费用越高,居民选择该层级医疗机构的概率越低。

就诊方式:公费医疗的居民选择门诊还是住院并不显著,但城职保、城居保和新农合的居民选择住院的概率明显大于门诊(13.6%,47.3%,10.4%),分别在5%和10%的置信水平下显著,商业保险的居民选择住院的概率在1%的置信水平下高出门诊30.1%,患病的严重程度对选择住院的影响为66.3%。这同中国医疗保障制度给付结构偏重住院费用的减免相关,城镇保和城居保都以报销住院费用为主,仅对少数病种的大额门诊费用予以报销的制度设计有关。

四、稳健性检验

(一)针对特定的样本的进一步检验

2009年深化医药卫生体制改革的意见提出,城职保、城居保和新农合对政策范围内的住院费用报销比例逐步提高,并逐步扩大和提高门诊费用报销范围和比例。2009年以后的样本更具有代表性,因此利用2009年、2011年两期数据作为新的面板数据,对前文的结果进行检验。

① 我们在分类时是将社区卫生服务站和社区卫生服务中心纳入了乡镇级医院。

表6-4 特定样本的稳健性检验

变量名称	疾病处理方式（n=2712）		医疗机构选择（n=2712）					
			乡镇级医院		县级医院		市级医院	
是否有医疗保险	0.417	0.183	-0.125***	0.002	0.105***	0.005	0.084**	0.026
公费医疗	0.602**	0.044	-0.084***	0.002	0.053***	0.007	0.046*	0.079
城职保	0.122***	0.003	0.095**	0.017	-0.062**	0.025	-0.050	0.193
城居保	0.025	0.176	0.137***	0.000	-0.152***	0.000	-0.097***	0.002
新农合	0.114	0.291	0.241***	0.000	-0.136***	0.000	-0.132***	0.000
商业保险	0.026	0.124	-0.101***	0.000	-0.121***	0.000	0.078***	0.003
性别	-0.037	0.129	-0.027	0.251	-0.016	0.251	0.016	0.492
年龄	0.001	0.278	0.002	0.226	0.002	0.226	0.003	0.208
民族	-0.014	0.565	-0.035	0.144	-0.024	0.137	0.058**	0.012
户口	0.028	0.332	0.062**	0.022	0.012*	0.065	-0.310***	0.000
受教育程度	-0.032	0.234	-0.086***	0.001	-0.053***	0.001	0.094***	0.000
婚姻状况	-0.022	0.366	-0.071***	0.003	-0.082***	0.003	0.043*	0.060
收入	0.076***	0.003	-0.045*	0.072	-0.025*	0.072	0.039	0.101
自评健康状况	0.081**	0.012	0.114***	0.000	0.138***	0.000	-0.040	0.177
年份	加入		加入		加入		加入	
省份	加入		加入		加入		加入	

注：*表示10%的显著性水平，**表示5%的显著性水平，***表示1%的显著性水平。

特定样本的检验结果显示，公费医疗和城职保显著增加了样本在患病时找卫生员或看医生的概率。同时，有医疗保险的样本选择县级医院和市级医院就医的概率较高，而没有医疗保险的样本选择乡镇级医院的概率较高。享受公费医疗的样本到县级和市级医院就医的概率显著要高，而参加城职保、城居保和新农合的居民选择乡镇级医院就医的概率显著要高，购买商业保险的样本选择市级医院就医的概率较高。特定样本的结果同前文检验的结果基本是一致的。

（二）双重差分（DID）模型的进一步检验

为了进一步评估我国实施的医疗保险政策对居民就医行为的影响，使用双重差分估计法，由于样本总体中有两组群体（有医疗保险和没有医疗保险），能够在多期观测到其中的个体数据，在某些时期某些个体受到了医疗保险政策的影响。把受到政策影响的样本称为处理组（treatment group）把不受政策变化影响的样本称为对照组（control group）。双重差分估计法利用医疗保险政策所带来的横向单位（cross -sectional）和时间序列（time - series）的双重差异来识别政策的“处理效应”（treatment effect）（Wooldridge，1999）①。双重差分模型如下：

$$Y = \beta_0 + \beta_1 T_i + \beta_2 D + \beta_3 T_i D + \beta_4 X_i + \varepsilon_t \qquad (式6-14)$$

其中，个体 i 属于组别 D，D 为“处理”与否的虚拟变量。当个体 i 有医疗保险时，虚拟变量 D=1；当个体 i 没有医疗保险时，虚拟变量 D=0。观测时期 Ti ∈ {0，1}，是政策实施之后某时期的虚拟变量。Yi 为医疗保险政策实施影响的结果变量，Yi (0)表示个体没有接受“处理”的结果，Yi (1)表示个体接受“处理”的结果。T_iD 为时间虚拟变量和“处理”与否虚拟变量的交互项；X 是其他影响结果变量 Yi 的因素；β_1 可用来度量政策实施的效果，ε_t 为误差项，表示不可观测的个体特质。β_3 是双重差分估计量。

由于不同的基本医疗保险实施的时间不同，因此主要以城镇职工基本医疗保险的样本作为实验组，城镇居民基本医疗保险从 2009 年开始全面实施，将 2009 年之前作为政策实施前，之后的 2009 和 2011 作为政策实施后，模型的结果如下：

---

① 对政策发生后不同群体进行比较（处理组和对照组），或者对同一群体在不同时期进行对比（“处理”前和“处理”后），得到的估计结果都可能产生偏差。因为前者忽视了不同群体本身在同一时期可能存在的不可观测的系统性差异（如个体患病状况），而后者忽视了政策实施期间可能存在的其他变化影响。

表 6-5 双重差分模型检验

	疾病处理方式	乡镇级医院	县级医院	市级医院	就医方式
常数项	-18.23 0.32	-8.39 0.34	-9.39 0.56	16.28 0.39	7.54 0.39
时间变量	0.12 0.39	0.31 0.15	-0.01 0.16	0.03** 0.11	0.28** 0.04
医疗保险政策实施	0.04** 0.03	0.05* 0.07	0.12 0.13	0.14* 0.07	0.14** 0.03
交互项	0.15*** 0.00	0.29** 0.00	0.08*** 0.00	-0.12*** 0.00	-0.18*** 0.00
控制变量	加入	加入	加入	加入	加入
样本量	643	425	98	120	643

注：* 表示 10% 的显著性水平，* * 表示 5% 的显著性水平，* * * 表示 1% 的显著性水平。

模型的结果可以看出，交互项对疾病处理方式的影响在 5% 的置信水平下显著，政策效应为正，这说明，在控制了两个时期的系统变化和组别变化之后，有医疗保险的个体就诊率与没有医疗保险的个体相比增加了 15%。交互项对选择不同医疗机构的影响分别在 5% 和 10% 的置信水平下显著，对到市级医院就医的影响是负的，对到乡镇级和县级医院就医的影响是正的。双重差分模型的结果基本符合前文的实证检验。

五、研究总结

从研究结果可以看出，分析医疗保险影响居民就医行为的路径，对于缓解我国“看病难、看病贵”的问题有一定的参考作用。

我国医药卫生体制改革的目标是让居民愿意看病，能够主动去看病，本部分的结果发现基本医疗保险制度的实施符合该目标，医疗保险确实对居民患病时的疾病处理方式产生了显著影响。研究还发现不同的医疗保险的影响是有差异的，我国现行的三大基本医疗保险中，新农合的影响最大，城居保其次，最后是城职保，因为城职保实施时间较长，参保群体为城镇职工及退休人员，这部分人群大多在参加城职保前有公费医疗。而新农合和城居保的参保群体大多在参保前没有任何医疗保险的保障,因此医疗保险对就医行为的影响较大。

本部分的研究还发现,基本医疗保险引导居民向社区、乡一级医院就医的措施对居民选择医疗机构的行为产生了一定的影响,有利于“小病到社区、大病到医院”分级医疗的目的,从而在一定程度上缓解了大型医疗机构的压力。但不同的医疗保险的引导效果存在差异。同时研究发现,在基本医疗保险偏重住院费用报销的给付结构下,患者会减少对门诊和预防性医疗的利用,这可能导致患者因缺乏对病情监控而延误病情直至病情严重需要住院,反而会增加医疗保险的开支。美国相关研究就表明,低收入群体在医疗服务利用需求和紧急的物质需求(如食物、住所)相冲突的情况下常常放弃预防性医疗服务(吉尔伯格 Gelberg 和安德森等,2000),推迟治疗直到病情严重。减少门诊服务和预防性服务的结果反而会增加医疗服务利用的成本(莱文 Lewin 和奥特曼 Altman,2000)。

本部分研究试图寻求一条有效地提高居民医疗服务利用、引导居民合理就医及就诊的路径,为居民提供更多的健康保障,并且实现将有限的资源用于提高医疗保险制度的效率,为进一步深化医药卫生体制改革提供参考。

一是我国医疗保险体系中商业医疗保险所占的比率非常低,未能有效发挥对基本医疗保险的补充作用。如果单纯地依靠基本医疗保险来满足居民不断增长的医疗保障需求,将给国家财政造成沉重负担,商业医疗保险是一个国家医疗保险体系的重要组成部分,商业医疗保险的发展及其与基本医疗保险的有效配合,可以提高居民的医疗保障水平,并减轻政府的财政负担。

二是研究反映出我国基本医疗保险制度之间的报销比例的差距是造成不同就医行为的原因,整合城乡居民基本医疗保险制度需要政府在考虑经济承受能力和筹资可持续性的基础上,以改善公平性为目标,统一保障待遇,统一医保目录等。

三是城职保和城居保对引导居民向社区、乡一级医院就起到了一定的作用,但仍需进一步引导小病由以社区、乡为基础的初级医疗卫生服务提供者来医治,无法医治的疾病则通过转诊体系交由医院来医治,改革、发展和完善社区医疗服务体系,从而进一步缓解大医院人满为患的问题。

四是应当改革基本医疗保险制度重住院轻门诊的给付结构。偏重住院费用报销的制度设计影响了居民的就医行为。当前,中国疾病模式表现为慢性病取代传染病、急性疾病成为健康主要杀手。中国疾病模式的改变要求从疾病形成的上游进行干预。而慢性病通过长期预防、监控和践行健康行为能够得到有效控制,普通门诊和预防性医疗服务将是最具效率的选择,这就需要疾病防治关口和重心下移到基层医疗服务系统,普通门诊和基层医疗机构能够更有效地进行防治,而不一定需要住院治疗(原卫生部统计信息中心,2009)。

第七章

健康保险的健康绩效

健康保险的首要意义在于帮助参保人在其遇到风险、遭到损失时能够最大限度地为其分散风险，为其提供健康风险分散机制，起到保护参保人健康的重要作用，健康保险提高了个人就医的财务可及性，增加了卫生服务利用，应该能提高人们健康水平。但健康保险只是维护和提高人们健康的一种方式，医疗救助、提供免费疫苗、提高营养摄入等干预手段也可以维护和促进健康。而且由于健康的决定因素很多，较之环境、基因、收入等因素，卫生服务利用对健康的影响实际上相对较低，而且边际递减，最终的结果并不明确。其次，健康保险让个人在医疗卫生服务利用时面临较低的边际成本，由此产生的道德风险可能导致资源浪费。只有准确估计健康保险对健康的影响，才能将健康保险与其他干预手段进行比较，从而调整和优化相关公共政策，以利用有限的社会资源取得最大化的社会效益。

第一节　健康保险影响健康的机制及效果

一、健康保险影响健康的机制

健康保险可能通过三个渠道对健康产生影响：第一，由于医保提高就医财务可及性，更充足的健康检查和预防治疗，以及更多数量、更高质量的卫生服务利用，将可能对健康产生正向促进作用（卡特勒和维格多 Vigdor，2005；卡德等，2008；2009，芬克尔斯坦等，2012）。第二，健康保险可能通过改变个人健康行为影响健康。一方面，由于参保降低个人承担的就医费用，参保人可能进行更多危害健康的行为，如驾车时不系安全带，即通过道德风险行为影响个人健康（阿罗，1985，卡特勒和泽克豪瑟 Zeckhauser，2000）。另一方面，由于参保后可享受更多预防医疗等服务，个人可能因此对自身健康行为进行调整，如纠正吸烟、酗酒等危害健康的行为，有利于促进个人健康水平的提高（阿亚尼安等，2000；贝克等 Baker，2001）。

第三,健康保险还可能通过其他渠道间接影响健康,如降低参保个人或家庭的预防性储蓄。医保降低未来医疗消费的不确定性,参保个人或家庭可能因此减少预防性储蓄。减少的预防性储蓄将促进参保个人或家庭其他方面支出的增加,如消费更多的食品等(白等 Bai,2014),从而影响健康。

二、健康保险影响健康的效果

(一)健康保险提高健康水平

国外学者对健康保险与健康之间的关系进行了充分的研究。一部分学者的研究结论为健康保险对人们健康水平有一定的促进作用。健康保险对健康的影响大多从实证的角度分析健康保险直接影响以预期寿命、存活率、成年人的死亡率和其他一些指标衡量的健康指标的情况,这些研究确实找到了一些医疗保险有助于提高人们健康水平的证据。一些研究发现医疗保险降低了保障对象的死亡率(柯里 Currie 和格鲁伯,1996),或显著提高了保障对象的自评健康状况(芬克斯坦等人,2011),或改变了不同群体受到疾病冲击后健康的变化(卡特勒和维格多,2005)。

相关因果研究大部分集中在对美国健康保险的研究。比如,卡特勒和维格多(2005)利用面板数据,采用倍差法(DID)进行识别,比较 51—65 岁中有无保险的人群面对疾病冲击后健康的变化,发现未参保个人在面临慢性病冲击后,健康的恶化程度超过参保个人,但是两组人群在面临急性疾病冲击下并不存在显著差异。卡德等(2009)利用健康保险向所有年满 65 岁的美国居民免费提供的政策规定,采用断点回归设计(regression discontinuity design)方法研究健康保险对 65 岁急诊入院病人健康的影响,发现健康保险显著降低了他们 7 天内的死亡数。另外还有大量文献对美国低收入健康保险进行了研究。比如,柯里和格鲁伯(1996a)发现 1984—1992 年健康保险的扩张降低了儿童死亡率的比例达 5.1%,同年她们的另一篇文章(柯里和格鲁伯,1996b)也发现健康保险的扩张降低了新生婴儿死亡和新生低体重儿的发生率。芬克斯坦等(2011)的研究则发现美国俄勒冈州标准健康保险计划显著提高了 19—64 岁的自评身体和精神健康,但对死亡率没有影响。对美国之外的其他国家研究相对较少。汉拉蒂(Hanratty,1996)研究加拿大全民健康保险的实施对婴儿健康的影响,发现全民医保显著降低了 4% 的婴儿死亡率和 1.3% 的新生低体重发生率。在印度健康保险的研究中,阿格瓦尔(Aggarwal,2010)对印度医保项目进行了研究,所采用的模型方法为趋势得分配对法,表明印度医保项目对参保人的健康起到了一定的积极影响。以上文献都肯定了健康保险对健康水平有一定的促进作用，但影响健康水平的指标各不相同。

国内学者大多关注我国基本医疗保险对健康的影响，分别针对城镇和农村不同的群体进行研究，集中在医疗保险对农村居民和老年人群的研究。吴联灿和申曙光（2010）发现新农合对个人自评健康有小幅正影响（2.75%）、王等人（2009）发现 RMHC（农村互助医疗保险）显著提高了农村居民健康水平，黄枫和吴纯杰（2009）、黄枫和甘犁（2010）均发现参保老人死亡风险较未参保老人更低，潘杰等人（2013）发现医疗保险制度可以促进参保居民健康水平的提高。

针对城镇群体的研究发现黄枫、吴纯杰（2009）选取了中国老年人健康长寿影响因素调查（CLHLS）中的 2002 年和 2005 年两年数据，由于模型中存在着遗漏变量的问题，因此采用工具变量法减少或消除了模型中的问题。其模型估计结果显示：参保医疗保险的老年人与无医疗保险老人相比，其死亡概率显著降低。针对医疗保险对我国城镇老年人健康水平的促进作用存在地区差异和地位差异。潘杰、雷晓燕、刘国恩（2013）为了研究城居保对居民健康水平的影响，所采用的模型方法为工具变量法，并运用 2007—2010 年国务院城镇居民基本医疗保险入户调查数据。其模型估计结果表明，参合医疗保险对居民健康状况有一定的促进作用，尤其是对低收入人群的促进作用更为明显。胡宏伟和刘国恩（2012）采用的研究方法为倾向性评分匹配法（PSM）与倍差法（DID），并使用国务院城镇居民基本医疗保险入户调查数据，对城居保对城镇居民的影响进行了分析。其模型估计结果表明城居保显著对低收入且健康状况较差的老年人的健康水平有明显的提高，但没有显著提高其他居民的健康水平。通过消除或解决变量间内生性问题后，部分研究文献肯定了医疗保险对居民健康水平的提高，并且其促进作用对低健康群体的健康效应更明显。

针对农村样本的研究主要是研究新农合的健康绩效。程令国和张晔（2012）为了研究新农合对个人健康水平的影响，所采用的研究方法为倾向性评分匹配法（PSM）与倍差法（DID）。研究结果表明，新农合对个人健康状况起到正向的促进作用。吴联灿、申曙光（2010）为了对新农合的作用效果进行分析，采用倾向性评分匹配法（PSM）和倍差法（DID），其模型结果显示，虽然新农合制度对农民健康水平起到了一定的改善作用，但其作用效率不高并且影响有限。田玲、姚鹏（2014）通过使用“中国健康与养老追踪调查（CHARLS）”2011 年全国基线调查数据，利用倾向得分匹配法，发现在我国农村地区，参加新农合对于个人自评健康和其他健康指标（糖尿病、高血脂等）具有显著的负面影响。而参加商业医疗保险的个体对于个人的健康具有明显的促进作用。林万川和雷晓燕（2008）为了对新农合对健康水平的影响进行实证分析，采用 Probit 模型、普通最小二乘法和工具变量法三种方法,并通过中国健康与营养调查(CHNS)数据,其研究发现,新农合并未使参合人员的健康状况得到明显的改善。

(二)健康保险对健康水平无显著影响

但也有相关文献表明健康保险对健康水平的提高作用并不明显,并不是对所有健康指标都有明显的促进作用。芬克斯坦和马克奈特(Mc Knight,2008)利用健康保险于1965年开始在美国各州实行的特点,也用倍差法发现健康保险在实行的头十年里并没有显著降低65岁以上人群死亡率。金等(King,2009)研究墨西哥全民健康保险对全人群健康的影响,发现全民医保对个人自评健康未产生显著影响。在墨西哥健康保险的研究中,金等(2009)研究结果显示,全民医保对个人的健康状况未产生影响。在台湾健康保险的研究中,周(Chou,2011)和庚、盛(Keng、Shen,2013)的实证结果表明,虽然健康保险降低了婴儿死亡率,但是并没有显著降低老年人的死亡率。

我国部分学者的研究认为医疗保险对健康水平并无促进作用。而造成这一结果的原因可能是由于医疗保险与健康水平之间存在遗漏变量问题和变量之间的内生性问题。其中赵忠、侯振刚(2005)利用“中国健康与营养调查”2000年截面数据,在人力资本的框架下,对我国城镇居民的健康影响因素进行了研究。发现医疗保险对健康水平始终呈不显著的负向影响。针对研究结果,本篇文章给予了解释,这可能是由于回归中遗漏解释变量造成的估计偏差。罗楚亮(2008)采用城镇住户调查数据,研究了影响城镇居民的健康水平主要因素及其医疗支出行为。实证结果发现,公费医疗或大病统筹覆盖对健康水平有显著的负面影响,对自评健康无显著影响。而这一结果在一定程度上是由于变量间的内生性问题所导致的。由于医疗保险与健康水平之间存在内生性问题,简单的回归会造成结果的偏差,因此国内学者在原有研究的基础之上利用工具变量法、倾向性得分匹配法和倍差法相结合的方法解决其内生性问题。李冰冰和胡宏伟(2010)对医疗保险对老年人健康的影响进行了研究,但并未发现显著影响。

三、健康保险影响健康的研究方法

健康保险影响健康的研究主要有三种,一是观察性研究。这些研究使用多元回归或类似的技术来控制可观察的特征,如收入,年龄,性别,种族和健康行为,这些可能在有健康保险和没有健康保险的人之间有所不同,并且比较投保人和未投保人的健康结果。大多数这些研究发现健康保险覆盖率与健康之间存在正相关关系。但使用这种方法时,有健康保险的人和没有保险的人之间不可观察的差异可能会导致观察到的健康结果差异,即这种方法存在严重的内生性。

二是自然实验,包括自然实验或准实验。这些研究分析了政策或其他一些外生事件的变化,这些变化导致健康保险覆盖范围的变化——与健康无关且与健康保险覆盖范围的其他潜在决定因素无关。用于分析这些情况的方法各不相同:差异估计,回归不连续性设计和工具变量都是利用自然实验产生的外生变异的经验策略的例子。在每项研究中,健康保险的变化方式与不可观察的特征无关,而这些特征也决定健康,从而可以从一定程度上避免内生性,但这些研究只有一部分能够发现健康保险对健康的影响,这说明了这类研究的一个重要局限性:自然实验的结果可能与所研究的人群有关,因此不同的自然实验可能会产生不同的结论。例如,卡德等人发现65岁时转入医疗保险并未降低该年龄段的死亡率,但柯里和格鲁伯发现医疗补助计划的扩张降低了儿童和婴儿的死亡率。然而,这些不同的结果不一定是矛盾的,因为它们适用于不同的人群。

三是社会实验研究。目前只有兰德健康保险实验是一个真正的社会实验,其中健康保险覆盖被随机分配给个人,并且随后的健康结果在实验组之间进行比较。这种随机分配是评估因果关系的黄金标准,类似于医学界的随机临床试验。兰德公司的实验发现,保险对普通成年人的各种健康状况测量没有显著影响。因此,兰德实验的结果再次强调了健康保险对健康的影响在很大程度上取决于对健康的研究。

在三种研究方法中,大部分研究集中在对"自然实验"的研究上。"自然实验"研究的关键在于"外生影响因素"是否真正外生,倍差法中常用到的外生变量是时间(政策实施与否的哑变量),但时间往往与医学技术进步或其他相关公共政策联系,例如汉拉蒂(1996)的倍差法研究设计就不能完全排除健康的提高可能来自同时的医学技术进步。采用自然实验研究方法时,还要考虑政策与方法的融合。例如,卡德等(2004)在采用断点回归设计研究 Medicare 对死亡率影响时,没有排除 RD 要求的初始健康状态平滑的前提条件,进而在卡德等(Card et al.,2008)正式发表时删除了相关 Medicare 对健康影响的内容,后来改为对亚群样本(急诊人群)进行研究(卡德等,2009)。再如,黄枫和吴纯杰(2009)对医保影响中国城镇老人死亡率的研究中,利用平均参保率作为工具变量,发现老人参保状态内生,进而采用工具变量方法进行估计。黄枫和甘犁(2010)考虑到中国城镇老人的医保状态是以年轻时劳动关系为基础,认为他(她)们当下的参保状态不存在选择性,而在估计时就老人参保状态进行外生性假设。"自然实验"研究本身的社会性决定了对它识别存在的可能潜在争议,因此进行更多角度和大量的科学研究可能是解决争议的唯一办法。

第二节 健康保险影响健康的研究

本部分通过理论模型与实证数据的分析,利用了2014年和2018年两年的截面数据,通过使用倾向性匹配法与双重差分法,消除样本间的选择性误差,选取了短期客观健康评分、长期客观健康评分、医疗费用支出共同代表居民健康变量,分别研究了三大社会医疗保险在不同收入水平、不同年龄阶段下对居民健康的影响。

一、数据来源及变量选择

选取反映样本健康状况的变量作为被解释变量,作为被解释变量的健康指标,需要同时满足客观性、可测性和时期性。自评健康指标作为被解释变量备受文献青睐,因其能包含客观测量的健康状况所无法反映的、自我知晓的私人健康信息,但自评健康指标存在“心理因素”和“测量误差”等问题,难以满足客观性。为了消除该偏误,本部分采用客观的健康测算变量,即近四周特定症状的出现(0=无,1=有)和长期特定疾病的发生(0=无,1=有),作为反映个体健康状况的被解释变量。

被解释变量分为三大类:第一类指标反映的是参保人员的近期身体状况,即参保城镇职工基本医疗保险的短期健康效应。包括:过去4周中,是否生过病或受过伤(否或其他=0);过去4周中,患有发烧、喉咙痛、咳嗽(否或其他=0);过去4周中,有胃疼症状(否或其他=0);过去4周中,有头痛、眩晕症状(否或其他=0);过去4周中,有关节、肌肉酸痛(否或其他=0)。在过去4周中有患病症状的情况下,研究所患疾病的严重程度(不严重=1,一般=2,相当重=3)。第二类指标反映的是参保人员的长期健康状况,即参保城镇职工基本医疗保险的长期健康效应。包括:医生是否下过高血压诊断(0=没有),医生是否下过糖尿病诊断(0=没有),医生是否下过心肌梗死诊断(0=没有),医生是否下过肿瘤诊断(0=没有),医生是否下过脑卒中诊断(0=没有),医生是否下过骨折诊断(0=没有)。第三类指标反映的是参保人员医疗费用的支出情况,这里的医疗费用支出以2014年CHNS调查起始年份的不变价格进行计算。并将这三类变量整合为一个数值型被解释变量(数值越高,过去4周的症状越少,医生下的诊断越少,医疗费用支出越低)。

同时,研究还尽可能控制了其他影响健康状况的变量,包括:(1)人口社会学特征,包括性别(女性=1,男性=2)、年龄、教育程度、时期(2014年=0,2018年=1);(2)社会经济特征,包括个人年总收入;(3)生活习惯特征,包括日常活动强度(数值越高活动强度越大)、日常饮食习惯(具体指喜爱食物的烹饪方式,数值越高,烹饪方式越健康)。

二、模型设计

研究使用倾向匹配(PSM,Propensity Score Matching)与双重差分(DID,Difference in Difference)相结合的研究方法,使用这种方法的目的是在没有进行试验的基础上,通过匹配和双重差分的处理,而取得一种类似于试验的效果,实现一种类似的反事实估计(Counterfactual Estimation),从而能够得到社会医疗保险对居民健康影响的"净效应",即ATT(Average Treatment Effect of Treated)。其中,在基期对处理组和实验组进行匹配处理,通过控制两组人各类特征的方法,一定程度上控制两组人的异质性,从而实现在基期匹配后的处理组和控制组更加逼近自然实验,为后文中的反事实估计奠定基础。而双重差分方法的使用主要是为了通过减去不随时间而改变的两组差异和时间效应,进而得到政策冲击变量的净效应。

双重差分模型的设定如下,从中可以看出,Y为因变量,时期为政策变动时间,一般为政策前后两期,取值为0或1,0表示政策实施前,1表示政策实施后;Treat为处理变量,取值为1或0,1表示受到政策影响,0表示没有受到政策影响;其中,我们最关心的变量是β_{tT},这个变量表示政策影响的ATT,即处理组平均处理效应,是"干净"的政策影响,如果这个变量显著,那么,表明政策实施对结果变量会有显著的影响。

$$Y_0 = \alpha + \beta_t \times time + \beta_T \times Treat + \beta_{tT} \times time \times Treat + \varepsilon if\ Treat = 0$$

(式7-1)

$$Y_1 = \alpha + \beta_t \times time + \beta_T \times Treat + \beta_{tT} \times time \times Treat + \varepsilon if\ Treat = 1$$

(式7-2)

但是,双重差分模型的使用需要有个前提,即处理组和控制组在基期的状态是相同的,也就是说,在政策冲击前,处理组和实验组是相同的,有共同的时间趋势。而如果两组在初始阶段不同,也就是两组在政策冲击前就已经不同,且有不同的时间趋势,那么,双重差分模型并不能得到无偏的ATT,就无法使用双重差分模型来得到社会医疗保险对居民健康的准确影响。

应该看到,控制组和处理组在初期存在很多不同的特征,特别是无保险人群参加社会医疗保险基本上是一个自由选择过程(社会医疗保险是自选择保险),而居民是否参加社会医疗保险受到个人性别、年龄、职业、健康状况、收入等多方面因素的影响,所以,本研究并不具备简单使用双重差分模型的条件。

为了解决这一问题,本研究引入倾向匹配得分方法(PSM,Propensity Score Matching),并且,将其与双重差分方法联合使用(PSM + DID)。倾向匹配得分适用于非随机数据,该方法由罗森鲍姆、鲁宾(1983)首次应用于生物统计领域,之后,被广为应用,特别是在20世纪90年代后,该方法开始被应用于卫生经济和其他社会科学领域。倾向得分匹配方法能够将比较两个对象的多维度标准,通过计算倾向得分的方式,降维成一维;同时,通过不同匹配方法,找到那些在倾向得分方面最为接近的个案进行匹配。匹配方法包括最近邻匹配(Nearest neighbor,NN)、半径匹配(Caliper&radius)、分层匹配(Stratification&interval)、核匹配(Kernal)、局部线性回归匹配(local linear Regression)等方法。在非随机试验条件下,通过倾向得分匹配方法可以最大程度地消除非随机试验的样本选择性偏倚(Selecting Bias)和混杂偏倚(Confounding Bias)。这种偏倚和影响很可能会夸大或者缩小政策冲击的效应,而利用倾向得分匹配方法之后,可以最大程度上消除这种偏倚。当然,能够完全消除这种偏倚,需要匹配时能够控制所有可能对选择和结果产生影响的协变量,所以,这也往往要求在进行匹配的时候尽量控制足够多的变量。

处理组平均处理效应(ATT,Average Treatment Effect)的估计方程 $ATT = E(Y_{T_1} - Y_{T_0} \mid Treat = 1) - E(Y_{C_1} - Y_{C_0} \mid Treat = 1)$ 中,$E(Y_{C_1} \mid Treat = 1)$ 为反事实效应(Counter facutal Effect),根本上是无法观测到的,因为现实中根本无法观测到实际没有参加任何保险的人参加社会医疗保险之后的健康状况。在匹配后,可以实现控制组和处理组在政策冲击前的协变量均值相等,$E(Y_{T_0} \mid Z) = E(Y_{C_0} \mid Z) = E(Y_C \mid Z)$,那么,由于协变量Z为条件的均值相等,此时,是否参加社会医疗保险则可以被看作是一种随机分配,而且,满足这一条要求的处理组中的个案,总能在控制组中找到一个或n个个案与之相匹配,此时,选择性和混杂偏倚不再影响估计结果。

罗森鲍姆和鲁宾(1983)认为,经过倾向得分匹配之后,在基期,处理组和控制组在匹配后不在具有统计意义上的差异,$ATT = E(Y_{T_1} - Y_{T_0}) - E(Y_{C_1} -- Y_{C_0} \mid (T = 1 \mid Z))$,此时,可以得到净处理效应。PSM + DID 方法首先通过匹配,找到具有可比性的对照组和实验组,进而通过双重差分而得到政策干预的净效果。

三、社会医疗保险影响健康的实证检验

(一)描述性统计结果

首先对全部数据进行筛选,选出2014年未参加任何医疗保险的个体,剔除其他个体,形成本部分研究的数据集,共9148个个体。然后根据2018年的参保情况进行数据整理,将全部个体分为四个群体:参保城居保(现已合并为城乡医疗保险)的个体、参保城职保的个体、参保新农合(现已合并为城乡医疗保险)的个体、未参加任何医疗保险的个体,如表7-1所示,0代表未参加任何医疗保险的居民,1代表参加对应医疗保险的群体。

表7-1　描述性统计结果

	城居保		城职保		新农合	
	0	1	0	1	0	1
年龄	49.15	52.86	49.85	53.10	50.84	50.28
性别	1.52	1.53	1.52	1.53	1.53	1.52
收入	95514.95	46088.35	89781.50	40032.51	85358.37	77008.49
日常活动强度	2.83	2.74	2.79	2.80	2.68	2.91
日常饮食习惯	5.42	5.49	5.48	5.42	5.52	5.39
最高学历	1.64	1.96	1.73	1.94	1.92	1.64
近四周健康状况	0.14	0.15	0.15	0.15	0.17	0.13
长期健康状况	10.32	10.26	10.40	10.49	10.73	10.30

注:0表示无任何医疗保险,1表示已参加相应的医疗保险。

表7-1展示的是各变量的均值情况。整体看来,数据在三种基本医疗保险的参保群体和未参保群体中基本平衡,其中,年龄在参保城居保、城职保的群体中较于未参保群体偏大,这与医疗保险的逆向选择问题相对应,即年龄偏大的居民更需要使用医疗服务,因此参保意愿更大。而参保城居保、城职保、新农合的居民收入普遍偏低,低收入群体的参保比例高于高收入群体,由此可见基本医疗保险对低收入群体的吸引力更大。参加社会医疗保险在不同年龄层、不同收入层居民中健康效应的区别将在后边进行具体分析。在城居保、城职保的参保群体中,学历水平略高于未参保群体,这可能是由学历水平与保险意识的正相关关系造成的,而在新农合的参保群体中,学历水平略低于未参保群体,原因在于参保新农合

的居民普遍生活在农村，学历水平较低，而未参保群体选取的是整个调查群体中的未参保居民，整体学历水平高于农村居民，导致未参保群体学历水平更高。除此之外的性别、日常活动强度、日常饮食习惯、近四周健康状况、长期健康状况在参保群体和未参保群体中的差异较小，但这不能说明居民参保后不存在事前道德风险，即参保后因拥有医疗保障对自身健康的关注度降低，表现在日常活动强度减弱，日常饮食习惯变差，因为更加关注健康的个体更倾向于参加社会医疗保险。

（二）社会医疗保险影响健康的实证检结果

首先对数据进行分组，分为城居保组（现已合并为城乡医疗保险）（实验组为2014—2018年间参保城居保，对照组为未参加任何医疗保险）、城职保组（实验组为2014—2018年间参保城职保，对照组为未参加任何医疗保险）、新农合组（现已合并为城乡医疗保险）（实验组为2014—2018年间参保新农合，对照组为未参加任何医疗保险），然后分别进行倾向性得分匹配，匹配容差取0.1，协变量选取年龄、性别、收入、最高学历水平、日常活动强度、日常饮食习惯六个变量。

表7-2　个案控制匹配统计

匹配类型	计数（城居保）	计数（城职保）	计数（新农合）
完全匹配	0	0	0
模糊匹配	2745	2872	2462
不匹配（包括缺失键）	3705	756	3202
不匹配（键有效）	2329	0	1778
抽样	不具有替换功能	不具有替换功能	不具有替换功能
日志文件	none	none	none
最大限度地提高匹配性能	yes	yes	yes

匹配结果如表7-2所示，城居保组模糊匹配了2745对，共5490个个案；城职保模糊匹配了2872对，共5744个个案；新农合组模糊匹配了2462对，共4924个个案。生成的新的数据集基本剔除掉除参保变量外其他变量的差异，对匹配后新的数据集进行双重查分回归，分别得到如下结果：

表 7－3　城居保组 DID 回归结果

系数[a]						
模型		未标准化系数		标准化系数	t	显著性
		B	标准误差	Beta		
1	（常量）	0.139	0.029		4.773	0.000
	时期	－0.049	0.017	－0.057	－2.912	0.004
	城居保	－0.024	0.015	－0.027	－1.594	0.111
	时期＊城居保	0.088	0.021	0.097	4.251	0.000
	年龄	3.443E－5	0.000	0.002	0.152	0.879
	收入	－4.211E－8	0.000	－0.008	－0.676	0.499
	最高学历	0.003	0.003	0.010	0.849	0.396
	性别	0.001	0.010	0.001	0.064	0.949
	运动强度	－0.003	0.004	－0.011	－0.958	0.338
	饮食习惯	0.004	0.002	0.017	1.505	0.132
因变量：居民综合健康状况得分						

表 7－4　城职保组 DID 回归结果

系数[a]						
模型		未标准化系数		标准化系数	t	显著性
		B	标准误差	Beta		
1	（常量）	0.146	0.037		3.906	0.000
	城职保	－0.028	0.018	－0.032	－1.566	0.117
	时期	－0.027	0.017	－0.031	－1.600	0.110
	时期＊城职保	0.082	0.024	0.082	3.440	0.001
	饮食习惯	0.003	0.003	0.013	0.867	0.386
	年龄	0.000	0.000	0.009	0.654	0.513
	收入	－5.978E－8	0.000	－0.009	－0.634	0.526
	最高学历	0.004	0.004	0.014	1.028	0.304
	性别	－0.006	0.012	－0.007	－0.504	0.614
	运动强度	－0.003	0.004	－0.011	－0.816	0.414
a. 因变量：居民综合健康状况得分						

表 7－5 新农合组 DID 回归结果

系数[a]						
模型		未标准化系数		标准化系数	t	显著性
		B	标准误差	Beta		
1	（常量）	0.127	0.037		3.479	0.001
	时期	－0.052	0.019	－0.056	－2.717	0.007
	新农合	－0.057	0.017	－0.059	－3.369	0.001
	时期＊新农合	0.069	0.024	0.069	2.865	0.004
	饮食习惯	0.002	0.003	0.008	0.585	0.558
	年龄	0.000	0.000	0.005	0.414	0.679
	收入	－6.434E－8	0.000	－0.015	－1.228	0.220
	最高学历	0.008	0.004	0.025	2.022	0.043
	性别	0.009	0.012	0.010	0.799	0.424
	运动强度	0.003	0.004	0.009	0.742	0.458
a. 因变量：居民综合健康状况得分						

表7－3、表7－4、表7－5 的结果显示，在控制其他变量不变的情况下，参加三大社会医疗保险对居民的健康状况在 5% 显著性水平下均有显著的正向促进作用。其中，城镇居民医疗保险的健康促进效应最高（为 9.7%），城镇职工医疗保险次之（为 8.2%），新农合最低（为 6.9%）。城区市区医疗服务机构较多，医疗卫生服务水平远高于农村地区，因此城镇地区的居民更加便捷地获取所需的医疗服务，而农村居民获取医疗服务的时间成本和经济成本更大，造成社会医疗保险对城镇居民的健康促进效应高于农村居民。另外，尽管城镇职工医疗保险的缴费水平与报销比例最高，但由于是强制投保，不存在健康状况差的个人更倾向于参保的问题，因此城镇职工医疗保险的健康促进效应略低于城镇居民医疗保险。同时，时期对城镇居民和农村居民的健康在 5% 显著性水平下有显著的抑制效应，即 2018 年居民的健康水平普遍略低于 2014 年，原因有两点：一是本部分筛选的数据为 2014 年未参加任何医疗保险的群体，平均年龄在 50 岁左右，一般来说未主动参保的居民对医疗卫生服务的利用率低，也就是自身的健康状况良好，随着年龄的增加健康状况有所下降也是正常现象；二是近年来环境污染导致的雾霾天气、全球变暖等环境问题对人的身体健康带来了不利的影响，也会造成居民健康状况的下降。同样，由于城镇职工医疗保险的强制参保，不受自主选择的影响，时期对

于健康状况的抑制效应并不显著。在农村居民样本中,参加新农合的个体健康状况在5%显著性水平下显著低于未参保个体,这与社会医疗保险存在的逆向选择问题相一致,健康水平更差的居民更倾向于参保。最后,在对其他变量进行倾向性得分匹配后,年龄、收入、性别、活动强度、饮食习惯这五个变量对居民健康的影响均不显著,在农村样本中最高学历对健康在5%显著性水平下略有显著的正向促进作用,可以理解为更高学历水平的个体更容易采用科学的方法关注自身的健康,而在城镇居民中社会对饮食、健身、疾病防控的普及度较高,学历水平未对居民健康形成显著影响。

(三)社会医疗保险对不同收入群体健康影响的实证结果

收入是影响居民健康的直接变量,它决定居民对健康食品的消费、对工作节奏的控制、对睡眠时间的管理、对医疗服务水平的选择等,从而直接决定健康状况。接下来本部分将数据分为三组,分别为低收入组(个人收入≤30000元)、中等收入组(个人收入≥30000元且≤60000元)、高收入组(个人收入≥60000元),分别探究社会医疗保险在各组的健康效应。

表7-6　城居保组不同收入群体的健康效应结果

	收入≤30000			收入≥30000且≤60000			收入≥60000		
模型	标准化系数	t	显著性	标准化系数	t	显著性	标准化系数	t	显著性
常量		3.248	0.001		4.726	0.000		1.354	0.176
时期	-0.062	-1.66	0.096	-0.058	-2.97	0.003	-0.048	-1.67	0.093
城居保	-0.047	-1.95	0.050	-0.025	-1.53	0.125	0.023	0.754	0.451
时期*城居保	0.147	3.568	0.000	0.098	4.307	0.000	-0.009	-0.255	0.799
年龄	0.010	0.592	0.554	0.002	0.159	0.874	0.010	0.473	0.636
最高学历	-0.002	-0.131	0.896	0.010	0.885	0.376	0.004	0.177	0.859
性别	-0.003	-0.164	0.870	0.001	0.050	0.960	0.033	1.590	0.112
运动强度	-0.021	-1.23	0.218	-0.011	-0.967	0.334	0.002	0.078	0.938
饮食习惯	0.023	1.372	0.170	0.017	1.508	0.132	0.020	0.977	0.329

表7－6显示的是城居保(现已合并为城乡医疗保险)不同收入群体的健康效应,可以看出低收入组城居保对健康的影响在5%显著性水平下显著为正,且系数较大,中等收入组次之,而高收入组城居保对居民健康的影响并不显著。原因有两点:一是城镇居民医疗保险满足了低收入群体对医疗卫生服务的基础需求,在一定程度上提高了其医疗服务的财务可及性,并缓解了其他消费支出的压力,进而直接对健康产生了正向影响;二是城镇居民医疗保险属于基本医疗保险,保障范围及报销比例均较低,仅能覆盖基础的住院检查及普通药物支出,对低收入群体的医疗支出影响更大,高收入群体拥有更高层次的医疗保障以及更加多样化的康健手段,因而基础的城镇居民医疗保险对高收入群体的健康并无显著影响。在低收入组,未参保群体的健康状况在5%显著性水平下显著优于参保群体,这与城镇居民医疗保险的逆向选择相对应,而在中等收入组和高收入组,两者的健康状况并无显著差异,由此可见,身体状况偏差且收入较低的个体更容易参保城镇居民医疗保险。时期对居民健康的抑制作用在三个不同的收入组均显著为负,这与前面提到地随着年龄增长健康状况变差相一致,同时可以看出,年龄增长对健康抑制作用的大小与收入水平无明显关系。最后,年龄、性别、最高学历、日常活动强度、日常饮食习惯对居民健康均无显著影响。

表7－7　城职保组不同收入群体的健康效应结果

	收入≤30000			收入≥30000且≤60000			收入≥60000		
模型	标准化系数	t	显著性	标准化系数	t	显著性	标准化系数	t	显著性
常量		2.196	0.028		4.273	0.000		0.950	0.342
时期	－0.024	－0.754	0.451	－0.073	－2.09	0.037	－0.002	－0.053	0.958
城职保	－0.040	－1.43	0.151	－0.068	－1.73	0.084	0.025	0.581	0.562
时期*城职保	0.097	2.623	0.009	0.101	2.289	0.022	－0.013	－0.291	0.771
年龄	0.016	0.811	0.418	－0.019	－0.692	0.489	0.020	0.724	0.469
最高学历	0.001	0.043	0.966	0.050	1.835	0.067	0.011	0.418	0.676
性别	－0.006	－0.286	0.775	－0.049	－1.81	0.070	0.022	0.802	0.423
运动强度	－0.011	－0.591	0.555	－0.004	－0.154	0.000	－0.012	－0.459	0.646
饮食习惯	0.030	1.545	0.122	－0.015	－0.537	0.037	0.016	0.580	0.562

表7-7显示的是城职保不同收入群体的健康效应。在城职保对居民健康的正向促进作用中,中等收入群体在5%显著性水平下显著为正,且系数较大,低收入群体次之,高收入群体并不显著。首先,城镇职工医疗保险的保障范围更广,报销比例更高,可以满足更高层次的医疗保障需求,从而对中等收入群体的医疗服务使用有所改善;其次,即使城镇职工医疗保险较城镇居民医疗保险报销比例更高,但两者均属于基本医疗保险范畴,依然对高收入群体的医疗支出、健康状况影响较小。另外,时期与是否参保城镇职工医疗保险对低收入组和高收入组居民健康的影响并不显著,对中等收入组居民健康有5%显著性水平下为负的影响。城镇职工医疗保险的参保群体较为特殊,其职业性质和个人收入相差不大,导致城职保的研究样本中落入中等收入群体的个体数量远大于低收入群体和高收入群体,因此,时期与是否参保城镇职工医疗保险对居民健康的影响并不是与收入相关,而是中等收入组的样本更具数量优势,结果可靠性更强。该结果与前文的研究结果相一致,此处不再赘述。与城镇居民医疗保险不同的是,在中等收入组,性别、最高学历、日常活动强度、饮食习惯对健康的影响均显著。其中,最高学历对居民健康有5%显著性水平下的正向影响,即学历水平越高的个体对自身健康的把控能力略强;性别(女性=1,男性=2)对居民健康的影响在5%显著性水平下为负,女性的健康状况普遍高于男性,这可能与城镇职工群体中男性职工的社交应酬多、工作强度大、生活压力大有关;运动强度和饮食习惯对居民健康的影响显著为负,但系数较小,这与常理并不相符,数据采集真实性低、样本存在偏差均会造成此结果。

表7-8 新农合组不同收入群体健康效应结果

	收入≤30000			收入≥30000且≤60000			收入≥60000		
模型	标准化系数	t	显著性	标准化系数	t	显著性	标准化系数	t	显著性
(常量)		0.910	0.363		4.165	0.000		2.130	0.033
时期	-0.034	-0.908	0.364	-0.096	-2.33	0.019	-0.055	-1.79	0.072
新农合	-0.060	-1.93	0.053	-0.061	-1.75	0.080	-0.062	-2.24	0.025
时期*新农合	0.046	1.067	0.286	0.084	1.769	0.077	0.084	2.313	0.021
年龄	0.009	0.411	0.681	-0.006	-0.257	0.797	0.008	0.388	0.698

续表

	收入≤30000			收入≥30000 且≤60000			收入≥60000		
模型	标准化系数	t	显著性	标准化系数	t	显著性	标准化系数	t	显著性
最高学历	0.026	1.176	0.240	0.047	1.900	0.058	0.008	0.397	0.692
性别	0.037	1.707	0.088	-0.038	-1.55	0.120	0.012	0.600	0.549
运动强度	0.020	0.913	0.362	0.008	0.333	0.739	0.000	-0.016	0.987
饮食习惯	0.013	0.590	0.555	-0.024	-0.962	0.336	0.022	1.147	0.252

表7-8显示的是新农合(现已合并为城乡医疗保险)不同收入群体对居民健康的影响。新型农村合作医疗保险对中等收入群体和高收入群体的居民健康均有5%显著性水平下的正向影响,而对于低收入群体无显著影响,这与城镇居民医疗保险的影响效应相反。前文中提到农村居民使用医疗卫生服务的时间成本和经济成本较高,对于农村地区的低收入个体,即使参加新型农村合作医疗保险,也难以享受与城镇居民同等条件的医疗服务,由于我国农村地区的医疗机构与市区、省会的医疗机构差异巨大,导致农村地区的低收入群体很难实现新型农村合作医疗保险带来的健康状况的改善。中等收入群体和高收入群体更有经济条件享受较高水平的医疗服务,因此新型农村合作医疗对其健康状况有显著的正向影响。时期与是否参保新农合在不同收入组对居民健康的影响基本显著为负,这与前文的结果相一致,说明年龄增长对居民健康的抑制作用,以及居民逆向选择导致的参保新农合的个体健康状况更差与收入无明显关系。在其他变量中,性别对低收入群体的健康状况有5%显著性水平下的正向影响,即男性的健康状况优于女性,造成此结果的原因可能在于农村地区低收入家庭的女性普遍承担更多的家庭责任,对自身健康的关注度较低;最高学历对中等收入群体的健康效应在5%显著性水平下为正,说明更高学历的个体更为科学地管控自身健康在中等收入群体中表现较为明显,农村地区低收入群体的学历差异较小,高收入群体提升身体健康的手段更多,因此中等收入群体中学历因素略微凸显。

(四)社会医疗保险对不同年龄群体健康的影响的实证结果

从上文可以看出年龄对居民健康有显著的影响,随着年龄的增加,健康状况有明显的变化,尤其是对于老年群体。接下来本部分将数据分成三组:青年组(年龄≤35 岁)、中年组(年龄≥35 岁且≤55 岁)、老年组(年龄≥55 岁)。分别探究在不同年龄组三大社会医疗保险健康效应的区别,具体如下。

表 7－9 城居保组不同年龄群体健康效应结果

	年龄≤35			年龄≥35 且≤55			年龄≥55		
模型	标准化系数	t	显著性	标准化系数	t	显著性	标准化系数	t	显著性
(常量)		3. 289	0. 001		3. 723	0. 000		2. 954	0. 003
时期	0. 005	0. 124	0. 902	－0. 102	－3. 21	0. 001	－0. 061	－1. 86	0. 062
城居保	0. 041	1. 240	0. 215	－0. 065	－2. 36	0. 018	－0. 033	－1. 26	0. 205
时期＊城居保	－0. 025	－0. 572	0. 567	0. 185	4. 972	0. 000	0. 097	2. 592	0. 010
收入	－0. 047	－2. 01	0. 046	0. 014	0. 724	0. 469	－0. 005	－0. 269	0. 788
最高学历	－0. 015	－0. 635	0. 526	0. 007	0. 365	0. 715	0. 019	1. 022	0. 307
性别	－0. 006	－0. 259	0. 796	－0. 017	－0. 879	0. 380	0. 011	0. 618	0. 537
运动强度	－0. 012	－0. 504	0. 614	0. 007	0. 342	0. 732	－0. 021	－1. 14	0. 251
饮食习惯	0. 022	0. 973	0. 331	0. 022	1. 122	0. 262	0. 012	0. 631	0. 528

表 7－9 展示的是城居保(现已合并为城乡医疗保险)不同年龄群体的健康效应。可以看出,城镇居民医疗保险对中年组和老年组的居民健康有 5% 显著性水平下的正向影响,而对青年组无显著影响。首先,样本中所有个体均为 18 周岁以上,18 岁—35 岁的青年群体普遍处于读书时期和工作时期,读书时期各学校校医院的医疗补助幅度很大,工作时期职工医疗保险的报销比例更高,青年组对城镇居民医疗保险的需求不高;其次,18 岁—35 岁的青年居民身体素质较好,健康状况波动很小,因此城镇居民医疗保险对青年组的健康效应不显著,35 岁以后,人体的各项身体机能开始减弱,患病风险逐年升高,对基础医疗卫生服务的需求升高,导致城镇居民医疗保险对 35 岁以上的居民健康状况有显著的正向促进作用。时期对青年组的健康效应并不显著,对 35 岁以上居民在 5% 显著性水平下为负,

18—35 岁居民的身体状况并没有随年龄增长而变化,35 岁以上居民的变化较为明显,这一结果验证了前文提到地随着年龄增长个人健康状况变差的分析。35 岁—55 岁中未参加医疗保险的群体健康状况优于参加城镇居民医疗保险的群体,说明居民逆向选择问题在中年组中更为严重,青年组医疗保障的多样性以及老年组对医疗保险需求的普遍性导致未出现明显的逆向选择问题。在其他变量中,收入对青年组的健康状况有 5% 显著性水平下的抑制作用,对于刚刚步入工作的青年群体,较高的收入意味着较大的工作强度和工作压力,对身体健康造成直接的不利影响,从而得出此结果;剩余变量未对居民健康造成显著影响。

表 7-10　城职保组不同年龄群体健康效应结果

	年龄≤35			年龄≥35 且≤55			年龄≥55		
模型	标准化系数	t	显著性	标准化系数	t	显著性	标准化系数	t	显著性
(常量)		2.078	0.038		3.638	0.000		2.556	0.011
时期	0.062	1.580	0.114	-0.040	-1.24	0.214	-0.062	-1.99	0.046
城职保	0.080	1.928	0.054	-0.043	-1.27	0.204	-0.067	-2.13	0.033
时期*城职保	-0.062	-1.31	0.190	0.148	3.743	0.000	0.103	2.758	0.006
收入	-0.058	-2.07	0.038	0.007	0.307	0.759	0.000	-0.018	0.985
最高学历	0.002	0.076	0.940	0.015	0.647	0.518	0.019	0.908	0.364
性别	-0.013	-0.489	0.625	-0.040	-1.75	0.079	0.009	0.416	0.677
运动强度	-0.009	-0.320	0.749	-0.005	-0.219	0.827	-0.014	-0.664	0.507
饮食习惯	0.032	1.160	0.246	0.022	0.990	0.322	0.015	0.724	0.469

表 7-10 显示的是城职保不同年龄群体的健康效应。首先,同城居保结果相一致,城镇职工医疗保险对 35 岁以上的居民健康状况有 5% 显著性水平下的正向影响,对青年组无显著影响。主要原因在于青年组对医疗卫生服务的需求很低,患病风险低,身体状况在短短四年不会出现较大的变化,因此无显著影响。时期对 55 岁以上居民的健康状况有 5% 显著性水平下的抑制作用,这与城镇居民医疗

保险的结果基本一致。参加城镇职工医疗保险的青年群体的健康状况显著优于未参加医疗保险的群体，城镇职工医疗保险不存在逆向选择问题，是否参加城职保主要由工作性质决定，参加城职保的青年群体工作较稳定，生存压力比较小，导致身体健康状况较好。另外，参加城镇职工医疗保险的老年群体健康状况劣于未参保群体，未参保群体指的是未参保任何医疗保险（包括商业医疗保险）的居民，说明其对医疗保障的需求极低，健康状况比较好，因此出现此结果。在其他变量中，收入对青年组的健康效应在5%显著性水平下为负，与城居保结果相一致，进一步验证了收入更高的工作对身体的消耗更大；性别对中年组的健康效应显著为负，即女性的健康状况优于男性，考虑城镇中年男性职工普遍承担较大的家庭责任，进而对自身健康的关注度低于女性；剩余变量对居民健康状况无显著影响。

表7－11　新农合组不同年龄群体健康效应结果

	年龄≤35			年龄≥35 且≤55			年龄≥55		
模型	标准化系数	t	显著性	标准化系数	t	显著性	标准化系数	t	显著性
（常量）		1.092	0.275		3.668	0.000		3.081	0.002
时期	－0.033	－0.835	0.404	－0.066	－1.95	0.051	－0.062	－1.88	0.060
新农合	－0.027	－0.790	0.430	－0.063	－2.16	0.031	－0.079	－2.75	0.006
时期＊新农合	0.039	0.852	0.394	0.068	1.712	0.087	0.084	2.167	0.030
收入	－0.027	－1.12	0.263	0.004	0.185	0.853	－0.017	－0.828	0.408
最高学历	0.030	1.224	0.221	0.017	0.809	0.419	0.023	1.099	0.272
性别	－0.013	－0.524	0.600	0.015	0.752	0.452	0.013	0.629	0.529
运动强度	0.056	2.315	0.021	－0.003	－0.138	0.890	0.014	－0.673	0.501
饮食习惯	0.029	1.209	0.227	－0.012	－0.578	0.563	0.009	0.441	0.659

表7－11显示的是新农合（现已合并为城乡医疗保险）不同年龄组健康效应结果。结果显示，新型农村合作医疗保险对35岁以上农村居民的健康影响在5%显著性水平下显著为正，其中对55岁以上居民的影响更大，而对青年居民无显著影响，这与城镇居民医疗保险、城镇职工医疗保险的结果基本一致，同样是由青年

群体医疗服务需求较低所导致。另外，时期对青年组健康状况无显著影响，对中年组和老年组的健康影响均显著为负，说明在农村样本中，35 岁以上的居民随着年龄的增长身体健康状况逐渐变差，相较于城镇居民的 55 岁以上身体机能减退的年龄更早，这与城镇和农村医疗保健条件的差异以及城镇居民和农村居民工作强度的不同有关。同时，在 35 岁以上的居民中，未参加医疗保险的个人健康优于参加新型农村合作医疗保险的个体，这是由新型农村合作医疗保险的自主投保机制造成的，而 18—35 岁的参加新农合的居民与未参保居民的健康水平相差不大，说明新农合的逆向选择问题在青年群体中不显著，这与城居保的结果是一致的。其他变量中，活动强度对青年组的健康影响在 5% 显著性水平下显著为正，即经常参与室外活动、体育锻炼的青年群体身体素质更好、健康状况更优，这与常识相符；剩余变量无显著影响。

四、研究总结

本部分研究结论如下：

三大社会医疗保险对居民健康的整体影响显著为正，由于我国城乡差异国情所导致的城乡医疗条件差异，城镇居民医疗保险的健康促进效应最高（为 9.7%），城镇职工医疗保险次之（为 8.2%），新农合最低（为 6.9%）。尽管城职保在三大社会医疗保险中保障范围最广、报销比例最高，其健康促进作用并不是最明显的。说明社会医疗保险的健康效应并不仅仅由保障范围和报销比例决定，社区医疗卫生条件、所在地区医疗服务质量是影响居民健康状况的关键因素。

在不同收入群体中，低收入群体城镇居民医疗保险的健康促进效应最高（为 14.7%），城镇职工医疗保险次之（为 9.7%），新农合最低（为 4.6%）；中等收入群体中，城镇职工医疗保险的健康促进效应最高（为 10.1%），城镇居民医疗保险次之（为 9.8%），新农合最低（为 8.4%）；高收入群体中，新农合的健康促进效应最高（为 8.4%），城居保与城职保的健康效应均不显著。总体来看三大医疗保险对低收入群体的健康效应最高，但是农村地区低收入群体所享受的健康状况改善程度最小，说明在我国居民使用高水平医疗服务的经济负担依然比较重。另外，社会医疗保险对城镇高收入居民健康状况并无显著的影响，说明城镇高收入群体所需的医疗服务并不包括基本医疗保障。

在不同年龄阶段中，青年群体三大社会医疗保险的健康效应均不显著；中年群体中城镇居民医疗保险的健康促进效应最高（为 18.5%），城镇职工医疗保险次之（为 14.8%），新农合最低（为 6.8%）；老年群体中城镇职工医疗保险的健康促进效应最高（为 10.3%），城镇居民医疗保险次之（为 9.7%），新农合最低（为

8.4%)。中老年城镇居民对基本医疗保障的需求最大,社会医疗保险对中老年城镇居民的健康效应最高,对中老年农村居民的健康效应相对偏低,原因仍在于农村地区医疗设施、医疗服务质量与城区有较大差异。

在2014年未参加任何医疗保险的样本中,2018年35岁以上的居民无论是否参保,健康状况均有所下降。数据显示城镇职工医疗保险不存在逆向选择问题,居民逆向选择导致的参保群体健康状况更差问题在参保城镇居民医疗保险低收入群体、参保城镇居民医疗保险中年群体、参保新农合中青年群体中最为严重。

根据本部分的结论,提出如下政策建议:

一是社会医疗保险应加快城乡一体化的改革步伐,适当增加对农村中老年居民的保障力度。虽然社会医疗保险对农村中老年居民的健康水平有所提高,但对于农村低收入贫困人群,其提高水平与城镇中老年居民的促进作用还有一定的差距。表明只通过社会医疗保险提高中老年居民健康状况是远远不够的,社会医疗保险对中老年居民健康水平的提高还与制度安排有一定的差距,并不能满足居民的需求。因此,社会医疗保险应加快城乡一体化的改革步伐,增加农村低收入中老年居民的医疗保障力度,具体可以体现在更新农村卫生院的医疗设备、设立知名专家定期下乡看诊制度、提高农村卫生院医护人员服务质量,使得城镇和农村的中老年人能够享受到一致的医疗服务待遇。

二是保证医疗保险影响健康机制顺利运行。需要如下几个方面的努力:第一,改善社会医疗保险制度设计,进一步完善制度对弱势群体的保护作用,针对弱势群体,特别是贫困、老人、残疾人等群体,应当有倾向性的增强制度保障水平,让这部分群体能够通过社会医疗保险获得更高的保障,而承担相对更小的成本。在这些方面,可以尝试进一步减免弱势群体的缴费额度,进一步加大政府补贴额度,同时,针对这些特殊群体改善报销机制,在起付线、封顶线、大额医疗支出补贴、慢病治疗等方面给予更多倾向性照顾。第二,重视医疗保险对日常保健和护理的保障项目设置和保障水平提升。当前,中国的医疗保险大多是大病医疗保险,在大病支出额度大、对家庭冲击剧烈的前提下,这种制度设计是非常合理的。但是,从长远来看,提升国民健康和医疗卫生成本效益的根本路径则应当是重视小病和保健。社会医疗保险应当进一步加大对年度健康体检、医疗保健和小病的覆盖和保障,让城镇居民能够日常更多地利用必要的保健和医疗服务,提升其健康水平,避免小病演化成为大病。

三是从长远来看,个人经济状况和社会地位的差异已经拉大了不同国民之间在卫生服务利用和健康结果方面的差距,造成了"阶层式"的健康鸿沟和健康不公平。在这其中,不同社会阶层、经济状况的人拥有不同的医疗保险,这也是造成中国健康不公平的重要因素。应当整合当前公费医疗、城镇职工基本医疗保险和城乡居民基本医疗保险等医疗保险体系，以及其他医疗救助和福利体系，整合成一个承认层次差别但基本医疗保险全民统一的医疗保险体系，让所有国民，不论其职业、社会分工和经济社会状况，在最基本的社会医疗保险方面，都能够公平享有同等待遇水平，以逐步弥合长期累积下来的社会阶层健康不公平。当然，这个医疗保险体系在更高层面承认和尊重差异化的医疗保险需要，可以在更高层次上实施补充医疗保险、商业医疗保险、职业年金式医疗保险等计划，但这些计划的实施和存在都应该建立于更高的医疗保障需求层面，而作为这种差别的基础，在最基本的社会医疗保险制度设计方面，应当坚持国民一致和无差异，建立覆盖全民的、无差异的基本医疗保险体系。

第三节　健康保险影响健康的机制研究

前文的研究发现社会医疗保险对居民健康有显著的促进作用，并且大大提升了低收入群体和中老年群体的健康水平，那具体来说社会医疗保险通过哪些路径作用于健康成为值得思考的问题，只有明确社会医疗保险对健康的具体作用机制，才能更好地有针对性地促进社会医疗保险向着效用最大化的方向完善和发展。本部分运用中国健康与营养调查(CHNS)数据库的数据和中国卫生统计年鉴的数据探究社会医疗保险对健康的影响机制。

一、健康保险影响健康的机制

在影响路径方面，本部分主要提出三条假设。

首先，医疗服务是建立起社会医疗保险和健康关系的最直接的桥梁，社会医疗保险为人们提供了治疗疾病的经济补贴，从而减轻人们的医疗负担和就医的经济成本，增加人们对医疗服务的利用，使人们在患病时能得到及时医治并恢复健康，从而提升健康水平。基于这样的分析提出：

假设1：社会医疗保险通过增加医疗服务利用来提升健康水平。

其次，社会医疗保险降低了疾病带来的医疗成本，可能促进人们在其他方面的支出，比如健康的投资，即进行预防保健服务，而更多的健康检查、高血压筛查、视力检查的预防保健服务可能让人们对自己的健康状况有了更全面的了解，可以防患于未然，从而减少疾病带来的不确定性。因此提出：

假设2：社会医疗保险通过增加预防保健服务来提升健康水平。

最后,在路径方面,健康行为的增加也可能是社会医疗保险影响健康的路径之一,比如在检查过后为了提升健康水平主动少抽烟、少喝酒等。基于这样的分析我们提出:

假设3:社会医疗保险通过增加有利健康的行为来提升健康水平。

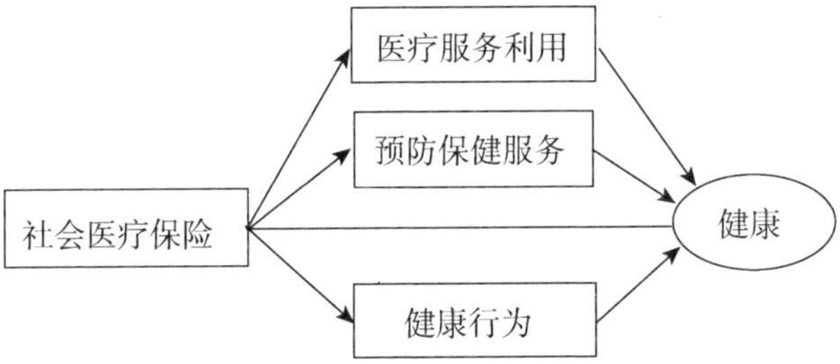

图7－1 路径分析框架图

二、健康保险影响健康的实证研究

(一)数据来源与变量选择

本部分采用中国健康与营养调查(CHNS)数据库2006—2015年的微观调查数据,社会医疗保险的衡量指标一个源于该数据库的具体问题,另一个是不同年份不同省份社会医疗保险覆盖率,该变量将通过中国卫生统计年鉴的基本医疗保险的参保人数和各省常住人口计算得出。从数据库中选取研究所需的变量后,去除选择为“不知道”的选项和缺失值,本部分研究的样本数据量共8476条。

1. 被解释变量

在验证社会医疗保险影响健康的路径方面,选取客观健康指标,并分别考虑短期健康以及长期健康,指标是根据问卷中的问题整理得到,具体变量含义如表7－12:

表7－12 被解释变量健康指标的含义及赋值

	被解释变量(健康)	变量含义	赋值
客观健康	过去四周是否患病(health_1)	过去的四周中,你是否生过病或受过伤?是否患有慢性病或急性病?	0无 1有
	身体质量指数(BMI)(health_2)	体重(千克)/身高(米)的平方	
	是否患有慢性病(health_3)	完全没有重大慢性病或具有心脏病,中风,癌症,关节炎,哮喘、糖尿病和高血压等	0无 1有

在研究社会医疗保险影响健康的路径时，被解释变量从“医疗服务利用”和“预防保健服务”两个角度选取。在医疗服务利用方面，选取“是否去过正规医疗机构看病”“医疗费用支出”和“医疗费用中社会医疗保险支付比例”为被解释变量；在预防保健服务方面，选取“是否接受过预防保健服务”和“保健服务花费的费用”这两个指标作为被解释变量。具体变量含义及赋值见表7-13：

表7-13 被解释变量影响路径的含义及赋值

	被解释变量(健康)	变量含义	赋值
医疗服务利用	是否去过正规医疗机构看病(hospital)	过去的四周中，你是否去过正规的医疗机构看病？	0否 1是
	医疗费用支出(tcost)	这次看病花了多少钱或到目前为止已经花了多少钱？	
	医疗保险支付比例(ratio)	这次医疗花费中百分之几由医疗保险支付？	
预防保健	是否接受过预防保健服务(care)	过去四周中你是否接受任何一项预防保健服务？	0否 1是
	预防保健服务花费(pcost)	这次保健服务花费了多少钱？	
健康行为	吸烟情况(smoke)	你吸烟吗？	0否 1是
	喝酒情况(drink)	过去一年你曾喝过啤酒、白酒等酒类吗？	0否 1是

2. 解释变量及控制变量

解释变量为社会医疗保险参与情况，选取两个指标，一个是由中国健康与营养调查问卷的“你有什么类型的医疗保险”问题得出，若参与城镇职工基本医疗保险、城镇居民基本医疗保险以及新型农村合作医疗保险其中之一，则赋值为1，若三者都未参加则赋值为0，得到一个衡量“是否参与社会医疗保险”的二值自变量。另一个衡量指标为不同年份不同省份社会医疗保险覆盖率，该指标为外生宏观指标，具体由中国卫生统计年鉴中各省社会医疗保险参保人数除以各省当年的常住人口计算得出。

另外为了规避其他变量对健康状况的影响从而导致社会医疗保险估计的偏误，将可能对健康有影响的因素纳入控制变量。具体包括商业医疗保险，每日睡眠时间等生活习惯特征,性别、年龄、教育程度、婚否等人口社会学特征,个人年总收入等社会经济特征,以及年度和省份的虚拟变量。

表 7-14 解释变量及控制变量的含义及赋值

变量	变量含义	赋值
social_ins	是否参加社会医疗保险	0 无 /1 有
cover	社会医疗保险覆盖率	0 < Cover < 1
com ins	是否购买商业医疗保险?	0 无 /1 有
age	年龄	
gender	性别	1 男/2 女
Log(wage)	年收入的对数	
edu	你的最高教育程度是?	1 小学或初中毕业/2 高中或技术学校毕业/3 大学或硕士及以上毕业
wed	你目前的婚姻状况?	1 未婚/2 已婚
sleep	你每天的睡眠时间通常有多少小时?	
year	年份虚拟变量	
province	省份虚拟变量	

(二)模型设计

本部分运用结构方程模型构建影响路径图。结构方程模型是基于变量的协方差矩阵来分析变量之间关系的一种统计方法,是多元数据分析的重要工具。模型中既包含有可观测的显在变量,也可能包含无法直接观测的潜在变量,常用于验证性因子分析、路径及因果分析及多组比较等方面,能够同时处理多条路径,清晰分析单项指标对总体的作用和单项指标间的相互关系。本部分运用结构方程模型主要用于辅助路径分析,从社会医疗保险的参与情况出发,对医疗服务利用、预防保健服务和健康行为这三条路径进行分析,探究其对健康这一潜变量的影响。

从社会医疗保险带来的直接影响来看,其最主要的作用是为人们治疗疾病所产生的医疗费用进行经济补偿,解决"有病不医""因病致贫"等社会问题,保障人们最基础的医疗需求。从社会医疗保险带来的间接影响来看,其减轻了人们看病的经济负担,并且更多的医疗检查会让人们更全面地了解自己的身体,从而人们有意愿去为自己的健康投资,比如进行更多的体检或者医疗保健服务。间接影响的第二个方面可能源于人们为了恢复健康或者保持健康主动进行的健康行为。基于这样的分析,并且结合数据的可得性,我们从医疗服务利用、预防保健服务以及健康行为这三个方面探究社会医疗保险影响健康的路径。

在医疗服务利用方面,我们选取“过去四周是否去过正规医疗机构看病”“医疗费用支出”和“其中社会医疗保险支付比例”为被解释变量,医疗费用支出经对数调整。自变量与前文探究社会医疗保险对健康的影响时相同,包括最主要的解释变量是否参与社医疗保险或社会医疗保险覆盖率,以及工资、年龄、性别、睡眠时间等其他自变量。若参与社会医疗保险或社会医疗保险覆盖率变化对“是否去正轨医疗机构看病”“医疗费用支出”或“社会医保支付比例”有显著影响,则可认为医疗服务利用为社会医疗保险影响健康的路径之一。表 7 – 16 中路径一展示了医疗服务利用这一路径的回归结果。对于“是否去正规医疗机构看病”这一二值变量,当其他条件不变时,在 5% 的水平上,参加社会医疗保险会增加去医疗机构看病的概率;在 1% 的水平上,社会医疗保险覆盖率的增加也会增加四周内去医疗机构看病的机率。对于医疗费用支出,社会医疗保险会增加医疗费用支出,但是该结果并不显著。对于医保支付比例,社会医疗保险覆盖率的增加显著提升了医保支付比例。

在预防保健服务方面,我们选取“过去四周,你是否接受过预防保健服务”和“保健服务花费的费用”这两个指标作为被解释变量,预防保健服务支出经对数调整。根据问卷设置,这些预防保健服务包括健康检查、高血压血常规视力检查以及肿瘤筛查。自变量设置同上。表 7 – 16 路径二显示了被解释变量为预防保健服务的回归结果。对于“是否参与保健服务”指标结果显示,在其他条件不变时,参与社会医疗保险在 1% 的水平上增加了人们参与保健服务的概率。对于“保健服务花费”,在 10% 的水平下,参加社会医疗保险或者社会医疗保险覆盖率的提高都会增加人们预防保健服务方面的花费。

在健康行为方面,我们选取“是否抽烟”和“过去一年是否喝过啤酒、白酒等酒类”这两个指标作为被解释变量。表 7 – 16 中路径三显示了健康行为这一路径的回归结果,社会医疗保险对于健康行为的影响都不显著,只有社会医疗保险覆盖率的增加在 10% 的水平上会减少喝酒的概率。所以总体来说健康行为这一路径在本部分的研究方法下可能并不具有代表性。

(三)变量描述性统计结果

按照是否参加社会医疗保险将所有数据分为两组:S1 组,未参加社会医疗保险(social_ins = 0),样本量为516;S2组,参加社会医疗保险(social_ins = 1),样本量为7960。

对于健康指标,从表4的t检验和描述性统计可以看到,health1均值为0.1,说明样本中过去四周患病人数较少,整体短期健康较高。从health1的t检验结果发现参保组与未参保组的均值没有明显差别。health2均值为23.61,BMI处于正常范围内,参加社会医疗保险的人群BMI指数相对较小,但是不显著。health3在S1组和S2组的样本均值在1%的水平上存在明显差异。health3整体均值0.134,说明样本整体患慢性病的人数较少,而参加社会医疗保险的样本人群health3均值为0.131,明显小于为参保组的0.191,患慢性病的情况优于未参保组。从以上的单因素t检验可以大致看出,"是否去正规医院就医"在参保组和未参保组之间在10%的水平下有显著差异,参保组过去四周去正规就医的概率更大。其他路径指标在两组之间差异不明显。从整体均值来看,"是否去正规医院就医"均值为0.0126,说明样本中过去四周去正规医院就医的人较少;"是否进行过预防保健服务"样本均值为0.0385,说明样本中过去四周参加过预防保健服务的人较少。涉及医疗费用支出和预防保健服务支出都经过对数调整。抽烟和喝酒的均值都小于0.5,说明样本中抽烟或者喝酒的人数少于样本量的一半,两组间没有明显差异。

表7-15 描述性统计及t检验

变量	未参加社会医疗 S1	参加社会医疗保险 S2	均值	标准差	最小值	最大值
类别一:被解释变量——健康						
过去四周是否患病	0.085 (0.0122)	0.102 (0.0034)	0.101	0.302	0	1
身体质量指数	23.68 (0.1450)	23.60 (0.0407)	23.61	3.967	14.46	35.91
是否患有慢性病	0.191 (0.0207)	0.131*** (0.0044)	0.134	0.341	0	1
类别二:被解释变量——路径						
是否去过正规医院	0.004 (0.0028)	0.013* (0.0013)	0.0126	0.112	0	1

续表

变量	未参加社会医疗 S1	参加社会医疗保险 S2	均值	标准差	最小值	最大值
医疗费用支出	5. 334 (0. 2758)	5. 667 (0. 0805)	5. 5678	1. 832	1. 0986	11. 918
医疗保险支付比例	28. 687 (1. 6035)	31. 136 (8. 257)	30. 784	37. 089	0	100
是否接受过预防保健服务	0. 0272 (0. 0072)	0. 039 (0. 0022)	0. 0385	0. 192	0	1
预防保健服务花费	4. 388 (0. 3913)	4. 698 (0. 1073)	4. 6860	1. 2066	1. 0986	6. 802
喝酒情况	0. 451 (0. 0219)	0. 420 (0. 0056)	0. 422	0. 494	0	1
吸烟情况	0. 331 (0. 0207)	0. 349 (0. 0054)	0. 347	0. 476	0	1
类别三:解释变量及控制变量						
社会医疗保险覆盖率	0. 914 (0. 0042)	0. 916 (0. 0012	0. 916	0. 101	0. 542	1. 000
是否购买商业医疗保险	0. 225 (0. 0184)	0. 051 *** (0. 0025)	0. 0618	0. 241	0	1
年龄	42. 39 (0. 4299)	41. 95 (0. 1240)	41. 98	10. 85	15	80
性别	1. 416 (0. 0217)	1. 418 (0. 0056)	1. 418	0. 493	1	2
年收入对数	10. 20 (0. 0310)	10. 07 *** (0. 0087)	10. 08	0. 762	3. 871	16. 30
最高教育程度	1. 555 (0. 0255)	1. 252 *** (0. 0075)	1. 271	0. 663	0	2
婚姻状况	1. 329 (0. 0207)	1. 329 (0. 0053)	1. 329	0. 470	1	2

续表

变量	未参加社会医疗 S1	参加社会医疗保险 S2	均值	标准差	最小值	最大值
每天睡眠时间	7.746 (0.0504)	7.754 (0.0115)	7.753	1.024	0	18

注：* 表示 S1 组和 S2 组的均值差异在 10% 的水平上显著，* * 表示 S1 组和 S2 组的均值差异在 5% 的水平上显著，* * * 表示 S1 组和 S2 组的均值差异在 1% 的水平上显著。括号中为标准差。

对于其他变量，商业医疗保险、工资和教育程度在 S1 和 S2 两组间的均值存在明显差异，其他变量没有明显差异。社会医疗保险的覆盖率在问卷涉及的北京、上海、辽宁、黑龙江、江苏、湖北等省和直辖市均值达 91.6%，整体覆盖程度较高，但是也不乏覆盖率仅为 54% 的情况（2006 年的黑龙江）。而商业医疗保险均值仅为 0.06，参保人数较少。样本年龄均值为 41.98，从 15 岁到 80 岁的人口都有涉及，性别方面男女比例比较平均。婚否变量的均值为 1.329，说明整个样本中已婚人士较多。

（四）实证检验

表 7－16 影响路径回归结果

	Social_ins	Cover
路径一：医疗服务利用		
过去四周是否去过正规医疗机构看病	1.276**	3.868***
	(0.724)	(1.000)
医疗费用支出	0.075	0.246
	(0.286)	(1.474)
医保支付比例	0.029	0.510***
	(0.080)	(0.185)
路径二：预防保健服务		
过去四周是否接受预防保健服务	0.615***	0.228
	(0.232)	(1.421)
预防保健服务费用支出	0.491*	3.539*
	(0.261)	(1.866)
路径三：健康行为		

续表

	Social_ins	Cover
是否抽烟	-0.002	-0.3602
	(0.125)	(1.548)
过去一年是否喝过啤酒、白酒等酒类	0.097	-1.970*
	(0.115)	(1.167)

以上多元回归只考虑了解释变量对中介变量的影响，为了进一步验证和对比解释变量对健康的直接影响和解释变量通过中介变量对被解释变量的间接影响，我们运用结构方程模型构建路径框架图。在中介变量方面，由于前文涉及费用的指标缺失值较多，所以选取“过去四周是否去正规医院就诊”以及“过去四周是否接受过预防保健服务”这两个指标分别代表医疗服务利用和预防保险服务利用；选取“过去一年是否喝酒”和“是否抽烟”这两个指标代表健康行为。由于对于路径的假设主要考虑的是各路径对于客观疾病治疗的影响，所以被解释变量主要考虑客观健康（obj_health）这一潜变量，运用“过去四周是否患病”“身体质量指数”“是否患有慢性病”这三个衡量客观健康的指标作为显变量。在估计方法方面，考虑到一些变量可能仍存在缺失值，所以选择保留缺失值的极大似然估计（MLMV）方法进行估计，得到路径图。

从图7-2可以看出，在对健康的影响方面，“过去四周是否去正规医院就诊”“过去四周是否接受过预防保健服务”“过去一年是否喝酒”以及“是否抽烟”这四个指标都对客观健康有显著影响，社会医疗保险对客观健康有积极影响，但是不显著。再关注三条路径，社会医疗保险对于 drink 和 smoke 这两个代表健康行为的指标影响并不显著，对于 hospital 和 care 在一定程度上显著。

由于其他控制变量对健康的影响也不容忽略，图7-2在图7-1的基础上加入了其他可能影响健康的控制变量，如工资收入、年龄、性别、受教育程度等。另外还考虑残差间可能存在的相关性。从图7-2可以看出，在路径方面，社会医疗保险对于“过去四周是否去正规医院就诊（hospital）”和“过去四周是否接受过预防保健服务（care）”在一定程度上有显著影响，即参与社会医疗保险将增加去正规医疗机构治疗和参与预防保健服务的概率，而 hospital 和 care 又对客观健康有显著影响，所以医疗服务利用和预防保健服务路径得到证实。而对于 drink 和 smoke 代表的健康行为路径并不显著。

表7-17列出考虑控制变量后，解释变量和中介变量对于客观健康（obj_health）的直接效应和间接效应。从直接效应来看，社会医疗保险（social_ins）、过

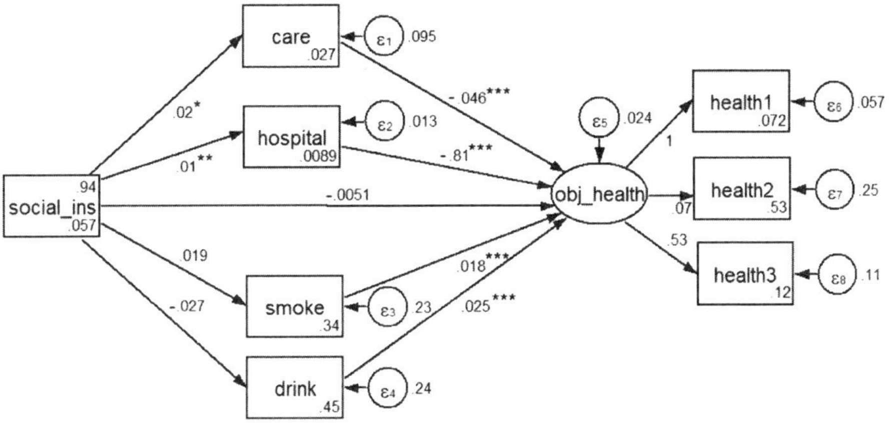

图7-2 社会医疗保险影响客观健康的作用路径(不考虑控制变量)

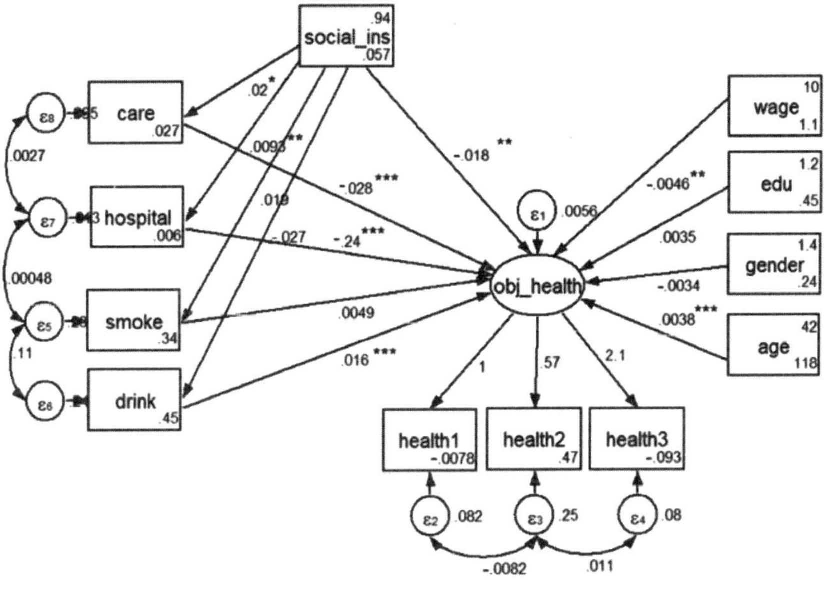

图7-3 社会医疗保险影响客观健康的作用路径(考虑控制变量)

去四周是否去正规医院就诊(hospital)、过去四周是否接受过预防保健服务(care)、过去一年是否喝酒(drink)对客观健康有显著影响,即参与社会医疗保险、去正规医院治疗、接受预防保健服务以及少喝酒能够提高客观健康水平。从间接效应来看,虽然间接效应相对直接效应较小,但是社会医疗保险人能通过医疗服务利用和预防保健服务这两条路径显著影响客观健康,参与社会医疗保险将使得客观健康指标的取值减少0.0204,即改善客观健康。

表7-17 社会医疗保险的健康绩效分解

被解释变量	解释变量/中介变量	直接效应	间接效应	总效应
客观健康 (obj_health)	是否参加社会医疗	-0.0177** (0.0075)	-0.0027	-0.0204
	是否去正规医院治疗	-0.2390*** (0.0394)		
	是否接受过预防保健服务	-0.0275*** (0.0061)		
	抽烟情况	0.0049 (0.0048)		
	喝酒情况	0.0162*** (0.0045)		

注:间接效应由对应的两个路径系数的乘积加总计算得出(hospital 和 care 两条路径显著,故只将这两条路径系数乘积求和),总效应为直接效应和间接效应之和。

通过结构方程模型构建的路径图与多元回归结果基本一致,社会医疗保险主要通过医疗服务利用和预防保健服务这两条路径影响健康,而健康行为这一路径不显著。不论是医疗服务利用还是预防保健服务利用,社会医疗保险在一定程度上都起到了积极作用,显著增加了人们去正规医院的概率和增加了人们进行健康检查、高血压血常规视力检查以及肿瘤筛查的概率,并且提升预防保健服务的支出,使得人们生病时能得到正规医治,并且通过预防保健服务更加了解自己的身体状况,防患于未然,从而提升客观健康水平。另外,前文认为参与社会医疗保险增加了医疗检查的次数,可能发现一些未预料的疾病,从而降低主观健康。这里得出的参与社会医疗保险会提高医疗服务利用,增加去医院治疗的概率也从一定角度验证了该解释。而参与社会医疗保险增加过去四周接受预防保健服务的概率的这一结论也拓宽了以上解释中所提到的检查的范围。

三、研究总结

本部分研究发现社会医疗保险的保障降低了医疗费用中自付比例,提高了人们去正规医疗机构看病的概率,使得人们生病时能及时得到专业有效的医治,从而提升客观健康水平;在有了社会医疗保险后,人们接受健康检查、高血压筛查等检查的概率提高,预防保健服务使得人们对自己身体健康状况有了更加全面的掌握,提前和主动地进行健康管理。

我国的社会医疗保险报销范围主要包括因病在定点医院产生的治疗性费用，而不包括预防保健等非疾病治疗项目。前文的实证分析得出，预防保健服务其实是社会医疗保险影响健康的一条重要途径，有效的健康检查、视力检查、高血压筛查、肿瘤筛查等预防保健服务可以提前预防疾病，及时在疾病初期早治疗。全日本约80%的肿瘤和癌症于早初期阶段得到诊断，而我国恰恰相反，80%以上的医疗资源集中于疾病的中晚期治疗阶段，这说明我国前期的预防保健没有到位，很多人没有这样的意识。若医保报销一部分预防保健服务的费用，不仅或可减轻后期治疗高额的医疗成本，而且促进大家更积极地参与到健康检查等预防保健服务中，宣传早发现早治疗的医疗理念。

第八章

健康保险与经济增长

健康保险与经济发展水平密切相关。健康保险一方面可以保障人们在患病时对医疗卫生服务利用的财务可及性(格罗斯曼,1974),从而影响健康;另一方面健康保险通过改变受保者的预算约束和福利状况,影响个人的储蓄、消费和投资等微观经济决策,从而影响物质资本和人力资本,不可避免地对经济增长产生影响。

第一节　健康保险影响经济增长的理论模型

本部分主要基于社会医疗保险,从物资资本和人力资本的角度分析社会医疗保险对经济增长的影响。在我国特有的统账结合的社会医疗保险模式下,建立了一个代表性个体的两期模型讨论社会医疗保险同经济增长的关系。

一、健康保险同经济增长

(一)保险同经济增长

已有的研究大多从保险行业的发展在经济增长中的作用出发。风险是从社会生活到经济活动的每一项人类活动所固有的(丁等 Din,2017),2015 年保险支出占世界 GDP 的 6.23%(西格马 瑞士再保险 Sigma Swiss - Re,2016)。发达国家的保险支出约为 GDP 的 8%—11%,而发展中国家则为 GDP 的 2%—4%(丁等,2017;奥特雷维尔 Outreville,2013)。大多数研究发现保险与经济增长之间存在正相关关系(苏 Soo,1996;阿里纳 Arena,2008,库拉克等 Curak,2009)。库格勒(Kugler)和奥菲吉(Ofoghi,2005)使用分类数据调查了保险与经济增长之间的关系,发现英国的保险和经济增长之间存在重要而积极的关系。阿里纳(2006)采用 56 个国家 1976 到 2004 年的数据分析寿险和非寿险消费都对经济增长有重要的正向影响。海斯(Haiss)和苏梅吉(Sümegi,2008)对1992到2004年29个经济合作与发展组织国家进行了面板数据分析,发现15个经合组织国家的人寿保险对经济增长的影响显著,而其他14个经合组织国家非寿险对经济增长的影响显著。库拉克等(2009)使用1992到2007年10个转型国家数据发现保险业作为一个整体,寿险和非寿险都促进了转型国家的经济增长。周等(Chau,2013)发现保险与经济增长的关系只有在短期内显著,而景等(2010)认为保险与经济增长之间存在显著的长期关系;埃加(Ege)和巴哈迪(Bahadır,2011)使用GMM探讨了经济合作与发展组织1999到2008年保险与经济增长之间的关系,发现保险与经济增长之间存在正相关关系。戈什(Ghosh,2013)发现人寿保险业对印度的经济增长具有显著的积极影响。萨吉德等(Sajid,2017)通过净保费和保险密度衡量的人寿保险与发达国家的经济增长之间存在正相关关系,非人寿保险对发展中国家的经济增长具有统计显著性。

(二)社会保障制度同经济增长

社会保障制度是促进经济增长的生产要素角度(加西亚等 Garcia,2003)。一些学者对社会保障制度影响经济增长的机理进行了研究,新古典学派通过社会保障对储蓄率和物质资本积累影响的研究来分析社会保障对经济增长的作用。索洛(Solow,1956)认为社会保障制度通过改变消费者所面临的预算约束来改变消费者的消费和储蓄行为。莫迪利安尼(Modigliani,1954)的生命周期假说和萨缪尔森(1958)的交叠世代模型研究了社会保障对储蓄率的影响。费尔德斯坦(1974)提出,社会保障的替代效应导致总储蓄减少,从而导致美国20世纪六七十年代经济增长缓慢。科特里科夫(Kotlikoff,1988)发现"二战"后的美国出现储蓄率下降的同时,各种保险包括失业、养老金、伤残金和医疗健康保险在持续增加,得出结论公平的医疗保险替代自我支付可减少12%的储蓄。乔治(Giorgio)和卡洛塔(Carlotta,2000)使用61个国家的跨国数据和20个工业化国家的面板数据发现,社会保障支出与经济增长之间存在统计上显著的关联。盛等(Shin,2003)通过经验分析也表明台湾地区实行社会医疗保险计划能平均减少8.6%到13.7%的储蓄。张(Zhang,2004)利用跨国数据,检验了社会保障支出和经济增长以及经济增长决定因素间的关系,发现社保支出与经济增长显著正相关。李(Lee)和常(Chang,2006)利用12个亚洲国家1972到2000年的面板数据,发现社会保障支出对GDP有正向影响。赵蔚蔚(2011)选取中国2000到2010年的数据发现财政社会保障支出与经济增长之间存在协整且互为双向的格兰杰因果关系。邵全权(2017)的研究发现,保险制度的存在可以降低风险冲击对经济波动的影响程度,将主要宏观经济变量的波动变得更加缓和。

社会医疗保险对经济增长影响的研究则主要集中在两个方面:一是新古典学派通过社会保障对储蓄率和物质资本积累影响的研究来分析社会保障对经济增长的作用。索洛(1956)认为社会保障制度通过改变消费者所面临的预算约束来改变消费者的消费和储蓄行为。二是在罗默(1986)和卢卡斯(Lucas,1988)关于经济增长中人力资本作用的经典文献后,学者开始从人力资本积累的角度探讨社会保障对经济增长的影响。新增长理论认为人力资本积累是经济长期增长的唯一动力,该学派以人力资本作为社会保障影响经济增长的中间变量,从社会保障影响人力资本及其形成过程的角度来论证社会保障对经济增长的影响。

(三)健康保险同经济增长

健康保险是健康人群与非健康人群之间或健康时与病患时对病患风险的分摊机制,它的直接功能在于保障人们在患病时对医疗卫生服务利用的财务可及性。医疗服务利用是为了获得健康(格罗斯曼,1972),所以社会医疗保险的最终目的是维护和提高个人健康。社会医疗保险影响健康及经济增长的途径主要体现在以下方面:第一,从社会医疗保险对劳动力素质的影响来看,医疗社会保险制度的完善,会使劳动者平均寿命和劳动年限得到延长,从而相对增加了社会劳动力投入总量;第二,劳动者患病有医疗保险保障,可以使劳动力的再生产得以顺利进行,有利于提高劳动者的素质,从而提高社会的劳动效率,最终促进经济增长。

社会医疗保险对经济增长的作用体现在以下方面:一是社会医疗保险支出会创造需求,从而促进生产和国民产出,而由此增加的国民产出,反过来会增加政府财政收入和就业。因此每增加一元钱的社会保险支出,最终导致超过一元钱的总产出增长,这是社会医疗保险的乘数效应。另一方面,如果没有社会保险费用的缴纳,企业、个人会将这笔钱用于个人消费、投资,也会产生乘数效应。因此只有当统筹使用的社会保险支出产生的乘数效应大于没有社会保险时的支出乘数时,社会医疗保险支出的替代效应为正,这意味着由于将一部分国民收入强制性作为社会保险支出。二是在众多造成居民未来收入不确定的个人风险中,疾病是造成居民未来收入不确定的主要因素,未来风险越大,预期未来消费的边际效用就越大,消费者越会进行更多地进行预防性储蓄,把财富更多地在未来进行消费。社会医疗保险从两方面影响家庭储蓄:一是降低家庭的预防性储蓄动机,刺激居民的消费;另一方面由于缴纳社会医疗保险费会增加家庭当期的支出,从一定程度上会降低家庭当期的消费。因此社会医疗保险可以改变人们对未来的预期,提高人们的边际消费倾向。而边际消费倾向的增加会由于乘数作用成倍地放大,极大地促进总产出的增长，拉动经济增长。

二、健康保险影响经济增长的理论模型

借鉴萨缪尔森(1958)和戴蒙德(Diamond,1975)分析养老保险的世代交叠模型的分析框架，本部分通过引入社会医疗保险制度，探究社会医疗保险制度如何改变家庭所面临的预算约束，从而影响家庭的储蓄、物资资本、人力资本等决策，进而对整体经济产生影响。总体来看，社会医疗保险对经济增长的影响主要通过两个途径：一是社会医疗保险通过一些个体的预算约束来影响个体的储蓄行为，从而影响经济中物资资本的形成；二是社会医疗保险通过一些个体在当期和未来的福利，改变个体的医疗支出和人力资本，从而影响经济中的人力资本积累。

(一)理论模型的构建

1. 消费者行为

理论模型考虑一个代表性个体的两期模型，即将生命周期分为两期：0 期(当期)与 1 期(下期)。当期个体身体状况健康，通过劳动获得一定收入并按规定缴纳一定比例的社会医疗保险费；进入下期时，代表性个体将有 p 的概率生病，若个体下期生病，需要支付相当于 m 的医疗支出，但可以报销一定比例的医疗费用①。

效用函数：由于医疗服务影响个体的健康状况(格罗斯曼，1972)，假定医疗服务的数量用医疗费用来表示，因此医疗费用进入效用函数；假定个体生命周期的效用取决于第一期的消费 c_t，第二期的消费 c_{t+1} 和第二期的医疗支出 m_t，假定没有利他主义的遗产动机，李嘉图等价不成立。不失一般性，个体的效用函数假设为：

$$u(c_t, c_{t+1}, m_t) = \ln c_t + \rho \ln c_{t+1} + p\varphi \ln m_t \qquad (式 8-1)$$

其中，$0 < \rho < 1$ 表示时间贴现因子，φ 表示医疗费用效用的贴现率。个体的效用函数是一个严格凹的递增函数。

健康人力资本函数：根据格罗斯曼(1972)的研究，健康生产函数取决于医疗服务、健康生产时间投入和人力资本存量，由于个人健康水平受到很多因素的影响，因此不同的投入品都具有丰富的内涵，但在本部分中，由于主要关注医疗保险对经济增长的作用，因此，假设个人健康水平主要由医疗费用和人力资本存量决定。因此个体的健康人力资本积累方程为：

① 《中华人民共和国社会保险法》第二十七条规定：参加职工基本医疗保险的个人，达到法定退休年龄时累计缴费达到国家规定 20 年年限的，退休后不再缴纳基本医疗保险费，按照国家规定享受基本医疗保险待遇。因此，这里假定下期不用缴纳基本医疗保险费。

$$h_{t+1} = Dm_t^{\theta} h_t^{1-\theta} \quad \text{(式 8-2)}$$

$D>0$ 是一个表示人力资本生产技术的参数，设为常数。θ 体现了医疗支出对人力资本形成的贡献率，h_t 为人力资本存量①，$1-\theta$ 衡量了当期的人力资本存量到下期的传递程度。

预算约束条件：个体的预算约束条件为整个生命周期的消费支出不大于收入的限制。代表性个体的净工资 $(1-\tau_i-\tau_p)w_t$ 用作消费 c_t 、s_t 、c_{t+1} 以及生病后的自付医疗费用 σm_t 。则个体两期的预算约束为：

$$c_t = (1-\tau_i-\tau_p)(1-s_t)w_t \quad \text{(式 8-3)}$$

$$c_{t+1} = (1+r_{1+t})s_t(1-\tau_i-\tau_p)w_t - m_t + p(1-\sigma)m_t + (\tau_i+\eta\tau_p)w_t \quad \text{(式 8-4)}$$

式 8-3 和式 8-4 合并在一起变为：

$$[(1+r_{1+t})(1-\tau_i-\tau_p)+(\tau_i+\eta\tau_p)]w_t - p\sigma m_t - c_{t+1} - (1+r_{1+t})c_t = 0 \quad \text{(式 8-5)}$$

2. 企业行为

假设经济是完全竞争的，经济体中只有一个企业且只生产一种产品，产出的规模报酬不变，人力资本进入生产函数，产出由物质资本和人力资本两因素共同决定。现有文献已经提出了多种人力资本影响有效劳动投入量和产出水平的途径（斯特劳斯和托马斯，1998；布鲁默等 Bloom，2004，豪伊特 Howitt，2005；卡莱姆利·奥兹坎等 Kalemli - Ozcan，2000；威尔 Weil，2007）。如越健康的个体可能精力会越旺盛，生病的概率也会越小，因而能更长时间地有效工作，或承担强度更大的工作。另一方面，健康水平的提高还能够提高个人的认知努力，从而能够提高个人的学习能力和教育的回报。因此可以假定具有更高健康人力资本的人会有更高的生产能力，或者说，其单位劳动时间的有效劳动量会更大。因此，把健康人力资本放入企业的生产函数，企业的生产函数为 Cobb - Douglas 形式：

$$Y_t = AK_t^{\alpha}L_t^{1-\alpha} = AK_t^{\alpha}(h_tN_t)^{1-\alpha} \quad \text{(式 8-6)}$$

其中，A 是一个表示生产技术的参数，K_t 是物资资本存量，L_t 是有效劳动，有效劳动取决于劳动者的数量 N_t 和健康人力资本 h_t ，$A>0$ ，$0<\alpha<1$ 。厂商最大化利润为 $\pi_t = AK_t^{\alpha}(h_tN_t)^{1-\alpha} - \delta K_t - w_tL_t$ ，δ 代表折旧率，w_t 代表 t 期每单位劳动力要素的价格，也是工资率，$1+r_t$ 代表 t 期资本要素的价格，也就是利率；利润最大化和完全竞争要求所有的要素都在边际产量处支付，因此劳动和资本的价格

① 该人力资本存量既包括个体的健康存量，又包括个体的受教育水平，还包括健康对个体教育的影响等。

分别由边际产量来确定,因此:

$$w_t = A(1-\alpha)k_t{}^{\alpha}h_t{}^{1-\alpha}\ ,\ 1+r_t = \alpha A\,(k/h)^{\alpha-1} \qquad (式8-7)$$

3. 政府

根据我国社会医疗保险制度的设计,实施社会统筹与个人账户相结合的模式。个人账户主要支付门诊医疗费用,可以结转,统筹账户主要支付住院医疗费用,由社会经办机构统筹调剂使用。假设劳动者缴纳的社会医疗保险费分为两部分,一部分为社会统筹部分,一部分为个人账户部分,个人缴费占工资的比例为 τ_i ,单位缴费占工资的比例为 τ_p ①, η 表示单位缴费向个人账户划拨的比例, $1-\eta$ 表示单位缴费向统筹账户划拨的比例。假定成年人工作的工资收入为 w_t ,老年人生病后的医疗费用为 m_t ,统筹账户的自付比例为 σ ,从社会统筹账户中报销的医疗费用为 B_t ,个人账户累计的总金额为 A_t ,则社会医疗保险基金的收入为:

$$B_t + A_t = (1-\eta)\tau_p w_t + (\tau_i + \eta\tau_p)w_t \qquad (式8-8)$$

社会保险基金的支出取决于患病个体的医疗支出和统筹账户的支出:

$$B_t + A_t = m_t p(1-\sigma) + (\tau_i + \eta\tau_p)w_t \qquad (式8-9)$$

由于社会医疗保险实行的是“以收定支,收支平衡”,为了维持统筹基金的收支平衡,需要满足 $(1-\eta)\tau_p w_t = m_t p(1-\sigma)$ 。

(二)模型的求解和分析

代表性个体将人力资本、工资、利率、医疗保险的费率、医疗保险的自付比例当作给定,在预算约束下,通过选择消费和医疗费用支出,极大化一生的效用。因此个体的效用最大化问题可以表示为:

$$\max_{c_t, c_{t+1}, m_t} u(c_t, c_{t+1}, m_t) \qquad (式8-10)$$

$$s.t.\ [(1+r_{1+t})(1-\tau_i-\tau_p) + (\tau_i+\eta\tau_p)]w_t - p\sigma m_t - c_{t+1} - (1+r_{1+t})c_t = 0$$

(式8-11)

构造拉格朗日函数:

$$L = \ln c_t + \rho\ln c_{t+1} + p\varphi\ln m_t + \lambda\{[(1+r_{1+t})(1-\tau_i-\tau_p) + (\tau_i+\eta\tau_p)]w_t - p\sigma m_t - c_{t+1} - (1+r_{1+t})c_t\} \qquad (式8-12)$$

1. 社会医疗保险、储蓄率与物资资本积累

求解代表性个体最大化问题可以得到不同时期最优的消费和最优的医疗费用支出:

① 在我国,社会医疗保险的缴费分为个人缴费和企业缴费两部分,由于单位缴纳的部分也会纳入劳动力成本,且单位缴纳和个人缴纳的基数都是劳动者的工资总额。

$$m_t = (1 + r_{1+t})\varphi c_t / \sigma \quad （式 8-13）$$

$$\lambda = \frac{(1+\rho)(1-\sigma)}{[(1-\sigma)(1+r_{1+t})(1-\tau_i-\tau_p)+(1-\sigma)(\tau_i+\eta\tau_p)-\sigma(1-\eta)\tau_p]w_t}$$

（式 8-14）

$$c_t = \frac{(1-\sigma)(1+r_{1+t})(1-\tau_i-\tau_p)+(1-\sigma)(\tau_i+\eta\tau_p)-\sigma(1-\eta)\tau_p}{(1+\rho)(1+r_{1+t})(1-\sigma)}w_t$$

（式 8-15）

$$c_{t+1} = \frac{[(1-\sigma)(1+r_{1+t})(1-\tau_i-\tau_p)+(1-\sigma)(\tau_i+\eta\tau_p)-\sigma(1-\eta)\tau_p]\rho}{(1+\rho)(1-\sigma)}w_t$$

（式 8-16）

解出个人最优的储蓄率为:

$$s_t = 1 - \frac{1}{1+\rho} - \frac{(1-\sigma)\tau_i + (\eta-\sigma)\tau_p}{(1+\rho)(1-\sigma)(1+r_{1+t})(1-\tau_i-\tau_p)} \quad （式 8-17）$$

则社会总储蓄率为个人最优的储蓄率加上个人账户的积累:

$$S_t = 1 - \frac{1}{1+\rho} - \frac{(1-\sigma)\tau_i + (\eta-\sigma)\tau_p}{(1+\rho)(1-\sigma)(1+r_{1+t})(1-\tau_i-\tau_p)} + (\tau_i + \eta\tau_p)$$

（式 8-18）

命题1:由于 $0 < 1-\sigma < 1$,因此社会医疗保险个人账户缴费率 τ_i 越高,个人的储蓄率越低。统筹账户缴费率对个体储蓄率的影响是模糊的,取决于 $\eta-\sigma$ 的符号,当划入个体账户 η 的费率越高,且自付比例 σ 越低时,$\eta-\sigma$ 的值为正且越大,此时统筹账户缴费率 τ_p 越高,个人的储蓄率越低。

个人账户缴费率对个体自愿储蓄率的影响体现在:存在一个最优的储蓄率,当个人账户缴费率没有超过自愿储蓄率水平,而个人账户税的回报率等于个体自愿储蓄的回报率时,个体必然会减少储蓄,来维持原来的最优,如果这种影响是一对一的,即个人账户缴费税率每增加1%,储蓄率就会相应降低1%。主要原因是代表性行为人预期到这一账户在生病时可以获得返还,因此个体会等额地降低私人自愿储蓄部分,并且不会改变其消费计划。而从社会的整体来看,总储蓄率不变,这时存在自愿储蓄与非自愿储蓄的等价效应,此时个人账户对社会总储蓄率的影响是中性的。

社会统筹账户缴费率是健康人群向生病人群的转移比例。一方面,这一转移税率越高,会降低健康人群用于储蓄的资源,从而降低最优自愿储蓄率;另一方面,健康人群向生病人群的转移税率越高,代表个人生病后可以得到的医疗费用的补偿越多,预期到这一点会促使代表性行为人降低预防性储蓄。但模型的结论也显示,划入个人账户的比例和自付比例会影响到结果,社会统筹税率越高,划入个体账户的费率越高,且自付比例越低时,储蓄率越低,这也比较符合经济学直觉,同时与经典文献得到的结论相一致。

t 期经济中的总财富就等于所有个体的自愿私人储蓄加上医疗保险个人账户基金。假定没有代际的损失,资本在每一期完全折旧,则社会的总财富 $W_t = N_t[s_t w_t + (\tau_i + \eta\tau_p)w_t]$ 。如果经济处于封闭状态,资本市场的均衡条件为 $K_{t+1} = W_t = N_t[s_t w_t + (\tau_i + \eta\tau_p)w_t]$,资本积累方程为 $K_{t+1}/N_t = k_{t+1} = (s_t + \tau_i + \eta\tau_p)w_t$,则:

$$k_{t+1} = \left[\frac{\rho}{1+\rho} - \frac{(1-\sigma)\tau_i + (\eta-\sigma)\tau_p}{(1+\rho)(1-\sigma)(1+r_{1+t})(1-\tau_i-\tau_p)} + \tau_i + \eta\tau_p\right]w_t$$

(式 8-19)

由于 $w_t = A(1-\alpha)k_t{}^{\alpha}h_t{}^{1-\alpha}$,于是资本积累方程为:

$$k_{t+1} = A(1-\alpha)\left[\frac{\rho}{1+\rho} - \frac{(1-\sigma)\tau_i + (\eta-\sigma)\tau_p}{(1+\rho)(1-\sigma)(1+r_{1+t})(1-\tau_i-\tau_p)} + \tau_i + \eta\tau_p\right]k_t^{\alpha}h_t{}^{1-\alpha}$$

(式 8-20)

$$\frac{k_{t+1}}{k_t} = A(1-\alpha)\left[\frac{\rho}{1+\rho} - \frac{(1-\sigma)\tau_i + (\eta-\sigma)\tau_p}{(1+\rho)(1-\sigma)(1+r_{1+t})(1-\tau_i-\tau_p)} + \tau_i + \eta\tau_p\right]k_t^{\alpha-1}h_t{}^{1-\alpha}$$

(式 8-21)

命题 2:社会医疗保险个人账户缴费率和统筹账户对物资资本积累的影响是模糊的。社会医疗保险统筹账户缴费率会降低个人的储蓄率,但从整个社会来看可以使消费基金转化为积累基金,从而增加物资资本的积累,因此总体的影响是模糊的。

2. 社会医疗保险与医疗支出

解最优化方程得到代表性个体的医疗支出为:

$$m_t = \frac{\varphi(1-\sigma)(1+r_{1+t})(1-\tau_i-\tau_p) + (1-\sigma)(\tau_i+\eta\tau_p) - \sigma(1-\eta)\tau_p}{(1+\rho)(1-\sigma)\sigma}w_t$$

(式 8-22)

医疗支出占工资的比例为:

$$\frac{m_t}{w_t} =$$

$$\frac{\varphi(1-\sigma)(1+r_{1+t})+(1-\sigma)[1-(1+r_{1+t})\varphi]\tau_i+[\eta-\varphi(1-\sigma)(1+r_{1+t})]\tau_p}{(1+\rho)(1-\sigma)\sigma}$$

（式 8－23）

命题3：社会医疗保险个人账户缴费率 τ_i 对医疗支出比例的影响取决于 $1-(1+r_{1+t})\varphi$，如果 $\varphi<1/(1+r_{1+t})$，则随着社会医疗保险个人账户缴费率的上升，医疗支出占工资的比例会上升，这是因为个人账户可以抵扣医疗支出，缴费率上升意味着个人账户基金的增加，因此医疗支出也会随之增加。

统筹账户缴费率 τ_p 对医疗支出的影响取决于 $\eta-\varphi(1-\sigma)(1+r_{1+t})$，说明社会统筹账户缴费率对医疗支出比例的影响体现在两个方面：一方面，社会统筹账户的设立，统筹账户的缴费比例为 η，使得患病个体可以获得医疗的保障，因此个体倾向于增加医疗支出；另一方面是 $\varphi(1-\sigma)(1+r_{1+t})$，即未患病个体向患病个体的转移比例越高，这一转移税率越高，降低了未患病个体用于医疗支出的资源。所以统筹账户税率对医疗支出比例影响的净效应是模糊的，取决于模型中的参数设定。

3. 社会医疗保险与健康人力资本

$$\frac{h_{t+1}}{h_t}=Dm_t^{\ \theta}h_t^{\ 1-\theta}=$$

$$D\left\{A(1-\alpha)\frac{\varphi(1-\sigma)(1+r_{1+t})(1-\tau_i-\tau_p)+(1-\sigma)(\tau_i+\eta\tau_p)-\sigma(1-\eta)\tau_p}{(1+\rho)(1-\sigma)\sigma}k_t^{\ \alpha}h_t^{\ 1-\alpha}\right\}^{\theta}h_t^{\ -\theta}$$

（式 8－24）

命题4：社会医疗保险个人账户缴费率和统筹账户对健康人力资本的影响是模糊的。社会医疗保险个人账户缴费率 τ_i 对健康人力资本的影响取决于 $1-(1+r_{1+t})\varphi$，如果 $\varphi<1/(1+r_{1+t})$，则随着社会医疗保险个人账户缴费率的上升，健康人力资本会上升。

4. 社会医疗保险与经济增长率

在稳态时，$k_{t+1}=k_t=k^*$，从而得到：

$$\overset{*}{k}=A^{-\frac{\theta}{\alpha}}(1-\alpha)-$$

$$\frac{1+\theta}{\alpha}\left[\frac{\rho}{1+\rho}-\frac{(1-\sigma)\tau_i+(\eta-\sigma)\tau_p}{(1+\rho)(1-\sigma)(1+r_{1+t})(1-\tau_i-\tau_p)}+\tau_i+\eta\tau_p\right]^{\frac{1-\theta}{1+\theta\alpha-\alpha}}$$

$$\left\{\frac{\varphi(1-\sigma)(1+r_{1+t})(1-\tau_i-\tau_p)+(1-\sigma)(\tau_i+\eta\tau_p)-\sigma(1-\eta)\tau_p}{(1+\rho)(1-\sigma)\sigma}\right\}^{\frac{\theta}{\alpha^2-\alpha-\theta\alpha^2}}$$

（式 8－25）

同样，在稳态时 $h_{t+1}=h_t=h^*$，从而得到：

$$^{\frac{1}{1-\alpha+\theta\alpha}}(1-\alpha)-$$

$$\frac{2}{1-\alpha+\theta\alpha}\left[\frac{\rho}{1+\rho}-\frac{(1-\sigma)\tau_i+(\eta-\sigma)\tau_p}{(1+\rho)(1-\sigma)(1+r_{1+t})(1-\tau_i-\tau_p)}+\tau_i+\eta\tau_p\right]^{\frac{-\theta}{1+\theta\alpha-\alpha}}$$

$$\left\{\frac{\varphi(1-\sigma)(1+r_{1+t})(1-\tau_i-\tau_p)+(1-\sigma)(\tau_i+\eta\tau_p)-\sigma(1-\eta)\tau_p}{(1+\rho)(1-\sigma)\sigma}\right\}^{\frac{\theta-\alpha\theta}{\alpha^2-\alpha-\theta\alpha^2}}$$

（式 8－26）

由经济增长理论可知，当经济处于平衡增长路径时，人均产出、人均物资资本以及人均人力资本都以相同的速度增长，有：$\frac{y_{t+1}}{y_t}=\frac{k_{t+1}}{k_t}=\frac{h_{t+1}}{h_t}=1+g_t=1+g_{k,t}=1+g_{h,t}$，令平衡增长路径上的增长率为 1 + g。

联立方程得到稳态的增长率为：

$$1+g=A^{\frac{\theta}{1-\alpha(1-\theta)}}D^{\frac{1-\alpha}{1-\alpha(1-\theta)}}(1-\alpha)\frac{2\alpha\theta-\alpha-\theta+1}{1-\alpha(1-\theta)}\sigma^{\frac{\theta(\alpha-1)}{1-\alpha(1-\theta)}}$$

$$[(1+r_{1+t})(1-\tau_i-\tau_p)]^{\frac{1+\theta-\alpha}{1-\alpha(1-\theta)}}[(1-\rho)(1-\sigma)]^{\frac{-\theta}{1-\alpha(1-\theta)}}$$

$$\frac{\{(1-\sigma)(1+r_{1+t})(1-\tau_i-\tau_p)[\rho+(1+\rho)(\tau_i+\eta\tau_p)]-(1-\sigma)\tau_i-(\eta-\sigma)\tau_p\}^{\frac{\alpha-1}{1-\alpha(1-\theta)}}}{[\varphi(1-\sigma)(1+r_{1+t})(1-\tau_i-\tau_p)+(1-\sigma)(\tau_i+\eta\tau_p)-\sigma(1-\eta)\tau_p]^{\frac{\theta(\alpha-1)}{1-\alpha(1-\theta)}}}$$

（式 8－27）

由式 8－27 可以得到命题 5：社会医疗保险个人账户缴费率和统筹账户对经济增长的影响是模糊的。个人账户缴费率对经济增长的影响体现在：在存在有效需求不足的情况下，个人账户的缴费率可以替代预防性储蓄，同时还具有乘数效应，按照凯恩斯理论，个人账户缴费增加意味着创造了相同的需求，创造的需求会促进生产和产出，由此增加的产出，反过来会增加政府财政收入和就业。这样每增加一元钱的缴费，其最终导致超过一元钱的总产出增长，这就是个人账户缴费率对经济增长产生的乘数效应。

社会统筹账户缴费率对经济增长的影响主要通过以下两个方面起作用：一是影响物质资本的积累。通过储蓄，根据命题 1，社会统筹账户缴费率在两个方面影响储蓄率，并且净效应是负的，因此过高的医疗保险统筹税率会减少物质资本积累，从而降低经济增长率；二是社会统筹账户缴费率会影响医疗支出，命题 2 的分析说明社会统筹账户缴费率带来的净效应是模糊的，因而对经济增长的影响不确定。总之，社会统筹账户缴费率对经济增长的净效应取决于模型中的参数设定。

三、健康保险影响经济增长的数值模拟

（一）参数校准

通过理论模型部分的分析可知，社会医疗保险个人账户和统筹账户缴费率会对个体储蓄率、物资资本积累、人力资本以及经济增长产生影响。为了能够解释和预测社会医疗保险对中国经济增长的影响，本节校准中国经济的相关参数并对理论分析结果进行数值模拟，以下假设是为了得到现实基准模型做出的。本部分根据已有文献的研究结论来确定模型中的参数，这样可以避免参数设置的随意性并使参数的取值接近现实。

沿用赵志耘（2011）的研究，测算的我国1979—2009年的全要素生产率的年增长率，取平均值来度量技术进步率，得到 $g=1.66\%$，根据冯晓、朱彦元（2011）的研究，取固定资产折旧率为 $\delta_k=5.9\%$。潘杰等人（2013）使用工具变量模型发现医疗保险对个人报告健康好的可能性提高了64.6%，因此本部分将 θ 的取值定为64.6%。沿用王小鲁和樊纲对资本产出弹性的估计值0.4，本部分将资本产出弹性取值为0.4。类似于刘永平和陆铭（2008）的做法，本部分将代表性个体第二期消费的时间偏好因子 ρ 取值为0.78。由于个体在生命周期患病的概率很高，因此这里假定患病的概率为1。目前文献中关于医疗费用效用贴现率的参考文献非常有限，医疗费用效用的贴现率可以看作将未来的医疗费用转化为预防保健的替代率，这里取0.3。根据中国现行个人和社会统筹账户的费率规定，社会医疗保险缴费占工资总额的0.02—0.03，全部进入人个人账户，而单位缴纳占工资总额的0.06—0.08，其中划入个人账户的比例为0.01，其余0.05—0.07划入统筹账户，因此设定个人账户缴费率的基准值为0.02，单位缴纳医疗保险的费率为0.07，划入个人账户的比例为0.01。根据前文的数据可以知道，我国城职保住院的报销比例平均为71.4%，门诊使用个人账户报销，因此自付比例的值设定为0.286。r是利率，取一年期存款基准利率0.015，最后，本部分设定 $A=D=2.13$，以得到一个与中国现实相符的经济增长率。各参数的基准取值如下表，基本参数决定的模型为基准模型，由于社会医疗保险影响增长的经济机制依赖于参数 η，将改变其取值，进行敏感性分析。

表 8-1 参数校准

参数	表示意义	取值
θ	人力资本生产函数中医疗的产出弹性	0.646
α	生产函数中物质资本产出弹性	0.4
ρ	时间偏好因子	0.78
p	患病的概率	1
φ	医疗费用效用的贴现率	0.3
r	利率	0.015
τ_i	社会医疗保险个人缴费率	0.02
τ_p	社会医疗保险单位缴费率	0.07
η	单位缴费划入个人账户的比例	0.01
σ	自付比例	0.286
D	健康人力资本生产技术参数	2.13
A	生产技术参数	2.13

（二）数值模拟结果

表 8-2 显示，在当前的参数假设下，统筹账户费率与储蓄率和经济增长率数值模拟的结果显示：统筹账户缴费率越高，个体储蓄率越低，社会最优储蓄率越低，经济增长率越低。统筹账户费率每增加 15%，会降低经济增长率 0.796% 左右。这说明政府通过提高统筹账户费率来提高医疗保障将会降低家庭的储蓄率，从而降低物资资本积累，尽管统筹账户费率提高具有人力资本投资的激励作用，但对物资资本的效应起到了主导的作用，从而对经济增长的净效应为负。这与本部分的理论预期以及前面的模拟结果相一致。

表 8-2 统筹账户费率与储蓄率和经济增长率

统筹账户费率（%）	个体最优储蓄率（%）	社会最优储蓄率（%）	经济增长率（%）
0	0.46	0.49	10.958
2	0.45	0.47	10.850
4	0.44	0.46	10.643
6	0.44	0.46	10.541
8	0.44	0.45	10.344
10	0.43	0.45	10.251
15	0.42	0.45	10.162

表8-3显示，在当前的参数假设下，个人账户费率与储蓄率和经济增长率数值模拟的结果显示：个人账户缴费率越高，家庭储蓄率越低，经济增长率越高。个人账户费率每增加15%，会提高经济增长率1.23%左右。这是由于个人账户缴费率提高，有助于增加社会物质资本并降低个体对于疾病的预防性储蓄，同时健康人力资本也会上升，从而促进经济增长。

表8-3　个人账户费率与储蓄率和经济增长率

个人账户费率(%)	个体最优储蓄率(%)	社会最优储蓄率(%)	经济增长率(%)
0	0.427	0.427	8.199
2	0.426	0.447	8.277
4	0.426	0.467	8.885
6	0.426	0.487	8.929
8	0.426	0.506	9.214
10	0.425	0.526	9.346
15	0.424	0.575	9.429

（三）参数变化测试

接下来进行政策参数试验。根据前文的分析可以看出单位缴费划拨到个人账户的比例 η 会影响经济增长，因此改变 η 的取值，观察其对经济增长的影响。

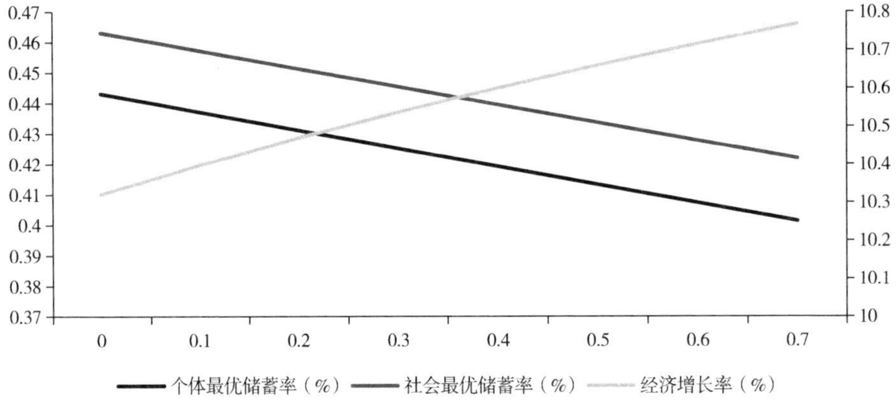

图8-1　单位缴费划拨到个人账户的比例同经济增长

通过分析可以发现，单位缴费划拨到个人账户比例增加可以促进经济增长，这验证了前文个人账户缴费率对经济增长的乘数效应。

第二节　健康保险影响经济增长的机制研究

理论上,社会医疗保险和商业健康保险都是分散疾病所致财务风险的一种手段,但由于两者筹资渠道、政策目标和价值取向不同,对个体行为的影响也有差异,社会医疗保险与商业健康保险在为经济发展提供支持,发挥经济发展的助推器功能上存在差别。本部分在一个人口增长内生的世代交叠模型的框架下,从健康保险的功能入手研究健康保险影响个体行为的机理,比较社会医疗保险和商业健康保险对经济增长的不同影响:一是假定预期寿命的增加所带来的患病概率的增加对经济增长的影响,二是分析医疗服务对健康人力资本形成的贡献率增加对经济增长的影响,从而为中国医疗保险保障体系改革提供政策建议。

一、社会医疗保险和商业健康保险影响经济增长的机制

社会医疗保险作为一种社会公平制度和再分配手段,是社会保障制度的重要组成部分,其发展对于保障我国居民的基本医疗需求,推进健康中国建设具有重要的意义。社会医疗保险主要发挥互助共济作用,有效缓解我国居民患病负担高额诊疗费用的风险,充分体现了互济性和公平性。商业健康保险是基本医疗保险的重要补充。

社会医疗保险和商业健康保险会互相影响。卡特勒和格鲁伯(1996)估计了美国 1987 到 1992 年期间社会医疗保险向孕妇和儿童扩张对商业保险的影响,发现约 50% 社会医疗保险覆盖率增加与商业保险覆盖率下降有关。拉拉 · 肖珀德(Shorc　Sheppard,2000)发现公司员工参加社会医疗保险的资格与公司提供的健康保险的参与率之间存在负相关关系。格鲁伯和西蒙(Simon,2008)在此基础上使用改进的数据和方法发现在 1996 到 2002 年期间,社会医疗保险对商业健康保险的挤出作用仍然很显著,当考虑家庭层面的社会医疗保险资格时,这一作用最为明显。杜拜(Dubay)和肯尼(Kenney,1997)发现针对贫困孕妇的社会医疗保险覆盖率增加 45% 会挤出雇主支持的商业保险。彭浩然等(2017)发现,不断扩张的社会医疗保险规模有可能会挤占商业健康保险市场的发展空间。

理论上,社会医疗保险和商业健康保险都是分散疾病所致财务风险的一种手段。社会医疗保险是国家根据一定的法律法规,为社会劳动者及其他社会成员提供患病时基本医疗保障的一种社会保险,商业医疗保险是由保险公司经营的,营利性的医疗保险,社会医疗保险和商业健康保险具有紧密的替代关系、补充关系

与合作关系。在我国国家医疗保障体系中社会医疗保险处于主体地位,商业医疗保险对社会医疗保险形成必要的补充,两者分工协作、有机结合,共同构建我国医疗保障体系。但是,由于社会医疗保险和商业健康保险的政策目标不同,社会医疗保险与商业健康保险在不同国家卫生筹资中的相对重要性存在差异,并且两者影响经济增长的机制是不同的。社会医疗保险和商业健康保险通过不同的渠道作用于经济中家庭所面临的预算约束与经济激励,进而对家庭的消费和储蓄产生影响,又作用于经济中的物质资本和人力资本,最终对经济增长产生影响。

二、社会医疗保险和商业健康保险影响经济增长的理论模型

借鉴迈克尔(Michael,2013)的研究,分别构建个体参与社会医疗保险或购买商业健康保险的情景下,内生患病概率和医疗服务对人力资本贡献率的代际交叠模型,假设每个代表性个人的一生分为两个阶段:提供劳动的年轻时期,退休的老年时期。个体在年轻时期通过劳动供给获得收入,将其收入用于消费、储蓄、购买社会医疗保险或商业健康保险;个人在老年时期退休并可能患病,用于消费的收入源于中年时期的储蓄。

(一)理论模型的构建

1. 消费者行为

理论模型考虑一个代表性个体的两期模型,个人生活两期,第一期个体身体健康并工作,第二期代表性个体将有 p 的概率患病,个体患病的概率取决于他们所获得的医疗服务。假定个体生命周期的效用取决于第一期的消费 c_t,第二期的消费 c_{t+1} 和第二期的健康状况 h_{t+1},假定没有利他主义的遗产动机,李嘉图等价不成立。不失一般性,个体的效用函数假设为:

$$u(c_t, c_{t+1}, h_{t+1}) = ln\, c_t + \delta ln\, c_{t+1} + \delta pln\, h_{t+1} \quad (式 8-27)$$

其中,$0 < \delta < 1$ 表示时间贴现因子,个体的效用函数是一个严格凹的递增函数。健康人力资本函数:根据格罗斯曼(1972)的研究,包括医药治疗、医疗保健、体育锻炼、休息和健康消费在内的其他健康投资都对提高健康水平具有显著的作用,因此将医疗保健和医药治疗都包含在医疗服务中,而将体育锻炼、休息和健康消费等都设定为其他影响健康的因素,因此,下一期个体的健康水平主要由医疗服务和其他因素决定。因此个体的健康人力资本积累方程为:

$$h_{t+1} = D\, l_{t+1}^{\beta}\, I_t^{1-\beta} \quad (式 8-28)$$

$D > 0$ 是一个表示健康人力资本生产技术的参数,β 设为医疗服务对健康人力资本形成的贡献率,$1-\beta$ 衡量了其他影响健康人力资本的因素对健康人力资

本的影响度。健康函数是一个严格凹的递增函数,并且 $h_{t+1} \leqslant 1$, $h_{t+1} = 1$ 意味着个体是健康的。

预算约束条件:第一期个体的预算约束条件为整个生命周期的消费支出不大于收入的限制。代表性个体的净工资 $(1 - \tau_i)w_t$ 用作消费 c_t 、s_t ,第二期的消费则源于第一期的储蓄,则个体两期的预算约束为:

$$c_t = (1 - \tau_i)(1 - s_t)w_t \qquad (式 8-29)$$

$$c_{t+1} = (1 + r_{t+1}) s_t(1 - \tau_i)w_t \qquad (式 8-30)$$

2. 企业行为

假设经济是完全竞争的,经济体中只有一个企业且只生产一种产品,产出的规模报酬不变,人力资本进入生产函数,产出由物质资本和人力资本两因素共同决定。现有文献已经提出了多种人力资本影响有效劳动投入量和产出水平的途径(布鲁默等,2004;威尔,2007;霍伊特 Hoyt,2010)。如越健康的个体可能精力会越旺盛,因而能更长时间地有效工作,或承担强度更大的工作。另一方面,健康水平的提高还能够提高个人的认知努力,从而能够提高个人的学习能力和教育的回报。因此可以假定具有更高健康人力资本的人会有更高的生产能力,或者说,其单位劳动时间的有效劳动量会更大。因此,把健康人力资本放入企业的生产函数,企业的生产函数为 Cobb – Douglas 形式:

$$Y_t = AK_t{}^{\alpha}L_t{}^{1-\alpha} = AK_t{}^{\alpha}(h_tN_t)^{1-\alpha} \qquad (式 8-31)$$

其中,A 是一个表示生产技术的参数, K_t 是物资资本存量, L_t 是有效劳动,有效劳动取决于劳动者的数量 N_t 和健康人力资本 h_t , $A > 0$, $0 < \alpha < 1$ 。厂商最大化利润为 $\pi_t = AK_t^{\alpha}(h_t N_t)^{1-\alpha} - \delta K_t - w_t L_t$, δ 代表折旧率, w_t 代表 t 期每单位劳动力要素的价格,也是工资率, $1 + r_t$ 代表 t 期资本要素的价格,也就是利率。假定单位的有效拉动为 $L_t = h_t N_t$,因此 $h_t = L_t / N_t$,可以得到 $Y_t = AK_t$ 。

利润最大化和完全竞争要求所有的要素都在边际产量处支付,因此劳动和资本的价格分别由边际产量来确定,因此:

$$w_t = A(1 - \alpha)(K_t/ N_t) = A(1 - \alpha) k_t \quad 1 + r_t = \alpha A \qquad (式 8-32)$$

3. 社会医疗保险

我国社会医疗保险制度由城镇职工基本医疗保险和城乡居民基本医疗保险构成,两种基本医疗保险制度的筹资模式不同,城乡居民基本医疗保险是由财政直接对参保人员保费予以补贴,而城镇职工基本医疗保险的筹资由单位和个人承担。城镇职工基本医疗保险制度成立的时间最长,也最为成熟,因此主要根据城镇职工基本医疗保险的设计,考虑社会医疗保险对经济增长的影响。

假定每一期医疗服务的支出由工作一代人从工资收入中缴纳的社会医疗保险费来承担,个人缴费占工资的比例为 τ_i 。医疗服务成本取决于每个生病个体的成本和生病个体的数量,每个生病个体的成本又取决于医疗服务的时间和工资率,即 $w_t\, l_t$,老年人的人口数量为 N_{t-1} ,生病的概率为 p,因此总的生病的个体 pN_{t-1} ,总的医疗服务的支出为 $w_t\, l_t\, pN_{t-1}$,医疗服务的支出由工作一代人从工资收入中缴纳的社会医疗保险费来承担,因此需要满足预算约束:

$$\tau_i\, w_t\, N_t = w_t\, l_t p\, N_{t-1} \qquad (式 8-33)$$

假定人口增长率是常数:

$$n = N_t / N_{t-1} \qquad (式 8-34)$$

可以得到社会医疗保险费:

$$\tau_i = p\, l_t / n \qquad (式 8-35)$$

假定工作一代人从工资收入中缴纳的社会医疗保险费所支撑的医疗服务费用同他们年老时所获得的医疗服务的数量时相等的,因此 $l_t = l_{t+1}$ 。

4. 商业健康保险

个体年轻时购买商业健康保险,而商业保险的保费独立于个体的工资,老年时生病个体的医疗费用取决于医疗服务的时间 l_{t+1} 和下一期的工资 $l_{t+1}\, w_{t+1}$,该个体一代的规模为 N_t ,生病的概率为 p,因此下一期生病个体数量为 pN_t ,因此医疗服务费用为 $p\, l_{t+1}\, w_{t+1}\, N_t$,这些费用来源于工作时期缴纳的保费。商业保险的预算约束为:

$$\tau_i\, w_t\, N_t (1 + r_t) = p\, l_{t+1}\, w_{t+1}\, N_t \qquad (式 8-36)$$

假定工资增长率为 $g_t = w_{t+1} / w_t$,因此可以获得精算保费:

$$\tau_i = \frac{g_t p\, l_{t+1}}{1 + r_t} \qquad (式 8-37)$$

(二)模型的求解和分析

1. 社会医疗保险下模型求解

代表性个体最大化一生的期望效用。因此个体的效用最大化问题可以表示为:

$$max ln\, c_t + \delta ln\, c_{t+1} + \delta p ln\, h_{t+1} \qquad (式 8-38)$$

$$s.t.\ c_t = (1 - \tau_i) w_t - s_t \qquad c_{t+1} = (1 + r_{t+1})\, s_t\, w_t \qquad (式 8-39)$$

构造拉格朗日函数:

$$L = ln[(1 - \tau_i) w_t - s_t] + \delta ln[(1 + r_{t+1})\, s_t\, w_t] + \delta p ln(D\, l_{t+1}^{\beta}\, I_t^{1-\beta})$$

(式 8-40)

求解代表性个体最大化问题可以得到个体拥有社会医疗保险下最优的医疗服务、最优的储蓄和最优的社会保险费率：

$$l_t = \frac{\delta\beta n}{1+\delta+\delta\beta p}, s_t = \frac{\delta}{1+\delta+\delta\beta p} w_t, \tau_i = \frac{p\delta\beta}{1+\delta+\delta\beta p} \quad (式 8-41)$$

其中，最优的储蓄率为 $s_t / w_t = \frac{\delta}{1+\delta+\delta\beta p}$。

命题1：医疗服务独立于工资收入，而储蓄是工资收入的比例，因此，人口数量的增加会带来医疗服务的增加，患病概率的增加带来医疗服务支出的增加，而医疗服务增加会挤占物质资本，从而减少储蓄。医疗服务对健康人力资本形成的贡献率增加则会增加储蓄。

物质资本的增长带来经济增长，假定没有代际的损失，资本在每一期完全折旧，如果经济处于封闭状态，资本市场的均衡条件为 $K_{t+1} = s_t w_t N_t$，因此 $K_{t+1} / N_t = k_{t+1}$，可以得到：

$$k_{t+1} = A(1-\alpha)\frac{\delta}{1+\delta+\delta\beta p} k_t \quad (式 8-42)$$

$$g_t = \frac{k_{t+1}}{k_t} = \frac{A\delta(1-\alpha)}{1+\delta+\delta\beta p} \quad (式 8-43)$$

命题2：经济增长率依赖于劳动力所占的份额，个体生病的概率也会影响经济增长。在社会医疗保险下，预期寿命的增加带来的生病概率的增加，导致经济增长率的减少，这主要是因为生病概率的增加提高社会医疗保险的缴费率，减少储蓄率。另一方面，医疗服务对健康人力资本形成的贡献率增加，会带来经济增长率的增加。

2. 商业健康保险下模型求解

代表性个体最大化一生的期望效用。因此个体的效用最大化问题可以表示为：

$$max ln\, c_t + \delta ln\, c_{t+1} + \delta p ln\, h_{t+1} \quad (式 8-44)$$

$$s.t.\ c_t = (1-\tau_i) w_t - s_t$$

$$c_{t+1} = (1+r_{t+1})\, s_t w_t \quad (式 8-45)$$

构造拉格朗日函数：

$$L = ln[(1-\tau_i)w_t - s_t] + \delta ln[(1+r_{t+1})\, s_t w_t] + \delta p ln(D\, l_{t+1}^{\beta}\, I_t^{1-\beta}) \quad (式 8-46)$$

求解代表性个体最大化问题可以得到个体购买商业健康保险下最优的医疗服务、最优的储蓄和最优的社会保险费率：

$$l_{t+1} = \frac{\delta\beta(1 + r_{t+1})}{g_t(1 + \delta + \delta\beta p)}, s_t = \frac{\delta}{1 + \delta + \delta\beta p} w_t, \tau_i = \frac{\delta\beta p\, g_t}{1 + \delta + \delta\beta p}$$

（式 8 – 47）

其中，最优的储蓄率为 $s_t / w_t = \frac{\delta}{1 + \delta + \delta\beta p}$。

命题 3：同社会医疗保险制度不一样，医疗服务独立于工资收入，储蓄是工资收入的比例。患病概率的增加带来医疗服务的减少，但人口增长对医疗服务没有影响，对储蓄率也没有影响，工资增长会带来商业健康保险缴费率的增加。

假定物质资本的增长带来经济增长，假定没有代际的损失，资本在每一期完全折旧，如果经济处于封闭状态，资本市场的均衡条件为 $K_{t+1} = s_t N_t + \tau_i w_t N_t$，因此 $K_{t+1} / N_t = k_{t+1}$，可以得到：

$$k_{t+1} = A(1 - \alpha)\frac{\delta(1 + \beta p)}{1 + \delta + \delta\beta p} k_t \qquad \text{（式 8 – 48）}$$

$$g_t = \frac{k_{t+1}}{k_t} = \frac{A(1 - \alpha)\delta(1 + \beta p)}{1 + \delta + \delta\beta p} \qquad \text{（式 8 – 49）}$$

命题 4：经济增长率依赖于劳动力所占的份额，个人生病的概率，生病概率的增加带来式 8 – 49 中分子的增加大于分母增加，因此并不会降低经济增长，另一方面，医疗服务对健康人力资本形成的贡献率增加，会带来经济增长率的增加。

比较社会医疗保险和商业健康保险下经济增长率，差别为 $(1 + \beta p\, g_t)$，由于 $(1 + \beta p\, g_t) > 0$，因此商业健康保险比社会医疗保险所带来的经济增长要高，同时，在社会医疗保险下，患病概率提高会降低经济增长，而商业健康保险下，患病概率提高并不会降低经济增长。而不管社会医疗保险还是商业健康保险下，医疗服务对健康人力资本形成的贡献率增加都会提高经济增长率。

三、社会医疗保险和商业健康保险影响经济增长的参数校准与数值模拟

（一）参数校准

通过理论模型部分的分析可知，患病概率和医疗服务对健康人力资本形成的贡献率等变量都会对经济增长产生影响。为了能够解释和预测社会医疗保险、商业健康保险对中国经济增长的影响，本节校准中国经济的相关参数并对理论分析结果进行数值模拟，以下假设是为了得到现实基准模型得到的。根据已有文献的研究结论来确定模型中的参数，这样可以避免参数设置的随意性并使参数的取值接近现实。

沿用王小鲁和樊纲对资本产出弹性的估计值 0.4，本部分将资本产出弹性取

值为0.4。类似于刘永平和陆铭(2008)的做法,本部分将代表性个体第二期消费的时间偏好因子ρ取值为0.78。潘杰等人(2013)使用工具变量模型发现医疗保险对个人报告健康好的可能性提高了64.6%,因此本部分将β的取值定为64.6%。由于个体在生命周期患病的概率很高,因此这里假定患病的概率为80%。根据国家统计局的数据,我国近年来的工资的增长率为7%,人口增长率大概为5%左右,因此g_t的值设定为0.07,n的值设定为0.05。最后,本部分设定A的值为0.3,以得到一个与中国现实相符的经济增长率。各参数的基准取值如表8-4,基本参数决定的模型为基准模型。

表8-4　参数校准

参数	表示意义	取值
α	生产函数中物质资本产出弹性	0.4
δ	时间偏好因子	0.78
β	人力资本生产函数中健康服务的产出弹性	0.646
p	患病的概率	0.8
g_t	工资的增长率	0.07
n	人口增长率	0.05
A	生产技术参数	0.3

(二)数值模拟

在当前的参数设定下,社会医疗保险下数值模拟的结果如下:

图8-5和图8-6显示患病的概率越高,最优的医疗服务和最优的储蓄率越低。这其中的主要原因是:患病概率增加,意味着患病人数增加,在供给一定的情况下,会造成每个个体所得到的医疗服务减少,因此患病概率越高,每个个体得到最优的医疗服务越低;另一方面,存在一个最优的储蓄率,当个体缴纳的社会医疗保险费率没有超过自愿储蓄率水平,而社会医疗保险的回报率等于个体自愿储蓄的回报率时,个体必然会减少储蓄,来维持原来的最优,如果这种影响是一对一的,即个人账户缴费税率每增加1%,储蓄率就会相应降低1%。主要原因是代表性个体预期到参加社会医疗保险可以在患病时获得返还,个体会等额地降低私人自愿储蓄部分。

图8-7和图8-8显示患病的概率越高,社会保险费率越高,经济增长率越低。这其中的主要原因是:随着患病概率增加,社会医疗保险整体的支出增加,因此社会保险费率越高。患病概率对经济增长的影响体现在:患病概率增加对储蓄

率的影响是负的,因此会减少物质资本积累,物质资本减少会降低经济增长率,另一方面患病概率增加也意味着人力资本降低,因此对经济增长的影响是负的。

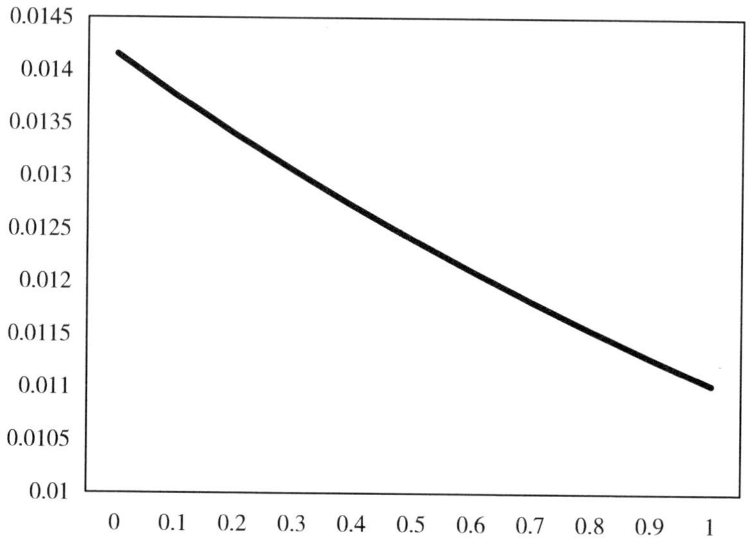

图 8-2　患病率和医疗服务

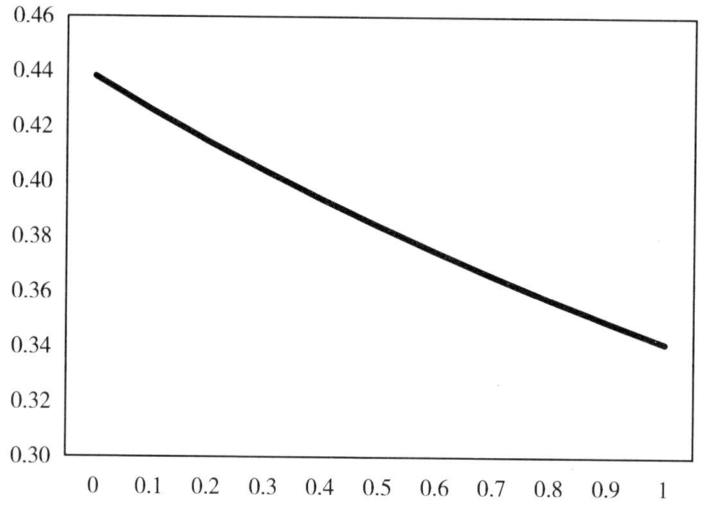

图 8-3　患病率和储蓄率

图8-6和图8-7显示医疗服务对健康人力资本形成的贡献率越高,最优的储蓄率越高,经济增长率越高,医疗服务对健康人力资本形成的贡献率越高,意味着医疗服务对健康人力资本的作用越大,一方面健康人力资本提高的人会在长期

内增加储蓄,即为了保障退休后的生活资金,更健康的人倾向于储蓄更多。另一方面人力资本的提高能够提高劳动生产能力从而促进经济增长。

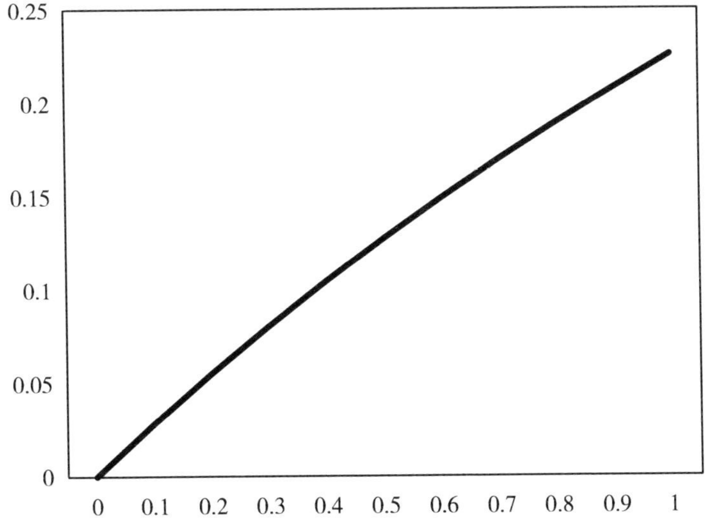

图 8-4 患病率和社会保险费率

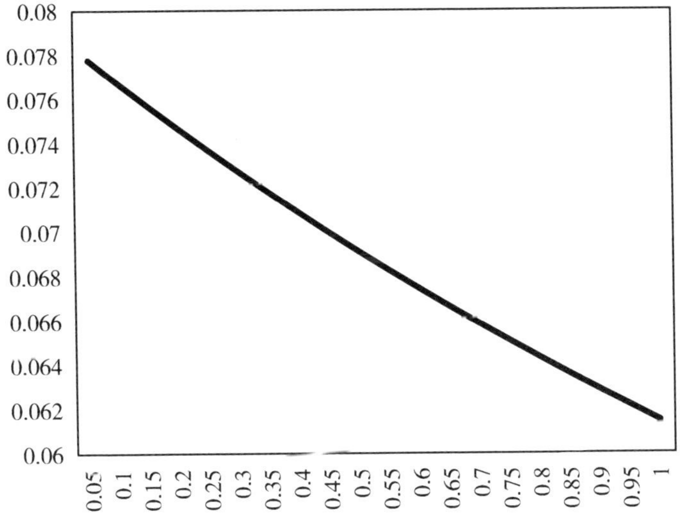

图 8-5 患病率和经济增长率

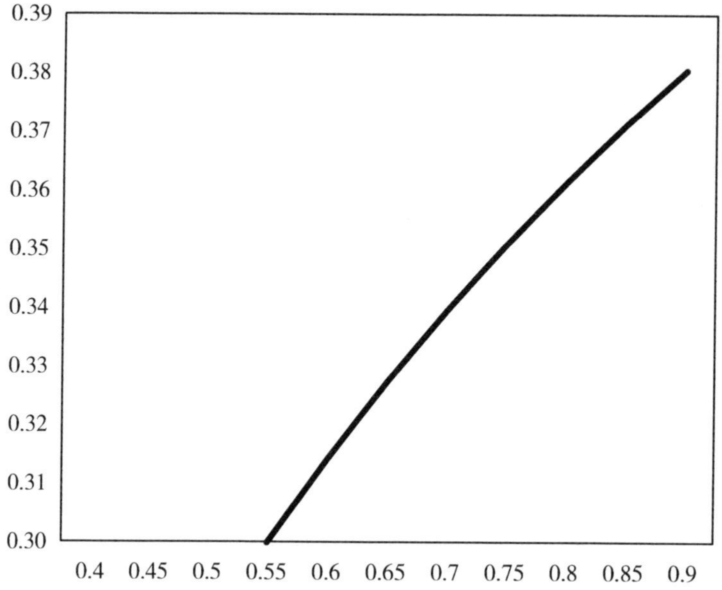

图 8-6　医疗服务对健康人力资本的贡献率和储蓄率

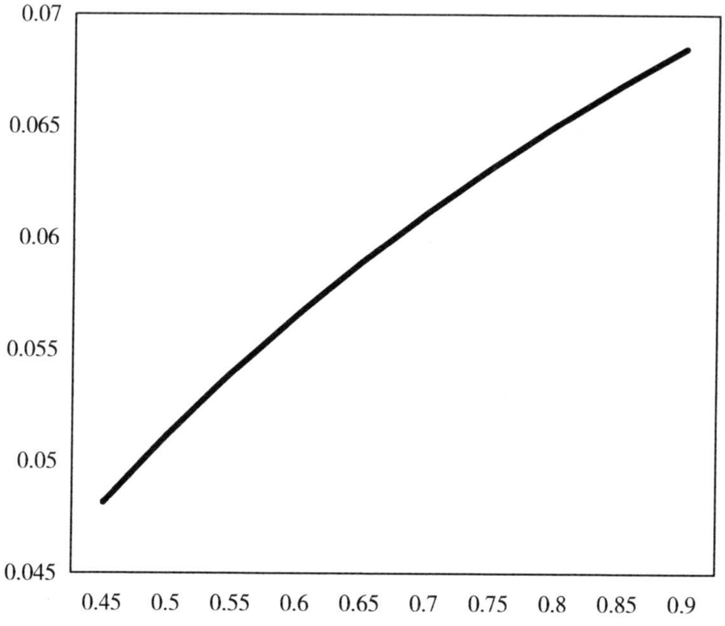

图 8-7　医疗服务对健康人力资本的贡献率和经济增长率

在当前的参数设定下，商业健康保险下数值模拟的结果如下：

图 8－8 和图 8－9 显示患病的概率越高，最优的医疗服务和最优的储蓄率越低。这其中的主要原因是：患病概率增加，意味着患病人数增加，在供给一定的情况下，会造成每个个体所得到的医疗服务减少。另一方面，随着个体患病概率增加，个体的健康保险消费和医疗服务支出都会增加，从而减少个体的储蓄率。

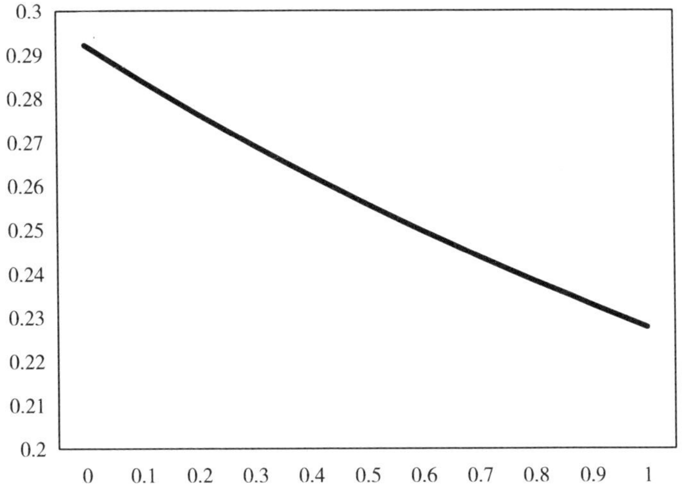

图 8－8　患病率和医疗服务

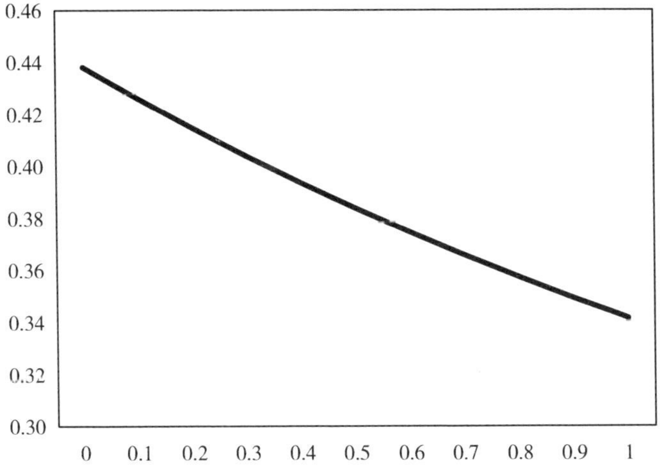

图 8－9　患病率和储蓄率

图 8－10 和图 8－11 显示患病的概率越高，商业健康费率越高，经济增长率越高。这其中的主要原因是：随着人口寿命延长，患病概率增加，而商业健康保险

的保费费率是依据患病概率精算出来的,因此会提高商业健康保险费率。而患病概率并不会降低经济增长率,因为尽管患病概率增加对储蓄率的影响是负的,会减少物质资本积累,但同时,患病概率增加会增加个体对商业健康保险的需求,商业保险的介入有助于分担持续增长的医疗服务费用,减轻国家的财政负担,商业健康保险通过分散疾病风险和经济补偿,为经济的发展提供动力与支持。因此,商业保险的作用相当于是经济发展的助推器和稳定器,对经济增长的影响是正的。

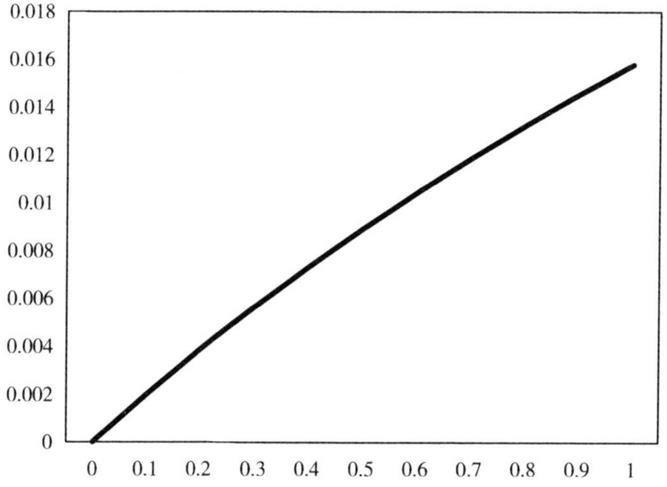

图 8-10　患病率和商业健康保险费率

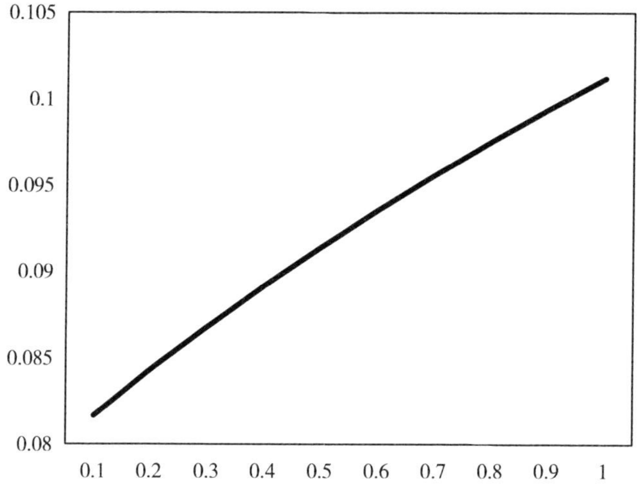

图 8-11　患病率和经济增长率

图 8－12 和图 8－13 显示医疗服务对健康人力资本形成的贡献率越高，最优的储蓄率越高，经济增长率越高。这和社会医疗保险下的模拟结果相似。医疗服务对健康人力资本形成的贡献率越高，意味着医疗服务对健康人力资本的作用越大，一方面健康人力资本提高的人会在长期内增加储蓄，即为了保障退休后的生活资金，更健康的人倾向于储蓄更多。另一方面人力资本的提高能够提高劳动生产能力从而促进经济增长。

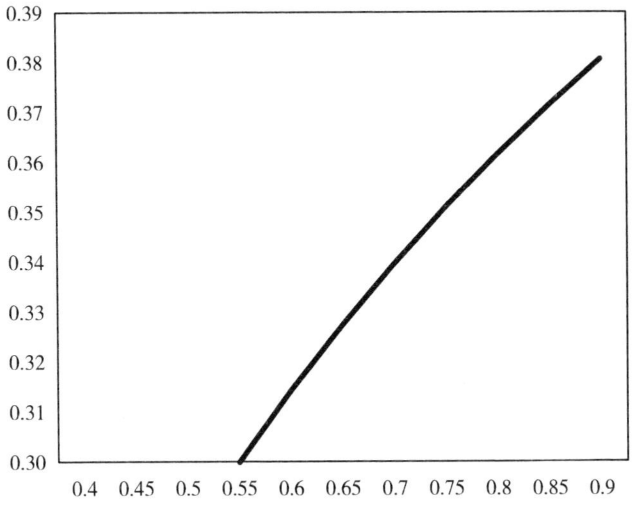

图 8－12　医疗服务对健康人力资本的贡献率和储蓄率力资本

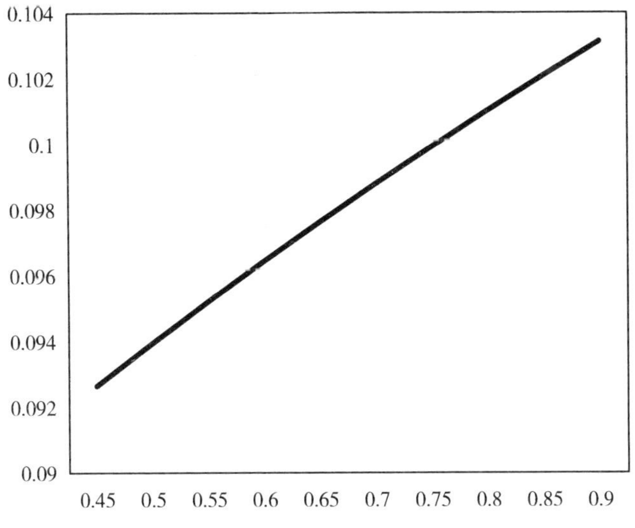

图 8－13　医疗服务对健康人力资本的贡献率和经济增长率

对比社会医疗保险和商业健康保险对经济增长的影响，可以看到，由于两者的筹资模式存在差异，因此对经济增长率的影响也存在区别，社会医疗保险下，患病的概率越高，社会保险费率越高，经济增长率越低。而商业健康保险下，患病的概率越高，商业健康费率越高，经济增长率越高。

（三）参数变化测试

接下来进行政策参数变化测试。首先在物质资本产出弹性 α 和工资增长率 g_t 的取值变化的情况下，分别调整社会医疗保险缴费率和商业健康保险缴费率来保证经济增长的模拟结果。

表 8－5 是社会医疗保险参数变化测试，第 1 行报告的是基准参数取值，在基准参数取值下医疗服务取值为 0.011，储蓄率的取值为 0.357，经济增长率的取值为 0.0643。如果生产函数中物质资本产出弹性 α 下降到 0.38，对医疗服务和储蓄率没有影响，但会提高经济增长率。物质资本的产出弹性下降，意味着人力资本产出弹性上升，而人力资本在生产过程中的贡献上升，这有助于提高经济增长率。而社会医疗保险下工资增长率对模型变量没有影响。

表 8－5　不同参数取值下的模拟比较（社会医疗保险）

参数取值							变量		
α	δ	β	p	g_t	n	A	l_{t+1}	s_t	g_t
0.4000	0.7800	0.6460	0.8000	0.0700	0.0500	0.3000	0.0110	0.3570	0.0643
0.3800	0.7800	0.6460	0.8000	0.0700	0.0500	0.3000	0.0110	0.3570	0.0665
0.3600	0.7800	0.6460	0.8000	0.0700	0.0500	0.3000	0.0110	0.3570	0.0686
0.3400	0.7800	0.6460	0.8000	0.0700	0.0500	0.3000	0.0110	0.3570	0.0707
0.3200	0.7800	0.6460	0.8000	0.0700	0.0500	0.3000	0.0110	0.3570	0.0729
0.3000	0.7800	0.6460	0.8000	0.0700	0.0500	0.3000	0.0110	0.3570	0.0750
0.2800	0.7800	0.6460	0.8000	0.0700	0.0500	0.3000	0.0110	0.3570	0.0772
0.2600	0.7800	0.6460	0.8000	0.0700	0.0500	0.3000	0.0110	0.3570	0.0793
0.2400	0.7800	0.6460	0.8000	0.0700	0.0500	0.3000	0.0110	0.3570	0.0815
0.2200	0.7800	0.6460	0.8000	0.0700	0.0500	0.3000	0.0110	0.3570	0.0836

表 8 -6　不同参数取值下的模拟比较（商业健康保险）

参数取值							变量		
α	δ	β	p	g_t	n	A	l_{t+1}	s_t	g_t
0.4000	0.7800	0.6460	0.0800	0.3000	0.0500	0.3000	0.2382	0.3573	0.0666
0.3800	0.7800	0.6460	0.8000	0.0700	0.0500	0.3000	0.2382	0.3573	0.0689
0.3600	0.7800	0.6460	0.8000	0.0700	0.0500	0.3000	0.2382	0.3573	0.0711
0.3400	0.7800	0.6460	0.8000	0.0700	0.0500	0.3000	0.2382	0.3573	0.0733
0.3200	0.7800	0.6460	0.8000	0.0700	0.0500	0.3000	0.2382	0.3573	0.0755
0.3000	0.7800	0.6460	0.8000	0.0700	0.0500	0.3000	0.2382	0.3573	0.0777
0.2800	0.7800	0.6460	0.8000	0.0700	0.0500	0.3000	0.2382	0.3573	0.0800
0.2600	0.7800	0.6460	0.8000	0.0700	0.0500	0.3000	0.2382	0.3573	0.0822
0.2400	0.7800	0.6460	0.8000	0.0700	0.0500	0.3000	0.2382	0.3573	0.0844
0.2200	0.7800	0.6460	0.8000	0.0700	0.0500	0.3000	0.2382	0.3573	0.0866
0.4000	0.7800	0.6460	0.8000	0.0800	0.0500	0.3000	0.2382	0.3573	0.0670
0.4000	0.7800	0.6460	0.8000	0.0900	0.0500	0.3000	0.2382	0.3573	0.0673
0.4000	0.7800	0.6460	0.8000	0.1000	0.0500	0.3000	0.2382	0.3573	0.0676
0.4000	0.7800	0.6460	0.8000	0.1100	0.0500	0.3000	0.2382	0.3573	0.0680
0.4000	0.7800	0.6460	0.8000	0.1200	0.0500	0.3000	0.2382	0.3573	0.0683
0.4000	0.7800	0.6460	0.8000	0.1300	0.0500	0.3000	0.2382	0.3573	0.0686
0.4000	0.7800	0.6460	0.8000	0.1400	0.0500	0.3000	0.2382	0.3573	0.0690
0.4000	0.7800	0.6460	0.8000	0.1500	0.0500	0.3000	0.2382	0.3573	0.0693
0.4000	0.7800	0.6460	0.8000	0.1600	0.0500	0.3000	0.2382	0.3573	0.0696

表 8 -6 是商业健康保险参数变化测试，第 1 行报告的是基准参数取值，在基准参数取值下医疗服务取值为 0.2382，储蓄率的取值为 0.3573，经济增长率的取值为 0.0666。如果生产函数中物质资本产出弹性 α 下降到 0.38，对医疗服务和储蓄率没有影响，但会提高经济增长率到 0.0689。而如果工资增长率提高到 0.08，对医疗服务和储蓄率没有影响，但会提高经济增长率到 0.0670。而且发现经济增

长率对参数 g_t 的变化比参数 α 的变化更为敏感，因此提高产品生产中的人力资本的贡献对于提高经济增长率尤为重要。参数变化测试的结果也进一步证明了商业健康保险下经济增长率高于社会医疗保险下的经济增长率。

四、研究总结

本部分理论分析和数值模拟的结果可以得到以下结论：在社会医疗保险下，患病概率提高会降低经济增长，而商业健康保险下，患病概率提高不会降低经济增长，而且，在相同的参数设定下，商业健康保险比社会医疗保险所带来的经济增长率要高。不管社会医疗保险还是商业健康保险下，医疗服务对健康人力资本形成的贡献率增加都会提高经济增长率。

第三节　健康保险影响经济增长的实证研究

在理论分析的基础上，本部分使用我国 2002—2015 年各省的数据，运用向量自回归（VAR）模型分析社会医疗保险和经济增长的关系，研究社会医疗保险覆盖率和保障水平变化对经济增长产生的影响。

一、研究假设

社会医疗保险影响经济增长的途径主要体现在：第一，从社会医疗保险对劳动力素质的影响来看，医疗社会保险制度的完善，会使劳动者平均寿命和劳动年限得到延长，从而相对增加了社会劳动力投入总量；第二，劳动者患病有医疗保险保障，可以使劳动力的再生产得以顺利进行，有利于提高劳动者的素质，从而提高社会的劳动效率。

社会医疗保险对经济增长的作用体现在两个方面：一是社会医疗保险支出会创造需求，从而促进生产和国民产出，而由此增加的国民产出，反过来会增加政府财政收入和就业。因此每增加一元钱的社会保险支出，最终导致超过一元钱的总产出增长，这是社会医疗保险的乘数效应。另一方面，如果没有社会保险费用的缴纳，企业、个人会将这笔钱用于个人消费、投资，也会产生乘数效应。因此只有当统筹使用的社会保险支出产生的乘数效应大于没有社会保险时的支出乘数时，社会医疗保险支出的替代效应为正，这意味着由于将一部分国民收入强制性作为社会保险支出。二是在众多造成居民未来收入不确定的个人风险中，疾病是造成居民未来收入不确定的主要因素，未来风险越大，预期未来消费的边际效用就越大,消费者越会进行更多地进行预防性储蓄,把财富更多地在未来进行消费。社会医疗保险从两方面影响家庭储蓄:一是降低家庭的预防性储蓄动机,刺激居民的消费;另一方面由于缴纳社会医疗保险费会增加家庭当期的支出,从一定程度上会降低家庭当期的消费。因此社会医疗保险可以改变人们对未来的预期,提高人们的边际消费倾向。而边际消费倾向的增加会由于乘数作用成倍地放大,极大地促进总产出的增长,拉动经济增长。

二、数据来源与变量选择

(一)变量选择

经济增长。实证研究中一般采用国民生产总值(GDP)或者人均国民生产总值(PGDP)来衡量经济增长。如赫斯顿(Heston,1994)指出,人均 GDP 数据比总 GDP 数据更为准确,因此用跨省的人均国民生产总值来衡量经济的增长,人均 GDP 以 1978 年价格不变计算的。

社会医疗保险。考虑数据的代表性和可得性,分别使用社会医疗保险的保障水平和社会医疗保险的覆盖率来度量。社会医疗保险的保障水平用社会医疗保险基金支出总额占 GDP 的比例来衡量,社会医疗保险覆盖率使用各个年份各省参加社会医疗保险人数同各省总人数的比例来衡量。

健康水平。一般使用死亡率(巴尔加瓦 Bhargava,2002)和预期寿命(布鲁默和塞维利亚 Sevilla,2001)来衡量,健康指标的衡量使用我国各省的预期寿命(EL)来衡量。

变量以对数的形式进入模型,主要是为了变量的稳定性。

(二)数据来源

本部分实证数据样本期间选择 2002 到 2015 年,包括 17 年 30 个省的面板数据。本部分 GDP、物价指数、物质资本存量数据来自《历年中国统计年鉴》,社会保障参与人数和基金支出数据来自历年《人力资源与社会保障统计年鉴》、人口预期寿命来自历年《中国卫生和计划生育统计年鉴》。人均国内生产总值采用的是各省区 GDP 与户籍人口的比值,这里户籍人口采用农业人口和非农业人口的总和,而各省区人均 GDP 以 1987 年为基数使用各省区相应年份的居民消费者物价指数(CPI)进行了消胀。

在我国 31 个省、市、自治区中,西藏自治区由于有较多年份缺少相应的数据而没有考虑,最终本部分样本中包含的横截面单元一共 30 个,数据一共 510 个。

三、实证检验

(一)描述性统计结果

考虑到我国不同地区之间的差异,分区域对健康和人均 GDP 进行统计性描述,由于样本较多,根据区域分为华北、东北、华东、华南、华中、西北和西南地区。表 8-7 所示为本部分所取变量的统计性描述。从表中可以看出,在人均 GDP 方面,华北、华东均值较其他地区更高,但是这两个地区波动也最大,西北、西南、华南地区较低;在期望寿命方面,华北、东北、华中、华东相对较高,西南西北地区较低。

表 8-7 变量的统计性描述①

		mean	sd	min	max
PGDP(万元/人)	华北	4.151	2.697	0.706	10.470
	东北	2.871	1.591	0.870	6.308
	华东	3.722	2.351	0.573	10.209
	华南	2.200	1.265	0.626	4.955
	华中	2.538	1.566	0.523	6.520
	西北	1.175	1.162	0.324	5.123
	西南	2.055	1.210	0.487	4.653
EL(岁)	华北	77.490	4.639	69.811	86.878
	东北	76.851	1.496	74.072	79.668
	华东	77.738	4.372	68.557	89.081
	华南	73.885	1.432	71.007	76.206
	华中	76.282	1.954	72.106	79.725
	西北	70.081	5.187	61.187	77.327
	西南	69.502	3.406	62.104	75.128

(二)P-VAR 模型分析

1. 变量的单位根检验

首先用单位根检验来检验各变量的平稳性,陈强(2010)指出在面板数据 n、T

① 数据来源:根据《人力资源和社会保障事业发展统计公报》《中国统计年鉴》《中国卫生和计划生育统计年鉴》整理。

确定时,IPS 单位根检验比较适合,根据选择 IPS 检验方法,对数据进行对数化处理,再进行平稳性检验。在进行 IPS 单位根检验的时候,加入 AIC 准则选项,各变量的检验结果如表所示。

表 8－8 IPS 单位根检验结果

检验类别	变量名称	t 统计量	p 值	检验结果
不包含时间趋势	*BMIlev*	2. 561	1. 000	不平稳
	BMI cov	－0. 313	1. 000	不平稳
	lnPGDP	－0. 8431	1. 000	不平稳
	lnET	0. 125	0. 550	不平稳
	*d*_BMIlev	－5. 745	0. 000***	平稳
	*d*_BMI cov	－3. 111	0. 000***	平稳
	*d*_ln PGDP	－3. 513	0. 000***	平稳
	d_lnET	－15. 993	0. 000***	平稳
包含时间趋势	BMIlev	－0. 589	0. 278	不平稳
	BMI cov	－1. 502	0. 614	不平稳
	lnPGDP	－2. 442	0. 055	不平稳
	lnET	－4. 431	0. 000***	平稳
	d_BMIlev	－5. 508	0. 000***	平稳
	d_BMI cov	－3. 333	0. 000***	平稳
	d_lnPGDP	－3. 653	0. 000***	平稳
	d_lnET	－12. 384	0. 000***	平稳

注: * 表示通过 10% 的显著水平, * * 表示通过 5% 的显著水平, * * * 表示通过 1% 的显著水平。

表 8－10 说明无论是否包含时间趋势,社会医疗保险社会医疗保险覆盖率、保障水平、人均 GDP、预期寿命都是不平稳的,但社会保险覆盖率、保障水平、人均 GDP、预期寿命的一阶差分是平稳的。

2. 协整检验

接下来对变量进行协整检验,判断变量之间是否存在长期稳定的关系。借鉴佩德罗尼(Pedroni,1999)提出的方法,采用 Panel ADF 和 Group ADF 两个统计量进行协整检验。

表 8－9 Pedroni 协整检验结果

统计量名称	统计量	p 值	统计量名称	统计量	p 值
Panel v	－5. 171	1. 000	Group roh	8. 207	1. 000
Panel roh	5. 471	1. 000	Group PP	－1. 90	0. 029
Panel PP	－1. 796	0. 036	Group ADF	－46. 191	0. 000***
Panel ADF	－6. 345	0. 000***			

注：* 表示通过 10% 的显著水平，* * 表示通过 5% 的显著水平，* * * 表示通过 1% 的显著水平。

表 8－9 是 Pedroni 检验结果，其中 Panel ADF 和 Group ADF 两个统计量的 p 值均小于 0. 01，这表明了在 1% 的显著性水平上，社会医疗保险保障水平、社会医疗保险覆盖率一阶差分和人均 GDP 一阶差分具有显著的协整关系，即这些变量在长期具有稳点的关系。这一结果与相关学者从养老保险角度研究社会保险对于经济增长关系的结果是一样的，即社会保险和经济增长直接具有协整关系，二者长期具有稳点的关系。

3. 脉冲响应函数分析

根据模型进行脉冲响应函数分析，在进行滞后 1—4 期的 Pvar 估计以后，得到了表 8－10 所示的结果，结合 AIC、BIC、HQIC 准则，选取了滞后两期。

表 8－10 根据 AIC、BIC、HQIC 准则判定滞后阶数

lag	AIC	BIC	HQIC
1	9. 38618	11. 4009	10. 1898
2	－5. 43006*	－2. 96087*	－4. 44189*
3	－5. 32024	－2. 32155	－4. 11609
4	－4. 87033	－1. 24466	－3. 40945

利用系统的 GMM 估计法和蒙特卡洛模拟给出了 5% 置信度的置信区间，下图给出 P－Var 模型的脉冲响应函数图，分析期数为 10 年。

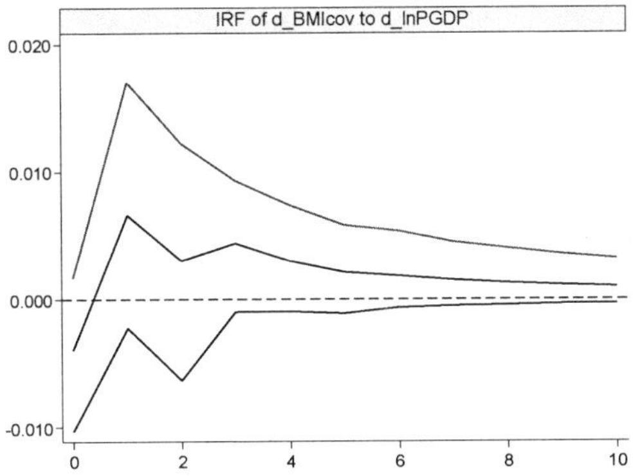

图 8 – 14　医疗保险覆盖率对人均 GDP 冲击

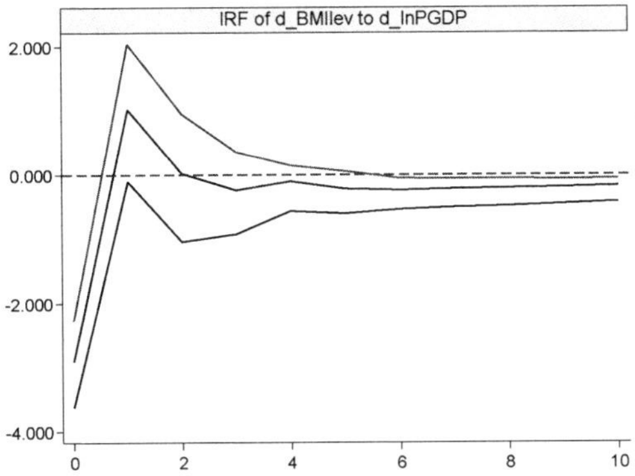

图 8 – 15　医疗保险保障水平对人均 GDP 冲击

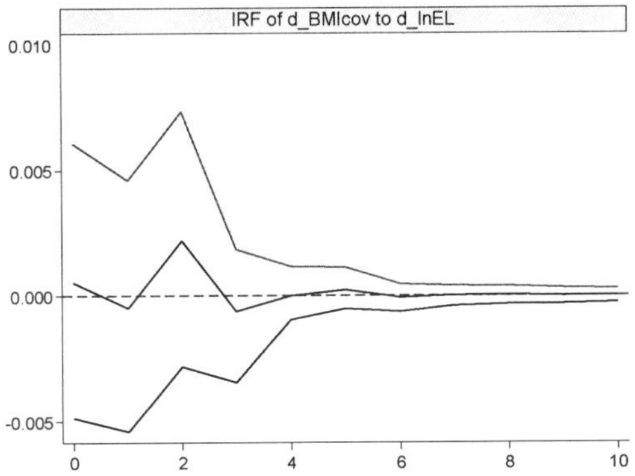

图 8 – 16　医疗保险覆盖率对预期寿命冲击

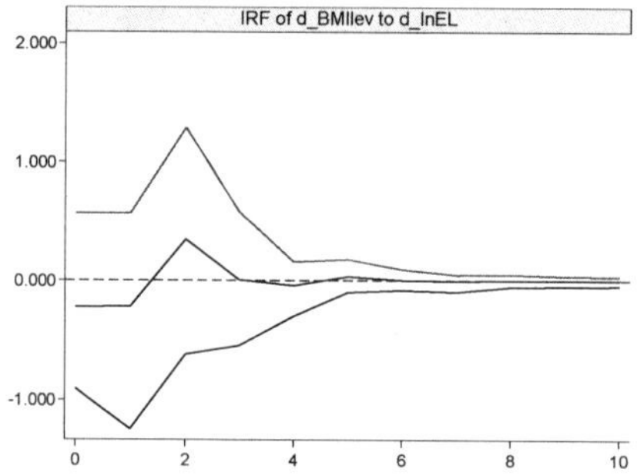

图 8－17　医疗保险保障水平对预期寿命冲击

图 8－14、8－16 表示的是医疗保险覆盖率对人均 GDP 和预期寿命的冲击影响。从图中可以看出，当医疗保险覆盖率发生一个标准差新息的冲击，GDP 在刚开始有一个反向响应，降低一定幅度，但之后不断提高，并在第一年末达到 0.06%的最高值，之后逐渐降低直至消失，但一直是正的效应，说明医疗保险覆盖率的提高在长期看来对经济增长有促进作用；预期寿命在刚开始并无较大的反映，不过在第一年之后不断提高，直至第二年末达到 0.002% 的最高值，并在第四年末冲击完全消灭，能够看出医疗保险覆盖率的增加短期能够对预期寿命增加有正向作用，长期作用并不明显。

图 8－15、8－17 表示的是医疗保险保障水平对人均 GDP 和预期寿命的冲击影响。从图中可以看出，当医疗保险保障水平发生一个标准差新息的冲击，短期人均 GDP 将会有 3% 的降低，之后不断提高，在第一年年末达到 1% 的正向反映最高值，第二年末又变为反向冲击直至消灭；预期寿命在刚开始并无较大的反映，不过在第一年之后不断提高，直至第二年末达到 0.4% 的最高值，并在第三年末冲击完全消灭。

4. 方差分解

接下来通过建立方差分解模型对每一个结构冲击对内生变量变化的贡献度进行评价。

表 8－11　不同预测期方差分解结果

	预测期	*d*_ln PGDP	*d*_ln ET
d_BMI cov	1	0.004	0.000
*d_BMI*lev		0.138	0.001

续表

	预测期	*d*_ln PGDP	*d*_ln ET
d_BMI cov	2	0. 015	0. 000
*d_BMI*lev		0. 141	0. 001
d_BMI cov	3	0. 017	0. 001
*d_BMI*lev		0. 140	0. 003
d_BMI cov	4	0. 022	0. 001
*d_BMI*lev		0. 141	0. 003
d_BMI cov	5	0. 024	0. 001
*d_BMI*lev		0. 140	0. 003
d_BMI cov	6	0. 025	0. 001
*d_BMI*lev		0. 141	0. 003
d_BMI cov	7	0. 026	0. 001
*d_BMI*lev		0. 141	0. 003
d_BMI cov	8	0. 026	0. 001
*d_BMI*lev		0. 141	0. 003
d_BMI cov	9	0. 026	0. 001
*d_BMI*lev		0. 142	0. 003
d_BMI cov	10	0. 027	0. 001
*d_BMI*lev		0. 142	0. 003

方差分解结果如表 8 – 11 所示，一共给出了 *d_BMI* cov 和 *d_BMI*lev10 期的方差分解结果。医疗保险覆盖率对于人均 GDP 增加的贡献程度第一期较低，第二期开始显著增加，对于预期寿命的增加只有 0. 1% 的贡献度。医疗保险保障程度对于人均 GDP 一直保持着约 14% 的贡献率，对预期寿命的贡献率在一、二两期为 0. 1%，之后保持着 0. 3%，这与脉冲响应函数图所示是一致的。

（三）格兰杰因果检验

采用 Granger 因果关系检验法来识别时间序列变量之间数量上的因果关系，同时结合经济理论加以具体分析，以确认变量之间真实的因果关系，结果如表 8 – 12 所示。从表中结果看来，只能得出滞后一期的医疗保险覆盖率是人均 GDP 的格兰杰原因。该检验结果与假设不完全一致，原因如下：第一，所用的是全国 30 个省（直辖市）的面板数据，各省原来的经济水平、健康情况以及社会医疗保险的水平都不一样;第二,Granger 因果检验通过只能说明在统计上以往的社会医疗保险覆盖率增长幅度可以用来解释人均 GDP 的增长,其他项没有通过 Granger 检验,只是在统计上关系不显著,并不能明确说明其之间是否存在实际的因果关系。

表 8-12 格兰杰因果检验结果

原假设	滞后期	Z 值	p 值	接受
BMIcov 不是 PGDP 的格兰杰原因	1	2.14	0.032	否
	2	-0.55	0.582	是
BMIcov 不是 EL 的格兰杰原因	1	0.16	0.870	是
	2	0.81	0.416	是
BMIlev 不是 PGDP 的格兰杰原因	1	1.31	0.189	是
	2	-0.35	0.729	是
BMIlev 不是 EL 的格兰杰原因	1	-0.13	0.900	是
	2	0.51	0.613	是

四、研究总结

本部分分析了社会医疗保险对经济增长的影响,实证检验的结果显示,医疗保险是影响经济增长的一个外生的冲击因素,存在明显的相关关系,只要社会医疗保险能够不断促进健康,个体从社会医疗保险中获得的保障和激励相结合,就可以使社会医疗保险同经济增长处于一个良性的循环中。社会医疗保险改革的困境在于如何在公平和效率之间进行权衡并找到平衡点,但只要社会医疗保险能够不断提高健康水平,就可以促进经济增长,解决医疗保险制度改革中存在的问题。

本部分提出如下政策建议:

第一,社会医疗保险是经济增长的促进因素,因此财政对社会医疗保险的投入不仅仅是纯消耗和消费性的支出,而更是一种具有未来收益的投资。本部分实证分析发现医疗保险覆盖率的提高将会促进人均 GDP 的提高。因此应当加快医疗保险制度改革的全面推进,让更多的人享受社会医疗保险的福利,促进健康发展,这对于我国经济发展是至关重要的。

第二,在制定社会医疗保险的相关政策时,应当考虑到社会医疗保险和经济增长的相互关系,建立一个具有激励机制的社会医疗保险制度,能最有效地促进经济增长。科学合理地不断改善医疗保险制度,在医保改革的过程中兼顾公平与效率，才能实现经济社会的长远发展。

第三，尽快实现我国社会医疗保险全国统筹，均衡地区发展。从文中分析能够看出各省初始经济实力与发展情况、医疗保障程度不同，医疗保险的全国统筹，让我国居民共同享有相同的医疗保障，是实现社会公平的一大体现。尽快实现全国统筹，调节地区不平衡，才能实现经济的协调、持续发展。

第九章

健康保险与消费

健康保险在一定程度上可以降低未来的不确定性，哈伯德等人（Hubbard，1995）认为，健康保险可以使消费者降低为未来不确定性而准备的储蓄，从而增进消费，这一观点也得到很多学者的认可。

第一节 健康保险与消费

一、我国家庭消费现状

消费需求的稳定增长已经成为维持一国经济持续发展的重要因素。从图9－1和图9－2可以看出，虽然近年来我国城镇居民人均可支配收入和消费性支出都不断提升，但消费占收入的比例并未提升，在2013年以来还出现了一定下降。低消费、高储蓄是我国居民经济生活的一大特点，其原因包括对未来收入的不确定、缺乏有效投资渠道、传统的储蓄思维等。

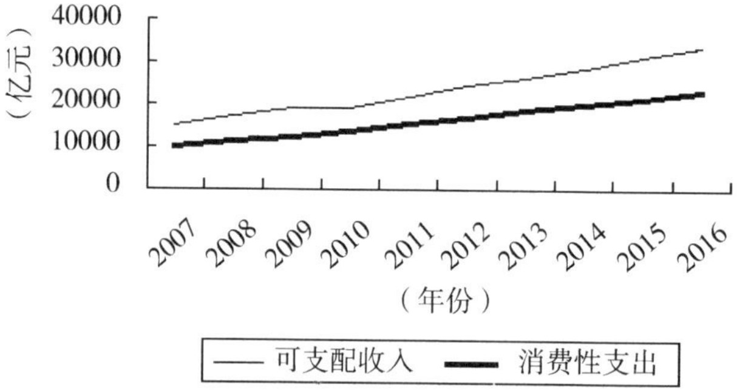

图9－1 我国近年城镇居民收入消费情况①

① 数据来源：国家统计局。

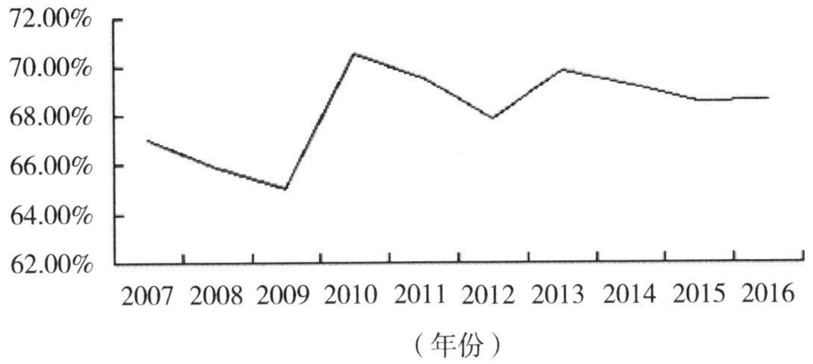

图 9-2 我国近年城镇居民消费收入占比的比例①

自 20 世纪 80 年代以来,中国医疗卫生体制市场化取向的改革导致医疗服务价格持续上涨,居民个人医疗支出负担加重。个人卫生支出在卫生总费用中的比例在 1978 年为 20.4%,到 2000 年达到峰值,为 60%,但随着我国医疗卫生体制的改革与发展,以及基本医疗保险覆盖面的不断扩大,到 2015 年,个人卫生支出在卫生总费用中的比例下降到 29.3%。

二、健康保险与预防性储蓄

风险厌恶的居民储蓄为了平滑消费路径,而且更是为了减少将来可能出现的不确定性风险给他们生活所带来的影响,产生了预防性储蓄动机。预防性储蓄假说吸收了持久收入假说和生命周期假说中的理性消费者和效用最大化的假设,同时引入不确定性问题和消费者跨期选择分析。对预防性储蓄理论的研究始于 20 世纪 70 年代,莱兰(Leland,1968)和泽尔德斯(Zeldes,1989)提出预防性储蓄指的是居民当期储蓄行为会受到未来支出不确定性的影响,尤其是对于厌恶风险的消费者,他们认为未来收入的不确定性越大,居民将更多储蓄来应对未来的风险。此后许多专家学者从各个角度研究分析影响居民预防性储蓄的因素,包括教育、卫生、住房、社会保障等。迪顿(Deaton,1991)在模型中考虑了消费者未来不确定的收入以及消费受流动性约束,在这种情况下,消费者意识到,当遇到意外冲击使收入较低时,即使他们愿意,也不能用借款来维持他们希望的消费水平,这时就会产生额外的储蓄动机。凯恩(Caorrn,1992)发现当消费者面临较大的收入不确定性,而且又没有足够的耐心时,倾向于选择大于当期收入的消费,就会出现缓冲存储的储蓄行为。这一理论认为,缓冲存储储蓄者一般有一个财富对持久收入的目

① 数据来源:国家统计局。

标比率,如果低于此目标,预防储蓄动机将会超过无耐心,从而加大储蓄;反之,无耐心就会超过谨慎,消费者就选择负储蓄。戴安(Dyann,1993)用消费而不是收入变化的方差来测量不确定性,用一个相对谨慎系数描述预防性储蓄,并通过对1985年美国消费者支出数据的检验发现消费者的相对谨慎系数很低,由此推论出美国居民的预防性储蓄动机较弱。龙志和和周浩明(2000)利用中国的数据对这个模型进行了检验。帕伦博(Palumbo,1999)发现不确定的先用现金垫付的医疗费用支出是美国老年人预防性储蓄的一个重要动机。

上述经典文献研究的是不确定性情形下的预防性储蓄理论,以及对预防性储蓄存在性的验证和相应的动机进行解释,而相应的社会保障措施对预防性储蓄行为的影响研究不多。科特里科夫(1986)较早地研究了卫生支出对预防性储蓄的影响机制,他使用简单两期的卫生保健支付,并通过模拟55周期生命周期模型得出预防性储蓄不确定的卫生支出可以解释大量的总储蓄。李(2008)对韩国居民的数据研究发现,老年群体的消费水平受到未来医疗开支的不确定性的显著影响。康(Kong,2007)根据1993年—1998年韩国家庭调查数据,发现在国家健康保险已经基本覆盖全体居民的条件下,老龄人口进行预防性储蓄的部分原因在于用以缓解未来医疗支出不确定性。格鲁伯和耶洛维兹(Yelowitz,1999)研究发现美国社会医疗保险条件在20世纪80年代中后期放宽后,低收入家庭持有的财产降低了17.7%,消费升高了5.2%。阿泰拉等(Atella,2005)对意大利的居民数据研究发现,意大利家庭同样会通过增加预防性储蓄来缓解未来医疗卫生支出的不确定性。瓜里利亚(Guariglia)和罗西(Rossi,2004)指出,尽管英国已经实现了医疗保险制度全覆盖并且商业医疗保险对于私人储蓄无挤出效应,但医疗保险对储蓄的抑制作用在评价不同的医疗领域是不同的,评价越好的领域影响越明显。周等(2003)根据我国台湾1995年以来的数据研究发现,台湾施行的全民保险制度进行在不同程度上降低了不同经济情况家庭的储蓄率(介于8.6%—13.7%)。瓦格斯塔夫和普拉丹(Pradhan,2005)研究了越南居民的消费行为,发现参加了社会医疗保险的居民提高了家庭的消费水平,尤其体现在食品消费上。

国内学者近年来才开始研究预防性储蓄理论。宋铮(1999)最早运用该理论研究国内居民的消费行为,并发现我国居民存在预防性的储蓄行为。万广华、张茵、牛建高(2001)研究发现居民由于受到流动性约束以及未来不确定性的影响而采取高储蓄措施来应对。王柏杰(2014)研究发现农村居民同样受到流动性约束的影响,并且由于收入水平较低,农村居民的消费行为缺乏弹性。周绍杰(2010)、易行健等(2011)利用微观数据发现我国居民的预防性储蓄水平较高,并且未来支出的不确定性导致居民具有较高的预防性储蓄动机。2007年城镇居民社会医疗保险试点实行之后,国内一些学者开始探究社会医疗保险制度对于居民预防性储蓄的影响。马光荣、周广肃(2014)使用2010年和2012年的中国家庭追踪调查(CFPS)面板数据研究我国农村地区新农合的储蓄效应,结果显示新农合对60岁以上农民的储蓄影响显著为负。白重恩、李宏彬、吴斌珍(2012)发现参保家庭在参保后的家庭非医疗支出增加了约5.6%或149元,并且新农合对农村居民消费的刺激作用随着其对社会医疗保险制度的信任和了解程度而变化。马双等(2010)主要从消费的角度研究新农合的影响效果,结果显示新农合对参保农民的消费影响显著为正,促进消费也就意味着抑制了储蓄,同时发现新农合对消费的正向影响在没有医疗支出的家户中更为明显。黄学军(2006)基于宏观数据通过仿真技术发现,覆盖面广泛的社会医疗保险可以显著抑制我国居民的高储蓄现状。

三、健康保险与消费

关于健康保险与消费的研究大多认为健康保险对个体消费存在拉动效应,因为健康保险会补偿个体的医疗费用,减少了个体面临的医疗支出的不确定性,从而会减少预防性储蓄,增加个体消费(瓦格斯塔夫,2005)。

霍尔(Hall,1978)提出随机游走假说,提出了理性预期,将对消费的研究从确定性条件发展到不确定性条件;莱兰(1968)在分析框架中加入不确定性,并指出人们为了预防未来可能发生的风险,会将一部分收入以储金的方式保存下来,以应对未来的不时之需;确定性消费理论认为人们的消费行为不是基于当期效用的最大而是一生效用最大化,消费者会将收入在其生命周期进行分配,使其在整个生命周期中获得最大的消费效用,收入总额不变情况下,储蓄并不提高消费者总效用,它只是一种收入的安排方式;费尔德斯坦(1982)认为社会保障制度有一定的财富替代效应,因为社会保障制度能够对未来生活提供保障,减少为未来不确定性所建立的储金,降低储蓄率,从而刺激消费。

也有一部分实证研究证实了健康保险对居民当期消费的促进作用。格鲁伯(1999)利用美国的数据,研究了美国公共医疗补助(主要针对低收入家庭)发展对家庭消费的影响,得出了该项计划会减少不确定性储金,增加当期的消费金额;周等人(2003)利用台湾地区的数据对不同收入水平的人群进行分析,得出健康保险对低收入家庭的消费具有显著的促进作用,而高收入家庭的刺激效果并不显著;瓦格斯塔夫和普拉丹(2005)对越南参加健康保险的家庭进行研究,得出了健康保险对家庭的非必需消费具有积极的促进作用。国内目前关于健康保险和消费关系的研究大都基于基本健康保险(包括城镇居民基本健康保险、城镇职工基本健康保险和新型农村合作健康保险）来研究其对消费的推动作用。臧文斌、刘国恩等（2012）利用北京大学的城镇居民基本健康保险跟踪调查（URBMI）数据，对参加城镇居民基本健康保险家庭进行实证研究，认为城镇家庭参保后，非医疗总消费会增加约 13.0%，其中教育支出增加 9.6%，日常生活开支增加 12.5%，其中低收入家庭所增加比例最大；甘犁等（2010）通过中国健康营养调查数据（CHNS）数据，研究得出新农合保险能够促进农村家庭的食品消费支出，最少显著增加 5.4%；王美娇、朱铭来（2015）利用中国家庭金融调查（CHFS）2011 年数据研究了商业健康保险对家庭非必要消费及消费结构的影响，认为商业健康保险会使家庭非必需品消费增加 42.44%，在 1% 的水平上显著，并且有助于调整消费结构，有拉动内需的宏观经济作用；吴庆跃、杜念宇、臧文斌（2016）利用 2SLS 回归，分析了商业健康保险对城市和农村家庭在物质消费和精神消费的作用，结果显示购买商业健康保险会使家庭消费总额增加 15.99%。

第二节　健康保险影响消费的机制研究

本部分利用“中国家庭金融调查”2011 年数据，研究了居民购买商业健康保险的行为对家庭必需品消费和非必需品消费的影响，使用处理效应模型较好地解决了商业健康保险影响消费的内生性，通过分样本回归和考察其他渠道变量，对健康保险影响消费背后的作用机制进行了探讨，考察消费的不同分位点上的异质性，以及不同收入家庭的分样本结果。

一、研究假设

健康保险的购买不可避免地改变经济中的家庭所面临的预算约束与经济激励，进而对家庭的消费行为产生影响。在经典经济学理论中，一般认为风险厌恶型个人比较倾向平滑收入的边际，在此时，保险的购买需求就是一种确定性需求，可以降低未来的不确定性。为了降低未来不确定性，人们会把收入的一部分用于储蓄和投资，应对未来可能发生的风险，理性预期学派认为，人们对未来存在不确定性，会减少当期消费，致使在同样财富水平下，具有不确定性的消费水平低于确定性消费水平。购买商业健康保险在一定程度上平滑了个人未来的效用曲线，减少了不确定性，从而促进消费。医疗保险对于消费的促进作用主要通过两种途径：第一，医疗保险可以对当期发生的医疗行为进行补偿，从而减少医药费用，刺激当期消费；第二，医疗保险可以减少当期为未来不确定性准备的储金，增加当期消费。因此,健康保险能够有效地降低家庭为未来不确定性而进行的储蓄,从而刺激家庭当期消费。

二、数据来源及变量选择

本部分所使用的微观数据源于《中国家庭金融调查(CHFS)》2013 年度数据,它是西南财经大学中国家庭金融调查与研究中心每隔两年所进行的家庭金融调查,是一个具有代表性的全国家庭金融数据库,收集了全国 25 个省份的 8438 个家庭的数据。根据分析需求,以收入为依据,剔除了没有收入的家庭,样本容量为 5261。

本部分旨在分析购买商业保险的行为对家庭消费行为的影响。根据微观经济学相关理论,本部分认为家庭购买商业健康保险之后,会对家庭未来消费产生两方面的影响:一方面,将收入的一部分用于购买商业健康保险,会对其他产品消费产生收入效应,相当于减少了可支配收入;另一方面,购买了商业健康保险以后,家庭对于疾病风险的抵抗能力更强,未来的不确定性相对减少,预计未来的医疗相关费用支出会减少,从而产生替代效应,可以减少为预防未来不确定性的储金。收入效应和替代效应之和就是商业保险的购买行为对家庭消费行为产生的总效应,也是本部分最终需要得到的分析结果。家庭消费分为必要消费和非必要消费,二者对购买商业健康保险的弹性可能会由于购买生活必需品和非必需品而产生差异,分别检测对两种消费的影响。为了更好地发现数据间的关系,使数据可视化,将对家庭消费支出取对数,以 *lnexpenditure* 作为被假释变量;同时为了降低非线性误差,再对 *lnexpenditure* 进行 1% 的缩尾处理,去除上下 1% 的极端值,建立了以下线性模型:

$$lnexpenditure = \alpha + \beta x + \sum_{i=1}^{n} \delta_i y_i + \mu \qquad (式 9-2)$$

解释变量 x 代表的是家庭购买商业健康保险的行为,文中的商业健康保险包含了重疾险、长期看护险、商业医疗保险、收入损失险和其他,统一将其设定为二值变量,如果家庭购买了重疾险、长期看护险、商业医疗保险、收入损失险和其他商业健康保险中任意一种或多种,则 $x = 1$,如果没有购买任一种保险,则 $x = 0$ 。解释变量 $\sum_{i=1}^{n} \delta_i y_i$ 所代表的是除了购买商业健康保险以外的其他影响家庭消费的控制变量。

模型相关变量设置如下所示:

1. 人口统计特征相关变量

(1)户主的性别变量,该变量是二值变量,如果户主是男性,则“性别”=1,如果户主是女性,则“性别”=0。

(2)户主的年龄变量,包括“年龄”和“年龄的平方”。

(3)户主的知识文化程度,根据数据源,将其分为“低等文化水平”(文盲小学和初中)、“中等文化水平”(高中和高职)和“高等文化水平”(本科硕士和博士)三个水平,以“低等文化水平”作为对照组,对“中等文化水平”和“高等文化水平”分别设置两个二值变量,如果户主最高学历是高中或高职,则“中等文化水平”=1,否则“中等文化水平”=0;如果户主最高学历是本科或硕士或博士,则“高等文化水平”=1,否则“高等文化水平”=0。

(4)户主的户口类型,因为城市和农村在消费行为方面本身存在一定差别,所以设置此控制变量,如果户主是非农户口,则“户口”=1,如果户主是农业户口,则“户口”=0。

(5)户主婚姻状况,若户主已婚,则“婚姻”=1,户主未婚,则“婚姻”=0。

2. 基本医疗保险购买情况

医疗保险一般可分为社会医疗保险和商业医疗保险,社会医疗保险包括新型农村居民医疗保险、城镇居民医疗保险和城镇职工医保,在此统一为基本医疗保险,设定成控制变量。如果户主拥有基本医疗保险,则“基本医疗保险”=1,若不具有基本医疗保险,则“基本医疗保险”=0。

3. 户主自身收入指标

户主本人的收入水平在很大程度上影响其消费水平,所以在此将户主自身收入作为控制变量,本部分所用总收入包括税后货币工资、税后奖金收入和税后补贴收入,文中在分析过程先对原始数据进行上下1%的缩尾处理,再对其取对数使数据更加平稳。

由于本部分主要解释变量家庭是否购买商业健康保险具有一定的内生性,受到个人的健康状况,个人风险偏好程度等私人信息影响,直接进行OLS估计可能会产生偏误。考虑到该内生变量同时也是个二值变量,对模型进行改进,建立处理效应模型(Treatment - effects Model)。处理效应模型类似于2SLS回归,但是2SLS一般不适用于二值变量,它的处理包括两个部分:首先,建立一个probit模型,在此模型中以是否购买商业健康保险作为被解释变量,选取工具变量进行回归,再进行拟合,得出商业健康保险的参保率,接着再用OLS回归,得到商业健康保险的购买率对家庭消费支出的影响。本部分选取了以下工具变量:

1. 个人身体状况的工具变量

本部分所取的个人对自己的健康状况的评价有身体好(好或非常好)、身体一般、身体差(差或非常差)三种,以身体一般作为对照组,设置“身体好”“身体差”两个二值变量。其中,如果自认为身体好或者非常好,则“身体好” =1,否则为0,若自认为身体差或非常差,则“身体差” =1,否则为0。

2. 个人风险偏好的工具变量

本部分所取的户主个人风险偏好的变量用的是数据源中个人投资偏好,包括风险偏好型、风险中性、风险厌恶型,设置以风险中性为对照组,设置“风险厌恶”“风险偏好”两个解释变量。其中,如果是风险厌恶者,则“风险厌恶” =1,否则为0,如果是风险偏好者,则“风险偏好” =1,否则为0。将模型修改如下:

$$lnexpenditure = \alpha + \beta X + \sum_{i=1}^{n} \delta_i Y_i + \mu \qquad (式9-3)$$

其中,X 代表的是是否购买商业健康保险,解释变量 $\sum_{i=1}^{n} \delta_i Y_i$ 所代表的是除了购买商业健康保险以外的其他影响家庭消费的控制变量。

$$X = \sum_{i=1}^{n} \lambda_i ?a_i + \varepsilon \qquad (式9-4)$$

$\sum_{i=1}^{n} \lambda_i a_i$ 是所选取的用来解释 X 的变量,可以包含 $\sum_{i=1}^{n} \delta_i y_i$,但至少包含一个 $\lambda_i a_i$ 不属于 $\sum_{i=1}^{n} \delta_i y_i$, ε 代表的是与所取相关解释变量无关的其他影响家庭购买商业健康保险行为的随机扰动项。

三、实证检验

(一)描述性统计结果

表9-1是对原始数据进行的描述性统计,对总样本、购买商业健康保险家庭和非购买商业健康保险分别进行了描述,并对购买商业健康保险家庭和非购买商业健康保险家庭的组间差异进行了t检验。从表中结果可以看出,购买商业健康保险家庭每月必需品消费以及年非必需品消费具有显著的差异,且购买商业健康保险家庭的消费水平明显高于非购买家庭。在性别方面,在5%的显著性水平上,购买商业健康保险家庭户主的男性比例低于非购买家庭,可以认为女性户主更有购买商业健康保险的倾向。购买商业健康保险家庭和非购买家庭户主在年龄和年龄的平方项在1%的显著性水平上也有差异,购买商业健康保险家庭户主年龄相对更低,较年轻户主对于保险的接受程度高于较年老的户主。文化程度方面,购买商业健康保险家庭户主的文化程度显著高于非购买家庭,知识水平越高,对风险管理、保险产品的理解可能更加深刻,对家庭风险的管理有较明确的思路,商

业健康保险的购买比例更多。商业健康保险购买家庭中，具有城市户口占比约72%，而非购买家庭中城市户口占比约33%，可以看出城市居民在商业健康保险的购买倾向更大。婚姻方面，购买商业健康保险家庭的结婚率略低于非购买家庭。购买商业健康保险和非购买商业健康保险家庭的社会医疗保险覆盖率较为接近，在5%的水平上不显著，这可能由于近年我国的基本医疗保险不断普及，基本医疗保险拥有家庭越来越多。在家庭年收入方面，商业健康保险购买家庭的收入显著地高于非购买家庭，经济条件更好的家庭购买保险的意识更强。身体健康状况自评项上，购买商业健康保险家庭的身体状况好于非购买家庭，身体状况好的家庭更加重视自身的健康保障。关于家庭户主的风险偏好，可以从表中看出，具有商业健康保险家庭户主的风险偏好程度高于非购买家庭，非购买家庭的风险厌恶程度更高。总的看来，购买商业健康保险家庭和非购买家庭在户主个人人口统计特征、家庭消费情况、家庭收入情况、学历等方面都存在显著的差别，因此可以以家庭是否购买商业健康保险对两类群体进行比较分析。

表9－1　描述性统计

	总样本		购买商业健康保险家庭		非购买商业健康保险家庭		组间差异
	均值	标准差	均值	标准差	均值	标准差	t检验
必需品消费（月）	1876.609	2406.056	3060.908	2041.135	1833.446	2407.508	6.845***
非必需品消费（年）	5383.546	15165.400	13806.170	22470.560	5076.575	14744.030	7.733***
性别	0.610	0.488	0.508	0.501	0.613	0.487	－2.888**
年龄	47.260	12.114	41.427	8.190	47.472	12.181	－6.695***
年龄的平方	2380.201	1197.222	1782.919	699.432	2401.969	1205.974	－6.939***
中等文化水平	0.261	0.439	0.422	0.495	0.255	0.436	5.069***
高等文化水平	0.096	0.294	0.319	0.467	0.088	0.283	10.607***
户口	0.348	0.476	0.724	0.448	0.334	0.472	11.058***
婚姻	0.943	0.233	0.908	0.290	0.944	0.230	－2.054**
是否有基本医疗保险	0.891	0.312	0.903	0.297	0.891	0.312	0.516*
总收入（年）	14040.580	37100.240	51169.890	99158.310	12687.370	31906.640	14.117***
身体好	0.463	0.499	0.578	0.495	0.459	0.498	3.195**

续表

	总样本		购买商业健康保险家庭		非购买商业健康保险家庭		组间差异
	均值	标准差	均值	标准差	均值	标准差	t 检验
身体差	0.153	0.360	0.065	0.247	0.156	0.363	-3.388***
风险偏好	0.154	0.361	0.276	0.448	0.150	0.357	4.659***
风险厌恶	0.560	0.496	0.341	0.475	0.568	0.495	-6.136***

注：*、**和***分别代表在10%、5%、1%的水平上显著。

（二）实证检验结果

对原模型和处理效应模型进行回归，表9－2和表9－3是商业健康保险对家庭消费的影响的实证检验结果。表9－2是商业健康保险对家庭必需品消费的影响，表9－3是商业健康保险对家庭非必需品消费的影响。表9－2和表9－3的第一列是对原模型用OLS模型进行估计，由于是否购买健康保险这一变量存在一定的内生性，可能受到原模型解释变量以外的其他因素影响，用处理效应模型对其进行分析，得出了第二列的回归结果。

表9－2 商业健康保险对家庭必需品消费的影响

	OLS 回归	处理效应回归
变量名	Ln(必需品消费)	Ln(必需品消费)
是否有健康保险	0.153***	0.359***
	(0.055)	(0.344)
性别	-0.081***	-0.032
	(0.027)	(0.028)
年龄	0.004	-0.013
	(0.009)	(0.009)
年龄的平方	-0.000	0.000
	(0.000)	(0.000)
中等文化水平	0.195***	0.158***
	(0.032)	(0.032)
高等文化水平	0.211***	0.092*
	(0.044)	(0.048)

续表

	OLS 回归	处理效应回归
户口	0.072**	0.047
	(0.032)	(0.032)
已婚	0.232***	0.258***
	(0.054)	(0.053)
是否有社会医疗保险	0.103**	0.073*
	(0.040)	(0.040)
Ln(总收入)	0.226***	0.146***
	(0.015)	(0.019)
常数项	4.817***	5.889***
	(0.226)	(0.278)
N	2,224	2,224
R 方	0.231	0.244

注：* 、* * 和 * * * 分别代表在 10%、5%、1% 的水平上显著。

表 9-3 商业健康保险对家庭非必需品消费的影响

	OLS 回归	处理效应回归
变量名	Ln(非必需品消费)	Ln(非必需品消费)
是否有健康保险	0.300**	0.521***
	(0.126)	(0.832)
性别	-0.346***	-0.228***
	(0.065)	(0.067)
年龄	0.149***	0.092***
	(0.027)	(0.029)
年龄的平方	-0.001***	-0.000***
	(0.000)	(0.000)
中等文化水平	0.413***	0.328***
	(0.081)	(0.081)
高等文化水平	0.732***	0.449***
	(0.109)	(0.116)

续表

	OLS 回归	处理效应回归
户口	0.158**	0.106
	(0.080)	(0.080)
已婚	-0.094	0.019
	(0.140)	(0.139)
是否有社会医疗保险	0.094	0.015
	(0.099)	(0.099)
Ln(收入)	0.237***	0.133***
	(0.036)	(0.048)
常数项	2.275***	5.270***
	(0.626)	(0.779)
N	1,839	1,839
R 方	0.158	0.175

注：* 、* * 和 * * * 分别代表在 10%、5%、1% 的水平上显著。

首先看是否购买商业健康保险变量的估计结果，OLS 回归显示购买商业健康保险会使家庭的必需品消费增加 15.3%，处理效应结果显示会使其增加 35.9%，OLS 回归显示购买商业健康保险会使家庭的非必需品消费增加 30%，处理效应结果显示会使其增加 52.1%，他们在 1% 的水平上都是显著的，这与预期的购买商业健康保险可以降低不确定性、从而减小未来风险的准备储金、增加家庭消费是相符合的。购买商业健康保险的行为对家庭非必需品消费的影响更大，这与微观经济学弹性理论中必需品和非必需品弹性埋论也是符合的，家庭非必需品消费对商业健康保险的弹性大于必需品的弹性。并且该项的系数明显高于其他几项，可见商业健康保险的购买对于家庭消费的影响相对于其他几项，也是更大的。

接下来对影响消费的各个变量进行分析：

性别系数在 1% 的显著性水平上是负的，可以看出男性对于必需品消费、非必需品消费都低于女性，并且对于必需品的消费影响程度低于非必需的消费程度。

年龄对于家庭必需品消费的影响并不显著，但对于家庭非必需品消费在 1% 的水平上是显著的，这与预期也是相符的，无论年龄大小，必需品的消费都较为稳定，但对于非必需品消费，年龄每增加一岁，消费水平增加约 10%，这可能与年长的户主家庭财富积累更多，对于非必需品消费能力更强有关。

在城乡方面，普通最小二乘估计得出的结果在 5% 的水平上是显著的，而处理效应却不显著,但无论是对于必需品消费还是非必需品消费,城市家庭都高于农村家庭,这与预期也是相符的,在我国当前阶段,城市家庭的消费能力还是高于农村家庭的,城乡差距仍然存在。

在婚姻方面,婚姻状况对家庭必需品消费的影响在1%的水平上是显著的,而对于非必需品消费并不显著。结婚以后相对于未婚,生活情况更加固定,衣食住行等各个方面的必须消费都将高于结婚以前,实证结果与现实情况和预期也是相符的。

在户主个人的文化程度方面,具有中等文化水平以及高等文化水平的户主相对于初等文化水平户主在必需品消费和非必需品消费上的消费都更高,且具有高等文化水平的高于中等文化水平的,文化水平对消费的影响是显著的。可以看出文化水平越高,消费水平也将随之提升,这与一般认识也相符,文化水平高的人,在就业、收入、消费层次都将更高,提升文化水平,可以提高家庭消费。

普通最小二乘法和处理效应回归结果都显示,是否具有基本医疗保险对于家庭必需品消费分别在1%和5%的水平上是显著的,但对家庭非必需品消费并不显著。本部分所用数据来自2013年,我国基本医疗保险在此时的覆盖率已经达95%,所以此时是否具有基本医疗保险对于消费的影响并不十分显著也是符合实际情况的。

在收入方面,家庭必需品消费和非必需品消费对收入的弹性大致相当,普通最小二乘法显示,收入增加一个百分点,家庭消费将增加20%,处理效应模型显示家庭消费将增加约14%。

用商业健康保险的系数除以其他因素得到弹性比,结果见表9-4。从表9-4可以看出:商业健康保险的购买对必需品消费的促进作用是性别的73倍、年龄的177倍、中等文化程度的14倍、高等文化程度的26倍、户口因素的50倍、婚姻情况的9倍、社会医疗保险的2倍;在非必需品消费方面,商业健康保险的促进作用是性别的24倍、年龄的60倍、中等文化程度的17倍、高等文化程度的12倍、户口因素的52倍、婚姻情况的295倍、社会医疗保险的3倍。可见,商业健康保险对消费的拉动作用较性别、年龄、文化程度、户口、婚姻情况、社会医疗保险等拉动因素更大,可见购买商业健康保险对消费的刺激效果较好。

表 9－4　商业健康保险弹性与其他影响因素弹性比①

	必需品消费		非必需品消费	
	OSL	处理效应	OLS	处理效应
是否有健康保险	1	1	1	1
性别	1.896	73.034	0.867	24.215
年龄	41.68	177.368	2.013	59.946
年龄的平方	1744.584	26182.020	188.679	5571.140
中等文化水平	0.785	14.930	0.726	16.832
高等文化水平	0.725	25.725	0.4098	12.296
户口	2.134	49.767	1.899	52.085
已婚	0.659	9.143	－3.178	295.241
是否有社会医疗保险	1.485	2.359	3.185	3.041
Ln(总收入)	0.677	1.158	1.269	1.511

四、稳健性检验

(一)引入必需品消费率和非必需品消费率的模型检验

由于消费和家庭收入水平关系比较密切,因此引入必需品消费率和非必需品消费率两个变量。其中必需品消费率＝必需品消费/总收入,非必需品消费率＝非必需品消费/总收入,在原处理效应模型中,分别用必需品消费率和非必需品消费率来代替必需品消费和非必需品消费,回归结果如下,总体仍然显著,是否购买健康保险项在1%的水平上也是显著的,可以认为原模型是稳健的。

表 9－5　商业健康保险对家庭必需品消费率和非必需品消费率的影响

变量名	必需品消费率	非必需品消费率
是否有健康保险	0.301**	0.601***
	(1.253)	(2.913)
性别	0.53***	0.246**
	(1.020)	(2.330)
年龄	1.735	0.202

① 各项均保留三位有效数字。

续表

变量名	必需品消费率	非必需品消费率
	(3.527)	(0.820)
年龄的平方	-0.030	-0.005
	(0.039)	(0.009)
中等文化水平	2.994	-1.345
	(11.81)	(2.746)
高等文化水平	32.61 *	0.356
	(17.39)	(4.043)
户口	-0.910	-1.869
	(11.48)	(2.668)
已婚	6.839	1.694
	(19.39)	(4.506)
是否有社会医疗保险	3.087	0.933
	(14.65)	(3.404)
Ln(收入)	-46.73 ***	-9.840 ***
	(6.911)	(1.606)
常数项	404.5 ***	91.00 ***
	(101.2)	(23.52)
N	2,227	2,227
R^2	0.025	0.019

注：* 、* * 和 * * * 分别代表在 10%、5%、1% 的水平上显著。

（二）不同收入群体分组检验

为了进一步检验模型的稳健性，按照样本人群收入情况，分别对高收入人群、中等收入人群、低收入人群用处理效应模型进行回归。目前我国税法并未对高中低收入群体进行分类，本部分样本数据来自 2013 年，2013 年我国人均可支配收入为 26955 元，根据国际合作与发展组织 1976 年提出的相对贫困概念，人均收入乘 50% 即为相对贫困线，因此认为年收入在 13477.5 元以下为低收入群体；我国个人所得税个人申报起征点是 12 万元，在此以 12 万元以上作为高收入人群，根据此分类进行回归，得出表 9-12、表 9-13 结果。

根据表中数据可知，在必需品消费方面，商业健康保险的购买对中等收入人群都有显著的促进作用,对高收入人群的刺激效应并不显著。这与以往学者研究结果相同,也证明了商业健康保险的确能够刺激消费,拉动内需。具有商业健康保险会使低收入人群必需品消费提高 28.4%,中等收入人群提升 23.6%。性别、年龄对消费的影响在不同收入人群中在 10% 的水平上并不显著,在非必需品消费方面也是如此。在教育水平方面,具有中等文化水平和高等文化水平对中低收入群体的影响显著,其中,具有中等文化水平能够促进低收入人群必需品消费提高 16.4%、中等收入人群 15.8%,具有高等文化水平能够促进低收入人群必需品消费提高 20.9%,促进中等收入人群提升 9.17%。婚姻方面,已婚的低收入人群、中等收入人群分别提升 21.2% 和 25.8%,社会医疗保险显著影响中等收入人群必需品消费。收入对消费的促进作用在低、中等收入人群中显著。

表 9-6　商业健康保险对不同收入人群必需品消费的影响

变量名	低收入人群必需品消费	中等收入人群必需品消费	高收入人群必需品消费
是否有健康保险	0.284*	0.236***	0.199
	(1.531)	(0.344)	(2.357)
性别	-0.0432	-0.0323	0.203
	(0.0442)	(0.0276)	(0.239)
年龄	-0.016	-0.013	-0.041
	(0.014)	(0.010)	(0.169)
年龄的平方	0.000	0.000	0.000
	(0.000)	(0.000)	(0.00)
中等文化水平	0.164***	0.158***	1.591
	(0.049)	(0.033)	(0.963)
高等文化水平	0.209**	0.0917*	1.297
	(0.099)	(0.048)	(0.927)
户口	0.056	0.047	0.003
	(0.045)	(0.032)	(0.452)
已婚	0.212**	0.258***	0.109
	(0.097)	(0.053)	(0.298)
是否有社会医疗	0.086	0.073*	-0.396
保险	(0.057)	(0.040)	(0.774)

续表

变量名	低收入人群必需品消费	中等收入人群必需品消费	高收入人群必需品消费
Ln(收入)	0.068**	0.146***	-0.618
	(0.030)	(0.019)	(0.668)
常数项	6.680***	5.889***	14.54
	(0.413)	(0.278)	(9.770)
N	1,043	2,224	61
R方	0.091	0.244	0.149

注：*、**和***分别代表在10%、5%、1%的水平上显著。

在非必需品消费方面，购买商业健康保险对中等收入人群的促进在1%的水平上显著，会使购买商业健康保险人群非必需品消费提升55.2%。性别项显示女性对非必需消费高于男性。在年龄方面，中低收入人群非必需品消费受年龄影响分别在5%、10%的水平上显著。教育水平方面，非必需品消费与必需品消费的结果较为一致。此外较为有意思的是具有城市户口的低收入人群相对于非城市户口的低收入人群非必需品消费将提升24.2%。

表9-7　商业健康保险对不同收入人群非必需品消费的影响

变量名	低收入人群必需品消费	中等收入人群必需品消费	高收入人群必需品消费
是否有健康保险	0.160	0.552***	-0.487
	(3.828)	(0.832)	(4.924)
性别	-0.300***	-0.228***	-0.179
	(0.110)	(0.067)	(0.503)
年龄	0.088**	0.092***	0.523
	(0.0441)	(0.0285)	(0.371)
年龄的平方	-0.000*	-0.000***	-0.006
	(0.000)	(0.000)	(0.004)
中等文化水平	0.391***	0.328***	3.110
	(0.124)	(0.0809)	(1.998)
高等文化水平	0.757***	0.449***	3.449*

续表

变量名	低收入人群必需品消费	中等收入人群必需品消费	高收入人群必需品消费
	(0.243)	(0.116)	(1.924)
户口	0.242**	0.106	-0.168
	(0.116)	(0.0796)	(0.949)
已婚	-0.146	0.0187	-1.206*
	(0.270)	(0.139)	(0.642)
是否有社会医疗	0.080	0.015	1.831
保险	(0.141)	(0.099)	(1.620)
Ln(收入)	0.0210	0.033	-0.000
	(0.077)	(0.048)	(1.389)
常数项	5.499***	5.270***	-5.821
	(1.206)	(0.779)	(20.55)
N	812	1,839	60
R^2	0.080	0.175	0.324

注：* 、* * 和 * * * 分别代表在10%、5%、1%的水平上显著。

(三)加入交互项的检验

商业健康保险跟基本医疗保险在一定程度上对消费都有促进作用，因此，在原模型中加入商业健康保险和基本医疗保险的交互项，交互项反映了商业健康保险和基本医疗保险两个内生变量之间的互相影响，用处理效应模型进行检验，结果如表9-8所示。可以看出，加入交互项后，交互项对消费的刺激作用并不显著，但商业健康保险对必需品和非必需品非促进作用在1%的水平上都是显著的，原模型有效。

表9-8　加入交互项的检验结果

变量名	Ln(必需品消费)	Ln(非必需品消费)
是否有健康保险	3.212***	4.733***
	(1.033)	(1.422)
性别	-0.325***	-0.226***
	(0.0276)	(0.067)

续表

变量名	Ln(必需品消费)	Ln(非必需品消费)
年龄	0.014	0.095***
	(0.027)	(0.029)
年龄的平方	0.000	-0.001***
	(0.000)	(0.000)
中等文化水平	0.156***	0.333***
	(0.033)	(0.081)
高等文化水平	0.088*	0.460***
	(0.048)	(0.117)
户口	0.048	0.104
	(0.032)	(0.080)
已婚	0.260***	0.010
	(0.053)	(0.139)
是否有社会医疗保险	0.102*	-0.086
	(0.052)	(0.130)
交互项	-0.866	2.790
	(0.990)	(2.308)
Ln(收入)	0.145***	0.0363
	(0.0190)	(0.0480
常数项	5.889***	5.268***
	(0.278)	(0.779)
N	2,224	1,839
R 方	0.244	0.176

注：* 、* * 和 * * * 分别代表在 10%、5%、1% 的水平上显著。

五、研究结论

根据实证的相关结果，得出以下结论：

在控制了其他变量以后，根据模型回归结果可知，商业健康保险对于家庭消费的促进作用显著，具有了商业健康保险之后，家庭未来对医疗行为支出的不确定性降低，为此准备的储金相对减少，将一部分用于其他消费，尤其是不确定性消费。在拉动家庭消费的各种控制变量中，商业健康保险具有一定的拉动作用。在购买健康保险人群方面，城市家庭中商业健康保险的购买率远大于农村家庭，商业健康保险在农村地区的普及还有待完善；商业健康保险的消费刺激作用对中低收入人群较为显著，对于高收入人群并不显著。随着教育水平的提高，家庭的消费水平也相对提高，可能是具有高等教育水平人群的资产管理能力和消费分配能力更高，家庭消费结构更优。因此认为商业健康保险对微观家庭消费的提升有一定的推动作用，且效果大于基本医疗保险、收入、年龄和学历等。由于经济环境的发展水平，低收入家庭受商业健康保险的影响大于高收入家庭。

商业健康保险具有拉动消费的功能，加强商业健康保险的扶持力度，出台一定的税优政策，推动其发展，这将对降低我国储蓄率、拉动内需具有巨大的推动作用。鉴于商业健康保险对不同收入人群的消费刺激作用不同，应更加重视在中低收入人群中对商业健康保险的宣传推广，使更广泛的地区、更多的家庭了解商业健康保险对于提升家庭保障、促进家庭消费、降低未来不确定性的作用，增强人们对其信任，从而提高参保率。

第三节　流动性约束下健康保险影响消费的研究

现实生活中，消费者可能会因为疾病风险导致严重的流动性约束，消费者面临的流动性约束也会加剧疾病风险对其消费行为的冲击。流动性约束假说认为，由于缺乏消费信贷或者资本市场不完全等原因导致消费者无法通过信贷来进行消费的跨期平滑，从而使得当期消费对于当期收入变化非常敏感。商业健康保险可以改变经济中家庭所面临的预算约束与经济激励，进而对家庭的消费行为产生影响，因此，购买健康保险在一定程度上平滑了个人未来的效用曲线，减少了不确定性，从而减少当期为未来不确定性准备的储金，增加当期消费。本部分使用中国家庭金融调查的数据对流动性约束下商业健康保险影响不同消费的作用机制进行解释，并实证分析商业健康保险对居民消费行为的影响，以及商业健康保险对流动性约束型消费者和非流动性约束消费者的影响的差别。

一、数据来源及研究变量

本部分旨在分析流动性约束下购买商业保险的行为对家庭消费行为的影响。流动性约束是消费者收入过度敏感性的源泉，也是减少当前消费，增加储蓄的源泉。根据微观经济学相关理论，家庭购买商业健康保险之后，会对家庭未来消费产生两方面的影响:一方面,将收入的一部分用于购买商业健康保险,会降低总预算约束,从而对其他方面消费存在"挤出效应",即收入效应的影响,相当于减少了可支配收入;另一方面,购买了商业健康保险以后,家庭对于疾病风险的抵抗能力更强,未来的不确定性相对减少,预计未来的医疗相关费用支出会减少,从而产生替代效应,可以减少为预防未来不确定性的储金。收入效应和替代效应之和就是商业保险的购买行为对家庭消费行为产生的总效应,也是最终需要得到的分析结果。

本部分的数据源于"中国家庭金融调查(CHFS)" 2011、2013、2015 和 2017 四个年度的数据,CHFS 是西南财经大学中国家庭金融调查与研究中心每隔两年所进行的家庭金融调查,是一个具有代表性的全国家庭金融数据库。为了更好地观察样本的行为,我们基于如下原则对样本进行筛选:剔除问卷调查无法确定是否有医疗保险的样本;剔除没有收入的样本;删除模型所需其他变量观察值缺失的样本;最后,删除样本的一些异常值。最终,我们得到了 14339 个观察值。

研究的变量设置如下:

1. 被解释变量——消费

家庭消费分为购买生活必需品消费和非必需品消费,购买生活必需品消费包括用于食品、日用品、服装、耐用品等生活必需品的消费,购买生活非必需品消费包括用于奢侈品、旅游等生活非必需品的消费。

2. 解释变量——商业健康保险

问卷中关于是否购买商业健康保险的回答,该变量是虚拟变量。文中的商业健康保险包含重疾险、长期看护险、商业医疗保险、收入损失险和其他,统一将其设定为二值变量,如果家庭购买了重疾险、长期看护险、商业医疗保险、收入损失险和其他商业健康保险中任意一种或多种,则 $x=1$,如果没有购买任意一种保险,则 $x=0$。

3. 控制变量

(1)人口统计特征相关变量

户主的性别变量,该变量是虚拟变量;户主的年龄变量,包括"年龄"和"年龄的平方";户主的知识文化程度,根据数据源,将其分为"低等文化水平"(文盲、小学和初中)、"中等文化水平"(高中和高职)和"高等文化水平"(本科、硕士和博士)三个水平,以"低等文化水平"作为对照组,对"中等文化水平"和"高等文化水平"分别设置两个二值变量;户主的户口类型,城市和农村人群消费行为存在差别,该变量是虚拟变量;户主婚姻状况,该变量是虚拟变量。

(2)参加基本医疗保险情况

调查问卷的社会医疗保险包括公费医疗、单位报销、城镇职工基本医疗保险、城镇居民基本医疗保险、新型农村合作医疗保险、学生医疗保险、大病医疗统筹 、医疗救助和红军级离休干部配偶或遗孀的医疗保险,作为虚拟变量。

(3)户主收入变量

户主本人的收入水平在很大程度上影响其消费水平,所以在此将户主自身收入作为控制变量,总收入包括税后货币工资、税后奖金收入和税后补贴收入,文中在分析过程先对原始数据进行上下1%的缩尾处理,再对其取对数使数据更加平稳。

(4)流动性约束

从已有文献来看,流动性约束指标的选择是难点。一些研究者使用"遗产变量"作为流动性约束的代理变量(霍尔兹·埃金等 Holtz - Eakin,1994;布伦德尔等 Blundell,1998;卡格蒂等 Cagetti,2006;埃文斯等 Evans,1989a),布兰奇弗等(Blanchflower,1990)则使用家庭财富水平被作为流动性约束的代理变量,因为个人所能借到的钱与其家庭财富高度正相关。但用遗产变量和家庭财富水平作为流动性约束代理变量都存在内生性问题,因此,借鉴刘杰和郑风田(2011)的研究,选取房产价值作为流动性约束的代理变量,因为房产可以视为符合条件的抵押物,而且房产价值与家庭具有的借贷能力具有高度的正向关系是一个不争的事实。采用调查问卷中"您家拥有自有的房屋吗?""目前,您家所居住的房屋是属于家庭成员自有的,租赁的,免费居住的"和"您家目前居住的房屋市价估计是多少万"的回答。具体变量定义情况如表9-9:

表9-9 各变量类型、名称及赋值情况

变量类型	变量名称	赋值
被解释变量	家庭消费(取对数)	生活必需品与非必需品之和,保险支出除外
解释变量	流动性约束	0-流动约束组 1-非流动约束组
	是否购买商业健康保险	0-否 1-是
控制变量	性别	0-女 1-男
	年龄	
	年龄的平方	
	文化程度(以低等为对照组)	
	中等文化水平	0-低等文化水平 1-中等文化水平

续表

变量类型	变量名称	赋值
控制变量	高等文化水平	0－低等文化水平 1－高等文化水平
	户口类型	0－农业　1－非农业
	婚姻状况	0－未婚　1－已婚
	有无社会医疗保险	0－无　1－有
	身体状况	0－一般 1－好 2－差
	风险偏好	0－非风险厌恶 1－风险厌恶
	家庭收入(取对数)	包括税后货币工资、税后奖金收入和税后补贴收入,后取对数
	房产价值(取对数)	加总家庭拥有的房产价值,并取对数

二、模型设计

(一)基准模型

在估计方法上,基准模型采用 OLS 方法估计,检验流动性约束和家庭购买商业健康保险对消费的影响,模型如下:

$$C = \alpha + \beta * I + \gamma * L + \sum_{1}^{n} \delta_i y_i + \mu \qquad (式9－5)$$

其中,C 代表家庭消费,I 代表家庭购买商业健康保险的行为,L 代表流动性约束,$\sum_{1}^{n} \delta_i y_i$ 代表其他影响家庭消费的控制变量,μ 为随机扰动项。

(二)处理效用模型

由于主要解释变量家庭是否购买商业健康保险受到个人的健康状况,个人风险偏好程度等私人信息影响,这使购买商业健康保险的行为成了一个内生处理过程而非外生冲击。从理论上说,这种内生性除了源自反向因果关系,还可能是遗漏变量导致的不可观测异质性反应。为了控制商业保险购买行为的因果关联和存在不可观测异质性反应时的内生性偏误,常用的解决办法是使用工具变量。但是,由于核心解释变量购买商业健康保险是二值变量,传统的两阶段最小二乘法估计不再有效,马达拉(1983) 遵循 Heckman 样本选择模型的传统,直接对处理变量进行结构建模,其基本思路是:第一阶段的回归使用 Logit 或 Probit,并以此为基础得到反米尔斯函数值;在第二阶段的回归中,在原有模型设定的基础上,加入反米尔斯函数值来调整内生性导致的偏误,构建处理效应模型。

第一部分选取的工具变量如下：

1. 个人身体状况的工具变量

工具变量取的个人对自己的健康状况的评价有身体好（好或非常好）、身体一般、身体差（差或非常差）三种，以身体一般作为对照组，设置“身体好”“身体差”两个二值变量。其中，如果自认为身体好或者非常好，则“身体好” =1，否则为0，若自认为身体差或非常差，则“身体差” =1，否则为0。

2. 个人风险偏好的工具变量

工具变量取的户主个人风险偏好的变量用的是数据源中个人投资偏好，包括风险偏好型、风险中性、风险厌恶型，设置以风险中性为对照组，设置“风险厌恶”“风险偏好”两个解释变量。其中，如果是风险厌恶者，则“风险厌恶” =1，否则为0，如果是风险偏好者，则“风险偏好” =1，否则为0。

模型设计如下：

第一阶段选择效应模型中，建立一个 probit 模型，在此模型中以是否购买商业健康保险作为被解释变量，选取工具变量进行回归，再进行拟合，得出商业健康保险的参保率。

$$I_{ij} = \alpha + \sum_{1}^{n} \lambda_i Z_i + \varepsilon_{ij} \qquad \text{（式 9-6）}$$

$\sum_{1}^{n} \lambda_i Z_i$ 所选取的是用来解释商业健康保险参保率 L 的变量，可以包含 $\sum_{1}^{n} \delta_i y_i$，但至少包含一个 $\lambda_i Z_i$ 不属于 $\sum_{1}^{n} \delta_i y_i$，$\varepsilon$ 代表的是与相关解释变量无关的其他影响家庭购买商业健康保险行为的随机扰动项。

第二阶段用 OLS 回归，得到流动性约束和商业健康保险购买率对家庭消费支出的影响：

$$C_{ij} = \alpha + \beta * \mathrm{I}_{ij} + \gamma * L_{ij} + \sum_{1}^{n} \delta_i y_i + \xi_{ij} \qquad \text{（式 9-7）}$$

其中，C 代表家庭消费，I 是一个非观测的示性函数，当 $I_{ij}{}^* > 0$ 时，$I_{ij}{}^* - 1$；否则，$I_{ij}{}^* = 0$，L 代表流动性约束，$\sum_{1}^{n} \delta_i y_i$ 代表其他影响家庭消费的控制变量，μ 为随机扰动项。

三、实证检验

（一）变量的描述性统计结果

表 9-9 是对原始数据进行的描述性统计，对购买商业健康保险家庭和非购

买商业健康保险分别进行了描述,并对购买商业健康保险家庭和非购买商业健康保险家庭的组间差异进行了 t 检验。

从表中结果可以看出,购买商业健康保险家庭的消费水平明显高于非购买家庭。在性别方面,在 1% 的显著性水平上,购买商业健康保险家庭户主的男性比例低于非购买家庭,可以认为女性户主更有购买商业健康保险的倾向。购买商业健康保险家庭和非购买家庭户主的年龄在 1% 的显著性水平上,购买商业健康保险家庭户主年龄相对更低,较年轻户主对于保险的接受程度高于较年老的户主。文化程度方面,购买商业健康保险家庭户主的文化程度显著高于非购买家庭,知识水平越高,对风险管理、保险产品的理解可能更加深刻,对家庭风险的管理有较明确的思路,商业健康保险的购买比例更多。商业健康保险购买家庭中,具有城市户口占比约 61% ,而非购买家庭中城市户口占比约 38% ,可以看出城市居民对商业健康保险的购买倾向更大。婚姻方面,购买商业健康保险家庭的结婚率略低于非购买家庭。购买商业健康保险和非购买商业健康保险家庭的社会医疗保险覆盖率较为接近,在 10% 的水平上不显著,这可能由于近年我国的基本医疗保险不断普及,基本医疗保险拥有家庭越来越多。在家庭年收入方面,商业健康保险购买家庭的收入显著地高于非购买家庭,经济条件更好的家庭购买保险的意识更强。身体健康状况自评项上,购买商业健康保险家庭的身体状况好于非购买家庭,身体状况好的家庭更加重视自身的健康保障,但不显著。关于家庭户主的风险偏好,可以从表中看出,具有商业健康保险家庭户主的风险偏好程度低于非购买家庭,非购买家庭的风险厌恶程度更高。总的看来,购买商业健康保险家庭和非购买家庭在户主个人人口统计特征、家庭消费情况、家庭收入情况、学历等方面都存在显著的差别,因此可以以家庭是否购买商业健康保险对两类群体进行比较分析。

表 9-10　各变量的描述性统计

变量名	没有商业健康保险(对照组)		有商业健康保险(控制组)		组间差异	
	均值	方差	均值	方差	差异	t 值
家庭消费对数	10.214	1.014	10.751	0.877	0.537***	-14.224
性别	0.648	0.478	0.581	0.494	-0.067***	3.740
年龄	57.819	13.687	51.407	10.598	-6.412***	12.670
中等教育水平	0.154	0.361	0.380	0.486	0.226***	-14.837

续表

变量名	没有商业健康保险（对照组）		有商业健康保险（控制组）		组间差异	
	均值	方差	均值	方差	差异	t 值
高等教育水平	0.096	0.294	0.277	0.448	0.181***	-13.410
户口类型	0.377	0.485	0.614	0.487	0.237***	-13.091
婚姻状况	0.949	0.221	0.910	0.286	-0.039***	4.580
社会医疗保险	0.925	0.263	0.927	0.260	0.002	-0.230
家庭收入（取对数）	8.538	3.101	9.638	2.808	1.100***	-9.534
房产价值（取对数）	9.404	4.505	10.619	4.317	1.215***	-6.460
身体健康状况	1.099	0.809	0.766	0.424	-0.333	1.436
风险偏好	1.035	0.772	0.686	0.465	-0.349***	3.323

注：*表示10%的显著性水平，**表示5%的显著性水平，***表示1%的显著性水平。

（二）基准模型检验结果

由于家庭的消费支出除了是否购买商业健康保险行为以外，还受到许多其他控制变量的影响，所以在不考虑内生性的影响下，分步加入了该家庭户主的个体人口统计变量，再加入社会经济变量，表9-11是回归结果：

表9-11 家庭购买商业健康保险的行为对家庭消费的OLS回归

变量名称	模型一	模型二	模型三
	B (Sig.)	B (Sig.)	B (Sig.)
购买商业健康保险	0.536*** (0.038)	0.250*** (0.035)	0.240*** (0.035)
男		0.215*** (0.016)	0.182*** (0.016)
年龄		0.032*** (0.004)	0.024*** (0.005)

续表

变量名称	模型一	模型二	模型三
年龄的平方		-0.0004*** (0.000)	-0.0004*** (0.000)
初等教育水平为基准			
中等教育水平		0.267*** (0.026)	0.230*** (0.026)
高等教育水平		0.393*** (0.033)	0.337*** (0.033)
非农业		0.399*** (0.020)	0.314*** (0.020)
已婚			0.416*** (0.035)
有社会医疗保险			0.128*** (0.029)
家庭收入			0.047*** (0.003)
R2	0.014	0.176	0.202
调整后 R2	0.014	0.175	0.201
F 值	202.334	431.787	358.864
模型拟合优度(rmse)	1.008	0.922	0.907
样本数	14187	14187	14187

注：* 表示 10% 的显著性水平，* * 表示 5% 的显著性水平，* * * 表示 1% 的显著性水平。

逐步加入控制变量以后，是否购买商业健康保险对于家庭消费的影响程度有所削弱，控制变量越多，影响的程度越小。购买商业健康保险对于消费有着显著的正向影响，分别为 53.6%，25% 和 24%，说明购买商业健康保险的人其家庭消费较没有购买商业健康保险的人是更高的。加入个体特征作为控制变量发现，户主为男性较女性的消费支出要高，消费随着年龄的增长有增加趋势；教育水平越高，消费支出越多；非农业户口消费水平显然高于农业户口；在增加社会经济控制变量的时候，已婚的家庭消费支出更高；有社会医疗保险对家庭消费起显著积极的作用,可以解释为社会医疗保险的存在,使得人们对未来的医药花费负担更有信心,所以会相对地促进消费;最后,家庭收入越高,消费越高。

（三）处理效用模型检验结果

在处理效用模型当中,首先需要确定其他控制变量对解释变量是否存在内生性问题,在模型的构建中,首先确认了两个工具变量对是否购买商业健康保险的影响程度,发现身体健康状况的好坏对购买商业健康保险作用并不显著。考虑到商业健康保险是对投保人的健康状况有要求,所以预测值上显示的身体健康状况好的人越可能投保商业健康保险,相对差的人,可能由于某些条件不满足,或者已经罹患了某些疾病,导致不在可承保的范围,这一点是与一般性认知相符合的。第二个工具变量,对风险的态度则是与是否购买商业健康保险息息相关,但是与一般认知不太相符的是,保险作为规避风险的手段之一,越是厌恶风险的人,越应该通过保险这种方式将自己的现有风险转移出去,但回归显示,越是厌恶风险的人较不厌恶的人购买商业健康保险的可能性降低了17.06%,这就涉及了风险溢价(risk premium)的问题,风险厌恶的人会出于考量愿意付出多大的代价将不确定风险变成确定的风险,这个价格称之为风险溢价,商业健康保险由于其期限大多数为一年,所以更偏向于消费型保险,导致厌恶风险的人在衡量风险溢价的价值之后,认为购买商业健康保险的价值不及其心目中的风险溢价,导致没有购买,或者相较于保险,有其他替代品,或受制于经济约束条件等等。在考虑过两个工具变量后,采用逐步剔除变量法,从性别、年龄、年龄的平方、教育水平等控制变量中,筛选出了6项对购买商业健康保险与否有影响的变量,包括年龄、年龄的平方、教育水平、户口类型、婚姻状况与家庭收入。其中,家庭收入只在10%的显著水平上对购买商业健康保险有积极的影响,但由于收入是限制家庭消费的一项重要因素,依旧将其包含在内。另外,在加入各项控制变量过程中,风险厌恶对其的影响由10%显著降低到了在5%水平上显著,说明年龄的增长、教育程度的增加以及婚姻状态都会影响个人购买商业健康保险的决策,在控制了个体特征与社会经济特征变量后,削弱了风险厌恶的影响,最后根据模型预测商业健康保险的参保率。

表 9－12　购买商业健康保险的影响因素检验

变量名称	模型一	模型二	模型三
	B (Sig.)	B (Sig.)	B (Sig.)
身体状况			
好	0.0930 (0.0648)	0.0632 (0.0683)	0.0585 (0.0681)
差	－0.0734 (0.0666)	0.0563 (0.0724)	0.0593 (0.0723)
风险厌恶	－0.1706*** (0.0578)	－0.1276** (0.0609)	－0.1219** (0.0607)
男		－0.0678 (0.056)	
年龄		0.1001*** (0.0195)	0.1014*** (0.0194)
年龄的平方		－0.0010*** (0.0002)	－0.0010*** (0.0002)
初等教育水平为基准			
中等教育水平		0.4000*** (0.0791)	0.3903*** (0.0786)
高等教育水平		0.4107*** (0.0984)	0.4028*** (0.0972)
非农业		0.2041** (0.0732)	0.2160*** (0.0724)
已婚		－0.2686*** (0.1101)	－0.2677*** (0.1099)
有社会医疗保险		0.0552 (0.1076)	
家庭收入(取对数)		0.0150* (0.0087)	0.0147* (0.0086)
模型拟合优度 (ROC)	0.563	0.718	0.718
样本数	6385	6385	6385

注：* 表示 10% 的显著性水平，* * 表示 5% 的显著性水平，* * * 表示 1% 的显著性水平。

根据流动性约束和商业健康保险购买率对家庭消费支出的影响分析,结果发现:以房产价值作为流动性约束进行回归,家庭住房资产显著促进家庭消费的增长,增加家庭消费 3.92%,3.3% 和 3.34%,商业健康保险参保率分别在 5% 和 10% 的置信水平上显著促进消费,影响的程度分别为 85.4%,82.55% 和 94.72%。加入不同的控制变量回归后发现,在流动性约束的限制下,教育水平程度对消费不再有显著的影响,并且相较于初等教育水平,户主为中等教育的家庭对消费产生了副作用;推测由于住房价值作为流动性约束,而农村户口的土地性质是公有的,导致城市户口对消费的没有原先显著;年龄较没有流动性约束情况下对消费的影响也影响有很大变化。之前的模型中,家庭消费随着年龄的增加而增加;在加入流动性约束以后,年龄每增加 1%,消费减少 6.44%。而住房资产增加 1%,家庭消费增加 3.34%。由于该回归中流动性约束只包括家庭目前拥有的房产价值,解释尚不全面,还需要继续通过稳定性检验,详细分析流动性约束对于是否购买商业健康保险对家庭消费的影响。

表 9-13 流动性约束以及商业健康保险对家庭消费的影响检验

变量名称	模型一	模型二	模型三
	B (Sig.)	B (Sig.)	B (Sig.)
流动性约束	0.0392*** (0.0029)	0.0330*** (0.0029)	0.0334*** (0.0029)
商业健康保险	0.8542** (0.0313)	0.8255** (0.0210)	0.9472* (0.0704)
男		0.0229 (0.0260)	
年龄		-0.0558** (0.0218)	-0.0644*** (0.0097)
年龄的平方		0.0004** (0.0002)	0.0005*** (0.0001)
初等教育水平为基准			
中等教育水平		-0.0728 (0.0812)	

续表

变量名称	模型一	模型二	模型三
高等教育水平		0.0329 (0.0903)	
非农业		0.1137** (0.0539)	
已婚		0.5868*** (0.0913)	0.6219*** (0.0668)
有社会医疗保险		0.0529 (0.0525)	
家庭收入(取对数)		0.0109** (0.0047)	0.0117*** (0.0004)
R2	0.2546	0.2898	0.2871
调整后 R2	0.2542	0.2877	0.2859
F 值	627.9085	136.0361	246.4680
模型拟合优度(rmse)	0.7783	0.7606	0.7616
样本数	3679	3679	3679

注：*表示10%的显著性水平，**表示5%的显著性水平，***表示1%的显著性水平。

四、稳健性检验

(一)按流动性约束的分组检验

稳健性检验中,按流动性约束对样本进行分组。流动性约束分为4种不同的财富标准进行比较,定义为非人力资本财富与2个月的平均家庭纯收入之比(即年收入的2/12);选取各财富衡量标准下家庭财富中值作为划分标准,比值大于中值定义为“非流动约束组”、比值小于等于中值,定义为“流动约束组”。

按照财富变现能力,四种财富定义分别是:(1)收入(经营收入、工资收入)+活期存款+定期存款+证券投资(股票、债券、基金、衍生品、金融理财产品、非人民币资产、黄金);(2)在第“1”类基础上加上“生产性固定资产”;(3)在第“2”类基础上加上“房产+车辆+其他非金融资产”;(4)单纯使用每年的现金收支相抵进行判断,即全年的活期存款+定期存款+证券投资-现金性消费支出,以正负号进行分组。为了避免选择性偏误,财富和收入都是对 t + 1 期而言的前定变量。

如果流动性约束仅仅出现在低收入人群的话,可以预期的是消费对于收入的跟随并不是在整个收入值域内不变,高收入组别的消费对收入的斜率系数应该小于低收入组别。为了证明这一点,剔除最高和最低各 10% 的异常值以后,做家庭净消费对家庭纯收入的局部 Lowess 平滑,估计结果显示出,随着收入的增加,边际消费倾向逐渐降低,在不受流动性约束的高收入人群中,消费与收入的关系较小。进而观察斜率系数的轨迹,斜率系数随收入增加,表现出单调的逐渐下降特征(消费对收入呈现大致的凹性),在收入超过 25000 元以后的区域内,消费和收入几乎没有关系。斜率系数的整个值域内呈现合理取值,并且与迪顿(1992)的数值模拟轨迹非常接近。

该部分将样本分为约束组和非约束组再使用处理效用模型进行检验,模型 1 到模型 4 分别使用不同的财富标准,结果如表 9 - 14 所示。

表 9 - 14 显示出与理论预测一致的估计结果,流动性约束对于"流动约束组"的消费增长率存在显著的影响。除了极端划分方法的模型四,其他财富衡量标准下,非流动性约束组较流动性约束组的消费均有 9.5%—11.2% 的增长,这与高梦滔(2008)对农户消费的研究结论相符合。与没有流动约束分组时不同的是,有无社会医疗保险在"流动性约束"情况下,显示出 5%—10% 水平上的显著性,说明对于受到流动性约束的家庭,有无医疗保险会纳入其对未来消费能力的估计,当未来医疗支出更加有保障时,使得家庭未来消费预期增加,从而增加对其他消费品的支出。而对于不受流动性约束的家庭,有社会医疗显示不显著的负效应。

表 9 - 14 流动性约束与家庭消费增长率的估计

变量名称	模型一		模型二	
	流动约束	非流动约束	流动约束	非流动约束
	B (Sig.)	B (Sig.)	B (Sig.)	B (Sig.)
房产价值	0.0247 *** (0.0045)	0.0345 *** (0.0037)	0.0241 *** (0.0045)	0.0336 *** (0.0038)
商业健康保险参保率	0.7438 *** (0.1236)	0.8669 *** (0.0857)	0.8283 *** (0.1176)	0.8293 *** (0.0869)
年龄	-0.0444 *** (0.0161)	-0.0624 *** (0.0121)	-0.0509 *** (0.0152)	-0.0589 *** (0.0124)

续表

变量名称	模型一		模型二	
	流动约束	非流动约束	流动约束	非流动约束
年龄的平方	0.0003** (0.0002)	0.0005*** (0.0001)	0.0004*** (0.0001)	0.0005*** (0.0001)
已婚	0.4853*** (0.1026)	0.6167*** (0.0870)	0.5369*** (0.1023)	0.5941*** (0.0858)
有医疗保险	0.1283* (0.0734)	-0.1016 (0.0732)	0.1621** (0.0744)	-0.1109 (0.0715)
家庭收入对数	0.0173*** (0.0061)	0.0106** (0.0053)	0.0198*** (0.0061)	0.0129** (0.0053)
R2	0.231	0.264	0.260	0.260
调整后 R2	0.228	0.262	0.257	0.257
F 值	70.492	103.790	81.440	102.295
RMSE	0.774	0.731	0.763	0.734
样本数	1650	2029	1630	2049
变量名称	模型三		模型四	
	流动约束	非流动约束	流动约束	非流动约束
	B (Sig.)	B (Sig.)	B (Sig.)	B (Sig.)
房产价值	0.0250*** (0.0035)	0.0372*** (0.0051)	0.0390*** (0.0039)	0.0280*** (0.0043)
商业健康保险参保率	0.9174*** (0.0820)	0.7959*** (0.1282)	0.6343*** (0.1106)	1.3518*** (0.0941)
年龄	-0.0519*** (0.0112)	-0.0685*** (0.0179)	-0.0331** (0.0140)	-0.1073*** (0.0133)
年龄的平方	0.0004*** (0.0001)	0.0005*** (0.0002)	0.0002 (0.0001)	0.0010*** (0.0001)
已婚	0.5687*** (0.0765)	0.6430*** (0.1263)	0.4443*** (0.0977)	0.7645*** (0.0902)

续表

变量名称	模型三		模型四	
	流动约束	非流动约束	流动约束	非流动约束
有医疗保险	0.1115* (0.0623)	-0.0739 (0.0899)	-0.0007 (0.0650)	0.1600* (0.0841)
家庭收入对数	0.0289*** (0.0050)	0.0354*** (0.0077)	0.0395*** (0.0053)	0.002 (0.0070)
R2	0.317	0.306	0.320	0.288
调整后 R2	0.315	0.302	0.318	0.285
F 值	165.944	72.956	137.370	93.619
RMSE	0.748	0.736	0.734	0.764
样本数	2514	1165	2048	1631

注：*表示10%的显著性水平，**表示5%的显著性水平，***表示1%的显著性水平。

根据以上4种分组方法再回归后的模型同样显示：商业健康保险参保率的影响在约束组和非约束组中同样显著，且非流动约束组对消费增长的推动高于约束组（除了衡量房产+车辆+其他非金融资产的(3)）。在约束条件下，家庭收入对消费的影响更加显著（1%水平上显著），收入越高，消费增长率越大，而非流动约束组较之受收入的影响较小（1%—5%水平上显著），极端划分下家庭收入对数影响不显著。

（二）区分必需品和非必需品消费的检验

为了进一步分析流动性约束对于家庭消费的影响，将家庭消费情况根据消费品性质分为必需品消费和非必需品消费，然后在预测的商业健康保险参保率情况下进行检验。

首先，不考虑其他控制变量，以房产价值衡量的流动性约束对必需品和非必需品消费均为显著正相关，但是不同消费品差异微乎其微，流动性约束越小，非必需品消费略高于必需品消费。不同商业健康保险参保率对不同消费品类型有显著影响，参保商业健康保险的家庭对非必需品消费高于未投保商业健康保险的家庭。

考虑对消费有影响的控制变量后，流动性约束和商业健康保险参保率对不同组别消费方向不变，影响程度有了显著的增加，流动性约束降低会显著增加必需品消费4%，增加非必需品消费4.2%，商业健康保险参保率会增加必需品消费58.6%，增加非必需品消费97.5%。男性对非必需品消费在10%显著性水平上显著，对必需品消费不显著;年龄对家庭消费依然是消极影响,对非必需品消费的消极影响大于必需品消费,即随着年龄的增长,生活必需的衣食住行消费是几乎不变的,但是对奢侈品,大型家电等的消费需求减少。在先前的回归分析中,有无社会医疗保险对家庭消费整体的影响不显著,具体区分消费品种类后发现,对必需品消费在10%显著性水平上有积极影响,对非必需品消费有消极影响,但是不显著。

表9-15 流动性约束下商业健康保险对家庭必需品消费和非必需品消费的影响

变量名称	模型一		模型二	
	必需品消费	非必需品消费	必需品消费	非必需品消费
	B (Sig.)	B (Sig.)	B (Sig.)	B (Sig.)
流动性约束	0.047***	0.048***	0.040***	0.042***
	(0.003)	(0.006)	(0.003)	(0.006)
商业健康保险参保率	0.772***	0.928***	0.586***	0.975***
	(0.028)	(0.070)	(0.920)	(0.215)
性别			0.037	-0.094*
			(0.230)	(0.056)
年龄			-0.039**	-0.056**
			(0.10)	(0.025)
年龄的平方			0.000*	0.001**
			(0.000)	(0.000)
非农业			0.107*	0.252**
			(0.041)	(0.101)
已婚			0.470***	0.906***
			(0.063)	(0.163)
有社会医疗保险			0.089*	-0.157
			(0.047)	(0.110)
家庭收入对数			0.019***	-0.000
			(0.004)	(0.009)
R2	0.290	0.103	0.330	0.126
调整后R2	0.290	0.102	0.328	0.123
F值	739.840	152.547	197.148	42.440

续表

变量名称	模型一		模型二	
	必需品消费	非必需品消费	必需品消费	非必需品消费
模型拟合优度（rmse）	0.697	1.422	0.678	1.405
样本数	3618	2670	3618	2670

分析家庭因素的影响，城市户口在5%—10%显著性水平上，对非必需品消费影响高于必需品消费，认为城市无论娱乐项目还是消费品种类均高于农村，所以对非必需品的影响较大；婚姻状况在两个组别中差异也较大，已婚对非必需品消费显著高于非必需品消费；家庭收入对必需品消费在1%显著性水平上有积极影响，对非必需品消费影响不显著。

五、研究总结与政策建议

本部分得出以下结论：根据模型回归结果可知，在控制了其他变量以后，商业健康保险对于家庭消费的促进作用显著，具有了商业健康保险之后，家庭未来对医疗行为支出的不确定性降低，为此准备的储金相对减少，将一部分用于其他消费，尤其是不确定性消费。在拉动家庭消费的各种控制变量中，商业健康保险具有一定的拉动作用。购买商业健康保险对于消费有着显著的正向影响，分别为53.6%，25%和24%。加入流动性约束进行回归，流动性约束降低促进家庭消费的增长，增加家庭消费为3.92%，3.3%和3.34%，商业健康保险参保率分别在5%和10%的置信水平上显著促进消费，影响的程度为分别为85.4%，82.55%和94.72%。稳健性检验中，除了极端划分方法的模型四，其他财富衡量标准下，非流动性约束组较流动性约束组的消费均有9.5%—11.2%的增长，区分必需品和非必需品消费的检验考虑对消费有影响的控制变量后，流动性约束和商业健康保险参保率对不同组别消费方向不变，影响程度有了显著的增加，流动性约束降低会显著增加必需品消费4%，增加非必需品消费4.2%，商业健康保险参保率会增加必需品消费58.6%，增加非必需品消费97.5%。

基于所得的结论，本部分提出建议：鉴于商业健康保险对不同人群的消费刺激作用不同，应更加重视在流动性约束人群中对商业健康保险的宣传推广，让流动性约束家庭了解商业健康保险对于提升家庭保障、促进家庭消费、降低未来不确定性的作用，增强人们对其信任，从而提高参保率；最后，由于家庭受到流动性约束的影响，提高居民的收入水平和完善消费信贷制度也是扩大消费的有效举措。

参考文献

[1]白重恩,李宏彬,吴斌珍. 医疗保险与消费:来自新型农村合作医疗的证据[J]. 经济研究,2012,47(2):41 – 53.

[2]陈在余,王洪亮,农村居民收入及收入差距对农民健康的影响——基于地区比较的角度分析[J]. 南开经济研究,2010 (5):71 – 83.

[3]封进,余央央. 中国农村的收入差距与健康[J]. 经济研究,2007 (1):26 – 35.

[4]付长军,乔宏章. 大数据产业发展现状研究[J]. 无线电通信技术,2016,42(4):1 –4,28.

[5]甘犁,刘国恩,马双. 基本医疗保险对促进家庭消费的影响[J]. 经济研究,2010(S1):30 – 38.

[6]高春亮,毛丰付,余晖. 激励机制、财政负担与中国医疗保障制度演变——基于建国后医疗制度相关文件的解读[J]. 管理世界,2009 (4):66 – 74.

[7]郭振华 . 行为保险学系列(十九):标准保险供给理论[J]. 上海保险,2018(9):10 – 15.

[8]韩曦英,孙健,李秀昌. 带有不可观测混杂因素的二值结果的处理效应的估计[J]. 中国卫生统计,2018,35(1):135 – 136.

[9]何天慈. 浅析大数据时代的中国保险市场特征及风险[J]. 湖北科技学院学报,2014,34(11):5 – 6.

[10]胡宏伟,刘国恩. 城镇居民医疗保险对国民健康的影响效应与机制[J]. 南方经济,2012,30(10):186 – 199.

[11]胡静. 医疗保险对不同收入老年群体健康和医疗服务利用的影响[J]. 中南民族大学学报(人文社会科学版),2015,35(5):141 – 145.

[12]黄枫,甘犁. 过度需求还是有效需求? ——城镇老人健康与医疗保险的实证分析[J]. 经济研究,2010,45(6):105 – 119.

[13]黄枫,甘犁. 医疗保险中的道德风险研究——基于微观数据的分析[J].

金融研究,2012(5):193 – 206.

[14]黄枫,吴纯杰.中国医疗保险对城镇老年人死亡率的影响[J].南开经济研究,2009(6):126 – 137.

[15]黄学军,吴冲锋.社会医疗保险对预防性储蓄的挤出效应研究[J].世界经济,2006(8):65 – 70.

[16]姜奇平.大数据时代到来[J].互联网周刊,2012(2):6.

[17]解垩.与收入相关的健康及医疗服务利用不平等研究[J].经济研究,2009,44(2):92 – 105.

[18]李冰水,胡宏伟.教育与医疗保险对老年人健康状况的影响[J].南方人口,2010,25(6):1 – 8.

[19]李玲,李影,袁嘉.我国医疗卫生改革中道德风险的探究及其影响[J].中国卫生经济,2014,33(1):5 – 10.

[20]李毅.大数据时代背景下的中国互联网保险发展与展望[J].中国高新技术企业,2014 (31):6 – 7.

[21]刘宏,高松,王俊.养老模式对健康的影响[J].经济研究,2011,46(4):80 – 93.

[22]刘家强,唐代盛,蒋华.中国新贫困人口及其社会保障体系构建的思考[J].人口研究,2005,29(5):10 – 18.

[23]罗楚亮.城镇居民健康差异与医疗支出行为[J].财经研究,2008,34(10):63 – 75.

[24]吕颖.大数据时代互联网保险发展策略浅析[J].河北金融,2014(7):52 – 54.

[25]马超,顾海,孙徐辉.参合更高档次的医疗保险能促进健康吗?——来自城乡医保统筹自然实验的证据[J].公共管理学报,2015,12(2):106 – 118,157 – 158.

[26]马光荣,周广肃.新型农村养老保险对家庭储蓄的影响:基于CFPS数据的研究[J].经济研究,2014,49(11):116 – 129.

[27]马双.新型农村合作医疗保险对农村居民食物消费的影响分析[J].经济学(季刊),2011,10(1):249 – 270.

[28]孟德锋,张兵,王翌秋.新型农村合作医疗保险对农民健康状况的影响分析——基于江苏农村居民的实证研究[J].上海金融,2011(4):110 – 114.

[29]潘杰,雷晓燕,刘国恩.医疗保险促进健康吗?——基于中国城镇居民基本医疗保险的实证分析[J].经济研究,2013,48(4):130 – 142.

[30]潘杰,秦雪征.医疗保险促进健康吗?——相关因果研究评述[J].世界经济文汇,2014,(6):60-70.

[31]齐良书.收入、收入不均与健康:城乡差异和职业地位的影响[J].经济研究,2006(11):16-26.

[32]乔治,迪翁.保险经济学前沿问题研究[M].朱铭来,译.北京:中国金融出版社,2007.

[33]任勤,黄洁.社会养老对老年人健康影响的实证分析——基于城乡差异的视角[J].财经科学,2015 (3):109-120.

[34]宋铮.中国居民储蓄行为研究[J].金融研究,1999 (6):46-50.

[35]孙祁祥.保险学[M],北京:北京大学出版社,2011.

[36]田玲,刘章艳.基本养老保险能有效缓解居民消费压力感知吗?——基于中国综合社会调查(CGSS)的经验证据[J].中国软科学,2017(1):31-40.

[37]万广华,张茵,牛建高.流动性约束、不确定性与中国居民消费[J].经济研究,2001 (11):35-44,94.

[38]汪一峰.保险业如何应对大数据挑战[N].中国保险报,2017-02-21(004).

[39]王柏杰.农村制度变迁、流动性约束与中国农村居民消费增长[J].山西财经大学学报,2014,36(10):1-10.

[40]王弟海,龚六堂,李宏毅.健康人力资本、健康投资和经济增长——以中国跨省数据为例[J].管理世界,2008 (3):27-39.

[41]王弟海.健康人力资本、经济增长和贫困陷阱[J].经济研究,2012,47(6):143-155.

[42]王国军.保险经济学[M].北京:北京大学出版社,2006.

[43]王丽敏,张晓波.健康不平等及其程度[J].经济学季刊,2003(2):89-108.

[44]王美娇,朱铭来.商业健康保险对居民消费及其结构的影响——基于理性预期和家庭资产结构分析[J].保险研究,2015(6):19-31.

[45]韦雪琼,杨晔,史超.大数据发展下的金融市场新生态[J].时代金融,2012(21):173-174.

[46]吴联灿,申曙光.新型农村合作医疗制度对农民健康影响的实证研究[J].保险研究,2010 (6):60-68.

[47]吴庆跃,杜念宇,臧文斌.商业健康保险对家庭消费的影响[J].中国经济问题,2016(3):68-79.

[48]谢明明,王美娇,熊先军.道德风险还是医疗需求释放?——医疗保险与医疗费用增长[J].保险研究,2016(1):102-112.

[49]许明,刘长庚,陈华帅.是否参加“新农保”对中国农村老人的影响——基于中国老年健康影响因素跟踪调查数据的实证分析[J].山西财经大学学报,2014,36(11):12-24.

[50]闫泽滢.大数据时代下保险公司之变[J].上海保险,2013 (4):43-44.

[51]杨建芳,龚六堂,张庆华.人力资本形成及其对经济增长的影响——一个包含教育和健康投入的内生增长模型及其检验[J].管理世界,2006(5):10-18.

[52]杨金侠,李士雪.对新型农村合作医疗定点医疗机构不规范行为监管的思路探讨[J].中国卫生经济,2006(1):26-28.

[53]尹会岩.论大数据对中国保险业的影响[J].保险职业学院学报,2015,29(1):43-46.

[54]于大川,丁建定.社会医疗保险对老年人健康的影响——基于倾向得分匹配方法的反事实评估[J].华中科技大学学报(社会科学版),2016,30(2):107-115.

[55]袁正,孙月梅,陈禛.我国商业医疗保险中的道德风险[J].保险研究,2014(6):53-62.

[56]臧文斌,刘国恩,徐菲,等.中国城镇居民基本医疗保险对家庭消费的影响[J].经济研究,2012,47(7):75-85.

[57]张宁,胡鞍钢,郑京海.应用 DEA 方法评测中国各地区健康生产效率[J].经济研究,2006(7):92-105.

[58]赵忠,侯振刚.我国城镇居民的健康需求与 Grossman 模型——来自截面数据的证据[J].经济研究,2005 (10):79-90.

[59]中华人民共和国卫生部.2013 中国卫生统计年鉴[M].北京:中国协和医科大学出版社,2014.

[60]周绍杰.中国城市居民的预防性储蓄行为研究[J].世界经济,2010,33(8):112-122.

[61]朱波,杭斌.流动性约束、医疗支出与预防性储蓄——基于我国省际面板数据的实证研究[J].宏观经济研究,2015(3):112-119.

[62]朱俊生.商业健康保险在医疗保障体系中的角色探讨[J].保险研究,2010(5):35-41.

[63]朱铭来,尚颖.商业健康保险需求理论与实证研究综述[J].中国卫生政策研究,2011,4(11):58-65.

[64]朱昕婷,徐怀伏. 医疗保险对老年人健康影响研究[J]. 中国卫生经济,2016,35(1):38-40.

[65]AGARWAL R. , DHAR V. Big Data, Data Science, and Analytics: The Opportunity and Challenge for is Research[J]. Information Systems Research, 2014, 25(3):443-448.

[66]AGARWAL S, HAUSWALD R. Distance and Private Information in Lending[J]. Review of Financial Studies, 2010, 23(7):2757-2788.

[67]AGENOR P R. Health and Infrastructure in a Model of Endogenous Growth[J]. Journal of Macroeconomics, 2008, 30(4):1407-1422.

[68]AGENOR P R, MEANIDES K C. The Allocation of Public Expenditure and Economic Growth[J]. Political Ecomomy, 2006, 115(6):925-985.

[69]AKERLOF G. The Market for Lemons, Quarterly[J]. Journal of Economics, 1970(84):488-500.

[70]ANDERSEN R M, NEWMAN J F. Societal and Individual Determinants of Medical Care Utilization in the United States[J]. Milbank Quarterly, 1973, 83(4):95-124.

[71]ANDERSEN R M. Revisiting the Behavioral Model and Access to Medical Care: Does It Matter? [J]. Journal of Health & Social Behavior, 1995, 36(3):1-10.

[72]ANDERSON M, DOBKIN C, GROSS T. The Effect of Health Insurance Coverage on The Use of Medical Services[J]. National Bureau of Economic Research Working Paper, 2012, 4(1):1-27.

[73]ATELLA V, ROSATI F C, ROSSI M. Precautionary Saving and Health Risk: Evidence from Italian Households Using A Time Series of Cross Sections[J]. Social Science Electronic Publishing, 2005, 96(3):113-132.

[74]AYANIAN J Z, WEISSMAN J S, SCHNEIDER E C, et al. Unmet Health Needs of Uninsured Adults in The United States[J]. Jama, 2000, 284(16):2061-2069.

[75]BAI C E, WU B. Health Insurance and Consumption: Evidence from China's New Cooperative Medical Scheme[J]. Journal of Comparative Economics, 2014, 42(2):450-469.

[76]BAKER D W, SUDANO J J, ALBERT J M, et al. Lack of Health Insurance And Decline In Overall Health In Late Middle Age[J]. New England Journal of Medicine, 2011, 345(15):1106-1112.

[77]BARKER D W. Lack of Health Insurance and Decline In Overall Health In Late Middle Age[J]. New England Journal of Medicine,2001,345:1106 – 1112.

[78]BARRO R. Health and Economic Growth[J]. Annals of Economics and Finance,2013,14(2):329 – 366.

[79]BARRON J M,STATEN M E. The Value of Comprehensive Credit Reports: Lessons From The U. S. Experience[J]. Credit Reporting Systems And The International Economy,2003:273 – 310.

[80]BATES L J,MUKHERJEE K,REXFORD E. Medical Insurance Coverage and Health Production Efficiency[J]. Social Science Electronic Publishing,2010,77(1): 211 – 229.

[81]BELANGER R E,CROSSLER. Privacy in the Digital Age:A Review of Information Privacy Research in Information Systems[Z]. Society for Information Management and the Management Information Systems Research Center,2011.

[82] BIRCHLER U, BÜTLER M. Information Economics [M]. Lndon: Routledge,2007.

[83]BLEAKLEY H. Health,Human Capital,and Development[J]. Annual Review of Economics,2010,2(2):283 – 310.

[84]BLOOM DE,CANNING D. Health and Economic Growth:Reconciling The Micro and Macro Evidence[Z]. CDDRL Working Papers,Stanford Institute of International Studies,Stanford University,2005.

[85]BLOOM D E,CANNING D,MALANEY P. N. Demographic Change and Economic Growth in Asia [J]. Population and Development Review, 2000, 26 (9): 257 – 290.

[86]BOONYOUNG N,MUECKE M. The Access to Healthcare Service from Perspectives of Middle – Aged Working Women in Southern Thailand[J]. Journal of Nursing Research,2005,9(4):237 – 249.

[87]BRINDIS C,KAPPHAHN C,MCCARTER V,et al. The Impact of Health Insurance Status on Adolescents' Utilization of School – Based Clinic Services:Implications for Health Care Reform[J]. Journal of Adolescent Health,1995,16(1):18 – 25.

[88]BROWN M,JAPPELLI T,PAGANO M. Information Sharing and Credit:Firm – Level Evidence from Transition Countries[J]. Journal of Financial Intermediation, 2009,18(2):151 – 172.

[89]BROWN M,ZEHNDER C. Credit Reporting,Relationship Banking,and Loan

Repayment[J]. Journal of Money Credit & Banking,2007,39(8):1883 - 1918.

[90]BROWN P H,BRAUW A,DU Y. Understanding Variation in the Design of China's New Co - Operative Medical System[J]. The China Quarterly,2009,198(1):304 - 329.

[91]BROWN P H,THEOHARIDES C. Health - Seeking Behavior and Hospital Choice in China's New Cooperative Medical System[J]. Health Economics,2010,18(S2):S47 - S64.

[92]CARD D,DOBKIN C,MAESTAS N. Does Medicare Save Lives? [J]. Quarterly Journal of Economics,2009,124(2):597 - 636.

[93]CARD D,DOBKIN C,MAESTAS N. The Impact of Nearly Universal Insurance Coverage on Health Care Utilization:Evidence from Medicare[J]. American Economic Review,2008,98(5):2242 - 2258.

[94]CARMICHAEL B,DISSOU Y. Health Insurance,Liquidity and Growth[J]. The Scandinavian Journal of Economics,2000,102(2):269 - 284.

[95]CHANDLER G G,JOHNSON R. W. The Benefit to Consumers from Generic Scoring Models Based on Credit Reports[J]. IMA Journal of Management Mathematics,1992,4(1):61 - 72.

[96]CHANDRA A,GRUBER J,MCKNIGHTR. Patient Cost - Sharing and Hospitalization Offsets in the Elderly [J]. American Economic Review,2010,100(1):193 - 213.

[97]CHENG S H,CHIANG T L. The Effect of Universal Health Insurance on Health Care Utilization in Taiwan:Results from A Natural Experiment[J]. Journal of the American Medical Association,1997,278(2):89 - 93.

[98]CHOU S Y,LIU J T,Hammitt J K. National Health Insurance and Precautionary Saving:Evidence from Taiwan[J]. Journal of Public Economics,2003,87(9):1873 - 1894.

[99]CHRISTIANSON J B. The Impact of HMOS:Evidence and Research Issues [J]. Journal of Health Politics Policy & Law,1980,5(2):354.

[100]CROMWELL J,MITCHELL J B. Physician - Induced Demand for Surgery [J]. Journal of Health Economics,1986,5(4):293 - 313.

[101]CURRIE J,GRUBER J. Health Insurance Eligibility,Utilization of Medical Care,and Child Health[J]. Quarterly Journal of Economics,1996,111(2):431 - 466.

[102]CURRIE J,GRUBER J. Saving Babies:The Efficacy and Cost of Recent

Changes In The Medicaid Eligibility of Pregnant Women[J]. Working Papers, 1996, 104(6): 1263 - 1296.

[103] CUTLER D M, VIGDOR E R. The Impact of Health Insurance on Health: Evidence from People Experiencing Health Shocks[Z]. National Bureau of Economic Research (NBER) Working Paper 2005, No. 16417 , Cambridge,

[104] CUTLER D M, ZECKHAUSER R J. Chapter 11 - "The Anatomy of Health Insurance"[J]. Handbook of Health Economics, 2000, 1(1): 563 - 643.

[105] DAFNY L, GRUBER J. Public Insurance and Child Hospitalizations: Access and Efficiency Effects[J]. Journal of Public Economics, 2005, 89(1): 109 - 129.

[106] DAVENPORT T H. Competing on Analytics[J]. Harvard Business Review, 2006, 84(1): 98 - 107.

[107] DELATTRE E, DORMONT B. Fixed Fees and Physician - Induced Demand: A Panel Data Study on French Physicians[J]. Health Economics, 2003, 12(9): 741 - 754.

[108] DJANKOV S, MCLIESH C, SHLEIFER A, Private Credit in 129 Countries [J]. Journal of Financial Economics, 2007, 85(2): 299 - 329.

[109] DUAN N, MANNING W, MORRIS J C, et al. A Comparison of Alternative Models for the Demand for Medical Care[J]. Journal of Business & Economic Statistics, 1983, 1(2): 115 - 126.

[110] ELLIS A P, THOMAS G M. Provider Behavior Under Prospective Reimbursement: Cost Sharing and Supply[J]. Journal of Health Economics, 1986, 5(2): 129 - 151.

[111] FELDMAN R, DOWD B. A New Estimate of the Welfare Loss of Excess Health Insurance[J]. American Economic Review, 1991, 81(1): 297 - 301.

[112] FELDSTEIN M S. Social Security and Private Saving: Reply[J]. Journal of Political Economy, 1982, 90(3): 630 - 642.

[113] FELDSTEIN M S. The Welfare Loss of Excess Health Insurance[J]. Journal of Political Economy, 1973, 81(2): 251 - 280.

[114] FELDSTEIN M S. The Rising Price of Physicians' Services. Review Economic and Statistics[J]. Review of Economics & Statistics, 1970, 52(2): 121 - 133.

[115] FINKELSTEIN A, MCKNIGHT R. What Did Medicare Do? The Initial Impact of Medicare on Mortality and out of Pocket Medical Spending[J]. Journal of public economics, 2008, 92(7): 1644 - 1668.

[116]FINKELSTEIN A,TAUBMAN S,WRIGHT B,et al. The Oregon Health Insurance Experiment:Evidence from the First Year[Z]. National Bureau of Economic Research (NBER) Working Paper,2011,No. 10365. Cambridge,MA.

[117]FINKELSTEIN A,TAUBMAN S,WRIGHT B,et al. The Oregon Health Insurance Experiment:Evidence from the First Year[J]. The Quarterly Journal Of Economics,2012,127(3):1057 - 1106.

[118]Finkelstein A. The Aggregate Effects of Health Insurance:Evidence from the Introduction of Medicare[J]. Quarterly Journal Of Economics,2007,122(1):1 - 37.

[119]FUCHS V R. The Supply of Surgeons and the Demand for Operations[J]. Journal of Human Resources,1978,13(236):35 - 56.

[120]GELBERG L,ANDERSEN R M,LEAKE B D. The Behavioral Model for Vulnerable Populations:Application to Medical Care Use and Outcomes for Homeless People[J]. Health Services Research,2000,34(6):1273 - 1302.

[121]GOES P B. Big Data and is Research[J]. MIS Quarterly,2014,38(3):Iii - Vii.

[122]GOLDMAN H H,FRANK R G,Burnam M A,et al. Behavioral Health Insurance Parity for Federal Employees[J]. New England Journal of Medicine,2006,354(13):1378 - 1386.

[123]GROSSMAN M. On the Concept Of Health Capital and the Demand for Health[J]. Journal of Political Economy,1972,80(2):223 - 255.

[124]GROSSMAN M. The Human Capital Model of the Demand for Health[Z]. National Bureau of Economic Research,No. 7078,1999.

[125]GRUBER J,YELOWITZ A. Public Health Insurance and Private Savings[J]. Journal of Political Economy,1978(12):971 - 987.

[126]GRUBER J,YELOWITZ A. Public Health Insurance and Private Savings[J]. JCPR Working Papers,1999:107(6):1249 - 1274.

[127]GUARIGLIA A,ROSSI M. Private Medical Insurance and Saving:Evidence from the British Household Panel Survey[J]. Journal of Health Economics,2004,23(4):761 - 783.

[128]HABTOM G K,RUYS P. The Choice of A Health Care Provider in Eritrea[J]. Health Policy,2007,80(1):202 - 217.

[129]HAISS P,SÜMEGI K. The Relationship between Insurance and Economic Growth in Europe:A Theoretical and Empirical Analysis[J]. Empirica,2008,35(4):

405 –431.

[130]HALL E R. Stochastic Implications of The Life Cycle – Permanent Income Hypothesis: Theory and Evidence[J]. Journal of Political Economy, 1978, 86(6): 971 –987.

[131]HANRATTY M J. Canadian National Health Insurance and Infant Health [J]. American Economic Review, 1996, 86(1): 276 –284.

[132]HAUSWALD R, MARQUEZ R. Competition and Strategic Information Acquisition in Credit Markets[J]. Review of Financial Studies, 2006, 19(3): 967 –1000.

[133]HOSOYA K, Health, Longevity, and The Productivity Slow Down[Z]. Project on Intergenerational Equity, Institute of Economic Research, Hitotsubashi University, Discussion Paper Series, No. 25. 2002.

[134]HOSOYA K, Tax Financed Government Health Expenditure and Growth with Capital Deepening Externality [J]. Economics Bulletin, 2003, 5(14): 1 –10.

[135]HUBBARD R G, SKINNER J S, ZELDES S P. Precautionary Saving and Social Insurance[J]. Journal of Political Economy, 1995, 103(2): 360 –399.

[136]ICHOKU H E, LEIBBRANDT M. Demand for Healthcare Services in Nigeria: A Multivariate Nested Logit Model[J]. African Development Review – Revue Africaine De Development, 2003, 15(2/3): 396 –424.

[137]INKELSTEIN A, MCKNIGHT R. What did Medicare Do? The Initial Impact of Medicare on Mortality and out of Pocket Medical Spending[J]. Journal of Public Economics, 2008, 92(7): 1644 –1668.

[138]JAPPELLI T, PAGANO M. Information Sharing in Credit Markets: the European Experience[J]. Journal of Finance, 1993, 48(5): 1693 –1718.

[139]JAPPELLI T, PAGANO M. Information Sharing, Lending and Defaults: Cross-Country Evidence[J]. Journal of Banking & Finance, 2002, 26(10): 2017 –2045.

[140]JEFFREY J R, HOTCHKISS D R. Estimation of the Determinants of Household Health Care Expenditures in Nepal With Controls for Endogenous Illness and Provider Choice[J]. Health Economics, 2003, 12(6): 431 –451.

[141]JOWETT M, DEOLALIKAR A, MARTINSSON P. Health Insurance and Treatment Seeking Behaviour: Evidence from A Low – Income Country[J]. Health Economics, 2004, 13(9): 845 –857.

[142]KALLBERG J G, UDELL G F. The Value of Private Sector Business Credit

Information Sharing:The US Case[J]. Journal of Banking & Finance,2003,27(3):449-469.

[143]KASL S V,COBB S. Health Behavior,Illness Behavior,and Sick Role Behavior. I. Health and Illness Behavior[J]. Archives of Environmental Health,1966,12(2):246-266.

[144]KIMBALL M S. Precautionary Saving in the Small and in the Large[J]. Econometrica,1990,58(1):53-73.

[145]KING G,GAKIDOU E,IMAI K,et al. Public Policy for The Poor? A Randomised Assessment of the Mexican Universal Health Insurance Programme[J]. Lancet,2009,373(9673):1447-1454.

[146]KLELN D B. Promise Keeping in the Great Society:A Model of Credit Information Sharing[J]. Economics & Politics,2010,4(2):117-136.

[147]KOHLI R,GROVER V,Business Value of IT:An Essay on Expanding Research Directions to Keep Up with the Times[J]. Journal of the Association for Information Systems,2008,9(1):23-39.

[148]KONG M K,LEE J Y,LEE H K. Precautionary Motive for Saving and Medical Expenses Under Health Uncertainty:Evidence from Korea[J]. Economics Letters,2008,100(1):76-79.

[149]KOTLIKOFF L J,Health Expenditures and Precautionary Savings[Z]. National Bureau of Economic Research,No. 2008,1986.

[150]LE H E,NEWTON M,CARLA K,et al. Uninsured Adults Presenting to Us Emergency Departments:Assumptions Versus Data[J]. Journal of American Medical Association,1914,300(16):1914-1924.

[151]LEI X,LIN W. The New Cooperative Medical Scheme in Rural China:Does More Coverage Mean More Service and Better Health? [J]. Health Economics,2009,18(S2):S25-46.

[152]LELAND H E. Saving and Uncertainty:The Precautionary Demand for Saving[J]. Uncertainty in Economics,1968,82(3):465-473.

[153]LEWIN M E,MARQUIS M S. Geographic Variation in Physician Visits for Uninsured Children:The Role of the Safety Net[J]. Jama,1999,281(21):2035-2040.

[154]LIN Z,WHINSTON A B,FAN S. Harnessing Internet Finance with Innovative Cyber Credit Management[J]. Financial Innovation,2015,1(1):5.

[155] LINDELOW M. Healthcare Decisions as A Family Matter: Intrahousehold Education Externalities and the Utilization of Health Services[Z]. World Bank Policy Research Working Paper Series, No. 3324. 2004.

[156] LORENTZEN P, MCMILLAN J, WACZIARG R. Death and Development [J]. J Econ Growth, 2008, 13: 81 – 124.

[157] LUOTO J, MCINTOSH C, WYDICK B. Credit Information Systems in Less Developed Countries: A Test With Microfinance in Guatemala[J]. Economic Development & Cultural Change, 2007, 55(2): 313 – 334.

[158] MAKINEN M, WATERS H, RAUCH M, et al. Inequalities in Health Care Use and Expenditures: Empirical Data from Eight Developing Countries and Countries in Transition[J]. Bulletin of the World Health Organization, 2000, 78(1): 55 – 65.

[159] MANNING W G. Health Insurance and the Demand for Medical Care: Evidence from a Randomized Experiment[J]. The American Economic Review, 1987, 77 (3): 251 – 277.

[160] MCFADDEN D L. Econometric Analysis of Qualitative Response Models [J]. Handbook of Econometrics, 1984, 2(6): 1395 – 1457.

[161] MCINTOSH C, WYDICK B. Competition and Microfinance[J]. Journal of Development Economics, 2005, 78(2): 271 – 298.

[162] MCWILLIAMS J, ZASLAVSKY A. M, MEARA E, et al. Impact of Medicare Coverage on Basic Clinical Services for Previously Uninsured Adults[J]. Jama, 2003, 290(6): 757 – 764.

[163] MECHANIC D. Medical Sociology: A Comprehensive Text[M]. 2nd ed. New York, NY: Free Press, 1978.

[164] MEZA D D. Health Insurance and The Demand for Medical Care[J]. Journal of Health Economics, 1987, 2(1): 47 – 54.

[165] MITCHELL J M, HADLEY J. The Effect of Insurance Coverage on Breast Cancer Patients' Treatment And Hospital Choices[J]. American Economic Review, 1997, 87(2): 448 – 453.

[166] MUSHKIN S J. Health as an Investment[J]. Journal Of Political Economy, 1962, 70(5): 129 – 157.

[167] NAHATA B, OSTASZEWSKI K, SAHOO P. Rising Health Care Expenditures: A Demand – Side Analysis[J]. Journal of Insurance Issues, 2005, 28(1): 88 – 102.

[168]NEWHOUSE J P,MARQUIS M S. The Norms Hypothesis and the Demand for Medical Care[J]. Journal of Human Resources,1978(13):159 - 182.

[169]PADILLA A J,PAGANO M. Sharing Default Information as A Borrower Discipline Device[J]. European Economic Review,2000,44(10):1951 - 1980.

[170]PAGANO M,JAPPELLI T. Information Sharing in Credit Markets[J]. Journal of Finance,1993,48(5):1693 - 1718.

[171]PARSONS T. The Structure of Social Action:A Study in Social Theory with Special Reference to a Group of Recent European Writers[M]. New York:The Free Press,1949.

[172]PAULY D,PAULY M V. Doctors and Their Workshops:Economic Models Of Physician Behavior [M]. Chicago:University Chicago Press,1980.

[173] PHELPS C E. Health Economics [M]. London: Taylor and Francis Group,1986.

[174]POLE J D. The Demand for Health:A Theoretical and Empirical Investigation. By Michael Grossman[J]. NBER Books,1972,137(2):279.

[175]PRATT,JOHN W,ZECKHAUSER R J. Principals and Agents:The Structure of Business [M]. Boston:Harvard Business School Press,1985.

[176]REBITZER J B,REGE M,Shepard C. Influence,Information Overload,and Information Technology in Health Care [M]. England:Emerald Group Publishing Limited,2008.

[177]REINHARDT U E. Health Care for the Aging Baby Boom:Lessons from Abroad[J]. Journal of Economic Perspectives,2000,14(2):71 - 84.

[178]ROBERT E,LUCAS J. On The Mechanics Of Economic Development[J]. Journal of Monetary Economics,1988,22(1):3 - 42.

[179] ROBERT G E. Supplier Induced Demand: Some Empirical Evidence and Implications in the Economics of Health and Medical Care [M]. London:The Economics of Health and Medical Care,1974.

[180]ROBERT W F. Nutrition,Physiological Capital and Economic Growth[J]. Paper Presented at the Senior Policy Seminar on Health,Human Capital and Economic Growth:Theory,Evidence and Policies,Pan American Health Organization and Inter - American Development Bank,Washington,DC. 2002.

[181]ROSETT R N,HUANG L F. The Effect of Health Insurance on the Demand For Medical Care[J]. Journal of Political Economy,1973,81(2):281 - 305.

[182]SAVEDOFF W D, SCHULTZ T P. Earnings and the Elusive Dividends of Health[A/OL], Washington, Inter – American Development Bank, Research Department. 2000:1 – 34

[183]SOLOW R M A. Contribution to the Theory of Economic Growth[J]. Journal of Economics, 1956, 70(1):65 – 94.

[184]SORENSEN R J, GRYTTEN J. Competition and Supplier – Induced Demand in a Health Care System with Fixed Fees[J]. Health Economics, 1999, 8(6):497 – 508.

[185]STANO M, A Clarification of Theories and Evidence on Supplier – Induced Demand for Physicians' Services[J]. The Journal of Human Resources, 1987, 22(4):611 – 620.

[186]STIGLER J. Economics of Information[J]. Journal of Political Economics, 1961(69):213 – 225.

[187]STIGLITZ J E, WEISS A. Credit Rationing In Markets With Imperfect Information[J]. American Economic Review, 1981, 71(3):393 – 410.

[188]SUBRAMANIAN S V, Kawachi I. Whose Health is Affected by Income Inequality? A Multilevel Interaction Analysis of Contemporaneous and Lagged Effects of State Income Inequality on Individual Self – Rated Health in The United States[J]. Health & Place, 2006, 12(2):141 – 156.

[189]TIPPING G, SEGALL M. Health Care Seeking Behaviour in Developing Countries: An Annotated Bibliography and Literature Review[J]. Social Science & Medicine, 1995, 45(12):1901 – 1902.

[190]VAN Z A, MUYSKEN J. Health and Endogenous Growth[J]. Journal of Health Economics, 2001, 20(2):169 – 185.

[191]VERCAMMEN J A. Credit Bureau Policy And Sustainable Reputation Effects In Credit Markets[J]. Economica, 1995, 62(248):461 – 478.

[192]WAGSTAFF A, LINDELOW M, GAO J, et al. Extending Health Insurance to the Rural Population: An Impact Evaluation of China's New Cooperative Medical Scheme[J]. Journal of Health Economics, 2009, 28(1):1 – 19.

[193]WAGSTAFF A, PRADHAN M. Health Insurance Impacts on Health and Non – Medical Consumption in A Developing Country[Z]. Policy Research Working Papers, 2005.

[194]WAGSTAFF A, YIP W, LINDELOW M, et al. China's Health System And

Its Reform: A Review of Recent Studies [J]. Health Economics, 2009, 18 (S2): S7 - S23.

[195] WANG G A, ATABAKHSH H, CHEN H. A Hierarchical Naïve Bayes Model for Approximate Identity Matching [J]. Decision Support Systems, 2011, 51 (3): 413 - 423.

[196] WEBB I P, GRACE M F, SKIPPER H D. The Effect of Banking and Insurance on The Growth of Capital Andoutput[Z], Center for Risk Management and Insurance Working Paper, No. 02 - 1. 2002.

[197] WEIL D N. Accounting for The Effect of Health on Economic Growth[J]. Quarterly Journal of Economics, 2007, 122(3): 1265 - 1306.

[198] YU B, MENG Q. C, COLLINS R, et al. How Does the New Cooperative Medical Scheme Influence Health Service Utilization? A Study in Two Provinces in Rural China[J]. BMC Health Services Research, 2010, 10(1): 116.

[199] YU L, LI X, LING T, et al. Social Credit: A Comprehensive Literature Review[J]. Financial Innovation, 2015, 1(1): 6.

[200] VON ZON A, MUYSKEN J. Health as a Principal Determinant of Economic Growth[J]. Research Memorandum, 2003(21).